REALISIERUNG DER BILDUNG IN EUROPA

REALISIERUNG DER BILDUNG IN EUROPA

Europäisches Bewußtsein trotz kultureller Identität?

Herausgegeben von
KLAUS SCHLEICHER
und
WILFRIED BOS

WISSENSCHAFTLICHE BUCHGESELLSCHAFT
DARMSTADT

Einbandgestaltung: Neil McBeath, Stuttgart.

Übersetzt und/oder bearbeitet wurden die Beiträge
Stobart, Strohmeier, Bardong, Pingel, Ravn und Seberich von Herausgeber *Schleicher*;
Manning, Elling, Niederfranke, Hörmann, Lehmann und Illés von Herausgeber *Bos*.

Die Deutsche Bibliothek – CIP-Einheitsaufnahme

Realisierung der Bildung in Europa: europäisches
Bewußtsein trotz kultureller Identität? / Hrsg. von
Klaus Schleicher und Wilfried Bos. – Darmstadt:
Wiss. Buchges., 1994
ISBN 3-534-12271-2
NE: Schleicher, Klaus [Hrsg.]

Bestellnummer 12271-2

Das Werk ist in allen seinen Teilen urheberrechtlich geschützt.
Jede Verwertung ist ohne Zustimmung des Verlages unzulässig.
Das gilt insbesondere für Vervielfältigungen,
Übersetzungen, Mikroverfilmungen und die Einspeicherung in
und Verarbeitung durch elektronische Systeme.

© 1994 by Wissenschaftliche Buchgesellschaft, Darmstadt
Gedruckt auf säurefreiem und alterungsbeständigem Offsetpapier
Satz: Fotosatz Janß, Pfungstadt
Druck und Einband: Wissenschaftliche Buchgesellschaft, Darmstadt
Printed in Germany
Schrift: Linotype Times, 9.5/11

ISBN 3-534-12271-2

Inhalt

Klaus Schleicher:
Einleitung: Europäischer Umbruch und Aufbruch seit 1989 . . .   1

I. EUROPÄISCHE BILDUNGSPOLITIK

Maitland Stobart:
Der Europarat und die Bildungsanforderungen im 'Neuen Europa'   19

Rudolf W. Strohmeier:
Der bildungspolitische Entscheidungsprozeß auf der EG-Ebene .   46

Otto Bardong:
Die Bildungspolitik in den Organen der Europäischen Gemeinschaft.
Zielsetzung und Umsetzung   63

II. ÖFFENTLICHE AKZEPTANZ DER BILDUNGSPOLITIK

Klaus Schleicher:
'Öffentliche Meinung' in der Europäischen Gemeinschaft.
Ihre politische und bildungspolitische Bedeutung   81

Sabine Manning:
Bildungsprogramme der EG in den neuen Bundesländern   137

III. ERZIEHER UND MITERZIEHER IN EUROPA

Falk Pingel:
Europa – Nation – Region: Historisch-politische Bildung in europäischen Schulbüchern 153

Birte Ravn:
'Miterziehung' durch Familie und kulturelles Milieu 171

Elmar Elling:
Medien und Medienpädagogik in Europa 197

IV. SOZIALDIMENSIONEN IN DER EUROPÄISCHEN ERZIEHUNG

Annette Niederfranke:
Lernen und Bildung im Alter: Eine Voraussetzung für die Europäische Integration 223

Georg Hörmann:
Europäische Gesundheitspädagogik am Beispiel von Konzepten zur Prävention von Herz-Kreislauf-Krankheiten 239

V. MINORITÄTSBEDÜRFNISSE IN EUROPA

Rainer Seberich:
Kulturelle Autonomie von Minderheiten – Am Beispiel Südtirols . 261

Rainer H. Lehmann:
Deutsche und deutschsprachige Minderheiten in Europa: Vergleichende Untersuchungen zum Leseverständnis der Jugendlichen . 289

VI. MULTIKULTURELLE UND NATIONALE BILDUNGSPOLITIK

Wilfried Bos:
Wie multikulturell ist und will Europa sein? 311

Magda Illés:
Die Reform des Bildungswesens in Ungarn: Nationale und Europäische Aufgaben in Vergangenheit und Gegenwart 336

Wilfried Bos:
Schluß: Politikberatung. Eine Aufgabe der Vergleichenden Erziehungswissenschaft bei der Integration Europas 353

Autorenspiegel 363

Klaus Schleicher

Einleitung:
Europäischer Umbruch und Aufbruch seit 1989

Die Welt organisiert sich gegenwärtig in regionalen Großstrukturen. Europa ist eine von ihnen. Es hat seine Wurzeln in einer tausendjährigen Geschichte, war ein halbes Jahrhundert in politische Blöcke gespalten und wird künftig gegenläufige Tendenzen – von regionaler Differenzierung und supranationaler Integration – zum Ausgleich bringen müssen. Für die künftige Entwicklung wird zweierlei von entscheidender Bedeutung sein: Zum einen, wie sich die *Bürger* als Europäer erkennen und identifizieren, d. h., in welchem Maße sie ähnliche politische, soziale und wirtschaftliche Standards sichern wollen und können. Zum anderen, ob es politisch gelingt, rasch handlungsfähige und demokratisch legitimierte *Institutionen* zu entwickeln, die einen komplementären Ausgleich zwischen ethnisch-nationalen und *gesamteuropäischen Loyalitäten* zu sichern vermögen. Zum Kern der weiteren Entwicklung könnten die 'Europäische Gemeinschaft' bzw. 'Europäische Union' werden, sofern die Einbeziehung der EFTA-Staaten gelingt. Umgekehrt wird sich der westeuropäische Einigungsprozeß selbst gefährden, wenn nicht durch seine Öffnung nach Osteuropa mehr politische Stabilität, wirtschaftliche Verflechtung und ein gewisser Wohlstandsausgleich in Gesamteuropa zustande kommen. Weil aber eine Akzeptanz transnationaler Strukturen und ein neues Gemeinschaftsbewußtsein weithin von der öffentlichen Meinungsbildung in Europa abhängen, gewinnt die ›*Realisierung der Bildung in Europa*‹ zentrale Bedeutung für die europäische Zukunftsentwicklung.

I. Neue Herausforderungen an Europa

Europa und der europäische Einigungsprozeß haben sich seit 1989 grundlegend verändert. Der größte Veränderungsimpuls ging von *Osteuropa* aus, und zwar vom Zerfall der sowjetischen und sozialistischen Machtstrukturen und der anschließenden Suche nach einem 'gemeinsamen europäischen

Haus'. Auf die enormen Umbruchprozesse weisen nicht nur die politischen, wirtschaftlichen und sozialen Umstrukturierungsversuche der besagten Länder hin, sondern auch, daß sich die nationalen Grenzen dort mehr verändert haben als aufgrund der beiden Weltkriege. Gleichzeitig aber erregten in *Westeuropa* die Entwicklung des 'Europäischen Wirtschaftsraumes', Debatten um 'Maastricht' sowie die Unterzeichnung des 'Unionsvertrages' erhebliche Unruhe. Schließlich wurden die *innereuropäischen Beziehungen* und die europäische Stellung in der Welt durch die globale Rezession und GATT-Kontroversen (Internationales Zoll- und Handelsabkommen) entscheidend berührt. Da die Folgen all dieser Entwicklungen derzeit nicht abzuschätzen sind, ist eine allgemeine Verunsicherung zu beobachten und fehlt es seitens der 'Kommission' und Regierungen – im Unterschied zu den 80er Jahren – an politischer Führung und europäischen Visionen überhaupt. Denn die jüngsten Vorschläge Delors', der großen Arbeitslosigkeit mit Euroanleihen (16 Mrd. Ecu) – zur Vernetzung der europäischen Infrastruktur und Telekommunikation – zu begegnen, widersprechen eindeutig der finanziellen Konsolidierungspolitik gemäß Maastricht, denn um neue Instrumente für eine kollektive Politik zu entwickeln, werden hier nur Haushaltsdefizite von den Nationen auf Brüssel verlagert.

Angesichts der *regionalen und nationalen Problemfixierungen* in Europa wurden und werden die ungeahnten Chancen der Umbruchsituation nur wenig genutzt. Zweifellos können nach jahrzehntelanger Trennung durch den Eisernen Vorhang und ein verbreitetes Denken in Feindbildern die politischen, sozialen und materiellen Unterschiede in Ost und West nicht kurzfristig überwunden werden. Bedenklicher jedoch war, daß in Westeuropa nach der militärisch-politischen Entspannung die Außenpolitik einiger Staaten wieder auf alte Muster einer Gleichgewichtspolitik zurückgriff, daß innenpolitische Probleme aufs neue nationale Rivalitäten zur Folge hatten und daß anläßlich des Gemeinsamen Marktes in den Bevölkerungen neue psycho-soziale Ängste aufkamen. Diese Situation wurde noch dadurch kompliziert, daß der tiefgreifende Strukturwandel durch einen Modernisierungsschub und die *Entkoppelung von Nation, Staat und europäischen Institutionen* schneller voranschritt, als die Regierungen und Regierten erwarteten bzw. zu verarbeiten vermochten. Angesichts dieser Entwicklungen ist es politisch weder besonders hilfreich, von einer geographischen 'Europaregion' auszugehen – denn Europa war in jeder Epoche immer auch eine normative Größe –, noch Visionen von einer eurasischen Kooperation – 'vom Atlantik bis Wladiwostok' – zu entwickeln. Auf beiderlei Weise kann die politische Wirklichkeit nicht angemessen eingeholt und können keine handhabbaren Entwicklungschancen aufgezeigt werden (FAZ vom 1. 12. 1993). Vielmehr muß sich Europa, um handlungs- und verantwortungsfähig zu werden, in einem dynamisch-politischen Entwicklungsprozeß allmählich neu identifizieren und organisieren. Zunächst einmal werden sich Länder mit komplementären kulturellen und politischen Traditionen in der Absicht zusammenfinden müssen, ihre gemeinsame Zukunft auf der Grundlage von Rechtsstaatlichkeit, Demokratie und Menschenrechten zu planen und zu institutionalisieren. Dabei können pluralistische Demokratien nur gesichert und Renationalisierungen vermieden bzw. Armutswanderungen begrenzt und eine internationale Konkurrenzfähigkeit erreicht werden, wenn das gemeinsame Schicksal Europas – und nicht die Verträge von Maastricht – in den Vordergrund des politischen Bewußtseins treten.

Inzwischen hat *Westeuropa* seit einem halben Jahrhundert seinen Integrationsprozeß mit *großem Erfolg* vorangetrieben, obwohl die vielfältigen Schwierigkeiten nicht geleugnet werden sollten. Die Kooperation führte nach tastenden Versuchen in der Montanindustrie über die Wirtschafts- bis hin zur Sozialpolitik. Und: Dieser Prozeß war bisher von der längsten Demokratie- und Friedensepoche in der neueren Geschichte Europas begleitet. Parallel dazu kam es zu einer ungeahnten Wohlstandsentwicklung und zu einer früher kaum vorstellbaren Verständigung unter den Nationen. Schließlich hat diese erfolgreiche 'Alternative zur sowjetischen Imperialpolitik und sozialistischen Wirtschaftsmisere' auch das Aufbegehren der osteuropäischen Bevölkerungen begünstigt und den Zusammenbruch der dortigen Regime beschleunigt. Gleichwohl ist es im Westen nach erheblichem Enthusiasmus über den Beginn einer freiheitlichen Neuordnung Gesamteuropas seit Anfang der 90er Jahre zu großen *Unsicherheiten*, wachsendem *Kleinmut* und gewisser *Perspektivlosigkeit* gekommen. Und zwar wurde die öffentliche Enttäuschung aufgrund der allzu optimistischen Wachstums- und Beschäftigungsverheißungen der EG (inzwischen werden für 1994 11,2 % EG-Arbeitslose vorausgesagt) noch viel größer, als sie es auch sonst schon angesichts der turbulenten Währungsharmonisierung, geringen öffentlichen Vorbereitung auf die Folgen der Konvergenzforderungen der EU[1] sowie angesichts der eloquenten Tatenlosigkeit gegenüber den serbischen Greueln gewesen wäre. Unglücklicherweise fielen die großen Herausforderungen durch den Wirtschafts- und Sozialumbau im Osten mit einer schweren Rezession und einer neuen Dynamik des 'Gemeinsamen Marktes' im Westen zusammen. Plötzlich sah man die in Jahrzehnten erreichte *Solidargemeinschaft durch den neuen Friedensprozeß 'gefährdet'* oder fühlte sich von der eigenen Vergangenheit und seinen Zukunftshoffnungen fast abgeschnitten. Daher äußerten sich auch im Westen neue Nationalismen (z. B. in den griechischen und norwegischen Wahlen), verstärkten sich die Bemühungen um eine Besitzstandswahrung (z. B. bei den dänischen und Schweizer Referenden) oder zeigten sich erhebliche Ängste vor einer Armutsmigration (z. B. in Deutschland mit über einer halben Million registrierten Zuwanderern im Jahr 1992) und bei einzelnen Regierungen auch erhebliche Angst vor einem Prestigeverlust als europäische Nuklear- und Siegermacht (so z. B. in Frankreich) (vgl. Siegele 1993, S. 5). Derzeit scheint der europäische Einigungsprozeß um so mehr gefährdet, je stärker *aktuelle* regionale und/oder nationale Probleme das politische Geschehen beherrschen. Beunruhigend ist einerseits die längere Hilflosigkeit der Kommission und der Europäischen Gemeinschaft angesichts der neuen gesamteuropäischen Herausforderungen. Andererseits zeigten sich etliche Regierungen derart stark durch nationale Interessen beherrscht, daß sie einerseits den serbischen Völkermord, die russischen Überlebensprobleme und die baltischen Kontaktbemühungen ignorierten oder europäische Anliegen aus Sicht ihrer Sozialprobleme gewichteten, wie z. B. Frankreich seine Bauernproteste, Spanien und Irland ihre Arbeitslosigkeit (immerhin mehr als 16%) oder Deutschland seine problematischen Wohlstandsversprechungen an die neuen Bundesländer. Bei etwas mehr historischem und politischem Gemeinschaftsbewußtsein hätten die Integrationserfolge eigentlich mehr Selbstvertrauen und Krisenfähigkeit bei den westlichen Regierungen hinterlassen und sie auch befähigen müssen, die Chancen einer gesamteuropäischen Verständigung zielstrebiger und zukunftsorientierter zu ergreifen. Offensichtlich sind bei den Regierenden und Regierten *längerfristige Perspektiven* unabdingbar, damit die bestehenden Integrationsansätze nicht wieder wie in den 20er und 30er Jahren durch nationale Rivalitäten untergraben, sondern schrittweise institutionell und bildungsmäßig abgesichert werden.[2]

Insgesamt hatte die Euroskepsis im Westen u. a. zur Folge, daß die *neuen Chancen* zur gesamteuropäischen Verständigung und Kooperation recht wenig politische und öffentliche Aufmerksamkeit fanden. So wurden die Ansätze zu Rechtsstaatlichkeit und Demokratie in Osteuropa nur zaghaft unterstützt, obwohl der europäische Friede und ein gemeinsamer Wirtschaftsraum nur gemeinsam gesichert werden können. Immerhin sahen sich die Staats- und Regierungschefs im Oktober 1993 auf ihrem Sondergipfel veranlaßt, „gemeinsame Aktionen" in der Außen- und Sicherheitspolitik u. a. gegenüber Ländern Mittel- und Osteuropas zu verfolgen.

II. Maastricht – eine Etappe im Einigungsprozeß

Die Verträge zur (West-)Europäischen Gemeinschaft (EGV) und zur (West-)Europäischen Union (EUV) sind zweifellos ein Meilenstein auf dem Weg zur europäischen Einheit. Sie sind aufgrund kontroverser Zielsetzungen mit 10monatiger Verspätung im November 1993 in Kraft getreten. Angestrebt wird eine „neue Stufe bei der Verwirklichung einer immer engeren Union der Völker Europas" (EUV, Art. A, Abs. 2), die *auch bildungspoli-*

tisch gefördert werden soll. Im Vorgriff konnte dabei nur das längerfristige Ziel der Westeuropäischen Union umrissen werden (z. B. einer Währungsunion), nicht aber das künftige Selbstverständnis, die Zahl der beteiligten Regionen bzw. Länder oder auch gesamteuropäische Organisationsstrukturen. Der weitere Integrationsprozeß muß vielmehr ebenso kontrovers werden wie die Maastrichter Verträge selbst, weil der Kompromiß einerseits mehr auf der Grundlage der politischen Situation vor als nach 1989 fußte, und zum anderen, weil die politischen Interessen zu vielfach inkompatiblen Vertragsregelungen führten. Entsprechend lassen rechtliche Unklarheiten ebenso politische Uminterpretationen zu, wie politische Kompromisse Anlaß zu rechtlichen Auseinandersetzungen bieten.

Das Inkrafttreten des Vertrags am 1. November 1993 war dabei weniger von Zukunftshoffnungen, als vielmehr *von politischen Kontroversen begleitet*, z. B. angesichts der GATT-Verhandlungen oder anläßlich von nationalen Haushaltskonsolidierungen, die im Hinblick auf die vorgegebenen Konvergenzkriterien der dritten Stufe der Wirtschafts- und Währungsunion (z. B. in Belgien angesichts einer Staatsverschuldung von 140 % statt der maximal konzedierten 60 % des Bruttoinlandsprodukts) erfolgten. Offensichtlich kann Europa nicht nur verwaltungsmäßig von der Brüsseler Behörde oder durch intergovernementale Vereinbarungen – d. h. ohne zielstrebige Einbeziehung der Bürger – geeint werden. Bei den Bürgern aber ist gegenüber der Kommission und dem Rat mit ihren ausufernden Reglements ein zunehmendes Mißtrauen entstanden. Aufgrund mangelnder Vorausinformationen und erheblicher Angst vor einer zentralistischen und demokratisch wenig legitimierten Europolitik fielen z. B. die *Volksabstimmungen* in Frankreich und Dänemark recht zurückhaltend oder ablehnend aus. Aus ähnlichen Motiven führten die Maastrichtdebatten auch zwischen der deutsch- und französisch-sprachigen Schweiz, den mittelständischen und agrarorientierten Regionen Frankreichs sowie zwischen Regierungen und Bevölkerungen in Skandinavien und innerhalb der britischen Regierung fast zu Zerreißproben. In Deutschland wiederum mögen Erfahrungen mit extensiven Vertragsauslegungen durch die Kommission und den Europäischen Gerichtshof (vgl. Richter 1993, S. 34f.) Anlaß zu einem recht reservierten *Urteil des Bundesverfassungsgerichts* zu Maastricht gewesen sein. Mit seinem Urteil vom 12. 10. 1993 hat der Zweite Senat des BVG daher klarzustellen versucht, daß aufgrund der Verträge kein europäischer Staatenbund, sondern ein Staatenverbund anvisiert wurde, so daß die nationale Identität der Mitgliedstaaten erhalten bleibe. Mithin seien einer „Ausdehnung der Aufgaben und Befugnisse der Europäischen Gemeinschaften vom demokratischen Prinzip her Grenzen gesetzt" (BVG 1993, S. 39, vgl. S. 51).[3] Bedenkt man außerdem, daß das *Europäische Parlament* auch künftig nur begrenzte Kompetenzen haben wird (vgl. Klepsch 1992, S. 3ff.),[4] so gewinnt der vorerwähnte Hinweis an Bedeutung, zumal die Rechtskonstruktion des Europaparlaments den Grundbedingungen parlamentarischer Demokratien kaum entspricht. Denn nicht alle Bürger haben gleiches Stimmrecht – wie es bereits die amerikanische Verfassung 1774 vorsah, sondern ein Luxemburger Parlamentarier vertritt beispielsweise 60000, ein Deutscher aber 926000 Bürger. Auch ist das Europaparlament bisher nicht, wie im EEA-Vertrag vorgesehen (Art. 30, Abs. 4), „eng an der Europäischen Politischen Zusammenarbeit beteiligt". Bildungspolitisch hat es z. B. weder eine Vermittlungs- noch Entscheidungskompetenz. Nicht einmal finanzpolitisch kann es eigenmächtige Brüsseler Entscheidungen so kontrollieren,[5] wie es amerikanische Siedler bereits 1765 forderten ('no taxation without representation'). Entsprechend wurde seine politische Bedeutung im öffentlichen Bewußtsein – wie die rückläufige Wahlbeteiligung von 1979 bis 1989 zeigt – allmählich auch geringer bewertet.

Die Kontroversen um Maastricht machen letztlich deutlich, wie schwer es ist, *traditionelle Wertvorstellungen und nationale Strukturen* zu modifizieren bzw. neue, belastbare zu entwickeln. Doch darf die mangelnde Europaorientierung nicht nur der Öffentlichkeit angelastet werden. Bisher ist es den politischen Gremien eben nicht gelungen, auf transnationaler Ebene gleichgewichtige parlamentarische Strukturen zu entwickeln, durch die sich die Bürger angemessen und repräsentativ vertreten fühlen. Wie groß der wirtschaftliche, verwaltungsmäßige und z. T. auch rechtliche Vorlauf vor einem Europabewußtsein der Regierungen wie der Regierten geworden ist, haben die Maastricht-Debatten gezeigt. Welche Bedeutung aber kulturellen, wertorientierten und regionalen bzw. nationalen Identitätsbedürfnissen zukommen, hätte der Kommission wie dem Rat eigentlich vor Ort, d. h. aufgrund der belgischen Volksgruppen in Brüssel, deutlich werden müssen.[6]

Maastricht ist immerhin eine Herausforderung zur europäischen Einigung. Es bietet aber noch keine adäquaten Hinweise, wie die anstehenden Erweiterungsprozesse politisch und bildungspolitisch gelöst werden können. Immerhin ist die europäische Krise insofern hilfreich, als die Umbrüche in Osteuropa den Integrationsprozeß in Westeuropa bestätigt haben, obschon die neuen Anwartschaften von Staaten und die Renationalisierungstendenzen ihn künftig erschweren werden. Vor allem aber darf politisch nicht länger übersehen werden, mit welchem Phasenverzug die europäische Öffentlichkeit die zwischenzeitlichen Integrationsprobleme zu realisieren beginnt, d. h., welch grundlegendes Informations- und Bildungsdefizit besteht.

III. Europäische Identitäten und Loyalitäten

In Europa gibt es sehr alte regionalspezifische, aber auch großräumigübergreifende Traditionen. Diese wurden in den letzten 200 Jahren durch nationalstaatliche Strukturen überlagert. Gegenwärtig ringt Europa auf dieser Basis um neue transnationale Gemeinsamkeiten, Politiken und eine neue Identität. Nun werden *Bewußtseins- und Wertstrukturen* eher in Langals in Kurzzeitprozessen, eher in frühkindlichen als in Erwachsenenjahren und eher durch soziale Kommunikation als durch Wirtschaftsvereinbarungen und Rechtsvorgaben geprägt – wie die politische Sozialisationsforschung vielfältig belegt. Entsprechend sind ethnische Erfahrungen meistens älter und lebensnäher als nationalstaatliche, während diese wieder vielschichtiger auf die Bevölkerungen einwirken als die neuen europäischen Konstellationen seit 1945 oder 1989. Will Europa sich mithin nicht nur bürokratisch und wirtschaftlich organisieren, sondern auch bewußtseinsmäßig und hinsichtlich gemeinschaftlicher Werte zusammenfinden, so müssen die unterschiedlichen Identifikationen beim Integrationsprozeß stärker beachtet und muß mehr Gewicht auf eine kulturelle und Bildungskooperation gelegt werden.

Der *europäische Identifikationsprozeß* wurde in Westeuropa durch nationale Widerstände zwar wiederholt verzögert, doch führten die zunehmende Mobilität und institutionelle Kooperation sowie die wirtschaftlichen Verflechtungen und europäischen Verträge schließlich zur Vereinbarung der 'Europäischen Union' als einem Staatenverbund. Demgegenüber war die Nationenbildung in Osteuropa bis zum Zweiten Weltkrieg nicht zum Abschluß gekommen, so daß mit den jüngsten Befreiungsbewegungen neue Nationalismen oder gar ethnische Rivalitäten aufbrachen. Zwischenzeitlich haben diese Entwicklungen auch auf Westeuropa übergegriffen, wie der griechische Nationalismus oder zunehmende spanische Regionalismus zeigen. In dieser Situation können neue europäische Gemeinsamkeiten bzw. kann eine neue Identiät nur komplementär, aber nicht als Substitut für nationale Identifikationen gefördert und realisiert werden. Bemühungen um komplementäre und überlappende Identitäten sind um so dringlicher (Davies 1993, S. 295 ff.), wenn unproduktive Konflikte zwischen regionalen Egoismen (wie in Italien oder Belgien) oder in Form von nationalen Ab- oder Ausgrenzungen (wie in der vormaligen Tschechoslowakei) oder zwischen Regierten und Regierungen angesichts der Maastrichter Verträge (wie in Norwegen oder Schweden) vermieden werden sollen.

Der *westeuropäische Unionsvertrag* trägt den verschiedenen Identifikationsebenen in gewisser Weise Rechnung – allerdings mit sehr ungleicher Kompetenzausstattung –, wenn er neben der Kommission als europäischem Gremium und dem Rat als nationalem Repräsentationsorgan auch einen

Regionalausschuß zuläßt. Immerhin könnte eine entschiedene Anwendung des Subsidiaritätsprinzips dazu beitragen, daß verschiedene Identitäten komplementär berücksichtigt werden. Auch hier ist allerdings kein einheitliches europäisches Verfahren möglich, weil die jeweiligen Identitäten in den Mitgliedsländern recht unterschiedlich ausgeprägt sind. Einigen Ländern gelingt es eher, nationale und europäische Identitäten zu verbinden (z. B. Irland und Frankreich) als anderen (z. B. Dänemark und Großbritannien), in wieder anderen sind die regionalen und europäischen Identitäten ausgeprägter als die nationalen (z. B. in Belgien und Deutschland),[7] in noch anderen gibt es ein gewisses Gleichgewicht zwischen lokaler, nationaler und europäischer Identität (wie z. B. in Holland).

Ob die Europäische Union den unterschiedlichen Identitätsbedürfnissen soweit Rechnung tragen wird, daß sie zu einem entscheidenden *Kristallisationspunkt* für eine gesamteuropäische Gemeinschaft werden kann, wird sich vermutlich schon bei den Beitrittsverhandlungen der EFTA-Staaten zeigen. Sollte ihre Erweiterung gelingen, so verringert sich damit allerdings auch ihre Bürgernähe und können zentrale Reglements noch weniger als bisher der politischen, sozialen und wirtschaftlichen Komplexität in Europa gerecht werden. Weil Bürger aber lebensnahe soziale, kulturelle und politische Identität benötigen (Thomas 1992, S. 63ff.), wird es in Zukunft noch notwendiger werden, subeuropäische Identifikationen zuzulassen und zu berücksichtigen. Umgekehrt wird im Verlauf des weiteren Integrationsprozesses aber auch die *europäische Identität* angesichts der transnationalen Modernitätszwänge, Informationen und Wirtschaftsverflechtungen gestärkt. Längerfristig erscheint mithin ein Europa möglich, in dem nationale Unterschiede ebenso selbstverständlich akzeptiert werden wie derzeit die kantonalen in der Schweiz oder die länderspezifischen in Deutschland.

Ein europäischer Integrations- und Identifikationsprozeß scheint dabei um so eher möglich, wenn in einem *föderalen Aufbau* hinreichend Raum für Andersartigkeit belassen bleibt und wenn die Gestalt und Zukunft Europas nicht präskriptiv eingeengt, sondern in einem dynamischen Prozeß mit Erweiterung seiner Mitglieder weiter ausgeformt werden. Ohne *begleitende Bildungsbemühungen* dürfte es aber kaum gelingen, daß sich die Bevölkerungen mit übergreifenden europäischen Wertprinzipien identifizieren, daß sie die Nationalstaaten als epochale Zwischenstufe betrachten können oder daß sie das Subsidiaritätsprinzip wirklich mit Leben erfüllen. Dies setzt auch auf seiten der Brüsseler Behörde und/oder der nationalen Regierungen ein erhebliches Umdenken voraus: Sie müßten der kulturellen neben der wirtschaftlichen Dimension größere Beachtung schenken, dürften nicht selbst in Politiken des 19. Jahrhunderts verfallen – wie anläßlich der deutschen Einheit oder des Balkankrieges –, ferner müßten sie 'zugeben', daß

Nationalstaaten in sich keine homogenen Entitäten sind[8] und entsprechend auch den Regionalausschuß in Europa stärken (Schmuck 1993, S. 40f.). Inwieweit sich die Medien an diesem Umdenkungsprozeß in hilfreicher Weise beteiligen werden, d. h. über ihre nationalen Marktinteressen hinaus der europäischen Entwicklung eine angemessenere Resonanz verschaffen werden, bleibt abzuwarten. Insgesamt ist auf allen Ebenen mehr Bewußtsein notwendig, „daß die Vorstellung, irgendeine europäische Nation habe ihre kulturellen Besonderheiten ohne einen ständigen Wechselverkehr von Einflüssen mit ihren Nachbarn entwickelt, ein Mythos ist; . . . (und) daß in nicht geringerem Maße die Vorstellung ein Mythos ist, Europa habe über alle Zeiten hinweg in irgendeiner Form wirklich bestanden . . .". Richtig sei vielmehr: „Wenn die europäischen Nationen die Erwartungen ihrer Völker auf ein reicheres Leben erfüllen, wenn sie ihre Stellung in der Welt behaupten wollen, dann müssen sie gewisse Aufgaben gemeinschaftlich in Angriff nehmen" (Beloff 1959, S. 397f.).

Die gegenwärtige soziale, moralische und politische Destabilisierung erfordert, daß in Europa überlagernde Loyalitäten erkannt und akzeptiert werden. Ein *komplexes europäisches Verständnis* ist aber nur zu erreichen, wenn folgende Komponenten miteinander verbunden werden: eine ethnisch-nationale Identifikation (im Sinne eines 'Patriotismus'), eine multikulturelle Offenheit für andere Lebensweisen (innerhalb und zwischen den Staaten), ferner eine europäische Wertorientierung (im Unterschied zu anderen Großkulturen) und eine globale Verantwortung Europas. Ein derartiges Verständnis kann allerdings nur langsam in einem längerfristigen Bildungsprozeß wachsen.

IV. Bildung für und in Europa

Wie wenig die europäische Bevölkerung auf wirtschaftliche, politische und verwaltungsmäßige Veränderungen in Europa vorbereitet wurde, d. h., welch *großes Bildungsdefizit* in der Europapolitik bestand, das offenbarte sich wenige Monate nach Beginn des 'Gemeinsamen Marktes' sowie anläßlich der Maastrichtdebatten, und zwar anscheinend zur Verwunderung vieler nationaler und europäischer Politiker. Eigentlich konnte das Defizit jedoch kaum überraschen, da die Öffentlichkeit lange Zeit nur bruchstückhaft über den europäischen Integrationsfortschritt informiert und noch weniger am politischen Gestaltungsprozeß beteiligt worden war. Auch war der Bildung im Integrationsprozeß recht wenig Beachtung geschenkt worden, weil er sich vor allem auf wirtschaftliche Aspekte konzentrierte und damit höchstens Ausbildungsaspekte tangierte. Hinzu kam, daß die EG-Organe gemäß Vertragslage nur begrenzte Bildungskompetenzen (vgl. EWGV) und die Euromanager wie -politiker andere Sachkompetenz und Prioritäten besaßen.

Der weitere Einigungsprozeß hängt aber entscheidend von einer *europäischen Bewußtseinsbildung* ab; denn eine europäische Einheit kann noch weniger als die deutsche gelingen, wenn nicht neben der wirtschaftlichen Vernetzung auch eine Werte-, Rechts-, Bildungs- und Kulturgemeinschaft entsteht. Eine europäische Bewußtseinsbildung ist dabei sowohl für die Gemeinschaft als auch die Bürger unabdingbar. So werden die *Bürger* nur handlungs- und verantwortungsfähig, wenn sie konkurrierende Identitäten und Loyalitäten angemessen handhaben können, wenn sie sich innerhalb der komplexen Europastrukturen zu beteiligen wissen und wenn sie die Spannung zwischen tradierten Orientierungs- wie Handlungsmustern und neuen Sachanforderungen zu überbrücken vermögen. Auf der anderen Seite müßte sich die *Europapolitik* auf nationaler und europäischer Ebene schon im Eigeninteresse stärker für Bildung und Weiterbildung engagieren, weil gegen das öffentliche Bewußtsein kaum erfolgreich Politik zu machen ist bzw. weil mit zentralen Verordnungen die berufliche, soziale und situative Unterschiedlichkeit immer weniger zu steuern ist. Hinzu kommt, daß sich im erweiterten Europa zentrale Macht-, Rechts- und Verwaltungsstrukturen immer weiter von den tatsächlichen Markt- und Bildungsbedürfnissen entfernen werden. Letztlich setzt ein demokratisch verfaßtes, rechtsstaatlich organisiertes, beruflich mobiles Europa erweiterte Bildungskompetenzen und Eigenverantwortung voraus.

Immerhin wurde *Bildungsfragen* – nach ersten wichtigen *Orientierungsanstößen* Mitte der 70er Jahre (sei es durch Rat und/oder Ministerrat, z. B. 1974, 1976) – allmählich in dem Maße mehr Beachtung geschenkt, wie sich seit dem Stuttgarter Gipfel (1983) die Bemühungen um die politische Einheit Europas verstärkten (vgl. Rat 1986, S. 13f., S. 21ff., vgl. S. 47ff., S. 103ff.). Ende der 80er Jahre gibt es dann sogar Hinweise, daß die Kommission in der Bildungspolitik das 'Herzstück der europäischen Integration' zu erkennen glaubt (EG-Kommission 1988). Im berufsbildenden und im Weiterbildungsbereich begann die Kommission damals eine Koordinierungs- oder Katalysatorfunktion zu beanspruchen (vgl. EG-Kommission 1990, S. 6 und Entschließung des Rats vom 5. 6. 1989). Begünstigt wurden weiterreichende Ziele zudem durch eine extensive Auslegung des Ausbildungsbegriffs seitens des Europäischen Gerichtshofs, so daß auch der universitäre und partiell sogar der Sekundarbereich beeinflußt werden konnten.

Durch die *Maastrichter Verträge* wurden diese Kompetenzen teils erweitert, teils präzisiert, teils eingeschränkt. Generell wird den Bildungsfragen jetzt ein höherer Stellenwert zuerkannt als je zuvor. Auf der einen Seite werden die Gemeinschaftsbefugnisse durch den EG-Vertrag anscheinend er-

Einleitung 11

weitert, z. B. hinsichtlich der europäischen Dimension, Anerkennung der Diplome oder auch durch neue Zuständigkeiten bis hin zur Sekundarbildung (vgl. EGV, Art. 126, 127). Auf der anderen Seite aber werden die Kompetenzen der europäischen Gremien klarer begrenzt, z. B. durch das Subsidiaritätsprinzip (Art. 3b), Harmonisierungsverbot (Art. 128,5) oder auch den allgemeinen Primatsvorbehalt und das Kriterium der Erforderlichkeit (vgl. Müller-Solger 1993, S. 5). Besonders rechtsrelevant dürften künftig dabei folgende Bestimmungen werden: Nach dem Vertrag zur Europäischen Union soll die Union „die nationale Identität ihrer Mitgliedstaaten" achten (EUV Art. F, 1), und gemäß EG-Vertrag „wird die Gemeinschaft nach dem Subsidiaritätsprinzip nur tätig, sofern und soweit die Ziele der in Betracht gezogenen Maßnahmen auf Ebene der Mitgliedstaaten nicht ausreichend erreicht werden können" (EGV, Art. 3b, 2). Ferner soll die Gemeinschaft die Entwicklung einer qualitativ hochstehenden Bildung „unter strikter Beachtung der Verantwortung der Mitgliedstaaten für die Lehrinhalte und die Gestaltung des Bildungssystems sowie der Vielfalt ihrer Kulturen und Sprachen" unterstützen und fördern (vgl. EGV, Art. 126,1; vgl. 127) und „einen Beitrag zur Entfaltung der Kulturen der Mitgliedstaaten unter Wahrung ihrer nationalen und regionalen Vielfalt sowie gleichzeitiger Hervorhebung des gemeinsamen kulturellen Erbes" leisten (ibid. Art. 128,1).

Eingedenk der Tatsache, daß sich Bildung immer in einer Dialektik zwischen supranationalen und nationalen *Makrostrukturen* auf der einen Seite sowie *Mikrostrukturen* des Bildungsprozesses auf der anderen vollzieht und daß verschiedene Vertragsaspekte miteinander konkurrieren, ist damit ein bildungspolitisch bedeutsamer Handlungsrahmen abgesteckt. Er wird künftig je nach Integrationsbereitschaft der Staaten und integrationsfreudiger Judikatur des Europäischen Gerichtshofs ausgefüllt werden. Mögen diese bildungspolitischen Entscheidungen kurzfristig auch nur Ordnungsstrukturen, Marktmechanismen und institutionelle Vorgaben betreffen, weil sich grundlegende Unterrichts- und Verhaltensmuster erst langfristig verändern, so kann deren Zukunftsbedeutung jedoch kaum überschätzt werden.

Insgesamt weist die *politische Integrationsentwicklung* seit 1945 darauf hin, daß Europa frühzeitig von Eliten gewollt, allmählich von den Bürgern bejaht und zunehmend von der Brüsseler Administration organisiert wurde. Erst vergleichsweise spät wurde das Bildungswesen vom Integrationsprozeß berührt. Noch immer ist es stärker als andere Bereiche in die regionalen, nationalen und alt-europäischen Traditionen eingebettet. Weil es aber derart stark kontextabhängig ist, wird eine komplementäre 'Europäisierung' nur in dem Maße möglich sein, wie auch die öffentliche Meinung europäischer wird. Gleichwohl ist die Bildungsentwicklung ein sehr sensibler

Indikator dafür, inwieweit Bewußtseinsveränderungen neben dem äußeren Integrationsprozeß vorangekommen sind.

V. Zielsetzung des Bandes

Die bisher skizzierten bildungspolitischen wie politischen Herausforderungen werden im *vorliegenden zweiten Band* von Bildungspolitikern und -forschern, von Repräsentanten verschiedener Europaregionen und aus erziehungs-, sozial- wie politikwissenschaftlicher Sicht untersucht. Und zwar wird die ›REALISIERUNG DER BILDUNG IN EUROPA‹ nach ihren politischen Vorgaben und der öffentlichen Akzeptanz, ferner im Hinblick auf die Bedeutung der Erziehungsmedien und sozialen Kontexte und speziell daraufhin betrachtet, wie in Europa Minoritätenbedürfnisse und multikulturelle Bildungsstrategien aufeinander abgestimmt sind. Der Band ergänzt, erweitert und aktualisiert damit den vorliegenden *ersten Band* zur ›ZUKUNFT DER BILDUNG IN EUROPA‹ (Schleicher 1993). Er befaßte sich mit den europarechtlichen Grundlagen, einer quantitativen wie qualitativen Vergleichbarkeit der Bildungssysteme und mit Entwicklungen in verschiedenen Bildungssektoren. *Die komplementären Bände* wollen einer bildungs- und schulpolitisch engagierten Öffentlichkeit
– einen Überblick über die aktuellen Bildungsherausforderungen erleichtern,
– einen Einblick in benachbarte Bildungssektoren ermöglichen
– und einen Vergleich nationaler Unterschiede nahelegen.

Ziel der *systematischen und vergleichenden Analysen* ist es, den bildungspolitischen Nachlauf hinter rechtlichen und wirtschaftlichen Integrationsprozessen zu verringern, Argumentationshilfen zur Auseinandersetzung mit der offiziellen Bildungspolitik zu bieten und eine gesamteuropäische Bildung bzw. Identität zu unterstützen, wie sie der Unionsvertrag anstrebt. Angeregt werden soll eine zukunftsorientierte statt reaktive Bildungskommunikation und -politik. Diese müssen europäische, nationale, bürgernahe und problemspezifische Dimensionen verbinden, mithin eine lebensnahe Bildungspraxis vor Ort zulassen, einen offenen Wettbewerb der institutionellen, regionalen wie nationalen Bildungsangebote ermöglichen und eine europäische Ordnungspolitik anstreben. Möglich würde es damit, *Bildungsvielfalt und -flexibilität im Rahmen einer sinnstiftenden Wertorientierung und rahmenartigen Bildungspolitik* in Europa zu sichern, d. h. gleichzeitig kulturelle Ausdifferenzierungen, osteuropäische Herausforderungen und die globale Neustrukturierung in Großregionen angemessen zu berücksichtigen.

Einleitung 13

Anmerkungen

¹ Beispielsweise stand der Generalstreik in Belgien (Nov. 1993) in unmittelbarem Zusammenhang mit den Konvergenzkriterien des Maastrichter Vertrags (vgl. Art. 109j EGV); denn vor Beginn der dritten Stufe der Wirtschafts- und Währungsunion (d. h. bis zum 1. 1. 1999) müssen u. a. die öffentlichen Finanzen festgelegten Kriterien genügen. Einerseits darf nach gegenwärtiger Definition der Finanzsaldo der öffentlichen Haushalte ein Defizit von 3% nicht überschreiten und andererseits der öffentliche Bruttoschuldenstand maximal 60% des Bruttoinlandsprodukts erreichen. Belgien war und ist daher zu drastischen Sparmaßnahmen gezwungen, weil sich sein Bruttoschuldenstand 1992 (wie in keinem anderen Land) auf 132,2% belief (vgl. Bundesbank 1993, S. 80).

² Erinnert sei, daß bereits in den 30er Jahren die Internationale Juristische Union einen 'Entwurf für eine Internationale Europäische Union' ausgearbeitet hatte, Ortega y Gasset 'Europa als neue Nationalidee' forderte oder Coudenhove-Kalergi auf dem 3. Paneuropa-Kongreß von den Regierungen mehr Kompromißfähigkeit und Gemeinschaftswilligkeit gefordert hatte (Foerster 1963, S. 245f.). Die fehlende Institutionalisierung einer europäischen Zusammenarbeit und Appeasementpolitik gegenüber den Aggressoren mußte anscheinend erst zu großen Verwüstungen und verheerendem Bevölkerungsleid führen, damit Churchill die Europäer 1946 erneut aufrief: „Wenn Europa einmal einträchtig sein gemeinsames Erbe verwalten würde, dann könnten seine drei- oder vierhundert Millionen Einwohner ein Glück, einen Wohlstand und einen Ruhm ohne Grenzen genießen." Große Vorarbeiten – so fügte er hinzu – seien bereits durch die Anstrengungen der Paneuropa-Union geleistet worden, nun gelte es die Bemühungen rasch fortzusetzen, denn „die verbleibende Zeit könnte knapp bemessen" sein (ibid. S. 253ff.).

³ „Nimmt ein Verbund demokratischer Staaten hoheitliche Aufgaben wahr und übt dazu hoheitliche Befugnisse aus, sind es zuvörderst die Staatsvölker der Mitgliedstaaten, die dies über die nationalen Parlamente demokratisch zu legitimieren haben." (Vgl. BVG 1993, Leitsatz 3.a.)

⁴ Anläßlich der Maastrichter Beratungen monierte der Präsident des Europäischen Parlaments sicher nicht ohne Grund: „Wir fordern die gleichberechtigte Mitentscheidung des Parlaments mit dem Ministerrat bei Rechtsakten in sämtlichen Bereichen der EG-Politik" und „wir müssen in der Lage sein, die Bürokratie der Kommission und vor allem auch des Rates demokratisch in vollem Umfang zu kontrollieren" (Klepsch 1992, S. 5). Davon aber kann nach Ratifizierung der Verträge keine Rede mehr sein.

⁵ Nach Hinweisen des europäischen Rechnungshofs wurden von Brüsseler Beamten einigen Staaten beispielsweise Sanktionsgelder (aufgrund von Überproduktionsquoten im Agrarbereich) in Höhe von 5 Mrd. DM ohne Rechtsgrundlage erlassen, ferner an ärmere Regionen zugesagte Finanzmittel von diesen nicht bestimmungsgemäß ausgegeben oder auch vom Kommissionspräsidenten (Dezember 1992) eine Erhöhung der Haushaltsmittel (von 1,2% auf 1,27% des Bruttoinlandsprodukts der einzelnen Mitgliedstaaten ab 1999) eingeworben, obwohl die derzeit zur Verfügung stehenden Mittel nicht einmal ausgegeben wurden (von verfügbaren 1,2% nur 1,02%, vgl. Reicherzer 1993, S. 33).

14 Klaus Schleicher

⁶ Die seit 1970 andauernde Umwandlung Belgiens vom Zentral- zum Bundesstaat hat in der 1993 begonnenen 4. Phase nicht nur zu drei Amtssprachen und unabhängigen Bildungssystemen, sondern zu einer Zerreißprobe des Landes geführt (Lemke 1992, S. 8, 26; vgl. FAZ vom 16. 7. 93).

⁷ Nicht ohne Grund betonte Delors am 3. 10. 1993, daß Europa ein seiner selbst gewisseres Deutschland brauche, anders als es die Regierenden aus Unwilligkeit und Unfähigkeit, nationale Identität als etwas Selbstverständliches zu begreifen, zum Ausdruck brachten, als sie den Tag der 'Deutschen Einheit' im föderalen 'Umzug' in Saarbrücken begingen (Seebacher-Brandt 16. 10. 1993).

⁸ Was oft für eine je genuine Kultur- und/oder Bildungstradition gehalten wurde bzw. wird, ist meistens selbst Ergebnis einer ähnlichen Akkulturation (z. B. die sog. britische und/oder französische Identität) wie die voraufgegangenen oder fortbestehenden regionalen Eigenarten (z. B. Schottlands oder der Bretagne).

Literatur

Beloff, M.: Europa und die Europäer. Köln: Politik und Wirtschaft 1959.
Bundesverfassungsgericht, 2 BvR 21/3492 und 2159/92 vom 12. 10. 1993 (Mimeo).
Davies, Chr.: Concentric Overlapping and Competing Loyalties and Identities. Implications for Education. In: Schleicher, K. (Hrsg.): Nationalism in Education. Frankfurt/M.: Peter Lang 1993, S. 295 ff.
Deutsche Bundesbank: Geschäftsbericht für das Jahr 1992. Frankfurt/M.: Deutsche Bundesbank 1993.
EG-Kommission der Europäischen Gemeinschaften: Bildungspolitik – ein Herzstück der europäischen Integration. In: Perspektive '92 der Kommission 1 (1988).
Europäische Gemeinschaft/Europäische Union: Die Vertragstexte von Maastricht (bearb. u. eingel. von Läufer, Th.). Bonn: Bundeszentrale für Pol. Bildung 1992.
FAZ: Vision für Europa gesucht. (Hinweis des Generalsekretärs des Club of Rome, anläßlich des 25. Gründungstags in Hannover am 30. 11. 1993 in Hannover.) FAZ vom 1. 12. 1993.
Foerster, R. H. (Hrsg.): Die Idee Europa 1300 – 1946. Quellen zur Geschichte der politischen Einigung. München: dtv 1963.
Klepsch, E.: Auf dem Weg zur Europäischen Union. In: Europäisches Parlament: Europäisches Parlament und der Vertrag von Maastricht. Materialien und Dokumente; o. O.: Informationsbüro für Deutschland o. J. (1992) S. 3 ff.
Lemke, D.: Bildungspolitik in Europa – Perspektiven für das Jahr 2000. Hamburg 1992.
Müller-Solger, H.: Die europäische Dimension in der Bildungspolitik der EG-Mitgliedstaaten, Erwartungen an die Europäische Union aus deutscher Sicht. Vortrag anläßlich des Seminars: 'Europäische Bildungspolitik und die Anforderungen des Subsidiaritätsprinzips', Villa Vigoni, 22./23. 11. 1993, Mimeo.
Rat der Europäischen Gemeinschaften, Generalsekretariat: Erklärungen zur Europäischen Bildungspolitik. Luxemburg: Amt für amtliche Veröffentlichung der EG, Jan. 1986.

Reicherzer, J.: Ritter ohne Schwert, Die EG-Finanzen: eine kleine Schar von Kontrolleuren kämpft gegen Mißwirtschaft und Verschwendung. In: Die Zeit vom 19. 11. 1993, S. 33.
Richter, I.: Grundzüge eines Europäischen Bildungsrechts. In: Schleicher, K. (Hrsg.): Zukunft der Bildung in Europa. Darmstadt: Wiss. Buchgesellschaft 1993, S. 27ff.
Schleicher, K. (Hrsg.): Zukunft der Bildung in Europa. Darmstadt: Wiss. Buchgesellschaft 1993.
Schmuck, O.: Die Deutschen und Europa. Hintergründe der aktuellen Europamüdigkeit und die Aufgabe der Erwachsenenbildung. In: Hessische Blätter für Weiterbildung 1 (1993), S. 37ff.
Seebacher-Brandt, B.: Weitermachen, ohne sich zu überstürzen. Das europäische Werk des Jacques Delors. In: FAZ vom 16. 10. 1993.
Siegele, L.: Brüssel ist an allem schuld. In Frankreich wächst die Abneigung gegenüber Europa, das nun für jede Krise verantwortlich gemacht wird. In: Die Zeit vom 19. 11. 1993.
Thomas, M. R.: Moral-Identity Development in Ethnic Relations. In: Schleicher, K./Kozma, Th. (Hrsg.): Ethnocentrism in Education. Frankfurt/M.: Peter Lang 1992, S. 63ff.

I. EUROPÄISCHE BILDUNGSPOLITIK

Europäische Bildungspolitik setzt ein *Europaverständnis* voraus. Dies aber ist zeit-, kultur-, regional- und institutionenspezifisch. Immerhin besteht insofern Konsens, daß Europa mehr als eine geographische Region und nicht nur ein geschlossener Wirtschaftsraum ist, daß es seit 1989 eine neue Identität sucht und auch veränderte, politisch-institutionelle Strukturen benötigt. Die wichtigsten, obwohl unterschiedlich konzipierten, aber gleichermaßen zukunftsrelevanten Koordinierungssysteme sind der *Europarat* und die *Europäische Union*. Weil sie bildungspolitisch komplementäre Kooperationsmöglichkeiten anbieten und von ihnen unterschiedliche Bildungsimpulse ausgehen, werden ihre Europavisionen und -erfahrungen gegenübergestellt.

Repräsentanten beider Institutionen und ein Wissenschaftler mit Abgeordnetenerfahrung im Europäischen Parlament geben einen hilfreichen Überblick über Entwicklung, Funktion und Entscheidungsstrukturen der Gremien sowie über deren *bildungspolitische Intentionen, Reglements und Vereinbarungen*. Dabei wird deutlich, wie sich der Europarat seit Anfang der 50er Jahren um europaübergreifende Konsensvereinbarungen zur Sicherung der Menschenrechte, Demokratie und Kultur sowie um bildungspolitische Ergänzungen bemühte. Demgegenüber konzentrierte sich die Europäische Gemeinschaft in gewissem Phasenverzug auf die Wirtschaftsintegration und eine darauf abgestimmte Berufsbildungspolitik in Westeuropa. In der gegenwärtigen Umbruchsituation ist aber auch sie – nach ihrer regionalen Ausdehnung und politischen Kompetenzausweitung – mit gesamteuropäischen Aufgaben konfrontiert. So unterschiedlich das Europaverständnis und die institutionellen Voraussetzungen beider Organisationen auch sind, so vorteilhaft ergänzen sich ihre bildungspolitischen Möglichkeiten, und zwar die eher wert- bzw. kulturbezogenen Ziele und offeneren Strukturen des Europarats mit den stärker wirtschaftlich und politisch orientierten Integrationsstrukturen der 'Europäischen Union'.

Der erste Beitrag analysiert die gesamteuropäische *Brückenfunktion des Europarats* mit seinen vielschichtigen Bemühungen um Friedenssicherung, Rechtsstaatlichkeit und den Abbau nationaler Vorurteile. In historischem Überblick wird deutlich, wie diese älteste und größte zwischenstaatliche Organisation in Europa gesamteuropäische Identifikationsimpulse und Bildungsanstöße von der Europäischen Menschenrechts- und Kulturkonvention bis hin zur Fremdsprachenerziehung und Lehrerfortbildung gibt.

Die anschließenden Beiträge konzentrieren sich – mit je verschiedenem Schwerpunkt – auf die Bildungspolitik der *Europäischen Gemeinschaft*.

18   I. Europäische Bildungspolitik

Dem ersten Beitrag gelingt es, die komplizierten Verfahrens- und Entscheidungsebenen der europäischen Bildungspolitik sowie deren strukturellen Veränderungen, sozialpolitischen Berührungspunkte und aktuellen Probleme transparent zu machen. In Wiederaufnahme einiger Entwicklungslinien diskutiert der zweite Beitrag bildungspolitische Umsetzungsstrategien, und zwar unter Bezugnahme auf die EG-Bildungsprogramme seit Mitte der 80er Jahre.

Insgesamt wird anhand der bildungspolitischen Potentiale beider Institutionen der *bildungspolitische Entscheidungs- und Handlungsrahmen der europäischen Gremien* transparent und außerdem deutlich, wie bildungspolitische Entscheidungsprozesse auf europäischer Ebene von Regierungen, Regionen und Verbänden beeinflußt werden können. Hilfreiche Ergänzungen finden diese Darstellungen in den Beiträgen zu den „Rechts- und Verwaltungsgrundlagen Europäischer Bildungspolitik" im Band: ›Zukunft der Bildung in Europa‹ (Schleicher 1993).

Maitland Stobart

Der Europarat und die Bildungsanforderungen im 'Neuen Europa'

Abstract

Während der letzten vier Jahre wurde der Europarat zum größten transnationalen und interparlamentarischen Forum in Europa. In diesem Beitrag werden zunächst die Ziele, Strukturen und Inhalte der Bildungsprogramme des Europarats skizziert, dann seine Empfehlungen von der vorschulischen bis zur Erwachsenenbildung analysiert, bevor bestimmte bildungspolitische Implikationen verfolgt werden, die sich aus der europäischen Kooperation und Integration, aus der wachsenden Gefährdung der demokratischen Werte, aus Herausforderungen an Gemeinschaftsbeziehungen durch multikulturelle Entwicklungen sowie den sozialen und technischen Wandel ergeben. Schließlich werden besondere mittel- und osteuropäische Bildungsbedarfe und einige Ansätze diskutiert, wie der Europarat seine neuen Partner bei der Reform und Demokratisierung ihrer Bildungssysteme zu unterstützen sucht.

Einleitung

In einer Serie größerer Projekte hat der Europarat über einen längeren Zeitraum die *Hauptprobleme, -trends und -innovationen im Bildungsbereich* herausgearbeitet. Und zwar hat er unter Einbeziehung von Forschungsergebnissen, vielfältigen Anregungen, Erfahrungen und guten Praxisbeispielen gezeigt, wie die Bildungssysteme dazu beitragen können, daß die Bürger Europas sowohl Wissen gewinnen, als auch Fähigkeiten und Einstellungen entwickeln können, die für das Leben in einer interdependenten, aber stark differenzierten und sich rasch verändernden Welt unerläßlich sind.

Da die bildungspolitischen Zielsetzungen und deren Realisierbarkeit von organisatorischen Rahmenbedingungen und politischen Kontextveränderungen abhängen, werden zunächst diese skizziert und wird dann gezeigt, wie der Europarat auf zentrale Bildungsherausforderungen der neuen europäischen Konstellation reagierte. Danach folgen Hinweise auf seine bildungspolitischen Initiativen und konzeptionellen Anregungen in einzelnen Bildungs- und Themenbereichen.

I. Bildungspolitische Strukturen und Perspektiven

1. Organisatorische Arbeitsvoraussetzungen

Der Europarat wurde *1949 in der Absicht gegründet*, größere Gemeinsamkeit zwischen ähnlich eingestellten Ländern Europas zu fördern, damit sie jene Ideale und Prinzipien sichern bzw. verwirklichen können, die zu ihrem gemeinsamen Erbe gehören, und damit ihnen der wirtschaftliche und soziale Fortschritt erleichtert wird. Er befaßt sich mit so unterschiedlichen Bereichen wie: den Menschenrechten, den Medien und Kommunikationsproblemen, mit sozialen und wirtschaftlichen Entwicklungen, ferner mit Bildung, Kultur und Sport, aber auch mit den Jugendlichen, der Umwelt- und Regionalplanung, der lokalen Demokratie und mit Aspekten der rechtlichen Kooperation. Nur Aspekte der nationalen Verteidigung sind vom Arbeitsprogramm ausgeschlossen. Er residiert in Straßburg und gehört nicht zu den Organen der 'Europäischen Gemeinschaft'.

Aufgrund der dramatischen Veränderungen in Zentral- und Osteuropa wurde der Europarat zum *größten zwischenstaatlichen und interparlamentarischen Forum in Europa*. Derzeit gehören ihm 31 Mitgliedstaaten an,[1] und schon in nächster Zukunft werden wohl weitere Staaten hinzukommen. Unter den europäischen Völkern hat der Europarat von Anfang an auf ein 'besseres wechselseitiges Verständnis' hinzuwirken versucht. Man ging davon aus, daß eine Kooperation im Kultur- und Bildungsbereich entscheidend dazu beitragen könne, die europäischen Völker und Staaten enger zusammenzuführen und unter ihnen eine dauerhafte Verständigung und Frieden zu ermöglichen.

Bereits 1954 wurde ein internationales Vertragswerk unter der Bezeichnung ›*Europäische Kulturkonvention*‹ zur Zeichnung vorgelegt. An der Konvention können sich dabei auch Staaten beteiligen, die nicht Mitglieder des Europarats sind, d. h., sie können auch an den Bildungs-, Kultur-, Sport- und Jugendprogrammen der Organisation teilnehmen. Inzwischen gibt es hier 37 Signatarstaaten, und zwar neben den 31 Mitgliedstaaten noch den Heiligen Stuhl, Albanien, Kroatien, Lettland, Rumänien und die Russische Föderation. Auch Moldawien, die Ukraine und Weißrußland wurden zur Teilnahme eingeladen, darüber hinaus weitere Kontakte mit anderen Ländern aufgenommen.

Der Europarat 21

Mit der Planung und Durchführung der Bildungs- und Kulturprogramme hat das politisch zuständige Ministerkomitee (Committee of Ministers) des Europarats ein großes intergovernementales Komitee beauftragt, den sog. *'Rat für Kulturelle Zusammenarbeit'* (Council for Cultural Co-operation, bzw. abgekürzt CDCC). In diesem Gremium ist jeder der 37 Zeichnerstaaten der Konvention repräsentiert, und zwar mit höheren Regierungsbeamten aus dem jeweiligen Auswärtigen Amt und aus den Ministerien für Kultur und Bildung. Da es für einen einzigen Ausschuß aber unmöglich ist, die Vielfalt der Kultur- und Bildungsprogramme zu handhaben, wird er von 4 Unterausschüssen unterstützt, die folgende Aspekte vertreten: Schule und Erwachsenenbildung, Hochschule und Forschung, Kultur und kulturelles (d. h. archäologisches und bauliches) Erbe.

Außerdem besteht eine *enge Beziehung* zwischen dem CDCC
– und den zweijährigen Sitzungen der 'Standing Conference of European Ministers of Education' des Europarats, und zwar beraten die Minister politisch die weitere Bildungsarbeit des CDCC;
– ferner zum 'Komitee für Kultur und Bildung' des Rats des Europäischen Parlaments
– sowie zum 'Komitee für Kultur, Bildung und Medien' der 'Standing Conference of Local and Regional Authorities of Europe'
– und zu den zahlreichen nicht-staatlichen, internationalen Organisationen (den sog. NGOs), die beim Europarat einen Beraterstatus haben.

Insofern dient der CDCC, da er aufgrund seiner Konferenzen, Gutachten, Fallstudien und Netzwerke über einen erheblichen Fundus an gemeinschaftlichen Erfahrungen und überzeugender Praxisarbeit sowie über ein beachtliches Forschungs- und Innovationspotential verfügt, als wichtige *Informations- und Beratungsquelle* für politische Entscheidungsträger und für Praktiker in Europa. Der CDCC verfügt geradezu über eine ideale Struktur, um eine Zusammenfassung und einen Austausch von Informationen und Ideen zu gewährleisten. Denn wenn auf seinen Bildungskonferenzen die 37 Mitgliedsländer der 'Europäischen Kulturkonvention' zusammenkommen, so entspricht dies immerhin 666 bilateralen Einzelkontakten.

Der CDCC ist ferner ein hilfreiches Forum für politische Entscheidungsträger und Praktiker, um gemeinsame Herausforderungen und Probleme zu diskutieren sowie um mögliche Antworten auf die vielen Anforderungen an die europäischen Bildungssysteme zu eruieren. Außerdem steht der CDCC als *Makler oder Vermittler* zur Verfügung, weil er europaübergreifend Institutionen, Verwaltungsbeamte und Pädagogen zusammenführt und ihnen hilft, Partnerschaften und Netzwerke zu entwickeln. Gegenwärtig organisiert der CDCC zum Beispiel Netzwerke: zwischen Gremien oder Staatsbediensteten, die sich um Schulbeziehungen und einen Schulaustausch kümmern, zwischen Direktoren der nationalen Bildungsforschungsinstitute und zwischen nationalen Informationszentren, die mit Äquivalenzen von Hochschuldiplomen und der akademischen Mobilität befaßt sind.

Vor allem aber bemüht sich der Europarat mit seinen vielen internationalen Vereinbarungen und Konventionen darum, gemeinsame *europäische Normen oder Standards* zu entwickeln und durchzusetzen. Dies ist kein einfaches Vorhaben, weil internationale Konventionen im Bildungsbereich weit mehr Probleme aufwerfen als rechtliche oder administrative Vereinbarungen. Gleichwohl hat der Europarat folgende fünf Konventionen realisieren können, und zwar hinsichtlich:
– von Zeugnisäquivalenzen, die zum Hochschulzugang berechtigen;
– von Äquivalenzen, die die universitäre Studiendauer betreffen (zwei Konventionen);
– der Fortzahlung von Stipendien an Studenten, die im Ausland studieren, und
– hinsichtlich der Anerkennung von Universitätsqualifikationen.

Natürlich ist der Europarat nicht die einzige internationale Institution, die sich mit der europäischen Bildungskooperation befaßt. Erwähnt seien nur die wichtigen Unesco-Programme, die Bemühungen der OECD und natürlich die Gremien der EG sowie der Skandinavische Ministerrat.

Um Mehrfachaktivitäten zu vermeiden bzw. um einen maximalen Nutzen der begrenzten Ressourcen zu erreichen, gibt es folgende Abstimmungsmechanismen:
– kontinuierliche Treffen zwischen den Sekretariaten der verschiedenen Organisationen;
– einen Austausch der Informations- und Dokumentationsprogramme;
– eine wechselseitige Teilnahme bei den jeweiligen Veranstaltungen
– und gemeinsame Initiativen, wann immer dies möglich ist.

2. Bildungsvorstellungen vom und -aufgaben im 'Neuen Europa'

Der Europarat teilt weithin die Vorstellungen der Pariser Charta für ein 'Neues Europa', die im November 1990 von (den damals) 34 Staats- oder Regierungschefs auf der 'Konferenz über Sicherheit und Zusammenarbeit in Europa' (KSZE) vereinbart wurden. In dem Dokument brachten sie zum Ausdruck, daß „in unserer Gegenwart die Erfüllung jener *Hoffnungen und Erwartungen* nähergerückt ist, die unsere Völker jahrzehntelang gehegt haben: (und zwar einer) auf den Menschenrechten und fundamentalen Freiheiten fußenden Demokratie, einer Gesellschaft, die auf Wohlstand durch ökonomische Freiheit und soziale Gerechtigkeit sowie auf gleicher Sicherheit für alle Länder" beruht.

Auf der anderen Seite sieht der Europarat natürlich auch die *enormen*

Herausforderungen an das 'Neue Europa', zu denen Zerfallserscheinungen und Fragmentarisierungen, Intoleranz, Zurückweisungen und Fremdenfeindlichkeit, ja sogar kriegerische Auseinandersetzungen gehören. Außerdem sind der ökonomische Wandel und entsprechende Strukturveränderungen in den meisten europäischen Staaten mit erheblicher Arbeitslosigkeit und mit Marginalisierungstendenzen verbunden. Zudem bestehen Ängste, daß sich das 'Neue Europa' zu einer Zweiklassengesellschaft entwickeln könnte.

In dieser herausfordernden Umbruchsituation versuchen die *Bildungsprogramme des Europarats*, die Mitgliedsländer bei der Suche nach gemeinsamen Antworten in folgender Hinsicht zu unterstützen: Wie können Bildung und Erziehung dazu beitragen:
- die Menschenrechte und fundamentalen Freiheiten zu fördern und pluralistische Demokratien zu stärken;
- die Völker Europas so zusammenzuführen, daß sie sich in einer größeren europäischen Gemeinschaft 'zu Hause fühlen'
- und daß die europäischen Regierungen wie Bürger sich in der Lage sehen, die großen gesellschaftlichen Herausforderungen anzunehmen und zu bewältigen?

Für die *Bildungsarbeit des Europarats* ist das Bemühen um den einzelnen bzw. die Ablehnung von Ausgrenzung, Diskriminierung und Marginalisierung kennzeichnend. So sollten alle Bürger Unterstützung finden, daß sie ihre Möglichkeiten optimal entwickeln und während ihres Lebens realisieren können.

In diesem Prozeß hat der Europarat die immense Bedeutung der *frühkindlichen Erziehung* fortwährend betont. Denn in den frühen Jahren entwickelt sich nicht nur ein entscheidendes Welt- und Kulturverständnis, sondern in dieser Zeit werden auch soziale Einstellungen und Beziehungsmuster gelernt, ferner sprachliche und numerische Fähigkeiten entwickelt, die in einer modernen Welt für ein normales und erfolgreiches Leben unerläßlich sind. Die frühkindliche Erziehung kann dabei:
- die Entwicklung von sozialer Kompetenz, Selbstvertrauen und Selbstvermittlung sowie von Kreativität, Autonomie und körperlicher Gesundheit fördern;
- Toleranz und mentale Offenheit von früh an begünstigen, wenn sie kleine Kinder mit Spielkameraden und Erwachsenen aus unterschiedlichem Sozial- und Kulturhintergrund in Berührung bringt
- und wichtige Möglichkeiten zur Früherkennung und Behandlung von Behinderungen bieten.

Aus all diesen Gründen empfiehlt der Europarat, daß all jenen Kindern, deren Eltern es wünschen, eine Möglichkeit geboten wird, mindestens zwei Jahre vor dem Primarschulbeginn an frühkindlichen Erziehungsangeboten teilzunehmen. Um kleine Kinder dabei nicht disparaten Eindrücken und Erfahrungen auszusetzen, sollten Kindergärten und/oder Vorschulen engen Kontakt zur Familie wahren und auch über diese erzieherisch wirken.

Die vorschulische Erziehung hat in Europa einen so großen Aufschwung genommen, daß die *Primarschulerziehung* nicht mehr der einzige europaübergreifende Bildungsbereich ist, zumal es inzwischen auch überall eine Sekundarschulpflicht gibt. Gleichwohl ist die Primarschule zur zentralen Grundlage für das geworden, was man als lebenslangen Lernprozeß betrachtet. Insofern reichen ihre Bildungsziele und -aufgaben erheblich über den engen Bereich des Lesen-, Schreiben- und Rechnenlernens hinaus, obwohl diese Fähigkeiten weiterhin wichtig bleiben.

Aufgabe der Primarschule ist es, die kindlichen Wahrnehmungen und Vorstellungen von der natürlichen und sozialen Umwelt auszuweiten. Ferner muß sie dazu beitragen, daß Kinder demokratische Werte – wie Toleranz, Beteiligungsbereitschaft, Verantwortlichkeit und Respekt vor anderen – erwerben und erproben können. Und schließlich soll sie grundlegende Fähigkeiten und Fertigkeiten sowie Einstellungen und Wissen anbahnen, d. h. auch die kindlichen Kommunikations-, Problemlöse- und Denkfähigkeiten entwickeln.

Notwendig ist aber auch eine breitangelegte *Sekundarerziehung*. Und zwar müssen diese Schulen – über ihre traditionelle Rolle der Wissens- und Wertvermittlung hinaus – ihre Schüler besser darauf vorbereiten, was die 'Standing Conference of European Ministers of Education' als „Herausforderungen und Probleme beim Übergang zum Erwachsenenleben" bezeichnete. Dies ist keineswegs so einfach, wie es klingt; denn die Schulen sollen auf weitreichende ökonomische, technische, politische, soziale und kulturelle Entwicklungen antworten, deren Ursachen außerhalb des Erziehungsbereichs liegen. Mithin können die Schulen diese Probleme nicht lösen, sondern nur gemeinsam mit anderen Institutionen einen wichtigen Beitrag zu ihrer Lösung leisten. Denn wie das Europarat-Projekt 'Vorbereitung auf das Leben' (Preparation for Life) deutlich gemacht hat, betreffen jugendpolitische Maßnahmen vielfach mehrere Ministerien und Abteilungen in den Ministerien, so daß Querverbindungen unter ihnen stärker beachtet werden müssen, wenn es zu kohärenteren politischen Maßnahmen kommen soll.

Und zwar benötigen Jugendliche, wenn sie mit Eigeninitiative auf die Herausforderungen des kontinuierlichen und raschen Wandels reagieren sollen, eine breitangelegte Sekundarerziehung, die folgende vier Schlüsselbereiche berücksichtigt:
- eine Vorbereitung auf das *persönliche Leben* – und dazu gehören sowohl grundlegende Wertorientierungen als auch persönliche und familiäre sowie Milieu- und Sozialbeziehungen;

Der Europarat 25

- eine Vorbereitung auf das Leben in einer *demokratischen Gesellschaft*, die ihrerseits eine Auseinandersetzung mit den Menschenrechten und grundlegenden Freiheiten, den Pflichten und Rechten der Bürger, sowie mit der Politik und Wirtschaft erfordert;
- eine Vorbereitung auf das *kulturelle Leben*, zu der sowohl eine Einführung in kulturelle, geistige, geschichtliche wie wissenschaftliche Traditionen gehören muß, als auch eine Preparation für ein multikulturelles Leben, und nicht zuletzt, daß die Schüler Quellen für ein persönlich bereicherndes Leben und eine Lebenserfüllung erschließen lernen;
- und eine *Berufsvorbereitung*, die den Schülern einen weiten Horizont vom Arbeitsleben vermittelt.

Diese Schlüsselbereiche sind eng miteinander vernetzt und tangieren die unterschiedlichen Rollen, die wir in unserem Leben – als Individuen, Lernende, Eheleute, Eltern, Bürger, Arbeitende, Konsumenten und Freizeitnutzer – einnehmen.

Damit junge Menschen dabei gleichzeitig Selbstvertrauen und ein positives Selbstimage entwickeln, aber auch Fähigkeiten zu realistischen Entscheidungen gewinnen, gilt es bei ihren Beurteilungen vor allem auf solche Kompetenzen hinzuweisen, die sie erwerben müssen. Auf diese Weise können sie zu einer klaren Bestandsaufnahme ihrer Leistungen – und nicht nur ihrer Fehlleistungen – gelangen. Dieser Selbstbewertungs- und -einschätzungsprozeß würde noch an Bedeutung gewinnen, wenn die Schulen ihre Aufmerksamkeit ebenso wie auf den akademischen Fortschritt auch auf andere Werte und Fähigkeiten lenken würden, z. B. auf die Bedeutung:
- von Verläßlichkeit, Ausdauer, Kooperationsfähigkeit, Fairneß und Ehrlichkeit;
- ferner von künstlerischen, musischen, körperlichen und praktischen Leistungen.

Außerdem betonte das Europarat-Projekt 'Vorbereitung auf das Leben' noch die *Bedeutung eines Erfahrungslernens*. Da etliche Erfahrungen im Klassenzimmer gar nicht möglich sind, sollten die Schulen vielfältige Kontakte und einen vielschichtigen Erfahrungsaustausch mit Familien, den Gemeinden, sozialen, politischen und kulturellen Institutionen, ferner mit der Arbeitswelt und mit anderen Ländern initiieren. Anders gesagt, Curriculumplaner und Lehrer sollten über die engeren Lehrplaninhalte hinaus auch die reichen Bildungsressourcen der näheren und weiteren Umgebung mit beachten und berücksichtigen.

Schließlich sollten die Schulen im Hinblick auf ein *lebenslanges Lernen* auch gewisse Möglichkeiten der Weiterbildung wie Ausbildung antizipieren und entsprechende Beratungsdienste anbieten, die auf unterschiedliche Ausbildungsprogramme ebenso hinweisen wie auf Hochschul- und Erwachsenenbildungsangebote. Eine derartige Beratung könnte den Jugendlichen eine Selbstklärung hinsichtlich ihrer Fähigkeiten, Schwächen und Interessen erleichtern, so daß sie begründeter über ihre weitere Bildung, Ausbildung und Berufswahl entscheiden können.

II. Spezifische Bildungsanforderungen in Europa

1. Risikogruppen und ökonomischer Wandel

Charakteristisch für die ökonomische Entwicklung sind im letzten Jahrzehnt vor allem das *Wachstum in der Hochtechnologie*, eine beinah traumatische Umstrukturierung der europäischen Grundindustrien, die Verringerung der Arbeitsplätze für Ungelernte und auch eine hohe und langandauernde Arbeitslosigkeit.

Die Untersuchungen des Europarats haben gezeigt, daß es unter den Jugendlichen etliche *Risikogruppen* gibt, die besonders durch Arbeitslosigkeit gefährdet sind und spezielle Aufmerksamkeit benötigen.

Zunächst einmal sind hier Jugendliche zu nennen, die die Schule *ohne Abschlußzeugnis* verlassen. Für sie besteht die Gefahr, daß sie an den Rand der Gesellschaft gedrängt werden, weil es in hochtechnologischen Gesellschaften zunehmend weniger Arbeitsplätze für Ungelernte und Unausgebildete gibt.

Eine zweite Risikogruppe sind *Mädchen*. Traditionell wurden Frauen nur in einem begrenzten Berufsspektrum und vielfach in Bereichen mit geringer Qualifikation, Verantwortung und Bezahlung eingestellt. Obwohl in den letzten Jahren erhebliche Verbesserungen zu beobachten sind, so bleiben Bildung und Ausbildung vieler Mädchen doch noch inadäquat, d. h., sie vermitteln nicht in hinreichender Weise jenes Wissen und jene Fähigkeiten, die als Grundlage für eine spätere berufliche Mobilität wichtig sind. Zu oft konzentrieren sich Mädchen auch selbst auf einen begrenzten Berufsbereich. Deshalb sollten die Bildungssysteme die Chancen der Mädchen in zweierlei Hinsicht ausweiten: Zum einen sollten sie diese besser über ihre Lage informieren, damit sie jene ändern können und auch ändern wollen. Zum anderen sollten sie ihnen vielschichtigere technische Fähigkeiten vermitteln, damit sich ihnen mehr Berufsmöglichkeiten eröffnen.

Eine weitere Risikogruppe rekrutiert sich aus Jugendlichen von den *Migrantenfamilien*. Diese haben vielfach nur geringe Bildungsvoraussetzungen, sie leiden unter gewissen Sprachhandicaps, sind auf dem Arbeitsmarkt von zusätzlicher Unsicherheit betroffen und werden eventuell auch noch diskriminiert. Entsprechend sind diese Jugendlichen drei- bis viermal so häufig von Arbeitslosigkeit betroffen wie die einheimischen.

Als vierte Gruppe sind schließlich die körperlich wie geistig *Benachteilig-*

ten zu erwähnen. Von Rezessionszeiten werden sie besonders hart betroffen. Deshalb haben die europäischen Bildungsminister verlangt, daß „jede nur mögliche Anstrengung unternommen wird, um ihre Teilnahme an der Gesellschaft zu erleichtern und ihre Integration in die Wirtschaftswelt zu fördern".

Insgesamt hat die Sorge um die Jugendarbeitslosigkeit sowohl zu einer größeren *Beachtung der Arbeitswelt in den Bildungssystemen* geführt, als auch zu einer besseren Kooperation zwischen Schule und Industrie. Der Europarat empfiehlt hier z. B., daß die Pflichtschule allen Jugendlichen – sei es in Form einer Berufsorientierung oder sei es während einer Berufsausbildung – einen breiten Überblick über das Arbeitsleben anbietet. Dazu sollte u. a. gehören:
– eine theoretische Einführung in die Grundlagen und Formen der Arbeitswelt;
– ferner Arbeitserfahrungen und Kontakte mit Vertretern von Arbeitgebern wie Gewerkschaften.

Insgesamt sind heutzutage *breite und flexible Qualifikationen notwendig*, die ein erhebliches Maß an Bildung und Kommunikationsfähigkeit einschließen. In vielen europäischen Ländern wurde auch erhebliche Sorge angesichts der alarmierenden Zahl von Jugendlichen und Erwachsenen laut, die nicht einmal über soviel Grundbildung verfügen, daß sie Zeitungen, Wahlinformationen oder technische Bedienungsanleitungen lesen und verstehen können. Eine schriftliche wie mündliche Kommunikationsfähigkeit ist aber unabdingbar, weil wir ohne sie als Individuen, Bürger und Arbeitende nicht funktionsfähig sind bzw. weil dieser Mangel leicht zu Frustration und Marginalisierung führt. Bezeichnenderweise fehlen vielen Langzeitarbeitslosen basale Lese- und Rechenfertigkeiten. Daher richtet sich ein Hauptakzent des jüngsten Erwachsenenbildungsprogramms des Europarats auf eine kritische Bestandsaufnahme, wie diese Defizite in der Gemeinwesen- und Erwachsenenbildung, z. B. durch Ausbildungspläne, reduziert werden können.

2. Herausforderung der Informationsgesellschaft

Angesichts der Tatsache, daß täglich fast 10000 wissenschaftliche Artikel erscheinen, sich die wissenschaftliche und technische Information alle fünf Jahre verdoppelt, daß Informationsangebote in Form von Compact-Disketten, interaktivem Video und elektronischen Datenspeichern üblich geworden sind, spricht man in Europa von der sog. 'Informationsgesellschaft'.

Obgleich die neuen Technologien von einigen recht ängstlich längere Zeit als arbeitsplatzvernichtende Mittel angesehen wurden, haben jene de facto neue Arbeitsplätze geschaffen. Allerdings erfordern die entsprechenden Berufe auch *neue Bildungs- und Ausbildungsdimensionen* bzw. neue Fähigkeiten. Inzwischen beruht die weltwirtschaftliche Entwicklung in großem Maße auf den neuen Technologien, Informationssystemen und Wissen, d. h., ein wachsender Anteil der Arbeitskräfte ist an der Entwicklung, Verarbeitung und Weitergabe von Informationen beteiligt.

Bei einer Bestandsaufnahme der *bildungspolitischen Herausforderung durch die Informationsgesellschaft* haben die europäischen Bildungsminister kürzlich festgestellt, daß die neuen Informationstechnologien und Massenmedien eine Vielzahl von neuen Möglichkeiten eröffnen, denn:
– sie verstärken den Bezug der Bildung zur Außenwelt erheblich
– und erhöhen die Wirksamkeit von Lehre und Lernen auf allen Ebenen und in allen Arten von Unterricht.

Die neuen Technologien können beispielsweise benutzt werden: zur persönlichen Horizonterweiterung, als 'Zweite Bildungschance' für jene, denen bestimmte Qualifikationen fehlen, oder zur Aktualisierung von beruflichem Wissen und Können.

Ferner weisen die Minister darauf hin, daß die Bildungssysteme in der Informationsgesellschaft nicht länger versuchen sollten, enzyklopädisches Wissen zu vermitteln. Statt dessen käme es auf eine Unterstützung und Beratung der Lernenden an – gleichgültig ob es sich um Jugendliche oder Erwachsene handle –, damit sie Informationen auswählen, kreativ denken, Probleme lösen, in Teams zusammenarbeiten, Urteile begründen sowie kommunizieren könnten und damit sie bereiter würden, ihr Wissen sowie ihre Fähigkeiten im Licht veränderter Anforderungen immer wieder zu überprüfen.

Die Zahl der europäischen Länder nimmt z. B. zu, in denen über nationale Fernsehsendungen und -programme hinaus ein umfangreiches Informationsangebot per Satelliten- oder Kabelübertragung aus Nachbarländern erreichbar wird. Außerdem werden über das Fernsehen auch eine Vielzahl von Videofilmen, Telespielen und Teletextdiensten zugänglich, so daß wir jetzt alle mit einem ungeheuren Informationsreichtum und großer Unterhaltungsvielfalt – und zwar in vielen Sprachen – konfrontiert werden, von denen man vor einigen Jahren nicht einmal zu träumen wagte.

Entsprechend ist auch das *Angebot an Medienbildungskursen* in vielen europäischen Ländern gestiegen, die den Jüngeren transparent machen wollen, wie Erfahrung und Realität durch Medieninstitutionen, mediale Technologien und Praktiken der Medienmacher re-konstruiert, re-präsentiert und umverpackt werden. Die Medienbildung gewinnt eine wichtige politische Aufgabe, wenn sie zur Bildung von Bürgern beiträgt, die nicht durch einseitige und/oder voreingenommene Information beeinflußt bzw. manipuliert werden können, sondern die aufgrund einer soliden Information zu einer fairen und begründeten Urteilsbildung in der Lage sind.

3. Erwachsenenbildung: ein 'Menschenrecht'

In einer Umwelt, die wie gesagt durch kontinuierliche und rasche Veränderungen gekennzeichnet ist, reicht es nicht länger hin – falls dies jemals der Fall war –, einmal eine berufliche Fähigkeit oder ein Zeugnis zu erwerben und darin dann hinreichende Voraussetzungen für die nächsten 40 Berufsjahre zu sehen. Statt dessen bewegt sich Europa auf ein *System lebenslanger, d. h. ständig erneuerter und wiederholter Bildung* zu, zu dessen Aufgabe die Koordinierung verschiedener Bildungsangebote – und zwar formaler wie informeller und beruflicher wie allgemeinbildender Angebote – gehören wird.

Seit langem hat der Europarat deshalb betont, welche *strategische Bedeutung der Erwachsenenbildung* in jedem Fortbildungssystem zukommt. Sie ist ein wesentliches Mittel, um Männern wie Frauen beim Umgang mit neuen Arbeitsstrukturen, mit Arbeitslosigkeit und Freizeit zu helfen. Auf einer kürzlichen Konferenz des Europarats wurde daher betont, daß die Erwachsenen- und Fortbildung als ein Menschenrecht betrachtet werden sollten – und zwar nicht nur als wesentliche Vorbedingung für die Anpassung von Männern wie Frauen an den Gesellschaftswandel, sondern auch, damit jeder einzelne einen wirklichen Vorteil davon hat, wenn er zu einer persönlichen Neuorientierung und aktiven Teilnahme am Entwicklungsprozeß bereit und dazu in der Lage ist. Anders ausgedrückt: Alle Erwachsenen sollten – unabhängig von Alter, Geschlecht, ethnischer Herkunft, sozialem Status oder Behinderung – lebenslangen Zugang zu guten Bildungsangeboten haben. Dazu sollte ein Recht auf Bildungsurlaub gehören, sei es im Hinblick auf berufliche Fortbildung oder Umschulung oder sei es in Form einer Vorbereitung auf den Ruhestand oder zur persönlichen Weiterentwicklung.

Derzeit wird in vielen europäischen Ländern von der Erwachsenen- und der Gemeinwesenbildung ein verstärktes Eingehen auf die Bedürfnisse der *Langzeit-Arbeitslosen* und auf die wachsende Zahl der – teils freiwilligen, teils unfreiwilligen – *Vorruheständler* gefordert, denn etliche von ihnen sind erst in ihren frühen 50ern, können aber durchaus älter als 80 Jahre werden. Im Zentrum des letzten Projekts des Europarats – mit dem Titel „Erwachsenenbildung und sozialer Wandel" – stehen daher Fragen wie: Wie kann die Erwachsenenbildung den Älteren helfen, daß sie weiterhin mit der gesellschaftlichen Gesamtentwicklung verbunden bleiben und ihre Fähigkeiten wie Erfahrungen sinnvoll nutzen?

III. Zentrale Europäische Bildungsinhalte

1. Die europäische Dimension in der Bildung

Europäische Kooperation gehört zur Alltagserfahrung von Regierungen, Geschäftsleuten, Gewerkschaften, Berufsgruppen wie auch der Bürger als Privatleuten. Da die Ausweitung der europäischen Kooperation und Integration alle Gebiete der Politik beeinflußt, wird die europäische Dimension in den kommenden Jahren zu einem immer wichtigeren Faktor der Bildungsplanung und -praxis.

Viele Jahre wurde die 'europäische Dimension in der Bildung' einfach als 'Erziehung zu Versöhnung und Verständigung' betrachtet, mit der sich nur ein paar Idealisten und Lehrer befaßten. Angesichts der Veränderungen in Zentral- und Osteuropa sowie angesichts der europäischen Integration – hier insbesondere des Binnenmarkts seit 1993, des europäischen Wirtschaftsraums und des Maastrichter Vertrags – hat sich die Einstellung zur europäischen Dimension fast revolutionär verändert. Es entstand ein viel *umfassenderes und dynamischeres Konzept*, das nicht nur erhebliche Auswirkungen auf die Lehrinhalte hat, sondern auch auf die Schulorganisation, die schulischen Abschlußprüfungen, Laufbahnberatung und extracurricularen Aktivitäten.

Die politische Bedeutung der europäischen Dimension wird durch die Tatsache unterstrichen, daß die *'Standing Conference' der europäischen Erziehungsminister des Europarats* diese Dimension 1991 als zentrales Thema für ihre Zusammenkunft in Wien wählte. An dem Treffen nahmen Minister und höhere Regierungsvertreter von 34 europäischen Ländern teil. Wie die Minister betonten, werden Arbeit, Bildung und Freizeit in Europa in zunehmendem Maße durch Mobilität, Austausch und transnationale Kommunikation tangiert, und erhalten auch die Alltagserfahrungen der Europäer immer mehr eine 'lebensnahe europäische Dimension'. Aufgrund dieser Entwicklung empfahlen die Minister: Die Bildung sollte
– nicht nur die wachsende Verbundenheit der Länder und Völker in Europa stärker bewußtmachen und deren Beziehungen auf eine neue Basis stellen,
– sondern auch Verständnis dafür fördern, daß in vielen Bereichen unseres Lebens eine europäische Perspektive wichtig bzw. europäische Entscheidungen notwendig sind.

Gleichzeitig betonten die Minister, daß die Jüngeren weder ihre globalen Verantwortlichkeiten noch ihre nationalen, regionalen oder lokalen Bindungen aus dem Blick verlieren dürfen. Mit anderen Worten, die *europäische Dimension darf nur als eine unter mehreren* betrachtet werden, d. h., unsere Bildungssysteme müssen – sowohl heute wie in Zukunft – daneben auch lokale, regionale, nationale und globale Dimensionen beachten.

Nun hat sich in den letzten vier Jahren das Interesse an der europäischen Dimension auch an der Basis entschieden verändert. Seither werden der Europarat und andere europäische Gremien mit Anfragen von Erziehern geradezu überschüttet, und zwar fordern immer größere Gruppen grundlegende Informationen, Unterrichtshilfen, Kontakte oder Austausch- und Ausbildungsmöglichkeiten in Europa. Gleichzeitig ist ein explosionsartiger Anstieg an Konferenzen und Arbeitstagungen zu dieser Thematik zu beobachten. Auch eine wachsende Zahl internationaler Organisationen und Netzwerke zeigt zunehmendes Interesse an der Bildung in, über und für Europa.

Dazu gehören beispielsweise das Organisationsbüro der europäischen Schülervereinigung, die europäische Elternvereinigung, der europäische Lehrerverband, die Vereinigung für Lehrerbildung in Europa, die europäische Vereinigung der Sekundarschulleiter, der europäische Zusammenschluß für Interkulturelles Lernen, das europäische Büro für Erwachsenenbildung und die europäische Rektorenkonferenz.

Insgesamt steht die Bildungsabteilung des Europarats mit mehr als 70 derartigen *nichtstaatlichen internationalen Organisationen* (NGOs = nongovernmental organizations) im Kontakt, und ihre Anzahl steigt von Monat zu Monat. Diese Organisationen sind für die europäischen Gremien sehr wichtige Partner; denn sie bieten ihnen nicht nur wichtige Informationen und Ratschläge, sondern dienen auch als Relais für die Weitergabe eigener Arbeitsergebnisse.

In Reaktion auf diese politischen wie Bevölkerungsinteressen an der europäischen Dimension hat der Europarat gemeinsam mit dem britischen Verlagshaus 'Cassel' die Schrift von M. Shennan ›Teaching about Europe‹ (1991) publiziert. Darin werden die neueren Arbeiten des Europarats zu *'Europa im Lehrplan'* praxisnah für die Hand des Lehrers zusammengefaßt. Gleichfalls führt der Europarat auch ein ambitioniertes neues Projekt über die europäische Dimension in der Sekundarbildung durch – und zwar unter dem Titel ›Sekundarerziehung für Europa‹ ("A Secondary Education for Europe"). Vermittelt werden sollen praktische Anregungen, wie Sekundarschulen ihre Schüler vorbereiten können auf: Studium, Ausbildung, Arbeit, Mobilität, Freizeit sowie das Alltagsleben in einem demokratischen, multikulturellen und vielsprachigen Europa.

Für den Europarat schließt die *Bezeichnung 'Europa'* den ganzen Kontinent und keinesfalls nur die Mitglieder irgendeiner einzelnen europäischen Organisation ein. Dabei ist mit der Bezeichnung 'europäische Dimension in der Bildung' keineswegs eine Uniformität der Bildungssysteme vom Nordkap bis nach Zypern oder Malta, noch von Reykjavík über Warschau nach Wladiwostok gemeint. Vielmehr gilt es die lokale, regionale sowie nationale Vielfalt und Ungleichartigkeit zu respektieren. Auch beinhaltet die Bezeichnung nicht die Einführung eines neuen Fachs in den Schullehrplan. Aber beim Unterricht über Europa stehen wir keineswegs am Nullpunkt. Vielmehr wird 'Europa' auch bisher schon in Unterrichtsfächern wie Geschichte, Geographie, Staatsbürger- und Wirtschaftskunde, sowie im neusprachlichen Unterricht, der Literatur, Musik, den schönen Künsten und in der Umwelterziehung berücksichtigt. Aber dem Unterricht über Europa fehlt es aufgrund mangelnder Querbeziehungen und/oder Koordination unter den Fächern oft noch an Kohärenz.

2. Europäische Kommunikation und Sprachkompetenz

Wenn die Europäer zusammen leben, arbeiten und miteinander in Geschäftsverbindungen treten wollen, dann müssen sie auch ihre Sprachen lernen. Seit langem hat der Europarat die vitale Bedeutung erkannt, die moderne Sprachen für eine internationale Verständigung, Kooperation und Mobilität haben. Entsprechend unterstützte er die Entwicklung eines *Kommunikationsansatzes beim Lernen und Lehren der Sprachen*, der von individuellen Bedürfnissen und Motivationen ausgeht. Die Ergebnisse dieser Bemühung sind auf vielfältige Weise in Kursplanungen, curriculare Reformen, Prüfungsentwicklungen und Textbuchdarstellungen eingegangen.

Praktische Anwendung haben die Ideen des Europarats auch in den bekannten *multi-medialen Kursangeboten* – und zwar 'Follow Me' zum Englisch-Lernen (das bald durch das Programm 'Look Ahead' ersetzt wird) und 'Viaje al Español' zum Spanisch-Lernen – gefunden. Detaillierte Lernziele wurden bisher für 13 europäische Sprachen veröffentlicht, und weitere sind in Vorbereitung, u. a. für Russisch.[2] Die praktischen Implikationen für Lernende wie Lehrende wurden von J. Sheils im Handbuch ›Communication in the Modern Languages Classroom‹ (1988) dargestellt.

Zu den wichtigsten Themen vom laufenden *Sprachprojekt* des Europarats, das den Titel „Sprachenlernen für eine europäische Staatsbürgerschaft" trägt, gehören: Sprachen in der Primarerziehung, Fremdsprachengebrauch beim Unterricht verschiedener Schulfächer und berufsbezogener Sprachunterricht. Gegenwärtig prüft der Europarat die Praktikabilität eines gesamteuropäischen *Rahmenkonzepts zum Fremdsprachlernen* auf allen Bildungsebenen. Ein derartiges Rahmengerüst, das natürlich offen und flexibel sein muß, wird sich mit der Planung von Fremdsprachprogrammen, Prüfungsnachweisen und selbstgesteuerten Lernprozessen befassen. Es soll ebenso einen Überblick über die unterschiedlichen Möglichkeiten des Sprachlernens als auch eine Reihe gemeinsamer Anhaltspunkte bieten, wie Lernfortschritte gemessen werden können. Zum Rahmengerüst wird evtl. eine europäische Sprachmappe erstellt, die die jeweilige Sprachqualifikation des Nutzers – d. h. seine Erfahrungen und Fähigkeiten – in international akzeptabler Weise dokumentieren soll. Sie müßte auf das gemeinsame

Der Europarat 33

Rahmengerüst abgestimmt und unter der Schirmherrschaft des Europarats herausgegeben werden. Eine solche Dokumentationsmappe könnte ein wesentlicher Beitrag zur europäischen Bildungs- und Berufsmobilität werden.

3. Neues Geschichtsinteresse in Europa

Gegenwärtig ist in Europa angesichts der brisanten und herausfordernden Umbruchsituation eine neue Sensibilität für *Identitätsprobleme* entstanden. Zu dem recht komplexen Identitätskonzept gehören sowohl gemeinsame Erinnerungen und ein historisches Bewußtsein als auch eine gemeinsame Sprache und Religion. In nationale und ethnische Identitätsvorstellungen gehen vielfältige Symbolbezüge ein: z. B. Helden, verlorene und gewonnene Schlachten, Feier- und Gedenktage, Lieder und Hymnen, Fahnen, Bilder usw. Manchmal artikuliert sich dieses Identitätsbedürfnis in destruktiver und gewalttätiger Weise, und dann auf Kosten der Identität von anderen, seien es Migranten, Immigranten, Minoritäten oder seien es Völker. Nun haben der *Geschichtsunterricht und die entsprechenden Lehrbücher* leider allzuoft die pessimistische Aussage des französischen Autors Paul Valéry bestätigt, daß „Geschichte das gefährlichste Produkt sei, das die Chemie des menschlichen Intellekts hervorgebracht habe"; denn sie mache Nationen „erbittert, arrogant, unerträglich und eingebildet".

Da den Gründungsvätern des Europarats bewußt war, wie leicht die Geschichte mißbraucht werden kann, um nationale Antagonismen sowie rassische und kulturelle Überlegenheitsgefühle zu fördern, haben sie sich von Anfang an intensiv mit dem Geschichtsunterricht und Geschichtsbüchern befaßt. *Ziel ihrer Aktivitäten* war es, eine größtmögliche Akkuratesse, Ehrlichkeit und Fairneß in den historischen Darstellungen zu fördern, bzw. Irrtümer, Einseitigkeiten und Vorurteile zu beseitigen. Die Geschichtsexperten des Europarats sind z. B. der Meinung: „Die Geschichte stellt insofern eine einzigartige Disziplin dar, als sie mit einer spezifischen Bewußtseinsbildung und der Entwicklung von Einstellungen befaßt ist, und hat deshalb die Aufgabe, einen akkuraten Wissensbestand so zu vermitteln, daß die Schüler andere Standpunkte verstehen."

Manchmal hören wir nun Forderungen nach einem einzigen gesamteuropäischen Geschichtslehrplan oder einem entsprechenden europäischen Lehrbuch. Die Geschichtsexperten des Europarats widersprechen jedoch entschieden. Ihrer Meinung nach darf es keine Einheitsvision der europäischen Geschichte für alle Schulen auf dem Kontinent geben. Gleichwohl gibt es einige Elemente, die entweder der Geschichte von europäischen Regionen oder auch der von Europa insgesamt zugrunde liegen. Diese eignen sich natürlich für eine europäische Darstellung. Die europäischen Bildungsminister haben deshalb 1991 bei ihrer Zusammenkunft in Wien empfohlen, daß die jüngere Generation sich in der Geschichte auseinandersetzen sollte mit „den Ursprüngen der europäischen Völker und Staaten, mit den sozialen, politischen, ideologischen und religiösen Bewegungen sowie mit den Machtkämpfen, Ideen, kulturellen Leistungen, Wanderungen und Migrationen – die die europäischen Entwicklungen beeinflußt haben".

In letzter Zeit ist in den meisten europäischen Ländern das Interesse an der Geschichte zweifellos erheblich gewachsen, so daß der Europarat seine diesbezügliche Arbeit nach einigen Jahren wiederaufgenommen hat.

4. Außerschulische Kooperation in Europa

Außerschulische Aktivitäten können den Schulunterricht über andere Länder und Kulturen entscheidend unterstützen. Vielfach bemühen sich Lehrer wie Schüler in Europa auch um persönliche Kontakte mit ihrer Altersgruppe in anderen Ländern und Kontinenten, sei es in Form von Briefpartnerschaften oder über einen Austausch von Tonband- und Videokassetten. Auch die *neuen Kommunikationstechnologien* werden genutzt, um die traditionellen Schulkontakte bzw. den Schulaustausch zu ergänzen. Außerdem lassen sich die 'Fenster nach Europa und zur Welt' per elektronischem Briefkasten, durch Konferenzschaltungen oder Satellitenübermittlungen noch erheblich weiter öffnen.

Erwähnenswert ist ferner, daß nicht nur *Schulkontakte und Schüleraustausch* oft zum festen Bestandteil der Lehrpläne geworden sind, sondern daß auch das Interesse an multikulturellen Schulbeziehungen steigt. Solche Beziehungen wurden teils von Klassen, teils auch von Schulgruppen aus verschiedenen Ländern – und gelegentlich sogar aus Kontinenten – aufgebaut. Entsprechend hat der Europarat im Rahmen seines neuen Sekundarschulprojekts ein *europäisches Netzwerk* zur Förderung der Schulkontakte und des Austausches initiiert. Das Netzwerk besteht aus Repräsentanten der Ministerien und offiziellen Dienststellen. Seine Aufgabe ist es, Kontakte zu erleichtern und einen Austausch von Informationen bzw. vorteilhaften Praxiserfahrungen anzuregen. Inzwischen liegt ein ›Praktischer Ratgeber zur Schulkooperation und für den Austausch‹ von R. Savage (1992) vor. Derzeit wird auch eine Trainingseinheit bzw. ein Trainingsmodul für Lehrer vorbereitet, die am Austausch interessiert oder daran beteiligt sind.

Die Schulen können ihre Schüler schließlich auch auffordern, an extracurricularen Aktivitäten mit einer internationalen Dimension wie den folgenden teilzunehmen: der jährlichen Aktivität 'Europa in der Schule', d. h. dem 'Europäischen Schulwettbewerb' oder an dem mit der Unesco assoziierten Schulprojekt. Das erstgenannte ist ein Gemeinschaftsprojekt des

Europarats, der Europäischen Gemeinschaft, des Deutschen Parlaments und der Europäischen Kulturstiftung.

Insgesamt hält es der Europarat für wichtig, daß Lehrer sich am internationalen Austausch beteiligen, weil sich ihr beruflicher Horizont erheblich erweitert, wenn sie mit ausländischen Kollegen Ideen, Erfahrungen und Lehrmaterialien austauschen. Der Europarat unterhält dafür den '*Europäischen Stipendienfonds für Lehrer*', der ihnen eine Teilnahme an kurzen Fortbildungsveranstaltungen in anderen Ländern finanzieren hilft. Im Hinblick auf die Teilnahme von Lehrern aus Zentral- und Osteuropa ist dieser Etat gerade erweitert worden.

IV. Auf dem Wege zum multikulturellen und demokratischen Europa

1. Die 'höhere' Bildung und Europa

Um in Europa den freien Gedanken- und Personenaustausch zu fördern, hat sich der Europarat nachdrücklich für *Äquivalenzregelungen* bei den Hochschuldiplomen und für eine *akademische Mobilität* eingesetzt. In dieser Absicht hat er fünf entsprechende europäische Konventionen oder Verträge zustande gebracht. Außerdem organisierte er ein Verbundsystem unter den nationalen Informationszentren. Dies stellt Studenten, Forschern, Regierungsstellen, Hochschulen und zukünftigen Arbeitgebern u. a. autorisierte Informationen über formale Studienbedingungen und die Anerkennung spezifischer Qualifikationen zur Verfügung. Dieser Informationsdienst wird durch *transnationale Stipendienprogramme* komplettiert, die es den Studierenden ermöglichen, einen Teil ihrer Ausbildung in anderen europäischen Ländern zu realisieren. Die bedeutendsten sind das ERASMUS-Projekt der Europäischen Gemeinschaft und das NORDPLUS-Projekt des Nordischen Ministerrats.

Soeben hat der Europarat zudem ein neues Dreijahresprojekt begonnen, das sich mit den *Zugängen zur Hochschulbildung* befaßt. Es wird besondere Aufmerksamkeit richten auf: die Beziehungen zwischen der Sekundar- und Hochschulbildung, auf die Hochschulzugangspolitiken, ferner auf Zugangshindernisse und europäische wie internationale Zugangsregelungen.

Kürzlich hat sich auch die direkte *Kooperation unter den europäischen Universitäten* erheblich verstärkt, u. a. auch auf regionaler, grenzüberschreitender Basis. So haben sieben Universitäten (u. a. Basel, Freiburg, Karlsruhe, Mühlhausen und Straßburg) z. B. eine 'Europäische Konföderation der oberrheinischen Universitäten' gegründet, um gemeinsame Studiengänge und Projekte sowie einen Austausch von Studierenden, Dozenten und Forschern voranzutreiben.

Daneben gibt es natürlich eine Vielzahl weiterer Kooperationsinitiativen in Europa. Erwähnt sei zunächst die Ausweitung des Angebots von *Europastudien* für Nichtgraduierte und Graduierte. Erinnert sei auch an den in den letzten Jahren gestiegenen Anteil von *Fernlehrgängen in Europa* sowie in anderen Teilen der Welt und dabei insbesondere an die Errichtung von Fernlehruniversitäten. Dank der Telematik (Wissenschaft von der Nachrichtentechnik und Informatik) und Satellitentechnik kann man sich bereits neue europäische Fernlehrformen vorstellen. Es gibt bereits eine Europäische Vereinigung der Fernlehruniversitäten. Die parlamentarische Versammlung des Europarats hat darüber hinaus jedoch die Entwicklung eines Netzwerks unter den Fernlehruniversitäten gefordert. Dies soll die Kooperation unter den Institutionen quer durch Europa fördern.

Schließlich hat der Europarat angesichts der beträchtlichen finanziellen Investitionen der europäischen Länder in die Bildungsforschung eine *Datenbank* entwickelt, die die jüngsten Forschungsergebnisse und laufenden Forschungsvorhaben aus 24 europäischen Ländern erfaßt, so daß diese allgemein zur Verfügung stehen. Die Datenbank des Europäischen Dokumentations- und Informationszentrums für Bildung, das allgemein unter dem Akronym 'EUDISED' bekannt ist (European Documentation and Information System for Education), steht den politischen Entscheidungsträgern, Forschern und Pädagogen überall in der Welt 24 Stunden pro Tag zur Verfügung.

2. Bildungsbedarfe in Zentral- und Osteuropa

Alle neuen Partnerländer des Europarats in Zentral- und Osteuropa versuchen derzeit, parlamentarische Demokratien, bürgerliche Gesellschaften und Marktwirtschaften zu verwirklichen. Außerdem erneuern und rekonstruieren sie ihre Bildungssysteme nach demokratischen Prinzipien. Ihre Schwierigkeiten sind natürlich enorm.

Wie unsere Kontakte zeigen, sind die Situationen der Länder jedoch recht verschieden. Daher wäre es ein Fehler, wenn man weiterhin das alte Vokabular benutzen und Ost- und Zentraleuropa sowie die Russische Föderation als 'einen Block' betrachten würde. Tatsächlich *ist die Situation in einigen Ländern recht entmutigend*, so daß die bestehenden europäischen Institutionen mit Problemen konfrontiert werden, für die sie in keiner Weise konzipiert wurden.

Beispielsweise sah sich der Europarat bei seinem speziellen Hilfsprogramm für Albanien 1992 mit der Aufgabe konfrontiert, daß die Schulen zunächst einmal mit so grundlegenden Dingen wie Fenstern, Mobiliar und Papier für Schulbücher und mit Schulbussen ausgestattet werden mußten.

Noch viel weniger wird er mit der Russischen Föderation angemessen umgehen können, da man weiß, daß dies sowohl ein Land als auch ein Kontinent ist. Sowohl die Größe und kulturelle Diversität des Landes als auch die vom Bildungssystem erfaßte Zahl der Schüler und Institutionen sind atemberaubend. Immerhin umfaßt die Föderation 120 Nationalitäten und sorgen sich dort über 160000 Bildungsinstitutionen um mehr als 60 Mio. Schüler sowie nichtgraduierte und graduierte Studenten.

Insgesamt stehen die zentral- und osteuropäischen Länder vor schwerwiegenden ökonomischen Problemen, so daß es für sie überaus schwierig – wenn nicht unmöglich – ist, die erforderlichen Bildungsinvestitionen vorzunehmen. Ein gravierendes Folgeproblem ist der *'brain drain'* von Lehrern und Forschern aus der Region, sei es zum privaten Sektor oder nach Westeuropa und in die USA. Können die zentral- und osteuropäischen Universitäten aber überleben, wenn ihnen wichtige Hochschullehrer und Forscher fehlen? Zu dieser brisanten Thematik wird der Europarat demnächst eine hochrangig besetzte Konferenz in Budapest abhalten.

Immerhin, alle neuen Partnerländer des Europarats planen eine *neue Bildungsgesetzgebung* oder haben sie bereits in Angriff genommen, damit ein Bildungssystem zustande kommt, das sich an den Bedürfnissen eines demokratischen Systems und der Marktwirtschaft orientiert. Besondere Beachtung wird dabei dem Hochschulsektor geschenkt. Zu den Zielen der Gesetzgebung gehören u. a.:
– eine Wiederherstellung der akademischen Hochschulautonomie sowie der Lern-, Lehr- und Forschungsfreiheit der Mitglieder;
– ferner eine Modernisierung der institutionellen Strukturen und eine Anhebung der Unterrichts- und Forschungsqualität.

In Reaktion auf diese Bemühungen führt der Europarat ein spezielles Projekt zur rechtlichen Reform der zentral- und osteuropäischen Hochschulbildung durch. Dieses Projekt wird partnerschaftlich organisiert – sei es in Form von Beratungsmissionen für Länder bzw. spezielle Institutionen oder in Form von Diskussionen über gemeinsame Problemfelder oder durch eine Zusammenfassung von Informationen über relevante Erfahrungen. Inzwischen wurden bereits Beratungsmissionen nach Albanien, in die drei baltischen Republiken, nach Bulgarien, in die Slowakische Republik, nach Slowenien, in die Ukraine und nach Ungarn entsandt. In Kürze soll von Straßburg aus eine entsprechende Initiative zur Reformierung der Schulgesetzgebung ausgehen.

Eine weitere Priorität der neuen Partner des Europarats ist die *Entwicklung neuer Curricula und Lehrbücher* für die Schulen sowie die Hochschulen. Besonders dramatisch ist dabei die Situation in den Bereichen der staatsbürgerlichen Erziehung, politischen Wissenschaft, Geschichte, Geographie und Philosophie, sowie des Rechts, der Wirtschaftslehre und der Wirtschafts- wie Managementstudien, weil alle diese Bereiche vor der

Wende ideologisch einseitig ausgerichtet waren. Der Europarat kann seinen neuen Partnern hier sein früheres Erfahrungspotential im Bereich des Geschichtsunterrichts und der Geschichtslehrbücher zur Verfügung stellen. Darüber hinaus hilft der Europarat auch den Behörden Österreichs und einer Gruppe anderer Mitgliedstaaten dabei, in der Stadt Graz ein *Europäisches Zentrum für neuere Sprachen* einzurichten. Dies wird vor allem, aber nicht ausschließlich, den Ländern Zentral- und Osteuropas dienen, und zwar soll es:
- Trainingsseminare für wichtige Multiplikatoren, z. B. Lehrerbildner, Schulinspektoren, Berater und Textbuchautoren organisieren
- und die Entwicklung von Netzwerken unter Sprachlehrern in Europa fördern.

Das Ausmaß und die Vielfalt der Bildungsbedürfnisse in den zentral- und osteuropäischen Staaten ist aber so groß, daß noch über mehrere Jahre eine fortdauernde Hilfe erforderlich ist. Natürlich überfordern die Probleme bei weitem die Kapazität eines einzelnen europäischen Landes oder einer Institution. Deshalb müssen wir so viele *Bindeglieder und Partnerschaften* wie möglich zwischen Schulen, Universitäten, Ausbildungsinstitutionen, Berufsverbänden und Lokalbehörden in Zentral- und Osteuropa auf der einen Seite und andererseits entsprechenden Partnern in den übrigen Regionen unseres Kontinents etablieren.

Im Westen sollte dabei stärker beachtet werden, daß Erzieher und jüngere Leute in den neuen Partnerländern vielfach über die Unkenntnis der Westeuropäer bestürzt sind, die hinsichtlich der Geschichte, Kultur und Sprachen der zentral- wie osteuropäischen und der baltischen Staaten sowie der Russischen Föderation besteht. Der Reichtum und die Vielfalt der dortigen Erfahrungen sind häufig durch unsere bipolare Vorstellung von der jüngsten Geschichte getrübt. Insofern sollten *die Bildungssysteme in Westeuropa* durchaus ihre Schullehrpläne daraufhin überdenken, inwieweit sie der Vielfalt unseres Kontinents in den Bereichen der Geschichte, Geographie, Kultur und Sprachen tatsächlich schon Rechnung tragen.

3. Europa – eine multikulturelle Gesellschaft

Zu den zentralen Entwicklungen gehörte in den vergangenen 40 Jahren bei den meisten Ländern Westeuropas, daß multikulturelle Gesellschaften entstanden, teils durch Migration, teils durch Immigration. Daher sind viele Schulen heutzutage internationale Schulen. Sie müssen sich in den Klassen gleichzeitig um Schüler unterschiedlicher Nationalität, Rasse, Kultur und Religion kümmern. Dabei ist folgende Doppelfunktion zu erfüllen: Auf der einen Seite müssen sie die Jugendlichen bei der *Integration in das Gastland* unterstützen, auf der anderen Seite sollen sie, sofern die Schüler es wünschen, ihnen *Beziehungen zu ihrer eigenen Kultur und Sprache* erhalten. Natürlich können die Ziele der Integration und Teilhabe nicht allein durch Erziehungs- und kulturpolitische Initiativen erreicht werden, sondern dafür sind gleichermaßen auch gesetzliche, Arbeits-, Unterbringungs- und sozialpolitische Maßnahmen notwendig.

Berechtigte Bedenken hinsichtlich der Integration der allerneuesten Immigrations- und Migrationswelle läßt uns manchmal die Tatsache übersehen, *daß Europa immer eine multikulturelle Gesellschaft gewesen ist.* So gab und gibt es in den meisten europäischen Ländern seit Jahrhunderten Minoritäten oder alte ethnische Gruppierungen. Es zeigte sich wiederholt – wie wir auch gegenwärtig erleben –, wie gefährlich und explosiv ethnische und nationale Gefühle werden können.

Die Bedeutung der Minoritäten wurde in der oben schon erwähnten Pariser Charta (1990) klar erkannt. Dort hieß es z. B., daß „die ethnische, kulturelle, sprachliche und religiöse Identität der *nationalen Minoritäten geschützt* wird und daß Personen, die zu solchen nationalen Minoritäten gehören, das Recht haben, diese Identität frei, ohne Diskriminierung und in voller Gleichstellung vor dem Gesetz zu entfalten, zu erhalten und zu entwickeln". Um diesen Prozeß zu fördern, hat der Europarat soeben eine Konvention zum Schutz der Minoritäten und Regionalsprachen den Mitgliedstaaten zur Zeichnung vorgelegt. Nach der Konvention sollen diese Sprachen sowohl mehr Unterstützung als auch bessere Anerkennung im sozialen wie öffentlichen Leben – und insbesondere in der Erziehung – erhalten.

Generell empfiehlt der Europarat, Migranten und Minoritäten nicht als Problem, sondern als eine Bereicherung und einen Gewinn für die aufnehmenden Gesellschaften zu betrachten. Er glaubt außerdem, daß die *multikulturelle Erziehung* eine angemessene Antwort auf die Herausforderung an die Bildungssysteme bieten kann. Basis für eine solche interkulturelle Erziehung sollten eine Aufgeschlossenheit gegenüber Andersartigkeit, ferner Wahrnehmung und Akzeptanz von Verschiedenartigkeit und vor allem Respekt für andere Kulturen, Religionen und Sprachen sein. Sie wird uns dabei in Dialoge, Kontakte und Partnerschaften mit verschiedenen Gruppen führen, die in unseren Gemeinden und Nationen leben. Wichtig ist, daß auch in der Ausbildung der Lehrer eine entsprechende interkulturelle Sensibilität gefördert wird.

Inzwischen hat der Europarat eine große Anzahl von *Handbüchern und Fallstudien zur interkulturellen Erziehung* publiziert, u. a. die Studie von M. Rey zur ›Interkulturellen Ausbildung von Lehrern‹ (1986). Diese Erziehungsproblematik und speziell die Minoritätenfrage haben aufgrund der Einbeziehung der zentral- und osteuropäischen Staaten in die Aktivitäten des Europarats noch zusätzliche Aufmerksamkeit erhalten. Deshalb unterstützt er z. B. die Gründung des Internationalen Instituts für Interkulturelle Erziehung in Temesvár in Rumänien und hat er soeben ein neues Projekt zur Erziehung und kulturellen Entwicklung von Minoritäten begonnen.

Eine besondere Minorität sind dabei die Zigeuner (Roma) und Umherziehenden, die in Europa auf weitverbreitete Diskriminierung stoßen. Für Lehrer, Sozialarbeiter und lokale Behörden hat der Europarat daher ein Handbuch über die Geschichte, Kultur, Sprachen und das Familienleben der Zigeuner herausgegeben. Zur Zeit wird eine Neuauflage vorbereitet, die auch ihre Situation in Zentral- und Osteuropa aufgreifen wird. Außerdem wurden vom Europarat für jene Lehrer, die mit der Erziehung von Zigeunerkindern befaßt sind, bisher fünf europäische Fortbildungsseminare veranstaltet.

Die Einstellung zu und der *Umgang mit Minoritäten* ist dabei keineswegs einfach, wie folgende Hinweise zeigen. Auf der einen Seite werden z. B. Bedenken geäußert, daß bei einer zu starken Beachtung der Unterschiede und Differenzen der soziale Zusammenhalt oder die nationale Identität untergraben werden könnten, die die Schulen doch auch fördern sollen. Und zwar wird hervorgehoben, daß wir bei einer sehr starken Betonung der Verschiedenartigkeit keine gemeinsame Kultur mehr hätten und bei Verlust gemeinsamer Bezugspunkte auch unfähig würden, miteinander zu kommunizieren und zu leben. Auf der anderen Seite wurde auf einem Seminar des Europarats über 'Kulturelle Werte und Erziehung in einer multikulturellen Gesellschaft' darauf hingewiesen, daß „unsere Länder Teil eines multikulturellen Europas und dies wiederum Teil einer multikulturellen Welt sei, was in der Erziehung auch zu berücksichtigen sei".

Bei derartigen Kontroversen sollte folgendes nicht unbeachtet bleiben: Ungeachtet aller wirtschaftlichen Gegenwartsprobleme ist Europa ein privilegierter Teil der Welt, wenn man hier die Gesundheit, Ernährung und Bildung der Bevölkerung und die bestehenden Wohlfahrtsdienste sowie die industrielle Entwicklung betrachtet. Angesichts des in anderen Regionen verbreiteten Hungers, der Armut und Krankheit hat Europa daher eine moralische Pflicht, sich für mehr *soziale Gerechtigkeit* einzusetzen und die Weltressourcen ausgeglichener zu teilen. Wenn sich Europa zudem auf den Weltmärkten erfolgreich behaupten will, dann brauchen seine Bürger auch eine globale Vision, kultivierte *interkulturelle Fähigkeiten* und eine Kenntnis nichteuropäischer Sprachen.

Insofern dürfen Programme, die ein *europäisches Bewußtsein* fördern, *nicht* gleichzeitig zu einem *egoistischen Eurozentrismus* führen. Der Europarat empfiehlt daher, daß die Bildungssysteme alle jungen Europäer ermuntern sollen, sich selbst „nicht nur als Bürger ihrer eigenen Region und Länder zu betrachten, sondern auch als Bürger Europas und der ganzen Welt". Entsprechend hat er in Lissabon ein Europäisches Zentrum für globale Interdependenz und Solidarität errichtet, zu dessen Aufgaben es gehört, den globalen Dimensionen im Bildungs- und Informationsbereich zu mehr Aufmerksamkeit zu verhelfen. Dieses Zentrum bemühte sich anläßlich des Umweltgipfels von Rio (1992) zum Beispiel, das öffentliche Verständnis für den Zusammenhang von Entwicklung und Umwelt mit einem speziellen Projekt zu fördern.

4. Europa – eine demokratische Gesellschaft

Überall in Europa besteht heutzutage großes Interesse an der Erziehung zu demokratischen Werten. Die meisten Länder Zentral- und Osteuropas haben bereits neue Programme für eine demokratische Bürgererziehung ausgearbeitet, die die alte, stark ideologisch ausgerichtete Erziehung ersetzen soll, und einige andere sind derzeit dabei. Außerdem wird heute quer durch Europa intensiver darüber nachgedacht, auf welche Weise Bildung mehr zur Überwindung der *politischen Apathie* beitragen und eine *Gefährdung demokratischer Werte* durch Intoleranz, Fremdenfeindlichkeit, Rassismus, Antisemitismus und Gewalt einschränken kann.

Angesichts dieser Herausforderungen konnte der Europarat – als Initiator der Europäischen Menschenrechtskonvention – nicht indifferent bleiben. Gemeinsam mit Lehrern, Experten und nicht-staatlichen Organisationen (NGOs, wie Amnesty International) überlegte er deshalb, wie die Bildungssysteme ein aktiveres *Engagement zugunsten der Menschenrechte und pluralistischen Demokratie* fördern könnten.

Aufgrund seiner Experten- und Lehrerseminare verfügte der Europarat über ein gemeinsam entwickeltes und recht umfangreiches Repertoire an Ideen, Erfahrungen und innovativen Ansätzen in der Menschenrechtserziehung. Dies Potential wird derzeit als Basis für die Entwicklung von Unterrichtsmaterial und Lehrerhandbüchern genutzt. Dazu gehört u. a. eine Publikation mit dem Titel ›Die Herausforderungen an die Menschenrechtserziehung‹ (Starkey 1991). Diese Veröffentlichung zeigt, welche *Unterrichtsmöglichkeiten* bei Schülern in verschiedenem Alter und mit verschiedener Reflexionsebene in verschiedenen Curriculumbereichen hilfreich sind.

Deutlich wird dabei, daß die Menschenrechtserziehung ein wesentlich *weiteres Konzept benötigt*, als einfach nur über rechtliche und konstitutionelle Vereinbarungen und Mechanismen zu unterrichten. Sie muß sowohl die Bildungsinstitutionen, ihr Ethos und ihre Strukturen als auch die Inhalte der Lehrpläne ganz durchdringen. Letztlich muß sie zu einem wirklichen Verständnis von und einer Empathie für Gerechtigkeit, Gleichheit, Freiheit, Solidarität, Frieden, Würde, individuelle Rechte und Demokratie führen.

Unter den *Fähigkeiten*, die für ein Verständnis von und eine Unterstüt-

zung der Menschenrechte wichtig sind, hält der Europarat folgende für besonders bedeutsam:
- Fähigkeiten, die mit der *Sprachentwicklung* verbunden sind – z. B. die mündliche und schriftliche Ausdrucksfähigkeit, bzw. die Fähigkeiten zur Diskussion und zum Zuhören;
- ferner Fähigkeiten zu *begründeten Urteilen* – und dazu gehören nicht nur eine Ermittlung und Analyse von Informationen aus verschiedenen Quellen, sondern auch ein Aufspüren von Einseitigkeiten und Vorurteilen – sowie eine Bereitschaft und Fähigkeit zu fairen und ausbalancierten Schlußfolgerungen;
- ferner *soziale Kompetenzen*, ohne die weder eine Anerkennung noch Akzeptanz von Verschiedenartigkeit möglich sind;
- schließlich auch *Konfliktlösefähigkeiten* – die Gewalttätigkeit ablehnen, eine Verantwortungsbereitschaft bekunden, Einfluß auf Gruppenentscheidungen nehmen und die die Menschenrechtsmechanismen nicht nur akzeptieren, sondern sie auf lokaler, nationaler, europäischer und globaler Ebene auch nutzen.

Die *Inhalte der Menschenrechtserziehung* unterscheiden sich dabei von Land zu Land, wie die Veranstaltungen und Seminare des Europarats zeigen. Gleichwohl empfiehlt er einen gemeinsamen Kern zentraler Inhalte. Dazu sollten u. a. gehören:
- die Hauptkategorien der Menschenrechte, Verpflichtungen und Verantwortlichkeiten; d. h., die Wahrnehmung von Eigenrechten sollte durch Verpflichtungen gegenüber anderen Personen, Gemeinschaften und der Menschheit ergänzt werden;
- verschiedene Formen von Ungerechtigkeit, Ungleichheit und Diskriminierung – nicht zuletzt durch Rassismus und Sexismus;
- ferner die Bedeutung von Öffentlichkeit, speziellen politischen Bewegungen und Schlüsselereignissen in der historischen und der gegenwärtigen Auseinandersetzung um die Menschenrechte;
- und nicht zuletzt die herausragenden internationalen Menschenrechtserklärungen und -konventionen, wie z. B. die Internationale Menschenrechtserklärung und die Europäische Menschenrechtskonvention.

Zu vermeiden ist dabei, daß die *Menschenrechte nur in negativer Weise* – z. B. durch ausschließlichen Hinweis auf ihre Verletzung oder die verbreitete Brutalität – diskutiert und unterrichtet werden. Denn wie ein Berater des Europarats, I. Lister, gut begründet hat, würden junge Menschen sonst allzu leicht entmutigt. Vielmehr gelte es, auf die Menschenrechte als eine 'Erfolgsstory' hinzuweisen. Lister warnte auch vor der Versuchung, den Unterricht auf andere Länder oder Zeiten zu konzentrieren, weil man sich dann „behaglich mit der Lokalisierung verweigerter Menschenrechte an anderen Orten oder zu anderen Zeiten" zufriedengeben könnte. Statt dessen hält er es für „unerläßlich, *Material über unser je eigenes Land* und unsere Gegenwart einzubeziehen, weil die Menschenrechte unteilbar, überzeitlich und regierungsunabhängig sind" (Lister 1984).

Selbstverständlich beeinflussen nicht nur die Schulen die jüngere Generation. Eine Erziehung zu demokratischen Werten kann insofern nicht von den gegenwärtigen Ereignissen der Intoleranz, Zurückweisung und des Hasses isoliert werden, die wir derzeit in vielen Teilen Europas beobachten. Selbstverständlich können Bemühungen um eine Menschenrechts- und eine demokratische Bürgererziehung nur in dem Maße wirksam werden, wie es ein hilfreiches *politisches Klima und ein gemeinsames Bemühen* von Pädagogen, Politikern und Lokalverantwortlichen gibt. Das heißt, erst wenn sie alle mit Nachdruck für jene Werte einstehen, die in der Allgemeinen Menschenrechtserklärung und der Europäischen Menschenrechtskonvention zum Schutz der humanen und fundamentalen Freiheiten aufgezeigt wurden, kann auch die Menschenrechtserziehung ihren Beitrag effektiv dazu beisteuern.

Da ein Unterricht über die Menschenrechte zwangsläufig Bereiche der politischen Meinungsbildung und Aktivität berührt, wird er empfindliche Bereiche und zuweilen recht *kontroverse Themen* tangieren. Gleichwohl wurde auf einem Symposium des Europarats zur 'Menschenrechtserziehung in den europäischen Schulen' betont, „daß die Gefahren einer unzureichenden Vorbereitung der kommenden Generation auf ihre gesellschaftliche Verantwortung weitaus größer sind als das Risiko, daß die Menschenrechtserziehung nicht optimal ausbalanciert sei".

Insgesamt sollte damit deutlich geworden sein, daß die Herausforderungen an die Menschenrechtserziehung im 'Neuen Europa' sehr hoch sind. Sie fordern unsere Visionen, unseren Mut, unser Mitgefühl und unsere Solidarität enorm heraus. Sollten wir angesichts dieser Herausforderungen zuweilen geneigt sein, pessimistischen Einstellungen zu folgen oder sollte uns ein Gefühl der Hilflosigkeit überfallen, so gilt es, sich die ermutigenden Worte von Václav Havel vor der parlamentarischen Vollversammlung des Europarats ins Bewußtsein zu rufen: „Wir dürfen angesichts der Träume vom anscheinend Unmöglichen nicht verzweifeln, wenn wir wollen, daß diese Träume Wirklichkeit werden. Ohne Traum vom besseren Europa werden wir niemals ein besseres Europa schaffen."

Anmerkungen

1 Die Mitgliedsländer sind derzeit: Belgien, Bulgarien, Dänemark, Deutschland, Estland, Finnland, Frankreich, Griechenland, Großbritannien, Island, Irland, Italien, Liechtenstein, Lettland, Luxemburg, Malta, Niederlande, Norwegen, Österreich, Polen, Portugal, San Marino, Schweden, Schweiz, Slowakische Republik, Slowenien, Spanien, Tschechische Republik, Türkei, Ungarn und Zypern.

2 Bisher liegen Publikationen vor für: Baskisch, Dänisch, Deutsch, Englisch, Französisch, Galicisch, Italienisch, Katalanisch, Niederländisch, Norwegisch, Portugiesisch, Schwedisch und Spanisch.

Literatur

Lister, I.: Teaching and Learning about Human Rights. (Council of Europe Doc. DECS/EGT [84] 27) Strasbourg 1984.
Rey, M.: The Intercultural Training of Teachers. Strasbourg: Council of Europe 1986.
Savage, R.: A Practical Guide to School Links and Exchanges in Europe. Strasbourg: Council of Europe 1992.
Sheils, J.: Communication in the Modern Languages Classroom. Strasbourg: Council of Europe 1988.
Shennan, M.: Teaching about Europe. (Published for the Council of Europe) London: Cassell 1991.
Starkey, H. (Hrsg.): The Challenge of Human Rights Education. (Published for the Council of Europe) London: Cassell 1991.

Ergänzungsliteratur

Braun, U. (Hrsg.): Student Handbook: a Directory of Courses and Institutions in Higher Education for 16 Countries not Members of the European Community. Bonn-Bad Godesberg: Council of Europe/DAAD 1991.
Council of Europe: Language Learning and Teaching Methodology for Citzenship in a Multicultural Europe. Report of the Council of Europe Symposium, Sintra/Portugal 7–11 Nov. 1989. Europe Doc. CC-LANG(92)11.
–: Against Bias and Prejudice. The Council of Europe's Work on History Teaching and History Textbook. Doc. DECS/EGT 42, 1986.
–: Recommendation No. R(85)7 of the Committee of Ministers on 'Teaching and Learning about Human Rights in Schools'. Strasbourg 1985.
–: Recommendation No. 3(83)13 of the Committee of Ministers on 'The Role of the Secondary School in preparing Young People for Life'. Strasbourg 1983.
–: Recommendation No. R(83)4 of the Committee of Ministers on 'The Promotion of an Awareness of Europe in Secondary Schools'. Strasbourg 1983.
Eraut, M. (Hrsg.): Education and the Information Society. (Published for the Council of Europe) London: Cassell 1991.
European Centre for Global Interdependence and Solidarity/The North-South

Centre (Hrsg.): Making One World: an Education Pack on Development and Environment. Lissabon 1992.
Evken, W. van der: The Education of Three-to-Eight Olds in Europe in the Eighties. (Published for the Council of Europe) Windsor: NFER-Nelson 1982.
Galton, M./Blyth, A. (Hrsg.): Handbook of Primary Education in Europe. (Published for the Council of Europe) London: Fulton Publ. 1989.
Liègois, J.-P.: Gypsies and Travellers. Strasbourg: Council of Europe 1987.
Masterman, L.: The Development of Education in Europe in the 1980s. Strasbourg: Council of Europe 1988.
Pilley, C.: Adult Education, Community Development and Older People. (Published for the Council of Europe) London: Cassell 1990.
Woodhead, M.: Pre-School Education in Western Europe. Issues, Policies and Trends. (Published for the Council of Europe) London: Longman 1979.

Rudolf W. Strohmeier

Der bildungspolitische Entscheidungsprozeß auf der EG-Ebene

Abstract

Die Vielzahl der Akteure auf EG-Ebene macht die Transparenz bezüglich der bildungspolitischen Entscheidungsprozesse schwierig. Die Situation wird auch nicht dadurch einfacher, daß ein Großteil des sogenannten ‹acquis communautaire› im Bildungsbereich auf Entscheidungen des Europäischen Gerichtshofs zurückgeht. Schließlich ist die Bildungspolitik auf EG-Ebene auch häufig mit sozialpolitischen Anliegen verknüpft.

Immerhin wird durch den Maastrichter Vertrag über die Europäische Union etwas mehr Transparenz erreicht, als jetzt eindeutig zwischen Aktionen im Bereich der allgemeinen Bildung (Art. 126 n. F.) und der beruflichen Bildung, inklusive der Weiterbildung (Art. 127 n. F.), unterschieden wird.

Insgesamt erhalten Aspekte der beruflichen Bildung in Anbetracht der strukturellen Veränderungen auf EG-Ebene weiterhin große Beachtung. Dies findet nicht zuletzt seinen Niederschlag darin, daß im Maastrichter Vertrag die Fragen der beruflichen Bildung im Hinblick auf Umschulung und Anpassung an den technologischen Wandel zusätzliche Bedeutung erhalten haben. Dem Ziel dient folgerichtig auch die neue Ausgestaltung des Europäischen Sozialfonds, der den letztgenannten Aspekt als zusätzliches Ziel der EG-Strukturpolitik hervorhebt (Art. 123 n. F.).

I. Kompetenzen verschiedener EG-Organe

Neben der gern als regelungswütig bezeichneten EG-Kommission sind folgende *EG-Organe am Gesetzgebungsprozeß* beteiligt: der EG-Ministerrat, das Europäische Parlament, der Wirtschafts- und Sozialausschuß und – nach Ratifikation des Maastrichter Vertrages – der Regionalausschuß sowie als Organ der Gesetzeskontrolle der Europäische Gerichtshof (vgl. Noël

1991). Im Gegensatz zur landläufigen Meinung ist dabei nicht die Kommission das letztentscheidende Organ auf EG-Ebene, sondern in der Regel der *Ministerrat*, also die in ihm versammelten nationalen Regierungen. Mit dem Maastrichter Vertrag wird auch dem *Europäischen Parlament* (EP) im allgemeinen Gesetzgebungsverfahren echte Entscheidungskompetenz zukommen. Es soll für bestimmte Gebiete das Recht erhalten, gemeinsam mit dem Rat und nach Abschluß eines Vermittlungsverfahrens Vorschläge der EG-Kommission verwerfen zu können. Bisher hatte das EP nur bei einer bestimmten Kategorie von Ausgaben – den sogenannten nichtobligatorischen Ausgaben, die überwiegend den binnenpolitischen Bereich betreffen – das letzte Wort.

Die *Kommission* verfügt dagegen über das alleinige Gesetzesinitiativrecht.[1] Gesetzgebungsvorhaben können auf EG-Ebene nur auf der Basis eines Vorschlags der EG-Kommission realisiert werden. Die EG-Kommission kann aber auch unterhalb dieser Ebene tätig werden, etwa durch Memoranden, Grünbücher oder Mitteilungen. Diese werden manchmal bewußt vorgelegt, um in den Mitgliedstaaten eine Diskussion auszulösen, damit die Kommission Anhaltspunkte gewinnt, wo auf seiten der Mitgliedstaaten ein gewisser Konsens zu erzielen ist oder aber Differenzen bestehen, bzw. ob und wo für die EG ein Handlungsbedarf entsteht. Ein Beispiel aus dem Bildungsbereich betrifft das Ende September 1993 von der EG-Kommission vorgelegte Grünbuch zur Europäischen Dimension der Bildung (KOM [93] 457 endg.).

Von diesem Gesetzesinitiativrecht der EG-Kommission sind politische *Impulse anderer Organe* zu unterscheiden, die erst einen Vorschlag der EG-Kommission auslösen können. Derartige Impulse gab in der Vergangenheit neben dem Europäischen Parlament in zunehmendem Maße der *Europäische Rat* (vgl. Langer 1991), d. h. das Gremium der Staats- und Regierungschefs, das jedoch kein Organ der Gemeinschaften im Sinne des EWG-Vertrages darstellt. Im Vertrag von Maastricht wird dieser politischen Praxis jetzt allerdings Rechnung getragen. Nach Art. D (Vertrag über die Europäische Union vom 7. 2. 1992) gibt „der Europäische Rat . . . der Union die für ihre Entwicklung erforderlichen Impulse und legt die allgemeinen politischen Zielvorstellungen für diese Entwicklung fest".

Auf dem Gipfel in Edinburgh hat sich der Europäische Rat auch zu *Bildungsfragen* geäußert. So soll nach den Schlußfolgerungen unter dem Aspekt der Subsidiarität die EG-Kommission die – schon relativ lange bestehenden – Richtlinien für bestimmte Berufe überprüfen, um ihre Anwendung zu vereinfachen und der *gegenseitigen Anerkennung* mehr Gewicht zu geben (vgl. Anlage 2 zum Teil A der Schlußfolgerungen. Ihr Abdruck findet sich im Europa-Archiv 1/1993, D 2 H 13).

Derartige bildungspolitische Impulse gingen vom Rat auch in der Vergangenheit aus, wie z. B. 1988 in Hannover. Damals monierte er in seinen Schlußfolgerungen die Tatsache, daß Regelungen über die Anerkennung der Diplome nur für die Akademikerebene existieren. Die Freizügigkeit im Binnenmarkt müsse aber allen Arbeitnehmern zugute kommen. Diese Forderung wurde vom Europäischen Rat unter dem Stichwort „Sozialpolitik" aufgestellt, was auf die Praxis hinweist, daß der Bildungspolitik auf EG-Ebene in vielen – wenn nicht gar den meisten – Fällen ein sozialpolitischer Akzent zugrunde liegt.

Die EG-Kommission hat diesen Impuls damals zum Anlaß genommen, 1989 einen Vorschlag für eine allgemeine Anerkennungsrichtlinie unterhalb der – damals schon existierenden – Hochschuldiplomrichtlinie EWG/89/48 vorzulegen (Kommission der Europäischen Gemeinschaften KOM [89] 372 endg. v. 8. 8. 1989).

Außer vom Rat und dem Rat der Fachminister können auch vom EP politische Impulse ausgehen (vgl. Art. 152 EWG-Vertrag). Das Europäische Parlament hat aber auch nach Ratifizierung des Maastrichter Vertrags nur ein eingeschränktes Mitentscheidungsrecht auf EG-Ebene (vgl. Boest 1992). Es realisiert in der Regel seine Impulse durch sogenannte Initiativberichte (gemäß Art. 121 der Geschäftsordnung des Europäischen Parlaments), mit denen es aus seiner Sicht wichtige Fragen aufgreift und dadurch politischen Druck auf die EG-Kommission und den Rat ausübt. Als Beispiel für den Bildungsbereich kann hier auf den Bericht der Abgeordneten, Frau Mebrak-Zaidi, zur *Beseitigung des Analphabetentums* in den Mitgliedstaaten der Europäischen Gemeinschaft verwiesen werden (Dok. PE 200.719/endg. v. 3. 12. 1992). Der Bericht fordert nicht nur genauere Studien darüber, unter welchen Bedingungen das Analphabetentum in der Gemeinschaft verringert werden könne, sondern auch ein Aktionsprogramm zur Förderung und Weiterentwicklung von Alphabetisierungsmaßnahmen in benachteiligten städtischen und ländlichen Gebieten, sowie besondere Unterstützung für Frauen, Nichtseßhafte und Einwanderer.

1. Bildungspolitischer Ratsimpuls

Ein typisches Beispiel für einen Ratsimpuls betrifft den Bereich der *beruflichen Qualifikationen*. Am 1. Dezember 1992 faßte der Rat der Europäischen Gemeinschaften im Umlaufverfahren, also ohne daß es im Rahmen einer Sitzung auf der Basis eines formellen Tagesordnungspunktes eine Entscheidung gab, eine Entschließung, die sich mit der *Transparenz auf dem Gebiet der beruflichen Qualifikationen* befaßte (Abdruck in Amtsblatt der EG Nr. C 49/1 v. 19. 2. 1993). In dieser Entschließung betonte der Rat, daß entsprechend Art. 3 Buchstabe C des EWG-Vertrages eines der Vertragsziele sei, Hindernisse für die Freizügigkeit von Arbeitnehmern, die Staatsangehörige der Gemeinschaft sind, zu beseitigen. Für die Staatsangehörigen der Mitgliedstaaten bedeute dies, daß sie die Möglichkeit haben müßten, einer abhängigen oder selbständigen Erwerbstätigkeit auch in einem anderen Mitgliedstaat als in jenem Land nachgehen zu können, in dem sie ihren beruflichen Befähigungsnachweis oder ihre Berufserfahrung erworben haben.

Mit Blick auf die zunehmende berufliche Mobilität in einem sich herausbildenden einheitlichen europäischen Arbeits- und Berufsmarkt hatte schon die Ratsentschließung vom 18. 12. 1990 (über Entsprechungen der beruflichen Befähigungsnachweise) die Mitgliedstaaten ersucht, Berichte über die Durchführung der Verordnung EWG/85/368 vom 16. Juli 1985 über derartige Entsprechungen und die dabei erzielten Ergebnisse vorzulegen. Die Ratsentschließung von 1990 beruhte dabei auf einem Zwischenbericht der EG-Kommission zu dieser Frage (KOM [90] 225 endg. v. 12. 6. 1990). Nach Ansicht des Rates ließen die Berichte der Mitgliedstaaten jedoch Zweifel daran aufkommen, ob die Vergleichbarkeitsstudien in bezug auf die beruflichen Befähigungsnachweise in dieser Form den Freizügigkeitsbedürfnissen der Arbeitnehmer wirklich genügten. Der Ministerrat zog daraus den Schluß, daß die Transparenz bei Befähigungsnachweisen erhöht und neu ausgerichtet werden müsse.

Der Rat wies dabei auf eine gemeinsame Stellungnahme der Arbeitgeber und Arbeitnehmer vom 3. Juli 1992 im Rahmen des sozialen Dialogs hin. In dieser Stellungnahme wurde hervorgehoben, daß die Freiheit, von einem Staat in einen anderen überzuwechseln, im Interesse von Arbeitnehmern und Unternehmen liegt. Daher sei ein konzertiertes Vorgehen mit dem Ziel erforderlich, gegenseitige Informationen über die beruflichen Befähigungsnachweise sowie Zeugnisse bereitzustellen. Zusätzlich komme der Transparenz auf europäischer Ebene eine hohe Priorität zu. Und zwar *befürworteten die Sozialpartner statt einer von oben diktierten Einheitslösung eine evolutive Lösung*. Entsprechend gelte es, Mittel und Wege zur Berücksichtigung von relevanten Fertigkeiten und Kenntnissen der Arbeitnehmer zu finden, die ohne standardisierte Ausbildungsgänge und Nachweise erworben wurden.

Der Rat forderte demgemäß, daß sich die Kommission bei der Vorlage ihrer Vorschläge zur Erreichung dieser Ziele zunächst auf die Bedürfnisse der Arbeitnehmer, die in der Gemeinschaft beruflich beweglich sein möchten, und auf die Berufe, für die diese Arbeitnehmer entsprechende Qualifikationen besitzen, konzentrieren sollte. Dabei müßten alle relevanten Fähigkeiten und Kenntnisse der Arbeitnehmer, die durch berufliche Ausbildung oder auf dem Wege beruflicher Erfahrung erworben wurden, berücksichtigt werden.

Konkret wurde die Kommission aufgefordert, zu untersuchen, ob es annehmbar, durchführbar und von zusätzlichem Nutzen für die Arbeitnehmer wäre, ihnen eine individuelle Übersicht über die erworbenen Qualifikationen auszuhändigen, die gegebenenfalls in einem individuellen Portefolio bzw. in einem Qualifikationsbuch bestätigt werden könnten. Darin könnten die von dem jeweiligen Arbeitnehmer im Laufe seiner schulischen und beruflichen Ausbildung und während seiner gesamten Berufstätigkeit erworbenen Qualifikationen sowie seine gesammelten Erfahrungen zusammengefaßt werden.

2. Einflußmöglichkeiten auf das Initiativmonopol der EG-Kommission

Im Anschluß an die oft sehr konkreten und gleichzeitig detaillierten *Politikimpulse* pflegt die Kommission in der Regel das ihr zustehende Initiativrecht im betreffenden Politiksektor auszuüben. Allerdings hat es in der Vergangenheit auch Fälle gegeben, wo die Kommission derartige Ansinnen zurückgewiesen hat.[2]

Nach Aufnahme des Subsidiaritätsgrundsatzes als allgemeinem Ordnungsprinzip – gemäß Art. 3b des Maastrichter Vertrages – wird die EG-Kommission politische Impulse von seiten des Rates und des Europäischen Parlaments in Zukunft anhand konkreter Kriterien sehr viel intensiver prüfen (vgl. Schmidhuber/Hitzler 1992; Hummer 1992; Pipkorn 1992). Für den Bildungsbereich hat sie in ihrem dem Europäischen Rat in Edinburgh vorgelegten Papier zum Subsidiaritätsprinzip (vgl. den dortigen Anhang S. 12) u. a. konstatiert, daß im Vertrag von Maastricht der politische Wille zu Aktionen auf Gemeinschaftsebene noch gering sei. Die Kommission würde daher gerade in diesem Bereich *Zurückhaltung* üben.

Auch während der Erarbeitung von Vorschlägen durch die EG-Kommission bieten sich sowohl für die nationalen Verwaltungen als auch für die Regionen und Verbände nicht unwesentliche Einflußmöglichkeiten. Der alte Spruch, daß das Papier noch weiß sein muß, wenn man Einfluß nehmen will, gilt auch hier. Da die EG-Kommission, verglichen mit manch nationaler Verwaltung, tendenziell viel offener ist, sollten diese Möglichkeiten in interessierten Kreisen nicht geringgeschätzt werden (vgl. Jean 1992; Dietz/ Glatthaar 1991). Diese Offenheit der Kommission dokumentiert sich sowohl in einer kürzlich veröffentlichten Mitteilung, die den *Dialog zwischen der Kommission und den Interessengruppen* offen, aber strukturiert gestalten will (SEK [92] 272 endg. v. 2. 12. 1992), als auch darin, daß *der Öffentlichkeit künftig der Zugang zu den Dokumenten der Gemeinschaftsinstitutionen erleichtert* werden soll (KOM [93] 191/2 v. 3. 5. 1993).

Auch im weiteren Verfahrensverlauf Brüsseler Planungen sind entsprechende Möglichkeiten gegeben. So werden die *Vorschläge der Kommission in der Regel in Arbeitsgruppen des Rates diskutiert,* ehe sie zur förmlichen Beschlußfassung gelangen. Dies bietet den nationalen Verwaltungen Gelegenheit, nicht nur ihre Interessen zu artikulieren, sondern auch die Vorschläge der Kommission wesentlich zu verändern (vgl. Glatthaar 1992). Für die deutschen Bundesländer als Träger der Kulturhoheit stellt sich hier jedoch das Problem (vgl. dazu Geis 1992), daß sie vorab untereinander und mit dem Bund zu einer Abstimmung gelangen müssen (vgl. Berggreen 1992).

Schließlich hat sich die Kommission – und zwar in Reaktion auf ihre angeblich „intransparente Regelungswut" – verpflichtet, *den beratenden Ausschüssen vermehrte Informationen* über ihre laufenden Arbeiten zur Verfügung zu stellen (SEK [92] 2274 endg. v. 2. 12. 1992).

Insgesamt scheint sich nach Maastricht eine Änderung der EG-Politik im Bildungsbereich anzudeuten. Beispielsweise dürfte die EG-Kommission nicht umhinkönnen, das bisherige Verfahren der Entsprechung von beruflichen Befähigungsnachweisen, die schon seit der zitierten Ministerratsentscheidung von 1985 diskutiert wird, zu modifizieren. Zwar wurden seit 1985 zahlreiche Äquivalenzregelungen erreicht, jedoch ist nicht erst seit heute abzusehen, daß aufgrund der langwierigen Prozedur für viele Berufe bis weit in die 90er Jahre keine Entsprechungen vorliegen werden.

II. Gemeinschaftsrechtlicher Aktionsrahmen

1. Kommissionsinternes Entscheidungsverfahren

Für die Kommission stellen sich bei der Wahrnehmung ihres Initiativrechts folgende Fragen:
– Was soll sie machen?
– Was darf sie machen?
– Wie kann sie es machen?

Das interne Verfahren in der Kommission beginnt in der Regel damit, daß der zuständige Dienst – die *Task-Force* „Humanressourcen, allgemeine wie berufliche Bildung und Jugend" – einen Entwurf erarbeitet. Dieser muß nach der Geschäftsordnung der Kommission mit anderen betroffenen Dienststellen, in diesem Fall insbesondere der Generaldirektion V und dem Juristischen Dienst, abgestimmt werden. Danach wird er auf der Ebene der *Kabinette der EG-Kommissare,* also dem Beraterkreis der Kommissare, besprochen. Dort wird entschieden, ob ein Vorschlag als kontrovers oder unstrittig in das Kollegium der Kommissare weitergereicht werden soll (vgl. v. Donat 1977; Dietz/Glatthaar 1991). Selbstverständlich steht es jedem Kommissar frei, in der *Kommissionssitzung* einen als unstrittig klassifizierten Vorschlag dennoch zur Sprache zu bringen. Hierbei ist allerdings zu berücksichtigen, daß jeder Kommissar nur eine Stimme hat, so daß der endgültige Kommissionsvorschlag in der Regel einen Kompromiß darstellt und kontroverse Abstimmungen selten sind. Dieser Kompromißcharakter der Kommissionsvorschläge war von den Gründervätern des EG-Vertrages durchaus gewollt, weil sich dadurch natürlich die Akzeptanzbereitschaft der nationalen Regierungen und Parlamente erhöht (vgl. Noël 1991). Angesichts ihrer Vielzahl werden die meisten Entscheidungen der Kommission – und zwar auch im gesetzgeberischen Bereich – jedoch im schriftlichen Umlaufverfahren abgestimmt.

Nachdem also die zuständigen Dienste die Frage geprüft haben, welche „Aktionen" sich anbieten, wird geklärt, auf welcher Rechtsbasis die Kommission tätig werden und der Rat schließlich entscheiden kann.

2. Rechtsgrundlagen des EWG-Vertrages

Betrachtet man den EWG-Vertrag (von 1957) in seiner derzeit geltenden Form, so ist hervorzuheben, daß die Bildungspolitik weder in der Präambel des Vertrages, noch in der Zielsetzung laut Art. 2 oder im Tätigkeitskatalog des Art. 3 erwähnt wird.

Dafür gibt Art. 57 des EWG-Vertrages dem Rat eine Richtlinienkompetenz zur *„gegenseitigen Anerkennung von Diplomen und Zeugnissen"*. Auf der Basis dieses Artikels – und zwar in Verbindung mit den Artikeln 49 (Maßnahmen zur Herstellung der Freizügigkeit) und 66 (Niederlassungsrecht) – wurde die Zweite Allgemeine Richtlinie zur Anerkennung beruflicher Befähigungsnachweise verabschiedet. Diese Regelung ergänzt die sogenannte Hochschulrichtlinie (EWG/89/48 KOM [89] 372 endg.). Sie hat zum Inhalt, daß jedes Diplom eines Mitgliedstaats grundsätzlich von den anderen Mitgliedstaaten anerkannt werden muß. Da einige Ausbildungsgänge jedoch sehr stark differieren, können in den Mitgliedstaaten unter bestimmten Voraussetzungen immerhin Anpassungslehrgänge oder Tests vorgeschrieben werden.

Rudimentäre Ansätze zu einer *Gemeinschaftskompetenz* für Bildungsfragen finden sich auch in den Artikeln 118 und 128 des aktuellen EWG-Vertrags. So verpflichtet Art. 118 die EG-Kommission, den Mitgliedstaaten bei ihrer Zusammenarbeit auf dem Gebiet der beruflichen Ausbildung und Fortbildung durch „Untersuchungen, Stellungnahmen und die Vorbereitungen von Beratungen" behilflich zu sein. Es wird heute aber kaum mehr bezweifelt, daß diese Aspekte zum Zeitpunkt des Entstehens der Römischen Verträge (1957) nur eine beschränkte Reihe von Ausbildungsverfahren umfassen sollte (Currall 1991, Art. 128, Rdz 19). Gleichwohl wurde der Kommission im EWG-Vertrag eine bestimmte Kompetenz eingeräumt. Von daher ist es kein Wunder, daß die Frage, wie weit diese Kompetenz ausgelegt werden darf oder soll, letztlich vom Europäischen Gerichtshof entschieden werden mußte. Die bestehende Situation läßt sich folgendermaßen zusammenfassen: Der Art. 118 des EWG-Vertrags gibt der Kommission nicht die Möglichkeit, die Ergebnisse der Untersuchungen, Stellungnahmen und Beratungen gegenüber den Mitgliedstaaten selbst politisch um- und durchzusetzen.

Demgegenüber bezieht sich der Art. 128 des EWG-Vertrags expressis verbis auf die Berufsausbildung. Dem Rat wird hier zweifellos eine Kompetenz zugestanden, für die Berufsausbildung „allgemeine Grundsätze" im Hinblick auf die Durchführung einer „gemeinsamen Politik" aufzustellen. Weil es sich aber nur um Grundsätze allgemeiner Art handelt, bleiben die Formulierungen recht vage. Letztlich sollen die Grundsätze einer Politik dienen, die die Gemeinschaft und die Mitgliedstaaten stärker miteinander verbindet (kritisch dazu vgl. Hochbaum 1985).

3. Gesetzgeberisches Zusammenspiel von Rat
und Europäischem Parlament

Mit der Einheitlichen Europäischen Akte wurde 1987 ein Verfahren der Zusammenarbeit von Kommission und Rat mit dem Europäischen Parlament initiiert, das nicht nur die Frage der derzeit vieldiskutierten Transparenz, sondern auch der demokratischen Kontrolle von EG-Entscheidungen tangierte. Seither hat *das Parlament die Möglichkeit,* in 1. Lesung seine Änderungsanträge dem Rat zu unterbreiten, der dann auf dieser Basis seinen sog. gemeinsamen Standpunkt beschließt. Auch ihn kann das Parlament nochmals einer 2. Lesung unterziehen. Sowohl nach der 1. wie 2. Lesung hat die EG-Kommission die Möglichkeit, ihren ursprünglichen Vorschlag zu revidieren. Generell übernimmt die Kommission inzwischen gut die Hälfte der Änderungsanträge des EP.[3] Letztlich kann sich der Rat nur dann, wenn er einstimmig entscheidet, über die Monita des Parlaments hinwegsetzen. Ein Beispiel, das die Bedeutung dieser Regelungen unterstreicht, gibt die Zweite Allgemeine Richtlinie zur Anerkennung der Diplome unterhalb des Hochschulniveaus. Nach dem ursprünglichen Kommissionsvorschlag wären z. B. die deutschen 'Gesundheitshandwerker' (z. B. Logopäden, Masseure, etc.) angesichts ihres formal niedrigeren Ausbildungsniveaus bei einem Wechsel in andere Mitgliedstaaten erheblich benachteiligt gewesen. Diese Benachteiligung verhinderte jedoch ein Änderungsantrag des EP, den auch die Kommission übernahm, so daß der Rat angesichts eines sonst eingelegten Vetos Deutschlands praktisch nur noch zustimmen konnte. Mit dem *Maastrichter Vertrag* wird dem EP innerhalb eines bestimmten Verfahrens jetzt auch das Recht eingeräumt, einen Vorschlag der Kommission endgültig abzulehnen, ohne daß sich der Rat noch darüber hinwegsetzen kann (Art. 189b). Nur hinsichtlich des die europäische Bildungsdimension regelnden Art. 126 findet dieses Verfahren der Mitentscheidung Anwendung.

4. Auslegungen des Europäischen Gerichtshofs (EuGH)

Spätestens seit der aufsehenerregenden Entscheidung im Fall Gravier (EuGH 1985, S. 93ff.) ist klar, daß der Europäische Gerichtshof tendenziell *nicht zwischen allgemeiner und beruflicher Bildung unterscheiden will*. Damit folgte er zweifellos nicht der gängigen (west-)deutschen Vorstellung. So wurde im Urteil betont, daß „jede Form der Ausbildung, die auf eine Qualifikation für einen bestimmten Beruf oder eine bestimmte Beschäftigung vorbereitet oder die die besondere Befähigung zur Ausübung eines solchen Berufes oder einer solchen Beschäftigung verleiht, zur Berufsausbildung gehört, und zwar unabhängig vom Alter und vom Ausbildungsniveau der Schüler oder Studenten und selbst dann, wenn der Lehrplan auch allgemeinbildenden Unterricht enthält" (Näheres bei Conrad 1989).

Damit unterschied der EuGH einerseits zwischen Bildungsgängen, die berufsqualifizierend oder berufsvorbereitend bzw. berufsbefähigend und damit vertragsrelevant sind, und andererseits einer allgemeinen Bildungspolitik, die als nicht vertragsrelevant gilt. Der erste Bereich, d. h. der Zugang zum und die Teilnahme am Unterricht – und zwar auf jedem Niveau –, unterliegt danach in fachlicher Hinsicht und unabhängig vom Alter der Betroffenen der Zuständigkeit der Gemeinschaftsorgane, d. h. der Kommission, dem EP und als letztentscheidendem Organ dem Rat. Der zweite Bereich, unter dem der EuGH die Organisation des Bildungswesens und die Bildungspolitik als solche versteht, ist nach seiner Auslegung jedoch dem Anwendungsbereich des Vertrags entzogen. Damit verbleibt die diesbezügliche Regelungsbefugnis bei den Mitgliedstaaten. Betrachtet man mithin die Entscheidungsprozesse im Bildungssektor, darf – jedenfalls in der Vergangenheit – die Rolle des Europäischen Gerichtshofes in Luxemburg nicht unbeachtet bleiben. In kaum einem anderen Bereich ist der EuGH derart *rechtsgestaltend tätig* geworden wie im Bildungssektor. Hier hat er der Gemeinschaftsebene Kompetenzen zugewiesen, die sich aus dem Wortlaut des EWG-Vertrags nicht zwangsläufig ergeben (näher: Wägenbaur 1990). Dies gilt insbesondere für die vom EuGH unterstützte Auffassung der EG-Kommission, Förderprogramme allein auf Art. 128 EWG-Vertrag zu stützen (Überblick zu diesem Problem bei Schmidt-Räntsch 1989). Die vielfach intransparente Kompetenzregelung im Bildungssektor wurde noch durch den zunehmenden politischen Stellenwert überlagert, den Aspekte der Sozialpolitik auf EG-Ebene erhalten haben. Oft kam es daher auf EG-Ebene zu gleichzeitigen Initiativen des Bildungsministerrates wie des Sozialministerrates. Daraus resultierten neue Abstimmungs- und Koordinierungsprobleme. Es ist deutlich, daß die Komplexität der Materie und die Mehrschichtigkeit der Verfahrens- wie Entscheidungsebenen selbst beim aufmerksamen Beobachter zu Transparenzproblemen führen.

III. Rechtslage nach dem Maastrichter Vertrag

1. Allgemeinbildung

Mit der auf dem Maastricht-Gipfel 1992 beschlossenen Einführung eines eigenen 3. Kapitels ›Allgemeine und Berufliche Bildung und Jugend‹ in dem die Sozialpolitik behandelnden Titel VIII des EWG-Vertrages sollte zumindest die *Rechtslage* in Zukunft eindeutiger werden (anderer Ansicht ist Feuchthofen 1992a). Die *Übersichtlichkeit der verschiedenen EG-Bildungsprogramme* (einen Überblick und Bewertung bietet KOM [93] 151 v. 5. 5. 1993) wird dadurch allerdings kaum erhöht. Nicht zuletzt aus diesem Grund hat der Präsident der EG-Kommission, Jacques Delors, bei der Präsentation des Arbeitsprogrammes 93/94 der EG-Kommission vor dem Europaparlament auf die Notwendigkeit hingewiesen, allzu breit angelegte Bildungsprogramme zu straffen und auf die zentralen Ziele auszurichten, sowie die Arbeitnehmer möglichst effizient auf den technischen Wandel, neue Formen der Arbeitsorganisation und Anforderungen der internationalen Arbeitsteilung vorzubereiten (s. EP-Sitzungsbericht vom 10. 2. 1993, S. 179). In einem Dokument zur Orientierung über die Kommissionsaktionen im Bereich der allgemeinen und beruflichen Bildung hat die EG-Kommission dazu erste Vorstellungen entwickelt (KOM [93] 183/2 v. 30. 4. 1993).

Aus Sicht der deutschen Bundesländer mag dabei beklagt werden, daß sich der neue Art. 126 – im Gegensatz zum alten Artikel 128 des EWG-Vertrages, der sich auf die berufliche Bildung beschränkte – nun auch dem *Bereich der Allgemeinbildung* für EG-Aktionen öffnet. Seither kann der die berufliche Bildung regelnde neue Art. 127 des EWG-Vertrages nur noch als „lex specialis" angesehen werden.

Nach dem Wortlaut des neuen Art. 126 soll die Gemeinschaft dadurch zur Entwicklung einer qualitativ hochstehenden Bildung – also nicht nur der be-

ruflichen Bildung – beitragen: „daß sie die Zusammenarbeit zwischen den Mitgliedstaaten fördert und die Tätigkeit der Mitgliedstaaten unter strikter Beachtung der Verantwortung der Mitgliedstaaten für die Lehrinhalte und die Gestaltung des Bildungssystems sowie der Vielfalt ihrer Kulturen und Sprachen erforderlichenfalls unterstützt und ergänzt" (Art. 126 Abs. 1 [neu]). Befürchtungen über eine exzessive Ausweitung der Gemeinschaftskompetenz erscheinen aber als unbegründet, wenn man parallel dazu die im modifizierten Art. 126 Abs. 23 formulierten Ziele beachtet. Denn danach hat die „*Tätigkeit der Gemeinschaft folgende Ziele*:
- Entwicklung der europäischen Dimension im Bildungswesen, insbesondere durch Erlernen und Verbreitung der Sprachen der Mitgliedstaaten;
- Förderung der Mobilität von Lernenden und Lehrenden, auch durch die Förderung der akademischen Anerkennung der Diplome und Studienzeiten;
- Förderung der Zusammenarbeit zwischen den Bildungseinrichtungen;
- Ausbau des Informations- und Erfahrungsaustausches über gemeinsame Probleme im Rahmen der Bildungssysteme der Mitgliedstaaten;
- Förderung des Ausbaus des Jugendaustausches und des Austausches sozialpädagogischer Betreuer; (sowie)
- Förderung der Entwicklung der Fernlehre".

Im Grunde ist hier nur das erste Ziel konkretisiert, das die Kommission im Juni 1989 in einer Mitteilung über „Bildung in der Europäischen Gemeinschaft – mittelfristige Perspektiven 1989–1992" fixiert hatte (KOM [89] 236 endg. v. 2. 6. 1989). Als Beitrag zur Verwirklichung der konstatierten Ziele kann der Rat (nach Art. 126 Abs. 4 [neu]) nur „Fördermaßnahmen unter Ausschluß jeglicher Harmonisierung der Rechts- und Verwaltungsvorschriften der Mitgliedstaaten erlassen" bzw. mit qualifizierter Mehrheit Empfehlungen aussprechen. Mit dem oben schon erwähnten Grünbuch zur Europäischen Dimension des Bildungswesens versucht die EG-Kommission, eine Diskussion mit den auf der nationalen Ebene Verantwortlichen auszulösen, aus der sie dann einige große Linien herausdestillieren möchte, um sie dann gemäß Art. 126 auf die Gemeinschaftsebene umzusetzen.

Gewissermaßen im Vorgriff auf die neue Rechtslage hat die EG-Kommission schon 1991 eine Reihe von *Memoranden* vorgelegt, die sich mit diesen Zielen befaßten, wie:
- den 1. Bericht über den Ablauf der auf der Ebene der Mitgliedstaaten und der Europäischen Gemeinschaft durchgeführten Maßnahmen zur Stärkung der europäischen Dimension im Bildungswesen (SEK [91] 1753 v. 23. 9. 1991);
- ein Memorandum zur Hochschulbildung in der Europäischen Gemeinschaft (KOM [91] 349 v. 12. 11. 1991);

Der bildungspolitische Entscheidungsprozeß 57

- ein Memorandum zum offenen Fernunterricht in der Europäischen Gemeinschaft (KOM [91] 388 v. 12. 11. 1991);
- ein Memorandum zur beruflichen Bildung in den 90er Jahren in der Europäischen Gemeinschaft (KOM [91] 397 v. 12. 12. 1991).

Darüber hinaus ist eine Mitteilung der Kommission aus dem Jahr 1992 bedeutsam, die „Die Europäische Zusammenarbeit zwischen Hochschule und Wirtschaft: (und zwar eine) fortgeschrittene Aus- und Weiterbildung zur Förderung der Wettbewerbsfähigkeit" zum Inhalt hat (KOM [92] 457 endg. v. 9. 12. 1992). Es würde an dieser Stelle zu weit führen, den Inhalt der Memoranden wiederzugeben. Deswegen nur so viel: Es ist erklärtes Ziel der EG-Kommission, mit den formulierten Zielsetzungen die Diskussion in den Mitgliedstaaten anzuregen. Angesichts der zunehmenden Diskussion um die Wettbewerbsfähigkeit des bundesdeutschen Bildungssystems im Binnenmarkt[4] sind diese Memoranden speziell für die Bundesrepublik Deutschland von hoher Aktualität. Dies um so mehr angesichts der Erfahrungen, die man in Deutschland mit dem 5stufigen Qualifikationsmodell gemacht hat, das die EG-Kommission bereits 1985 vorstellte und das sie später zum Ausgangspunkt ihrer neueren bildungspolitischen Überlegungen wählte. Praktisch war jener erster Vorschlag des Jahres 1985 nicht zur Kenntnis genommen worden, denn sonst hätte in Deutschland die Erregung über den Entwurf der Zweiten Anerkennungsrichtlinie nicht so groß sein können. Dieser hatte vorgesehen, das formale Qualifikationsniveau des deutschen Gesundheitshandwerks niedriger anzusetzen als jenes vergleichbarer Berufe in anderen Mitgliedstaaten.

2. Berufliche Bildung

a) Bedeutungswandel der beruflichen Bildung

Für die EG-Kommission hat die berufliche Bildung in den letzten Jahren aus einer Reihe von Gründen zunehmende Priorität erlangt. Zunächst, weil die schnelle technologische Entwicklung nur zu bewältigen und die damit verbundene globale *Wettbewerbsfähigkeit* der europäischen Wirtschaft nur sicherzustellen sind, wenn die Gemeinschaft auf ein gut ausgebildetes Arbeitskräftereservoir zurückgreifen kann. Das Humankapital wird als Produktionsfaktor, aber auch als Quelle der Wohlstandssicherung zweifellos immer wichtiger.

Gleichzeitig muß sich die Gemeinschaft verstärkt mit den Konsequenzen der *Bevölkerungsentwicklung* in den Mitgliedstaaten und mit den Wanderungsbewegungen in die sowie in der Gemeinschaft auseinandersetzen. Angesichts eines vorhersehbaren Rückgangs des Anteils der jüngeren Generation an der Erwerbsbevölkerung bzw. weil sich europaweit schon heute mehr als 80% der Erwerbsbevölkerung des Jahres 2000 auf dem Arbeitsmarkt befinden, kommt den Fachkenntnissen der bereits berufstätigen Arbeitskräfte wachsende Bedeutung zu. Zu bedenken ist hier, daß sich der Bestand der notwendigen Fachkenntnisse pro Jahr nur etwa um 10%–15% erneuert und daß die Jugendlichen, die jährlich auf den Arbeitsmarkt gelangen, nur noch 2% der Erwerbsbevölkerung ausmachen. Angesichts des fehlenden Nachwuchses muß das notwendige *Innovationspotential* daher künftig weithin bei den bereits im Arbeitsprozeß stehenden Arbeitnehmern mobilisiert werden (ausführlich IRDAC 1990; vgl. EG-Kommission, Beschäftigung in Europa, 1992). Angesichts dieser Herausforderungen weist auch die gemeinsame Stellungnahme der Sozialpartner auf EG-Ebene ausdrücklich auf die Notwendigkeit eines möglichst breiten und wirksamen Zugangs zur beruflichen Weiterbildung hin (SEK [91] 2531 v. 20. 12. 1991). Solch gemeinsame Stellungnahmen im Bereich der Sozialpolitik gewinnen für den Entscheidungsprozeß auf EG-Ebene zunehmend an Bedeutung. Eindrucksvollstes Beispiel ist das Protokoll zum Maastrichter Vertrag über die Sozialpolitik. Sein Text ist zumindest hinsichtlich der Übertragung von Kompetenzen auf die Sozialpartner weitestgehend wortgleich mit einer entsprechenden Stellungnahme, die im Rahmen des „sozialen Dialogs" erarbeitet worden war (vgl. Europäisches Gewerkschaftsinstitut, 1992).

Ein weiterer Grund, der die EG-Kommission veranlaßt, der beruflichen Bildung zunehmende Bedeutung beizumessen, liegt darin, daß man auf diese Weise hofft, die Jugendarbeitslosigkeit zu verringern oder möglichst zu verhindern. Aus Sicht der anderen EG-Mitgliedstaaten scheint die bundesdeutsche duale Ausbildung hier einen wesentlichen Vorteil zu bieten. In gewisser Weise hat diese institutionelle Verbindung zwischen staatlichem Bildungswesen und privaten wie öffentlichen Unternehmen auch für die EG-Kommission Vorbildcharakter gewonnen.

b) Konsequenzen für Gemeinschaftsgesetzgebung

Spätestens seit der Verabschiedung der Gemeinschaftscharta über die sozialen Grundrechte der Arbeitnehmer auf dem Straßburger Gipfel im Dezember 1989 (EG-Kommission, Soziales Europa 1/90) wird der beruflichen Weiterbildung[5] zunehmende Bedeutung zuerkannt. Beispielsweise hieß es in § 15 der Sozialcharta, daß jeder Arbeitnehmer in der EG Zugang zur beruflichen Weiterbildung haben und ihn während seines gesamten Erwerbslebens behalten müsse. Entsprechend kündigte die EG-Kommission im *Aktionsprogramm* zur Umsetzung der Gemeinschaftscharta (vgl. KOM [89] 568 endg. v. 29. 11. 1989 und zu deren Umsetzung Bericht KOM [92] 562 endg. v. 23. 12. 1992) die Vorlage eines Instrumentariums an. Damit sollte erreicht werden, daß Sozialpartner und staatliche Stellen alsbald Weiterbildungsinitiativen ergreifen, um den Herausforderungen des technologischen

Wandels und den wirtschaftlichen wie sozialen Anforderungen des einheitlichen Wirtschaftsraumes zu begegnen. Insbesondere sollte der Zugang zur beruflichen Bildung neu geregelt werden. Da die Kommission ihren Vorschlag angesichts der Sensibilität des Themas für einige Mitgliedstaaten vorab jedoch sehr gründlich mit allen Beteiligten abstimmte, erfolgte die offzielle Vorlage erst Ende 1992 (KOM [92] 486 endg. v. 25. 11. 1992). Diese Vorlage konnte dann jedoch in Form einer Empfehlung präsentiert werden, weil zwischenzeitlich in Maastricht beschlossen worden war, keine Harmonisierung der beruflichen Ausbildungssysteme vorzunehmen. Damit dürfte nicht zuletzt auch den Bedenken der deutschen Wirtschaft Rechnung getragen worden sein (vgl. Feuchthofen 1992b).

Die Bedeutung der beruflichen Bildung und Weiterbildung wurde aber in Maastricht noch einmal betont. Und zwar wurde ihr im Vertragswerk ein eigener Artikel, nämlich der neue Art. 127, gewidmet. Danach führt die Gemeinschaft „eine Politik der beruflichen Bildung (durch), welche die Maßnahme der Mitgliedstaaten unter strikter Beachtung der Verantwortung der Mitgliedstaaten für Inhalt und Gestaltung der beruflichen Bildung unterstützt und ergänzt". Konkret soll die Tätigkeit der Gemeinschaft im Bereich der beruflichen Bildung (entsprechend Art. 127, Abs. 2) folgende Ziele haben:
– „Erleichterung der Anpassung an die industriellen Wandlungsprozesse, insbesondere durch berufliche Bildung und Umschulung;
– Verbesserung der beruflichen Erstausbildung und Weiterbildung zur Erleichterung der beruflichen Eingliederung und Wiedereingliederung in den Arbeitsmarkt;
– Erleichterung der Aufnahme einer beruflichen Bildung sowie Förderung der Mobilität der Ausbilder und der in der beruflichen Bildung befindlichen Personen, insbesondere der Jugendlichen;
– Förderung der Zusammenarbeit in Fragen der beruflichen Bildung zwischen Unterrichtsanstalten und Unternehmern (sowie)
– Ausbau des Informations- und Erfahrungsaustausches über gemeinsame Probleme im Rahmen der Berufsbildungssysteme der Mitgliedstaaten."

c) Neuausrichtung des Europäischen Sozialfonds
In Maastricht wurde auch die Ausrichtung des Europäischen Sozialfonds geändert. Neben der Förderung der beruflichen Verwendbarkeit und der örtlichen wie beruflichen *Mobilität der Arbeitskräfte* soll durch berufliche Bildung und Umschulung jetzt auch die Anpassung an die industriellen Wandlungsprozesse und an die Veränderungen der Produktionssysteme erleichtert werden (Art. 123 neu). Schon im Delors-II-Paket – zur Finanzausstattung der Europäischen Gemeinschaft (ab 1993) – hat die EG-Kommission deshalb vorgeschlagen, die Ausbildung und Umschulung von Arbeit-

nehmern durch Einsatz des Sozialfonds in jenen Wirtschaftszweigen zu fördern, in denen bedeutende Veränderungen der Industriestruktur anstehen und besondere Gefahr für die Arbeitsplätze besteht (KOM [92] 2000 v. 11. 2. 1992). Insbesondere wurde dabei gedacht an:
– die Automobilindustrie [6],
– die Rüstungsindustrie,
– die Textilindustrie sowie
– die Elektronikindustrie.

Mit der Verordnung (EWG) Nr. 2081/93 vom 20. 7. 1993 (s. EG-Amtsblatt Nr. L 193/5 v. 31. 7. 1993) hat der Rat eine Änderung der Funktionsweisen der Strukturfonds beschlossen, die die bisherigen Politiken unter Ziel 3 (neu) zusammenfassen und als 4. neues Ziel eine Anpassung der Arbeitnehmer der ganzen Gemeinschaft an den industriellen Wandel erleichtern sollen. Letzteres soll insbesondere erreicht werden:
– durch eine Vorausschätzung der Entwicklung der Arbeitsmärkte und der Bedarfe an beruflicher Qualifikationen;
– durch berufliche Bildung und Umschulung (bzw. durch vermehrte Orientierung und Beratung) sowie
– durch Zuschüsse zur Verbesserung und Entwicklung angemessener Ausbildungssysteme. (Insbesondere sollen die Maßnahmen dabei Bedürfnisse kleiner und mittlerer Unternehmen berücksichtigen.)

Schlußbetrachtung

In der deutschen Diskussion über die Maastricht-Ergebnisse standen neben kritischen Hinweisen zur Verwirklichung der Wirtschafts- und Währungsunion bisher vor allem industriepolitische Bedenken im Vordergrund. Vermutlich hat man jedoch nicht hinreichend beachtet, daß damit auch eine Reihe von bildungs- und weiterbildungspolitischen Problemen verbunden sind:
– Wie vertragen sich z. B. europäische Fördermaßnahmen mit dem bundesdeutschen beruflichen Bildungssystem – speziell im Hinblick auf Weiterbildung und Umschulungsmaßnahmen?
– Wo könnten in der Bundesrepublik derartige Weiterbildungs- und Umschulungsmaßnahmen durchgeführt werden?
– Inwieweit existiert in der gegenwärtigen Situation in Deutschland ein berufliches Weiterbildungssystem?

Letztlich wird hier deutlich, daß die EG-Bildungspolitik nicht nur dazu führen sollte, sich stärker mit dem Geschehen auf EG-Ebene zu befassen, sondern auch die Rückwirkungen auf die nationale Ebene genauer zu beobachten. Erst eine Parallelanalyse bildungspolitischer Entwicklungen auf

EG- und nationaler Ebene verhindert, daß es in den Mitgliedstaaten der EG zu erheblichen bildungspolitischen Frustrationen und Friktionen kommt.

Anmerkungen

[1] Näher zum Initiativmonopol der EG-Kommission vgl. Schmitt von Sydow, Art. 155 Rdz 31 ff. In: Groeben/Thiesing/Ehlermann, Kommentar zum EWG-Vertrag, 4. Aufl. 1991.

[2] Als Beispiel sei die Zurückweisung eines vom Rat angeregten „Europäischen Jahres gesunder Ernährung" angeführt.

[3] So wurden von der Kommission nach Einführung des Verfahrens der Zusammenarbeit durch die Einheitliche Akte am 1. 7. 1987 von den Änderungsanträgen des EP in 1. Lesung 57,85 %, in 2. Lesung 45,95 % übernommen (Stand 31. 3. 1992). So Vizepräsident Bangemann in seiner Antwort auf die Frage 1253/92 des Abgeordneten Lord O'Hagen am 5. 6. 1992.

[4] Vgl. dazu das bildungspolitische Positionspapier der Spitzenverbände der deutschen Wirtschaft ›Differenzierung, Durchlässigkeit, Leistung‹ vom Januar 1992.

[5] Für Deutschland ergibt sich dies z. B. aus dem Berufsbildungsbericht 1992 (S. 122 ff.).

[6] Die Kommission hat erstmals hierzu eine Mitteilung veröffentlicht, die nicht zuletzt Fragen der beruflichen Bildung und Umschulung anspricht (KOM [92] 166 endg. v. 8. 5. 1992; vgl. die Empfehlungen der Bundesratausschüsse, s. BR-DS 413/1/92).

Literatur

Berggreen, I.: Abstimmung der europäischen Bildungsverwaltung. In: Europäische Bildungspolitik, Bd. I. Darmstadt 1992.

Boest, R.: Ein langer Weg zur Demokratie in Europa – Die Beteiligungsrechte des Europäischen Parlaments bei der Rechtsetzung nach dem Vertrag über die Europäische Union. In: Europarecht (1992), S. 182 ff.

Conrad: Die Rechtsprechung des Gerichtshofs der Europäischen Gemeinschaften. In: WissR. (1989), S. 97 ff.

Currall, I.: In: Groeben/Thiesing/Ehlermann (Hrsg.): Kommentar zum EWG-Vertrag, 4. Aufl. 1991.

Dietz, W. A./Glatthaar, Ch.: Das Räderwerk der EG-Kommission. 1991, S. 39 ff.

DIHT (Hrsg.): Differenzierung, Durchlässigkeit, Leistung, 1992.

Donat, M. v.: Brüsseler Machenschaften – Dem Euro-Clan auf der Spur. 3. Aufl. Baden-Baden 1977.

EG-Kommission (Hrsg.): Beschäftigung in Europa, Luxemburg (1992).

–: Soziales Europa 1/90, Luxemburg (1990).

EUGH: Gerichtshof der Europäischen Gemeinschaften: Sammlung der Rechtsprechung. Luxemburg 1989.

Europäisches Gewerkschaftsinstitut: Arbeitsdokumente: Die europäischen Dimensionen der Kollektivverhandlungen nach Maastricht. Brüssel 1992.

Europäisches Parlament: Ausführliche Sitzungsberichte, vorläufige Ausgabe. (Mittwoch I, 10. 2. 1993), S. 179, 1. Sp.

Feuchthofen, J.-F.: EG-Bildungspolitik: Durchbruch in Maastricht. In: GdWZ (1992), S. 1 ff.

–: Zugang zur Weiterbildung. In: GdWZ (1992), S. 283 ff.

Geis, M.-E.: Die „Kultushoheit der Länder". Historische und verfassungsrechtliche Aspekte des Kulturföderalismus am Beispiel der Bundesrepublik. In: DÖV (1992), S. 522 ff.

Glatthaar, Ch.: Einflußnahme auf Entscheidungen der EG durch die Ausschüsse der EG-Kommission. In: RIW (1992), S. 179 ff.

Hochbaum, J.: Politik und Kompetenz der Europäischen Gemeinschaften im Bildungswesen. In: BayVBl (1985), S. 481 ff.

IRDAC: Qualifikationsdefizite in Europa. Stellungnahme v. Nov. 1990.

Jean, T.: Lobbying communautaire: stratégies et modèles. In: Revue Française de Gestion 89 (1992), S. 17 ff.

Langer, S.: Unitarismus und Föderalismus im künftigen Europa – Zur Bedeutung zweier Integrationsprinzipien für die Organisationsentwicklung der Europäischen Gemeinschaften. In: DÖV (1991), S. 823 ff.

Mebrak-Zaidi, N.: Bericht über die Beseitigung des Analphabentums in den Mitgliedstaaten der Europäischen Gemeinschaften. Dok. PE 200 179/endg. v. 3. 12. 1992.

Nentwich, M.: Institutionelle und verfahrensrechtliche Neuerungen im Vertrag über die Europäische Union. In: EuZW (1992), S. 235 ff.

Noël, F.: Die Organe der Europäischen Gemeinschaften. Luxemburg 1991.

Pipkorn, J.: Das Subsidiaritätsprinzip im Vertrag über die Politische Union – rechtliche Bedeutung und gerichtliche Überprüfbarkeit. In: EuZW (1992), S. 697 ff.

Schmidhuber, P./Hitzler, G.: Die Verankerung des Subsidiaritätsprinzips im EWG-Vertrag – ein wichtiger Schritt auf dem Weg zu einer föderalen Verfassung der Europäischen Gemeinschaft. In: NVwZ (1992), S. 720 ff.

Schmidt-Räntsch, J.: Erlaß von Förderprogrammen durch den Rat der EG aufgrund Art. 128 EWGV. In: NJW (1989), S. 3071 ff.

Schmitt v. Sydow, H.: In: Groeben/Thiesing/Ehlermann (Hrsg.): Kommentar zum EWG-Vertrag, 4. Aufl. (1991).

Wägenbaur, R.: Die Einbeziehung der Hochschulen in den europäischen Integrationsprozeß. In: EuR (1990), S. 135 ff.

Wuermeling, J.: Legislativer Trilog im institutionellen Dreieck der Europäischen Gemeinschaft. Das Verfahren der Zusammenarbeit nach Art. 149 Abs. 2 EWGV. EUI Working Papers Law N° 90/4.

Otto Bardong

Die Bildungspolitik in den Organen der Europäischen Gemeinschaft. Zielsetzung und Umsetzung

Abstract

In den Römischen Verträgen von 1957 wurde der EG eine begrenzte Zuständigkeit für den Bereich der Berufsbildung zuerkannt. Seither sind ihre bildungspolitischen Kompetenzen nur langsam entwickelt worden, weil einige Mitgliedstaaten – und in der Bundesrepublik Deutschland vor allem die Bundesländer – um ihre Kulturhoheit fürchteten.

Gleichwohl dokumentiert sich in den 80er Jahren ein steigendes bildungspolitisches Engagement der Europäischen Gemeinschaft in einer Vielfalt von bildungsrelevanten Programmen, mit denen Europäische Kommission und Europäisches Parlament zunehmend größeren Einfluß gewannen und die enge Begrenzung des EWG-Vertrages zu überspringen suchten. Dies war möglich, weil eine präzise Abgrenzung zwischen Berufsbildung und Allgemeinbildung nicht praktikabel war. Seitdem hat der Europäische Gerichtshof in mehreren Urteilen die bildungspolitische Zuständigkeit ausgeweitet bzw. ausgestaltet, indem er Hochschulbildung und Weiterbildung auch als Berufsbildung gemäß EWG-Vertrag qualifizierte. Eine Zuständigkeit für den Bereich der allgemeinen Schulbildung blieb der EG – bis auf einige Ausnahmen – jedoch versagt.

Auch im Maastrichter Vertrag, der eigene Artikel für die Berufsbildung und die allgemeine Bildung enthält, wird der Europäischen Gemeinschaft neben den Mitgliedstaaten nur eine ergänzende Zuständigkeit zugesprochen.

I. Ausgangslage

Nachdem die Europäische Gemeinschaft laut EWG-Vertrag Kompetenzen bei „allgemeinen Grundsätzen" der Berufsbildungspolitik erhalten hatte, wurden anläßlich der Entwicklung des Gemeinsamen Marktes neue

Ansätze für die europäische Integration gesucht. Deshalb wurde 1973 eine spezielle *bildungspolitische Zuständigkeit* bei der Europäischen Kommission eingerichtet, die zuerst Ralf Dahrendorf übertragen wurde. Allerdings konnte erst nach langen Verhandlungen mit den nationalen Regierungen im Jahr 1976 eine Übereinkunft hinsichtlich der Zusammenarbeit im Bildungsbereich erreicht werden. Das *erste Aktionsprogramm* im Bildungsbereich (ABl. C 38, 19. 2. 1976) auf Gemeinschaftsebene bezog sich auf folgende Aspekte:
– Förderung des gegenseitigen Kennenlernens der Bildungssysteme in der Gemeinschaft;
– Dokumentation und Information im Bereich des Bildungswesens;
– die EG als Unterrichtsgegenstand;
– den Übergang junger Menschen von der Schule ins Berufsleben;
– Bildungsangebote für Gastarbeiter und den Fremdsprachenunterricht;
– eine Zusammenarbeit im Hochschulbereich.

Hinsichtlich der Kompetenzen der EG-Organe und der Mitgliedstaaten bestehen seither allerdings erhebliche Meinungsverschiedenheiten. Ein *gewisser Interessenausgleich* wurde in Form der Beschlüsse des 'Rates und der im Rat vereinigten Minister für das Bildungswesen' angestrebt, weil damit gleichzeitig das Gemeinschaftsorgan und die Vertreter der Mitgliedstaaten als Akteure beteiligt wurden. Gleichwohl wurde von einigen Mitgliedstaaten, vor allem Dänemark, eine Bildungspolitik durch Gemeinschaftsorgane als Eingriff in ihre nationale Souveränität grundsätzlich abgelehnt. So verwundert nicht, daß 'der Rat und die im Rat vereinigten Minister für das Bildungswesen' erst 1980 wieder zusammentrafen, um den Gesamtbericht über das Aktionsprogramm entgegenzunehmen, der vom Ausschuß für Bildungsfragen (zusammengesetzt aus Vertretern der Kommission und der Mitgliedstaaten) vorgelegt wurde. Die Aktivitäten hatten sich – wie der Bericht zeigt – vor allem auf einen Informationsaustausch, auf Studienaufenthalte, Expertenberichte und die Durchführung von Modellvorhaben konzentriert. Bei all diesen Aktivitäten hatten sich die Mitgliedstaaten zwar die letzte Entscheidung vorbehalten, aber im Verlauf sich doch mehr und mehr überzeugt, daß eine solche Zusammenarbeit notwendig ist.

Die *Rechtsgrundlage* für Gemeinschaftsaktivitäten war bis dahin folgende: Durch den EWG-Vertrag war eine bildungspolitische Gemeinschaftskompetenz nur für „allgemeine Grundsätze der Berufsausbildung" gegeben (Artikel 128 EWGV). Allerdings hatte die Gemeinschaftsgesetzgebung hinsichtlich der *Freizügigkeit* der Arbeitnehmer auch Auswirkungen auf den Bildungsbereich. So war die Gleichbehandlung der Arbeitnehmer aus Mitgliedstaaten der EG und ihrer Familien beim Zugang zu allen Unterrichtsformen seit 1968 garantiert. Ergänzend legte eine 1981 in Kraft getretene 'Richtlinie' fest, daß auch die schulischen Bildungschancen durch bedarfgerechten Sprachunterricht und eine entsprechende Schulung der Lehrer erarbeitet werden müssen. Ferner räumte die EG-Kommission der Frage des Übergangs von der Schule in das Arbeitsleben frühzeitig eine hohe Priorität ein. Waren aufgrund des traditionellen Verständnisses in der Gemeinschaft und in den Mitgliedstaaten bisher Arbeit und Bildung auch weithin getrennte Bereiche gewesen, so galt eine Kooperation auf Gemeinschaftsebene vor allem in der Berufsbildung und Berufsberatung um so notwendiger, als seit Ende der 70er Jahre eine große Vielzahl spezieller Ausbildungsmaßnahmen für junge Arbeitnehmer in den Mitgliedstaaten entwickelt wurde.

Ferner erließ der Rat zur Verwirklichung der *Niederlassungsfreiheit* Richtlinien zur gegenseitigen Anerkennung von Diplomen, Prüfungszeugnissen und sonstigen Befähigungsnachweisen (gemäß Art. 57 EWGV). Auch dieses Bemühen um eine erweiterte Niederlassungsfreiheit blieb nicht ohne Auswirkung auf den Bereich der Bildungspolitik. So hatte die EG den Berufszugang für die meisten Tätigkeiten in Industrie, Handwerk und Handel von Anfang an liberalisiert. Für andere Berufe mußten jedoch weitergehende Harmonisierungen der Ausbildung angestrebt werden. Entsprechend wurden für einzelne Berufe „Koordinierungsrichtlinien" zur Koordinierung und Harmonisierung der Ausbildung bzw. Richtlinien zur gegenseitigen Anerkennung der Ausbildungsabschlüsse erlassen. In den *Anerkennungsrichtlinien* wurden dabei allgemein ein Berufsbild, eine Mindestausbildungsdauer und äquivalente Abschlüsse festgelegt, in den *Koordinierungsrichtlinien* dagegen qualitative und quantitative Mindestausbildungsinhalte bestimmt, die als Voraussetzung für eine Anerkennung der Abschlüsse gelten sollten. Diese Richtlinien sollten auf Verlangen des Rats die Bildungsreformen in den Mitgliedstaaten allerdings nicht beeinträchtigen.

Besonders im *Gesundheitsbereich* sind die EG-Vorschriften sehr detailliert. So wurde für die Grundausbildung der Ärzte ein mindestens 6jähriges Hochschulstudium bzw. 5500 Stunden theoretischer und praktischer Unterricht vorgeschrieben. Fachärzte haben danach eine 3–5jährige Zusatzausbildung zu absolvieren. Selbst für praktische Ärzte wird eine mindestens zweijährige zusätzliche Spezialausbildung festgelegt (Allgemeinmedizin). Zwar wird dabei kein ausführliches Verzeichnis der Studienfächer vorgegeben, aber doch genau festgelegt, welche Kenntnisse im Abschlußdiplom bescheinigt werden müssen. Durch derartige Richtlinien wurde die Ausbildung für folgende Berufe geregelt: für Ärzte 1975, für Krankenpfleger 1977, für Zahnärzte 1978, für Tierärzte 1978, für Hebammen 1980, für Apotheker 1985, für Rechtsanwälte 1977, für Architekten 1985. Die Schwierigkeiten bei der Beschlußfassung und Umsetzung wurden offensichtlich, wenn man sieht, daß der Prozeß z. B. für Architekten 17 und für Apotheker 16 Jahre dauerte. Außerdem konnte dieser sektorielle Ansatz überhaupt nur bei einem kleinen Teil von Berufen realisiert werden.

Aufgrund der Probleme bei diesen Äquivalenzregelungen wurde ein neuer Ansatz unumgänglich. Dabei wurde eine *Richtlinie* für die allgemeine gegenseitige *Anerkennung der Hochschuldiplome* nach mindestens 3jähriger Ausbildung im Dezember 1988 beschlossen, die ab Anfang 1991 anzuwenden ist (ABl. L 19 vom 24. 1. 1989). Nach ihr sind Abschlüsse, die gemäß einzelstaatlicher Regelungen rechtmäßig erworben wurden, auch in anderen EG-Ländern – nach dem Prinzip des gegenseitigen Vertrauens – grundsätzlich anzuerkennen. Angesichts der erheblichen Ausbildungsunterschiede waren dabei aber gewisse Ersatz- und Ergänzungsmaßnahmen erforderlich. Inzwischen wurde eine weitere Richtlinie zur Anerkennung von *Ausbildungsabschlüssen unterhalb des Hochschulniveaus* und von Abschlüssen nach kurzer Studiendauer verabschiedet. Diese Anerkennung beruflicher Befähigungsnachweise wird bis Juni 1994 in Kraft treten (ABl. L 209 vom 24. 7. 1992). Geltung haben diese Richtlinien nur für sogenannte 'reglementierte Berufe', die laut Gesetz nur von Inhabern eines entsprechenden Diploms ausgeübt werden dürfen. Für andere Berufe bestehen keine Mobilitätshürden, d. h., sie können sich mit dem Abschluß ihres Heimatlandes um einen Arbeitsplatz in anderen EG-Ländern bewerben oder sich dort niederlassen. Um die Vergleichbarkeit der Berufsabschlüsse dabei transparenter zu machen, hat das 1975 in Berlin gegründete 'Europäische Zentrum für die Förderung der Berufsbildung' (Cedefop) Qualifikationsentsprechungen listenweise zusammengestellt. Obwohl diese im EG-Amtsblatt veröffentlicht werden, haben sie doch nur informellen Charakter (vgl. z. B. die Entsprechungen für die Berufsgruppe Hotel, Restaurant, Café [ABl. C 166 vom 3. 2. 1989]; zur Kraftfahrzeugreparatur [Abl. C 168 vom 3. 7. 1989]; zum Bauwesen [ABl. C 292 vom 20. 12. 1989] oder zum Tiefbau [ABl. C 20 vom 25. 1. 1993]).

In den *80er Jahren* intensivierte die Europäische Gemeinschaft erneut ihr *bildungspolitisches Engagement*. Diese Initiativen führten allerdings auch zu Auseinandersetzungen vor dem Europäischen Gerichtshof.

Der Beginn des neuen Engagements erschien unauffällig, war längerfristig aber bedeutsam. Und zwar wurde der Dienst für das Bildungswesen der Kommission, der seit 1973 der Generaldirektion XII 'Bildung, Wissenschaft und Forschung' zugeordnet war, im Jahr 1981 der Generaldirektion V 'Bildung und Soziale Angelegenheiten' zugeordnet. Diese Entwicklung konnte durchaus unterschiedlich beurteilt werden, denn einmal erscheint die Bildungspolitik dadurch als 'Hilfsinstrument' für Beschäftigungs-, Sozial- und Regionalpolitik. Andererseits bemüht sich die Kommission jetzt mit zunehmendem Erfolg, sowohl die engen Verbindungen zwischen dem Bildungs- bzw. Unterrichtswesen als auch die Berufsausbildung und Beschäftigung herauszustellen. Dieser Zusammenhang wird bei der 1983 vom Rat verabschiedeten Revision des Europäischen Sozialfonds deutlich; denn hier wird bei der Förderung nicht mehr zwischen arbeitslosen Jugendlichen und Schulabgängern unterschieden. Die Fonds sind seither ein fester Bestandteil der gemeinschaftlichen Berufsbildungspolitik. Nicht weniger bedeutsam war in dieser Hinsicht das vom Rat der Bildungs- und Arbeitsminister verabschiedete neue Aktionsprogramm zur Berufsausbildung. Die Entwicklung zeigt, daß die Aktivitäten der Gemeinschaft jetzt nicht mehr durch Abgrenzungen von Bildung und Ausbildung behindert wurden.

Das *Europäische Parlament* hat dagegen von vornherein einen weiteren Ansatz für eine gemeinschaftliche Bildungspolitik vertreten und wollte sich nicht auf Berufsbildung beschränken lassen. Der Name des zuständigen Parlamentsausschusses für 'Jugend, Kultur, Bildung, Information und Sport' signalisiert jedoch, daß Umfang und Grenzen einer gemeinsamen Bildungspolitik auch beim Parlament nicht eindeutig geklärt waren. Das Interesse des Parlaments richtete sich dabei insbesondere auf die bildungspolitische Förderung eines europäischen Bewußtseins und einer europäischen Identität. Diese Position fand Widersprüche, vor allem, weil darin ein unberechtigter Eingriff in die Bestimmung der Bildungsinhalte gesehen wurde.

Wenig Gegenliebe fand beim Europäischen Parlament die 1982 gegründete Europäische Stiftung, die einem Vorschlag des Tindemans-Berichts von 1975 entsprach (EG-Bulletin 1/1976), weil sie eben nicht eine Gemeinschaftseinrichtung, sondern eine weitere internationale Organisation werden sollte wie Unesco, Europäische Kulturstiftung und Hochschulinstitut (Janssen, in: Weidenfeld/Wessels 1984, S. 200–208). Zwar wurde der deutsche Vorbehalt durch die Beteiligung des Europäischen Parlaments an der Stiftung ausgeräumt, die niederländische Ratifizierung blieb schließlich aber doch aus.

II. EG-Programme, ihre Umsetzungen und Begrenzungen

In den 80er Jahren ist es durchaus gelungen, die europäische Bildungspolitik mit den großen Themen der EG-Politik in Verbindung zu bringen (Janssen, in: Weidenfeld/Wessels 1987, S. 215ff.). So brachte die feierliche Erklärung zur Europäischen Union in Stuttgart 1983 auch eine engere *kulturelle Zusammenarbeit* zur Sprache und ging damit über den bisherigen Rahmen der EG-Verträge hinaus. Anschließend wurde bei den Vorarbeiten zur Einheitlichen Europäischen Akte (EG-Bulletin 1986) der sog. Adonnino-Ausschuß 'Europa der Bürger' eingesetzt, der auch bildungspolitische Themen behandelte wie Berufsabschlüsse, Sprachunterricht und Schüleraustausch. Doch 'der Rat und die im Rat vereinigten Minister für das Bildungswesen' diskutierten erstmals wieder im Juni 1985 über europäische politische Bildung und die europäische Dimension im Unterricht. Obwohl in der

Einheitlichen Europäischen Akte zur Änderung des EWG-Vertrages dann nur das Kapitel ›Forschung und technologische Entwicklung‹ aufgenommen wurde, so ist dennoch unverkennbar, daß Kultur und Bildungspolitik immer stärker in die Diskussion der Gemeinschaftspolitik einbezogen wurden.

Das neue bildungspolitische Engagement der Gemeinschaft dokumentiert sich in den seit 1985 vorgelegten *EG-Programmen im Bildungsbereich*. Die bis 1988 verabschiedeten Programme prägten das Bild der Gemeinschaft nachdrücklich, obwohl ihr Finanzrahmen gegenüber den Kommissionsvorschlägen erheblich eingeschränkt wurde. Zu nennen sind hier:

- Das *Comett-Programm* (Community-Programme in Education and Training for Technology) – zur Förderung der Zusammenarbeit zwischen Hochschulen und Wirtschaft im Bereich der Aus- und Weiterbildung auf dem Gebiet der Technologie – wurde am 24. Juli 1986 ohne Widerspruch angenommen.
- Das *Erasmus-Programm* (European Community Action Scheme for the Mobility of the University Students) – zur Förderung der Zusammenarbeit und Mobilität im Hochschulbereich mit gegenseitiger Anerkennung der Studienleistungen für Studenten und mit Austauschmöglichkeiten für Dozenten und Hochschulpersonal – wurde nach längerer Diskussion am 15. 6. 1987 verabschiedet.
- Das *Programm Jugend für Europa* (zunächst YES, d. h. Youth Exchange Scheme) – zur Förderung des Austausches von Jugendlichen von 15– 25 Jahren – wurde nach einigen Verzögerungen erst am 16. 6. 1988 verabschiedet.

Unter ihnen hatte vor allem das *Erasmus-Programm* grundsätzliche Widerstände – speziell in Deutschland, aber auch in Frankreich und Großbritannien – geweckt. So sahen die deutschen Bundesländer ihre Kulturhoheit gefährdet und erlagen wohl auch der Versuchung, im Zusammenhang mit der Debatte um die Ratifizierung der ›Einheitlichen Europäischen Akte‹ eine grundsätzliche Auseinandersetzung zur Sicherung ihrer Kompetenzen zu führen. Die EG-Kommission stützte ihren Programmvorschlag zunächst auf Artikel 128 des EWG-Vertrages (Berufsausbildung), womit eine Mehrheitsentscheidung im Ministerrat möglich gewesen wäre. Als der Vorschlag im Ministerrat jedoch verwässert werden sollte, zog sie ihn zurück. Schließlich wurde er in der Substanz doch unverändert beschlossen. Allerdings hatte der Rat den Artikel 235 EWGV als zusätzliche Rechtsgrundlage eingesetzt, so daß jetzt Einstimmigkeit erforderlich wurde. Bei dem über die Rechtsgrundlage ausbrechenden Rechtsstreit hat der Europäische Gerichtshof (1989) den Begriff 'Berufsausbildung' des Artikels 128 sehr weit ausgelegt. Demnach gehört nunmehr jede Form der Ausbildung dazu, die auf einen bestimmten Beruf vorbereitet, selbst wenn der Lehrplan auch allgemeinbildenden Unterricht enthält. Entsprechend gehören auch

Die Bildungspolitik 69

sämtliche Universitätsstudien zur beruflichen Ausbildung (Schröder 1990, S. 32ff.).
Ähnlich entschied der Europäische Gerichtshof anläßlich von *Comett II* (1991). Und zwar wurde die Klage von Deutschland, Großbritannien und Frankreich zurückgewiesen und festgestellt, daß Erstausbildung und Weiterbildung bei der Zusammenarbeit von Wirtschaft und Hochschule unter den Begriff der Berufsausbildung fallen. In diesen Urteilen stützte sich der Europäische Gerichtshof auf das Gravier-Urteil von 1985, in dem bereits festgestellt worden war, daß Hochschulausbildung als eine Voraussetzung für die künftige Erwerbstätigkeit anzusehen ist. Damit wurde die Zuständigkeit der Europäischen Gemeinschaft im Bereich der Bildungspolitik erheblich erweitert.

Auch das *Programm Jugend für Europa* war nicht unumstritten. Zwar hatte die Kommission in ihrem Vorschlag jeden Bezug zu Bildung und Schüleraustausch vermieden, doch sah der deutsche Bundesrat hier einen vermeintlichen Eingriff in die bildungspolitische Kompetenz der Länder. Andererseits begrüßte das Europäische Parlament diesen Kommissionsvorschlag nachdrücklich, setzte sich allerdings massiv für die Einbeziehung des Schulbereichs ein (Bundesratsdrucksache 161, 1986; Bericht des Europäischen Parlaments A 2–109, 1986).

Diese Widerstände entmutigten die Kommission keineswegs, vielmehr hatte sie – gestützt durch die europäische Rechtsprechung – ein sehr wirkungsvolles bildungspolitisches Terrain für weitere Initiativen entdeckt. Das nachfolgende *Lingua-Programm*, zur Förderung der Fremdsprachenkenntnisse in der EG, wurde vom Rat bereits im Juli 1989 angenommen. Es umfaßt je einen Aktionsbereich: für die Fortbildung von Fremdsprachenlehrern und Ausbildern (I), die Erstausbildung von Fremdsprachenlehrern an Hochschulen (II), die Fremdsprachenverbesserung im Berufsleben und in der Wirtschaft (III), den Austausch von Jugendlichen, die in der Berufsausbildung stehen (IV) sowie Strukturen zur Koordinierung und Durchführung der Programme (V). Obwohl dabei die allgemeinbildende Schule bewußt ausgeklammert wurde, so kann jeder Mitgliedstaat jedoch selbst entscheiden, ob er bei der Sekundarstufe II den berufsbildenden Aspekt so herausstellen will, daß damit eine Einbeziehung in die Förderung möglich wird, oder ob er auf Förderung verzichten will, weil er den allgemeinbildenden Aspekt für vorrangig hält.

Angesichts dieser Schwierigkeiten ist fast verwunderlich, daß der 'Rat und die im Rat vereinigten Minister für das Bildungswesen' die Entschließung *'Zur europäischen Dimension im Bildungswesen'* ohne viel Aufhebens am 24. 5. 1988 – und sogar mit nachdrücklicher Unterstützung des deutschen Ratsvorsitzes – beschlossen hat. Außerdem sind Entschließungen zur 'Umweltbildung', zum 'Übergang von der Schule ins Berufsleben' und zu

'Mittelfristigen Perspektiven für das Bildungswesen in der Europäischen Gemeinschaft' sowie zum 'Fremdsprachenunterricht' beschlossen worden. Als Ziel der genannten Entschließung zur europäischen Dimension im Bildungswesen wurde ausdrücklich genannt, „das Bewußtsein der jungen Menschen für die europäische Identität zu stärken und ihnen den Wert der europäischen Kultur und der Grundlagen, auf welche die Völker Europas ihre Entwicklung heute stützen wollen . . ." zu verdeutlichen. Außerdem soll „die junge Generation auf die Beteiligung an der wirtschaftlichen und sozialen Entwicklung und an der Erzielung konkreter Fortschritte zur Verwirklichung der Europäischen Union . . ." vorbereitet werden. Auf Gemeinschaftsebene sollten entsprechende Initiativen zur Erarbeitung von Informations- und pädagogischem Material ergriffen und die Ausbildung der Lehrkräfte gefördert werden, ferner sollten die Mitgliedstaaten bei der Entwicklung entsprechender Lehrpläne eines angemessenen Unterrichts und bei der Lehrerausbildung aktiv werden. Offensichtlich werden hier Festlegungen für den Schulbereich getroffen, die zuvor immer ängstlich ausgespart worden sind. Die Bildungspolitik erscheint hier ganz eindeutig als Gemeinschaftspolitik, wenngleich die Ausführung weitgehend in den Händen der Mitgliedstaaten verbleibt. Diese legten 1991 einen ersten Bericht über die von ihnen durchgeführten Maßnahmen vor (Kommissionsdokument SEK 91/1753 vom 23. 9. 1991). Ungeachtet der nationalen Schwerpunktbildungen vermittelt der Bericht, daß die Mobilisierung der Mitgliedstaaten für eine Stärkung der europäischen Dimension im Bildungswesen durchaus gelungen ist.

Die erwähnten Programme sind seither mehrfach ausgeweitet sowie verlängert worden, und das Europäische Parlament hat mehrfach eine Erhöhung der vorgesehenen Mittel durchgesetzt. Die Programme Comett und Erasmus stehen seit 1990 bzw. 1992 auch für *EFTA-Staaten* offen, allerdings müssen diese den zusätzlichen Finanzbedarf selbst aufbringen. Ab 1. 1. 1995 sollen sich die EFTA-Staaten an allen EG-Bildungsprogrammen beteiligen können.

Inzwischen hat die EG nun auch ihre Initiativen nach Mittel- und Ost-Europa erweitert. Zur Unterstützung des Reformprozesses wurde schon im Mai 1990 das *Tempus-Programm* (Trans-European-Mobility-Scheme for University Studies) beschlossen (Abl. L. 131 vom 23. 5. 1990). Mit diesem Programm soll die Infrastruktur an den Hochschulen dieser Länder verbessert und die Mobilität von Studenten, Dozenten und Verwaltungspersonal gefördert werden. Anfangs war dieses Programm nur für die Reformstaaten Polen und Ungarn bestimmt, inzwischen ist es aber auf die meisten mittel- und osteuropäischen Staaten ausgeweitet worden.

Die meisten dieser *Programme* laufen bis 1994. Danach will sie die Kommission neu *zusammenfassen*. Wie dringlich eine Koordination ist, zeigt die Vielzahl der additiv aneinandergereihten und sich vielfältig überschneidenden Programme zur beruflichen Bildung, die nachfolgend kurz dargestellt werden. Noch 1993 sollten entsprechende Koordinationsvorschläge – gegliedert nach zwei Aktionsformen – vorgelegt werden:

1. Programme für Universitäten, sonstige Bildungseinrichtungen und Schulen;
2. für die Berufsausbildung und einen Qualifikationserwerb (Memorandum Kom [90] 334).

Die zuständigen Kommissionsdienststellen sind inzwischen aus der Generaldirektion V wieder herausgelöst worden und bilden eine dem zuständigen Kommissionsmitglied direkt unterstellte „Task Force Humanressourcen, Allgemeine und Berufliche Bildung, Jugend", die in absehbarer Zeit wohl eine eigene Generaldirektion bilden wird.

Die von dieser Task Force geleiteten Programme zur beruflichen Erstausbildung und Weiterbildung bleiben Kernstück der EG-Bildungspolitik. Angesichts der Vollendung des Binnenmarktes bleiben diese Bereiche auch dann von zentraler Bedeutung für die EG-Politik, wenn in anderen Politikbereichen neue Initiativen entwickelt werden, wie z. B. in der Forschungspolitik, bei der Förderung benachteiligter Regionen oder der Vorbereitung von Führungskräften für kleinere und mittlere Unternehmen, die ihrerseits ebenfalls in die Berufsbildung zurückwirken werden. Insgesamt besteht weitgehende Übereinstimmung darüber, daß die Schwierigkeiten zwischen dem Bildungs- und Beschäftigungssystem leichter bewältigt werden können, wenn die Qualifizierung in der beruflichen Erstausbildung nicht zu eng auf Einzelberufe ausgerichtet ist, sondern die Vermittlung von Schlüsselqualifikationen verstärkt und eine Bereitschaft zur Weiterbildung gefördert werden. Dazu gehören u. a. auch Fähigkeiten zur Mehrsprachigkeit und Verständnis für die zunehmende Europäisierung wie Internationalisierung (Baur/Wolff/et al. 1991, S. 34ff.).

Gerade in dieser Hinsicht gewinnt das *Petra-Programm* (Partnership in Education and Training) – ein Aktionsprogramm für die Berufsbildung Jugendlicher und zur Vorbereitung Jugendlicher auf das Erwachsenen- und Erwerbsleben – Bedeutung, das am 1. 12. 1987 beschlossen wurde. Es fördert die Bemühungen, allen Jugendlichen nach der Schulpflicht eine zwei- oder mehrjährige Berufsausbildung zu sichern. Und zwar wendet es sich an Jugendliche unter 28 Jahre, die entweder in der beruflichen Erstausbildung stehen, oder nach der Erstausbildung als Arbeitnehmer und junge Arbeitslose an einer Weiterbildung teilnehmen. Die Maßnahmen auf Gemeinschaftsebene sollen entsprechende Bemühungen der Mitgliedstaaten unterstützen und ergänzende Angebote wie Betriebspraktika in einem anderen EG-Land fördern.

Zuvor war bereits im Juni 1983 das Programm *Eurotecnet* in der Absicht beschlossen worden, eine grenzüberschreitende Zusammenarbeit auf dem Gebiet der beruflichen Bildung und des technologischen Wandels zu fördern. Hierbei geht es um Innovationen im Bereich der beruflichen Erstausbildung und Weiterbildung angesichts des technologischen Wandels

und seiner Auswirkungen auf die Beschäftigung und Qualifikationsanforderungen.
Wieder andere, teils überlappende, teils komplementäre berufs- und bildungsrelevante Zielsetzungen verfolgen die Programme Force, Iris, Now, Horizon und Euroform. Die Vielfalt zeigt, wie dringend tatsächlich eine Koordination zur Effizienzsicherung ist. Zumindest die Zielsetzung der Programme sei hier kurz erwähnt.
- 'Force' ist ein Aktionsprogramm zur Förderung der beruflichen Weiterbildung für Unternehmen, Arbeitnehmerorganisationen und Behörden. Auf diese Weise sollen beispielhafte Methoden der Weiterbildung verbreitet und vor allem transnationale Weiterbildungsmaßnahmen im Zusammenhang mit der Vollendung des Binnenmarktes unterstützt werden.
- Daneben bemüht sich das 1988 beschlossene Programm 'Iris' speziell um eine Frauenförderung. Es ist ein Netz von Gemeinschaftsprogrammen, um Frauen den Zugang zu allen Arten der Berufsausbildung zu erleichtern und ihre Berufsausbildung zu fördern.
- Ergänzend will das Programm 'Now' die Chancengleichheit von Frauen im Bereich von Beschäftigung und beruflicher Bildung erhöhen. Es umfaßt Bildungsmaßnahmen zur Wiedereingliederung von Frauen in den Arbeitsmarkt und Beihilfen zur Gründung einer selbständigen Erwerbstätigkeit.
- Ähnlich hat auch die Gemeinschaftsinitiative 'Horizon' eine kompensatorische Zielsetzung. Das Programm fördert die berufliche Aus- und Weiterbildung von Behinderten und anderen benachteiligten Gruppen, ermöglicht Einstellungsbeihilfen und erleichtert eine Ausbildung der Ausbilder.
- Schließlich versucht 'Euroform', sowohl neue Berufsqualifikationen, Fachkenntnisse und Beschäftigungsmöglichkeiten für Jugendliche, Langzeitarbeitslose und Beschäftigte in kleinen und mittleren Betrieben zu initiieren, als auch Defizite der Berufsqualifikation in weniger entwickelten Regionen auszugleichen.

All diese Einzelinitiativen sind mehr oder minder direkt auf die bestehenden Ausbildungs- und Bildungsstrukturen bezogen. Die wirtschaftliche und soziale Dynamik erfordert darüber hinaus auch eine stärkere Einbindung und Entwicklung der *Weiterbildung* bzw. neue Akzente und Vermittlungsstrategien der Weiterbildung. Die Europäische Gemeinschaft hat daher auch der Weiterbildung insgesamt und dem *Fernstudium* bzw. der Fernlehre insbesondere größere Bedeutung geschenkt. Hervorzuheben sind hier die Ratsentschließungen vom 15. 6. 1987 zur Entwicklung einer innerbetrieblichen beruflichen Weiterbildung und vom 5. 6. 1989 über die berufliche Weiterbildung. Letztere spricht sich für eine stärkere Verflechtung der beruflichen Erstausbildung und Weiterbildung aus. Hier deutet sich bereits eine Integrationsstrategie an, wie sie auch vom Aktionsprogramm zur

Die Bildungspolitik 73

Förderung der beruflichen Weiterbildung verfolgt wird und im Vorschlag für eine Empfehlung des Rates über den Zugang zur beruflichen Weiterbildung gefördert wird (ABl. C 148 vom 15. 6. 1989; Kom [89] 567 und Kom [92] 486).

Ein wichtiges Element im Rahmen einer solchen Integrationsstrategie bzw. von Verbundmaßnahmen könnte der Fernunterricht sein. Hier hat soeben ein Bericht des Europäischen Parlaments über die Situation und die Entwicklung des Fernunterrichts in der EG (vom 1. 7. 1993) die Europäische Kommission aufgefordert, einen Vorschlag zur Verbesserung der Qualität der Fernlehre vorzulegen. Ein früherer Richtlinienvorschlag zum Schutz der Fernlehrteilnehmer war wegen des Widerstands der Mitgliedstaaten 1977 zurückgezogen worden. Inzwischen hat die Kommission aber ein Memorandum der Kommission über den offenen Fernunterricht in der EG (1991) vorgelegt (ABl. C 208 vom 31. 8. 1977; EP-Bericht A 3-317/93; Kom [91] 388).

III. Künftige Entwicklung auf der Grundlage des Vertrages von Maastricht

Der Vertrag von Maastricht leitet für die *Bildungspolitik* der Europäischen Gemeinschaft eine neue Epoche ein; denn er gibt ihr einerseits eine eindeutige *rechtliche Grundlage* und grenzt sie andererseits aber auch streng ein (Presse- und Informationsamt der Bundesregierung, Bulletin Nr. 16 vom 12. 2. 1992, S. 113–184; vgl. hier bes. S. 128f. und 139f.).

Unter dem Titel VIII ›Sozialpolitik, allgemeine und berufliche Bildung und Jugend‹ sind im Kapitel 3 Artikel 126 (allgemeine Bildung) und Artikel 127 (berufliche Bildung) aufgenommen, unter dem Titel IX der Artikel 128 (Kultur) in neuer Fassung. Inzwischen ist das Ratifizierungsverfahren abgeschlossen und der Vertrag seit 1. 11. 1993 in Kraft. Es liegt jedoch noch keine offizielle Interpretation des Vertragstextes vor. Dennoch erscheint eine vorläufige Beurteilung möglich und dringend erforderlich.

Gemäß *Artikel 126 (allgemeine Bildung)* sind die EG-Befugnisse in diesem Politikbereich deutlich erweitert worden, allerdings nur in klar begrenztem Ausmaß. Obwohl die meisten Bildungskompetenzen weiterhin bei den Einzelstaaten verbleiben, sollte die Ausweitung der EG-Kompetenzen nicht unterschätzt werden. Die Hochschulbildung war zwar schon durch Entscheidungen des Europäischen Gerichtshofs zur Vertragsmaterie geworden, jedoch umfaßt der Begriff der 'allgemeinen Bildung' alle Bildungsebenen, also auch die Primar- und Sekundarschulen. Gerade dies aber war bisher immer wieder ausgeschlossen worden. Nach der Formulierung des genannten Artikels „trägt" die Gemeinschaft „zur Entwicklung einer qualitativ hochstehenden Bildung . . . bei". Sie „fördert" die Zusammenarbeit der Mitgliedstaaten und „unterstützt" diese. Mithin wird sie selber nicht aktiv, solange die Mitgliedstaaten aktiv sind. Erforderlichenfalls kann sie deren Aktivitäten jedoch auch „ergänzen" und wird insofern selbständig tätig werden. Entsprechend könnte die Gemeinschaft künftig z. B. eine Art Erasmus-Programm für die Sekundarschulen vorlegen. Auch die Sprachförderung – z. B. durch das Lingua-Programm – braucht nicht mehr vor den Schulen haltzumachen.

Die in Art. 126 *spezifizierten Ziele* für die Tätigkeit der Europäischen Gemeinschaft greifen dabei bisher schon praktizierte oder beabsichtigte Tätigkeiten auf – wenngleich in modifizierter Weise. Als Ziele werden benannt:
„– Entwicklung der europäischen Dimension im Bildungswesen, insbesondere durch Erlernen und Verbreitung der Sprachen der Mitgliedstaaten;
– Förderung der Mobilität von Lernenden und Lehrenden, auch durch die Förderung der akademischen Anerkennung der Diplome und Studienzeiten;
– Förderung der Zusammenarbeit zwischen den Bildungseinrichtungen;
– Ausbau des Informations- und Erfahrungsaustausches über gemeinsame Probleme im Rahmen der Bildungssysteme der Mitgliedstaaten;
– Förderung des Ausbaus des Jugendaustausches und des Austausches sozialpädagogischer Betreuer;
– Förderung der Entwicklung der Fernlehre."

Obwohl beim Hinweis auf die 'europäische Dimension' *insbesondere Sprachen* genannt werden, schließt dies natürlich andere Aktivitäten nicht aus. Voraussichtlich wird die Gemeinschaft versuchen, die 'europäische Dimension' ausdrücklich bei allen in Frage kommenden Schulfächern zu verankern.

Eindeutig begrenzt werden die Aktivitäten jedoch durch den Verweis auf die „Beachtung der Verantwortung der Mitgliedstaaten für die Lehrinhalte und die Gestaltung des Bildungssystems sowie der Vielfalt ihrer Kulturen und Sprachen" und durch den „Ausschluß jeglicher Harmonisierung der Rechts- und Verwaltungsvorschriften der Mitgliedstaaten".

Der *Artikel 127 (berufliche Bildung)* billigt der Gemeinschaft ausdrücklich die Führung einer „Politik der beruflichen Bildung" zu. Diese Kompetenz hatte sie ja auch bereits nach dem EWG-Vertrag, allerdings nur für „allgemeine Grundsätze". Auch hier ist also eine Kompetenzausweitung zu beobachten, wenn auch wiederum „unter Ausschluß jeglicher Harmonisierung der Rechts- und Verwaltungsvorschriften der Mitgliedstaaten" und „unter strikter Beachtung der Verantwortung der Mitgliedstaaten für Inhalt und Gestaltung der beruflichen Bildung". Diese gleichzeitige Ausweitung und strenge Abgrenzung der Kompetenzen ist natürlich ein Ausfluß der verpflichtenden Wirkung des jetzt rechtlich verankerten Subsidiaritätsprinzips.

Als Ziele für die berufliche Bildung werden aufgeführt:
„– Erleichterung der Anpassung an die industriellen Wandlungsprozesse, insbesondere durch berufliche Bildung und Umschulung;
– Verbesserung der beruflichen Erstausbildung und Weiterbildung zur Erleichterung der beruflichen Eingliederung und Wiedereingliederung in den Arbeitsmarkt;
– Erleichterung der Aufnahme einer beruflichen Bildung sowie Förderung der Mobilität der Ausbilder und der in beruflicher Bildung befindlichen Personen, insbesondere der Jugendlichen;
– Förderung der Zusammenarbeit in Fragen der beruflichen Bildung zwischen Unterrichtsanstalten und Unternehmen;
– Ausbau des Informations- und Erfahrungsaustausches über gemeinsame Probleme im Rahmen der Berufsbildungssysteme der Mitgliedstaaten."

Die *Entscheidungsverfahren* für diese beiden Politikbereiche sind durchaus unterschiedlich. Bei Artikel 126 (allgemeine Bildung) wird gemäß Artikel 189b, d. h. nach Anhörung des Wirtschafts- und Sozialausschusses und des Ausschusses der Regionen, entschieden. Bei Artikel 127 (berufliche Bildung) dagegen wird gemäß Artikel 189c und nach Anhörung des Wirtschafts- und Sozialausschusses entschieden. Dies bedeutet, daß bei Artikel 126 das neue Mitentscheidungsverfahren, das dem europäischen Parlament eine stärkere Stellung bei der Gesetzgebung verleiht, bei Artikel 127 das Kooperationsverfahren, das mit der Einheitlichen Europäischen Akte eingeführt wurde, angewendet wird. Wegen der unterschiedlichen Entscheidungsverfahren könnte es in Zukunft noch Auseinandersetzungen zwischen den Organen der Europäischen Gemeinschaft darüber geben, wo die jeweiligen Vorschläge anzusiedeln sind. Das Europäische Parlament wird nach Möglichkeit Artikel 126 wegen seiner stärkeren Stellung in diesem Verfahren bevorzugen (Berkemans/Balodimos 1992).

Das *Europäische Parlament* arbeitet bereits mit Nachdruck an Entscheidungen, die es nun nach der Ratifizierung des Vertrags von Maastricht treffen muß. Beispielsweise hat es seine erwähnte Forderung nach einer Richtlinie über die Fernlehre schon auf den Vertragstext abgestimmt. Auch die *Europäische Kommission* hatte bereits im Mai 1993 ihre Arbeitsunterlage ›Leitlinien für die Gemeinschaftsaktion im Bereich der allgemeinen und beruflichen Bildung‹ vorgelegt (Kom [93] 183 vom 5. 5. 1993). Sie geht hier davon aus, daß die derzeitige Phase der verschiedenen Aktionsprogramme im Bereich der allgemeinen und beruflichen Bildung Ende 1994 abgeschlossen sein wird. In der neuen Phase müßten die Programme dann mit den im Vertrag festgelegten Zielen ebenso in Zusammenhang gebracht werden wie mit den Änderungen bei den Strukturpolitiken und bei der Forschungspolitik. Und zwar will die Kommission die EG-Programme auf den Zeitraum 1995–1999 ausrichten und entsprechend modernisieren, aber auch konzentrieren. Dabei wird es u. a. eine stärkere Gleichbehandlung von Absolventen einer fachbezogenen Ausbildung und von Absolventen der allgemeinbildenden oder akademischen Einrichtungen geben. Die Zielrichtung dieser Planung wird bereits in den drei Memoranden zur beruflichen Bildung für die 90er Jahre, zum Potential des offenen Fernunterrichts und zur Hochschulbildung in der Europäischen Gemeinschaft sichtbar (Kom [91] 349 vom 5. 11. 1991).

Dabei fordert das Hochschulmemorandum u. a. eine umfassende Politik, die sicherstellt, daß die Ausbildung aller Studenten eine 'europäische Dimension' erhält. Dazu soll das Erlernen von Fremdsprachen ebenso gehören wie die Behandlung europäischer Themen und 'europäischer Erfahrungen' in der Lehrerbildung. Dieses Memorandum hat bereits eine größere Debatte mit mancherlei kritischen Bemerkungen – u. a. vom deutschen Bundesrat – ausgelöst. Die 'europäische Dimension in der Bildung' ist heute sicher nicht nur ein Anliegen der Europäischen Gemeinschaft. Da den Mitgliedstaaten die uneingeschränkte Hoheit über den Inhalt ihrer Bildungssysteme weiter zugestanden wird, haben sie selbst auch die Verpflichtung, bei der künftigen Ausgestaltung der europäischen Dimension im Bildungswesen tatkräftig mitzuwirken.

Literatur

Baur, R./Wolff, H./Wordelmann, P.: Herausforderungen des europäischen Binnenmarktes für das Bildungssystem der Bundesrepublik Deutschland. Ein Gutachten, hrsg. vom Bundesminister für Bildung und Wissenschaft. Bad Honnef: Bock 1991.
Berkemans, L./Balodimos, A.: Arbeitsdokument: Änderungen aufgrund des Vertrags über die Europäische Union in den Bereichen allgemeine und berufliche Bildung und Kultur, Reihe ›Europa der Bürger‹, hrsg. von der Generaldirektion Wissenschaft des Europäischen Parlaments, W 2, 1992.
Janssen, B.: Bildungs- und Kulturpolitik. In: Weidenfeld, W./Wessels, W. (Hrsg.): Jahrbuch der Europäischen Integration 1982. Bonn: Institut für Europäische Politik/Europa Union Verlag 1984.
–: In: Weidenfeld, W./Wessels, W. (Hrsg.): Jahrbuch der Europäischen Integration 1986/1987, Bonn 1987.
Schröder, M.: Europäische Bildungspolitik und bundesstaatliche Ordnung. Schriftenreihe Europäisches Recht, Politik und Wirtschaft, Bd. 140. Baden-Baden: Nomos 1990.

EG-Dokumente

Vorlagen der Europäischen Kommission, zitiert: KOM (Jahrgang) Nummer.
Sitzungsdokumente des Europäischen Parlaments, Berichte, zitiert: ET-Bericht, Nummer, Jahrgang.
Amtsblatt der Europäischen Gemeinschaften, Reihe L und Reihe C, Verlag: Amt für amtliche Veröffentlichungen der Europäischen Gemeinschaften, Luxemburg, zitiert: ABl., Nummer, Datum.
Bulletin der Europäischen Gemeinschaften mit Beilagen, hrsg. von der Europäischen Kommission, Verlag: Amt für amtliche Veröffentlichungen der Europäischen Gemeinschaften, Luxemburg, zitiert: EG-Bulletin.

II. ÖFFENTLICHE AKZEPTANZ DER BILDUNGSPOLITIK

Der *europäische Einigungsprozeß* wurde und wird von der Bevölkerungsmehrheit im 'Europäischen Wirtschaftsraum' befürwortet. Dennoch kam es zu erheblichen Frustrationen, weil die Zielvorstellungen und Entscheidungsverfahren der Gemeinschaftsorgane wenig transparent sind, weil die Öffentlichkeit in den Meinungs- und Willensbildungsprozeß kaum einbezogen wird und weil die Medien allgemein stark national berichten. Die europäische Öffentlichkeit ist daher auf die wirtschaftlichen, sozialen und politischen Konsequenzen der europäischen Ratsvereinbarungen und Kommissionsentscheidungen kaum vorbereitet, so daß Frustrationen und Ängste fast zwangsläufig sind.

In einem demokratischen Europa aber kann *Bildung* nicht gegen die öffentliche Meinung mit intergouvernementalen Entscheidungen und noch weniger durch administrative Vorgaben geregelt werden. Vielmehr setzen europaübergreifende und -integrierende Bildungsbemühungen eine öffentliche Abklärung der Gemeinschaftsziele und ein freiwillig-verantwortliches Engagement der pädagogischen Teilöffentlichkeiten voraus. Diese werden in der Europapolitik aber erst seit Maastricht aufmerksamer beachtet.

Die Beiträge des Kapitels zeigen hier in komplementärer Weise, wie bedeutsam die öffentliche Meinung und eine Akzeptanz von EG-Initiativen für die Entwicklung eines europäischen Bildungsbewußtseins sind.

Der erste Beitrag analysiert, inwieweit europäische Bildungsbemühungen durch konkurrierende Einstellungen von lokalen, regionalen und nationalen *Teilöffentlichkeiten* beeinflußt werden und weshalb sie nur erfolgreich sein können, wenn sie entsprechend überlappende Bildungstraditionen und öffentliche Identifikationen berücksichtigen. Denn, wie können Bürger europamündig werden und wie soll eine europäische Öffentlichkeit entstehen, wenn diese an ihrer Bildung und der Gestaltung Europas nicht mitbeteiligt werden? Dabei sind Kultur und Bildung in besonderem Maße eine öffentliche Angelegenheit.

Der zweite Beitrag skizziert – in Wiederaufnahme der Diskussion über die *EG-Studienprogramme* des ersten Kapitels –, weshalb es für neue EG-Regionen schwierig ist, die komplizierten EG-Antragsmechanismen zu handhaben, ferner welche Resonanz einzelne Förderprogramme in den 'neuen Bundesländern' Deutschlands finden und wie wichtig der Wirkungszusammenhang zwischen der europäischen Bildungsförderung und der dortigen Umgestaltung des Bildungswesens ist.

Beide Beiträge bestätigen die Hinweise des Bundesverfassungsgerichts zu Maastricht, wenn es dort 1993 heißt· „Demokratie, soll sie nicht lediglich formales Zurechnungsprinzip bleiben, ist vom Vorhandensein bestimmter vorrechtlicher Voraussetzungen abhängig, wie einer ständigen freien Auseinandersetzung zwischen sich begegnenden sozialen Kräften, Interessen und Ideen, in der sich auch die politischen Ziele klären und wandeln und aus der heraus eine öffentliche Meinung den politischen Willen vorformt" (BVG 1993, S. 44).

Klaus Schleicher

'Öffentliche Meinung' in der europäischen Gemeinschaft. Ihre politische und bildungspolitische Bedeutung

Abstract

Die künftigen Integrationsfortschritte in Europa hängen gleichzeitig von politischen Entscheidungen, bildungspolitischen Maßnahmen und der öffentlichen Meinungsbildung ab. Die Wechselwirkungen dieser Faktoren gewinnen im Binnenmarkt an Bedeutung, wurden bisher wenig beachtet und noch weniger wissenschaftlich untersucht. Die Interdependenzen drohen konfliktreich zu werden, weil parlamentarische Demokratien auf Öffentlichkeit angewiesen sind, weil europäische Bildungspolitik bis 'Maastricht' nur im beruflichen Bereich legitimiert war und weil sich die öffentliche Meinung wieder stärker national artikuliert und für eine nationale Bildungspolitik plädiert.

Nun ist eine europäische Integration aber auf die Identifikation der Bürger mit Europa und auf eine demokratische Bildungspolitik angewiesen. Deshalb wird hier untersucht: 1. wie sich öffentliche Meinung in Europa bisher konstituiert, 2. welche bildungspolitische Bedeutung konkurrierenden Identifikationen mit europäischen und nationalen Dimensionen zukommt und 3. in welchem Maße die europäische Bildungspolitik den Faktor 'Öffentlichkeit' bisher beachtet oder ihn zu beeinflussen sucht.

Einleitung

Die europäischen Einigungsbemühungen treffen derzeit auf epochale Veränderungen und sind selbst in eine *kritische Situation* geraten. Einerseits sieht sich Westeuropa mit erheblichen inneren Widersprüchen konfrontiert, und zwar anläßlich des europäischen Binnenmarkts, der Währungsunion und der Maastrichter Verträge, aber auch aufgrund wiederbelebter ethnischer und nationaler Konflikte und nicht zuletzt angesichts der englischen und französischen Appeasementpolitik gegenüber dem serbischen Völkermord.

Andererseits bestehen aber auch große Chancen zur wirtschaftlichen Integration, Überwindung des ideologischen Blockdenkens, zu kultureller Zusammenarbeit und einer neuen europäischen Selbstidentifikation.

Die künftige Entwicklung Europas hängt dabei keineswegs nur von den politischen Entscheidungsträgern und wirtschaftlichen Entwicklungen oder von gesetzlichen und administrativen Regelungen ab. Ebenso bedeutsam ist, wie sich der *öffentliche Meinungsbildungsprozeß* weiterentwickelt und *Bildungsmaßnahmen* konkretisiert werden. Die teils heftigen Reaktionen der Öffentlichkeit auf Maastricht entsprechen durchaus der Bedeutung des Vertrags. Sie sind eine Folge der geringen Vorausinformation und Einbeziehung der Bürger in die europäische Zukunftsplanung, und in ihnen spiegeln sich konkurrierende innen- wie nationalpolitische Interessen der Mitgliedsländer.

Derzeit besteht eine erhebliche *Diskrepanz* zwischen den Entscheidungen der Politiker und Vorstellungen der Bürger. Und zwar wurden viele Bürger vom geringen Problemverständnis der EG für die osteuropäischen Umbrüche nach 1989 enttäuscht, dann durch die Rivalitäten der Regierungen angesichts der deutschen Einheit, bei der Währungsunion und der GATT-Runde frustriert und schließlich durch die unzureichende Vorausinformation über die Maastrichter Verträge provoziert.

Eine *öffentlichkeitswirksame Vermittlung der politischen Veränderungen* ist um so wichtiger, je weniger die europäische Politik und Verwaltung für die Bürger prozessual und lebensnah erfahrbar sind, bzw. je weniger sie demokratisch so kontrolliert werden, daß das Entscheidungsringen transparent wird. Soll aber ein bürgernahes, demokratisches Europa entwickelt werden, so ist es nicht nur auf die Urteilsfähigkeit und Identifikation der Bürger, sondern auch darauf angewiesen, daß die Bürger den Integrationsprozeß lebensnah mitgestalten und daß in der Jugend eine Bereitschaft zum Engagement geweckt wird (vgl. Elan 1973).[1] Insofern ist die europäische Integration in entscheidendem Maße *ein Bildungsproblem*.

Nun werden Bildungs- und Schulpolitik in den meisten europäischen Nationen als *Staatsaufgabe* betrachtet, und zwar von Portugal bis Schweden. Der Staat finanziert nicht nur die Schule, sondern seine Verwaltung entscheidet allgemein auch recht autonom ohne parlamentarische Kontrolle über Lehrinhalte und -pläne (z. B. in Italien und Spanien). Beispielsweise wurden zur Realisierung von Chancengleichheit in den frühen 70er Jahren Curricula und Kompensationsstrategien entwickelt, an denen zwar die Wissenschaft mitwirkte, gelegentlich auch die Schulpraxis beteiligt war, über die wichtige Teilöffentlichkeiten (z. B. Lehrer, Eltern und Gemeinden) aber kaum informiert wurden.

Mitte der 70er Jahre führten dann Auswirkungen der Studentenrevolte und öffentliche Kritik an der Bildungsbürokratie sowie pädagogische Vollzugsprobleme der Bildungsreform zu einem erweiterten *Mitspracherecht* aller am Lehr-Lern-Prozeß Beteiligten. Auf diese Weise wurden gleichzeitig nicht eingelöste Bildungserwartungen vergesellschaftet und angesichts rückläufiger Bildungsinvestitionen neue Bildungsressourcen erschlossen (Norwegen und England). Seit Ende der 80er Jahre experimentieren mehrere Länder mit Bildungsstrukturen und -angeboten, die stärker an den Bildungsabnehmern, an Minderheitenbedürfnissen und lokalen Bildungsbedarfen orientiert sind. Diese 'Marktorientierung' ist am ausgeprägtesten in England, verstärkt sich aber auch in den skandinavischen Ländern.

Gegenläufig dazu aber sind – stärker zentralistische – *europäische Bildungskompetenzen* in dem und über den beruflichen Bildungsbereich hinaus mit Hinweis auf Erfordernisse des Binnenmarktes und der Europäischen Union erweitert worden. Und zwar wurden die Äquivalenzregelungen für die Anerkennung von Hochschuldiplomen und Studienzeiten ausgeweitet und die Bildungskompetenzen der EG durch die integrationsfreudige Judikatur des EuGH teilweise bis in den Sekundarbereich ausgedehnt. Die auf dieser Grundlage getroffenen gouvernementalen Entscheidungen entziehen sich aber weithin einer parlamentarischen Kontrolle, einer regionalen wie lokalen Einflußnahme und vor allem auch der öffentlichen Diskussion.

Nach den kritischen Auseinandersetzungen der europäischen Öffentlichkeiten mit der Brüsseler Politik anläßlich von 'Maastricht', nach dem Währungsdebakel und aufgrund der Sozialprobleme im Binnenmarkt erscheint *derzeit zweifelhaft,* ob sich die 'Europäische Integration' bildungspolitisch entscheidend fördern läßt:
– solange sie sich einer parlamentarischen Diskussion entzieht,
– sofern Bildung weithin unter berufliche Mobilitätsanforderungen subsumiert wird
– und solange eine europäische Identität und ein 'Europa der Bürger' ohne Information und Beteiligung der Öffentlichkeit anvisiert werden.

Mehr noch, die *Widersprüche* zwischen folgenden Bezugssystemen werden *in einem erweiterten Europa* zunehmend weniger zu überbrücken sein, und zwar zwischen einer adressaten- und lernortspezifischen Pädagogik auf der einen Seite, ferner regional- und kulturspezifischen Bildungs- und Ausbildungsanforderungen auf der anderen Seite, drittens dem öffentlichen Interesse an einer nationalen Bildungspolitik und schließlich den Koordinationsversuchen der europäischen Bildungsverwaltung. Ob das in vielen Ländern unverstandene oder nur begrenzt gewollte Subsidiaritätsprinzip, auf das im Maastrichter Vertrag Bezug genommen wird, einen Ausgleich ermöglichen wird, ist mehr als fraglich.

Der vorliegende Beitrag skizziert einige dieser Probleme, wenngleich angesichts der *unzureichenden Forschungslage* z.T. nur Anregungen für detailliertere Untersuchungen gegeben werden können.

– *Im ersten Teil* wird strukturell diskutiert, welche Bedeutung der Öffentlichkeit im europäischen Bewußtseinsbildungsprozeß zukommt, wie sie mit ihren Erwartungen auf das Bildungsgeschehen einwirkt und weshalb im Erziehungsprozeß auf überlappende und konkurrierende Loyalitäten vorbereitet werden muß.
– *Im zweiten Teil* wird anhand von europäischen Umfragedaten skizziert, wie sich die öffentlichen Einstellungen zur europäischen Einheit bzw. zu den europäischen Organen zeitlich verändert haben und inwieweit in verschiedenen Politikbereichen sich europäische, nationale und regionale Bindungen und Loyalitäten überlagern.
– *Der letzte Teil* versucht schließlich zu zeigen, in welchem Maße die unterschiedlichen Einstellungen bildungsrelevant werden, bzw. wie eine europabezogene Bildungspolitik das Vorverständnis der Jugendlichen und Lehrenden berücksichtigen und auf einen verantwortungsvollen Umgang mit den Bildungsbeteiligten eingehen müßte.

I. Konstituierung der öffentlichen Meinung

Da Öffentlichkeit in parlamentarischen Demokratien ein unverzichtbares Element politischer Meinungsbildung darstellt, sie aber bei der europäischen Integration und in den bildungspolitischen Debatten wenig beachtet wurde, soll skizziert werden, wie sich öffentliche bzw. veröffentlichte Meinung konstituiert, welche Loyalitätskonflikte sich angesichts des Souveränitätsverlusts der Nationalstaaten ergeben und schließlich, welche bildungspolitische Lücke es bei der europäischen Integration auszufüllen gilt, wenn ein 'Europa der Bürger' realisiert werden soll.

1. Strukturelemente öffentlicher Meinungsbildung

Öffentliche Meinung wird als Filter und *Katalysator* für unterschiedliche Vorstellungen und Einstellungen verschiedener Gruppen und Meinungsführer betrachtet. Die öffentliche bzw. herrschende Meinung erzwingt eine gewisse Beachtung, „indem sie den Zuwiderhandelnden mit Isolation" bedroht, z. B. Personen mit Vereinzelung, Wissenschaftler mit Ignorierung (vgl. Kuhn 1976) oder Politiker mit einem Unterstützungsverlust (Noelle-Neumann 1979, S. 169ff.). Öffentlichkeit entsteht und besteht dabei aus verschiedenen *Teilöffentlichkeiten* (z. B. fachlichen oder sozialen), und zwar innerhalb eines Landes wie auch in Europa insgesamt. In der öffentlichen Meinung überlagern sich kurz- und längerfristige Dimensionen, d. h., neben tagespolitischen Orientierungen, die stark medial beeinflußt sind, stehen längerfristig stabilere Einstellungen, die teils kulturell und national, teils aber auch durch internationale Konstellationen (z. B. die atlantische Partnerschaft oder den früheren Ost-West-Gegensatz) geprägt sind. Neben zeitlichen gilt es auch Raumfaktoren zu beachten; denn im öffentlichen Meinungsbild überlagern sich lokale, regionale, nationale und europäische Erfahrungen wie Erwartungen. Eine konsensfähige Politik und Bildungspolitik ist deshalb am ehesten möglich, wenn die zeitlich wie räumlich überlagerten Identitätsdimensionen durch Beteiligung verschiedener Teilöffentlichkeiten zum Ausgleich gebracht werden.

Politische Bedeutung gewinnt die öffentliche Meinung aus viererlei Gründen: zum einen, weil politische Entwicklungen in parlamentarischen Demokratien von ihr nicht abzulösen sind; zum anderen, weil Rechts- und Verwaltungsregelungen allgemein nur so weit tragen, wie die Bevölkerung sie auch akzeptiert; drittens, weil im europäischen Einigungsprozeß (innerhalb und unterhalb der sog. Eliten) völkerpsychologische Faktoren eine größere Rolle zu spielen beginnen (Anweiler 1993, S. 1), und viertens, weil allzu optimistische öffentliche Erwartungen – z. B. hinsichtlich der europäischen Einigung – ein großes politisches Frustrationsrisiko in sich bergen (vgl. die Maastrichtreferenden) (Noelle-Neumann/et al. 1987, S. 309, 316). Von Bedeutung ist in unserem Zusammenhang zunächst weniger, ob politische Realitäten in der Öffentlichkeit richtig eingeschätzt werden, sondern vor allem wie sie wahrgenommen werden.[2] Daß diese *'Wahrnehmungen'* große politische Beachtung finden, zeigen nicht nur die Parteienumfragen vor Wahlen, sondern auch die Repräsentativerhebungen der EG-Kommission – sei es zur Europazuversicht der Bürger, zur Einschätzung von Kommission und Parlament oder zu der Frage, ob das je eigene Land von der EG-Mitgliedschaft profitiert habe (vgl. S. 86) (Eurobarometer Dec. 1989, S. 11).

Meinungsunterschiede *zwischen den nationalen Öffentlichkeiten* sind leicht verständlich; denn tendenziell hält sich jedes Land für besonders europafreundlich. Beispielsweise sahen sich 1986 jene Länder, „die sich nach allgemein europäischer Überzeugung durch ihr wenig europafreundliches Verhalten auszeichnen – in erster Linie Großbritannien, dann Frankreich – ... selbst in ... freundlicherem Licht". So rechneten nur 11 % der Briten ihr eigenes Land, aber 40 % Frankreich zu den 'Europamuffeln', während umgekehrt nur 1 % der Franzosen das eigene Land zu jenen mit sehr geringer Europabereitschaft rechnete, aber fast jeder zweite an Großbritannien dachte (Noelle-Neumann/et al. 1987, S. 305; vgl. Selman 1982).

Damit wird sichtbar, wie sich *nationale Einstellungsmuster* (aber auch ethnische) im europäischen Meinungsbildungsprozeß artikulieren. Derart nationale Tendenzen sind allgemein dort um so stärker, wo längerfristig

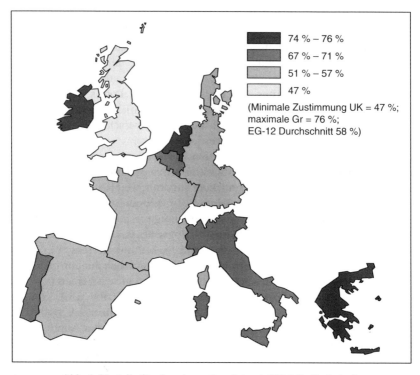

Abb. 1: Vorteile für das eigene Land durch EG-Mitgliedschaft.

recht abgegrenzte Kultur-, Verwaltungs- und Informationsräume – d. h. sozialpsychologisch bedeutsame Erlebnisräume – bestanden und die formale wie auch informelle Bildung mitprägten. Im Vergleich zur nationalen Ebene konnte sich der öffentliche Meinungsbildungsprozeß auf europäischer Ebene erst ansatzweise entwickeln. Seine europäische Artikulation ist u. a. deshalb schwierig, weil die Informationsvermittlung sprachspezifisch eingeschränkt ist, weil zwischen den europäischen Interessenvertretungen und den nationalen Öffentlichkeiten meist eine große Distanz besteht und weil das kurzfristige Bevölkerungsinteresse vermeintlich weniger durch EG- als durch nationale Entscheidungen tangiert wird. Beispielsweise wurden die Auswirkungen der Maastrichter Vereinbarungen (sofern sie bekannt waren) für das eigene Leben von 34%, dagegen für die europäische Gemeinschaft nur von 6% als recht belanglos eingestuft (Eurobarometer June 1992, S. 46f., A 49,51).

In der öffentlichen Meinung in und über Europa spiegelt sich dabei in großem Maße eine *veröffentlichte Meinung* wider. Die medialen Positionen setzen sich stärker als auf nationaler Ebene durch, weil direkte europäische Kontakte (z. B. Parteiengespräche) kaum zu realisieren sind, weil Konsequenzen von europäischen Entscheidungen (sei es des Rats oder EuGH) erst mit Phasenverzug wahrgenommen werden und nicht zuletzt, weil Bildungsangebote stärker national als europäisch ausgerichtet sind. Insofern sind die Europabilder der Öffentlichkeit weithin Medienbilder. Da für die Medien aber 'gute Nachrichten kaum wichtige Nachrichten sind', wird über den europäischen Entwicklungsprozeß nicht kontinuierlich und schon gar nicht betont positiv berichtet. Gleichwohl sind die europäischen Bürger 'eher zufrieden' mit den Europainformationen der Medien (TV = 59%, Presse = 57%) als mit den Informationen der Regierungen (39%) bzw. jenen der Bildungsverantwortlichen (35%), Regionen (32%) oder Politiker (26%) (Eurobarometer June 1992, S. 4). Überraschen kann daher nicht, wenn auch das Informations- und Presseamt der Bundesregierung angesichts der Diskussion um Maastricht davon ausging, daß in der Demokratie die Informationsleistung bei den Medien liegt. Nur – wenn sich bei so zentralen und zukunftweisenden Entscheidungen „niemand für eine sachgerechte vollständige Information der Bevölkerung zuständig fühlt, dann kann die Demokratie nicht so funktionieren, wie sie gedacht war" (Noelle-Neumann 1993b, S. 1). Denn öffentliche Meinung wird auch dann politisch wirksam, wenn es an angemessenen Orientierungen über politische Entwicklungen fehlt.

2. Identitäten und Loyalitäten der europäischen Öffentlichkeit

Öffentliche Identitätsbezüge, Werteinstellungen und Loyalitätsanforderungen wandeln sich allgemein nur langsam und eher in einem freiwilligen als erzwungenen Anpassungsprozeß an neue Gegebenheiten (Thomas 1992, S. 63ff.). So hatten die Integrationsprozesse in Westeuropa seit den 60er Jahren allmählich zu einem verminderten National- und wachsenden Europabewußtsein geführt, während die massive sowjetische Zwangsintegration in Osteuropa nicht zu ähnlichen Entwicklungen führte. Vielmehr brachen dort 1989 angesichts des ideologischen und sicherheitspolitischen Vakuums wieder erhebliche Nationalismen hervor. In welchem Maße sich in Zeiten großer politischer, sozio-ökonomischer und kultureller Umwälzungen (vgl. Shultz 1989, S. 31ff.) generell Identitäts- und Loyalitätskonflikte anbahnen, zeigen auch die westeuropäischen Turbulenzen anläßlich von Maastricht und der Währungsunion.[3] Bevor jedoch auf die bildungspolitische Relevanz derartiger Konflikte eingegangen wird, sollen erst die westeuropäischen Integrationsfortschritte der Nachkriegszeit resümiert werden.

In *Westeuropa* entwickelte sich nach 1945 in großen Bevölkerungskreisen allmählich ein europäisches Gemeinschaftsgefühl, und zwar auf der Grundlage von jahrhundertealten und bis ins 19. Jahrhundert reichenden, pränationalen Traditionen (Schleicher 1993a, S. 4–7). Immerhin hatte sich bis zum Ende der 80er Jahre unter dem Einfluß der Ost-West-Konfrontation, angesichts des gemeinsamen Wirtschaftsaufschwungs und infolge der innereuropäischen Mobilität das Zusammengehörigkeitsgefühl soweit gefestigt, daß die europäischen Verträge – von der Montanunion (1952) über den Euratom- und EWG-Vertrag (1957) bis hin zur EEA (1986) – zunehmend größeren Zuspruch erhielten. Mehrheitlich wurde nicht nur die europäische Integration eindeutig bejaht, sondern auch ein Souveränitätsverlust der Nationalstaaten akzeptiert. Langsam bahnte sich sogar eine Loyalitätsverschiebung zugunsten Europas an. Dabei wurde die europäische Einheit von der Jugend etwas stärker als von den Älteren bejaht, obwohl den Jüngeren die großen historischen Nachkriegsveränderungen in Europa vergleichsweise weniger bedeuteten als die aktuellen Lebensbedingungen in Europa (vgl. EG-Kommission 1982b, S. 89f.). Befragt nach spezifischen Merkmalen einer europäischen Identität, antworteten die Altersgruppen jedoch in ähnlicher Weise:

„Zum Lebensstil und *Verhaltens- wie Wertstandard,* die nach Ansicht der Befragten spezifisch ... europäisch sind und denen die größte Zuneigung entgegengebracht wurde, gehörten 1990: Frieden (47%); Demokratie (38%); Kultur (33%) und Lebensqualität (28%) ..." Auf ähnliche Akzentuierungen weist ein Resümee von Erhebungsdaten aus dem Jahr 1989 hin, und zwar gehörte danach „die Achtung der Grund- und Menschenrechte ... zum gemeinsamen Erbe politischer Traditionen und Ideale in Europa. 78% der Europäer halten die Demokratie für die beste aller Regierungsformen. Für 60% ist die Achtung der Menschenrechte eines der Anliegen, für die 'es der Mühe wert ist, einiges zu riskieren und auf manches zu verzichten'". Gleichwohl meinte etwa jeder 2. Europäer, „daß die europäischen Institutionen für den Schutz der Menschenrechte nicht genug" unternehmen. Und diese Kritik steigt mit zunehmendem Bildungsniveau (Eurobarometer June 1990, S. 3; Nov. 1989, S. 4, 31ff.). Dies europäische Selbstverständnis wurde angesichts der EG-Außenpolitik seit 1989 erheblich strapaziert. Es besitzt aber erhebliche bildungspolitische Relevanz.

Seit 1989 bahnen sich in der europäischen Öffentlichkeit u.a. aufgrund der außen- wie innenpolitischen Veränderungen neue *Loyalitätskonflikte* an (Davies 1993, S. 295ff.). In mehreren Politikbereichen ist derzeit unklar, ob sich die Öffentlichkeit mehr mit europäischen Entwicklungen oder nationalstaatlichen Traditionen identifiziert und inwieweit solche Identifikationen auch unter aktualpolitischen Herausforderungen stabil bleiben. Zwar scheinen europaübergreifend z.T. ähnliche Wert-, Demokratie- und Wissenschaftsvorstellungen sowie Sozial- und Familieneinstellungen dominant

'Öffentliche Meinung' 89

zu sein (vgl. Eurobarometer June 1993, S. 83; vgl. Lißmann 1985, S. 197). Gleichzeitig aber ist das Rechts-, Verwaltungs- und auch Bildungsverständnis immer noch recht national geprägt. Konflikte ergeben sich aber nicht nur, wo sich diese Bereiche überlagern, sondern auch dort, wo die EG-Kommission ungeachtet ihres *Demokratiedefizits* mit quasi staatlichem Autoritätsanspruch auftritt. Demokratiegeübte Gruppen der Öffentlichkeit lassen keineswegs unbeachtet (vgl. Watson 14–17. 10. 1993, S. 2), daß nationale Parlamente meist nur nachträglich billigen können, was in europäischen Entscheidungsgremien beschlossen wurde bzw. daß die Kompetenzen des Europäischen Parlaments nicht ausreichen, um die bestehende 'Demokratielücke' zu füllen (Platzer 1993, S. 97). Hinzu kommt, daß die Bevölkerungsmehrheiten in einigen Politikbereichen – z. B. im Bildungsbereich – eine nationale Zuständigkeit gegenüber der EG gewahrt sehen wollen (vgl. S. 105) oder daß die europäische Öffentlichkeit – wie anläßlich des serbischen Völkermords – in größerem und entschiedenerem Maße für europäische Wertorientierungen (z. B. die Menschenrechte) eintritt als z. B. die nationalen Regierungen in Frankreich oder Großbritannien.

Insgesamt werden Öffentlichkeit und Politiker noch in größerem Maße lernen müssen, angemessen mit konkurrierenden bzw. überlappenden Loyalitäten umzugehen; denn einseitige Fixierungen – sei es auf lokale, nationale oder europäische Dimensionen – führen tendenziell zu einer Repression von „Anderssein". Immerhin verdient hervorgehoben zu werden, daß im Herbst 1992 bereits 62 % der EG-Bevölkerung der Auffassung waren, daß man gleichzeitig eine europäische und nationale Identität haben könne (Eurobarometer Dec. 1992, A 34). Eine *Akzeptanz verschiedener Identitäten und multipler Loyalitäten* ist nicht zuletzt deshalb überaus bedeutsam, weil sich auf diese Weise am ehesten Minderheitenrechte im Sinne des Europarats schützen lassen (vgl. Watson 14.–17. 10. 1993, S. 4) und sich auch Regionalprobleme wie in Frankreich oder Spanien eher so wie in Südtirol ausbalancieren lassen. Ein vereintes Europa, das über die bestehende EG hinausreicht und auch die gestrigen Gegner Osteuropas einbezieht, kann vermutlich nur erreicht werden, wenn ein allzu großer Zentralisierungs- und Entfremdungsdruck vermieden wird, d. h., wenn trotz übergreifender Einheit ein hinreichender Entwicklungsraum für regionale und nationale Unterschiede bleibt. Der einzelne Bürger darf eben nicht das Gefühl bekommen, „Europa nehme ihm seine nationale oder regionale Besonderheit, die ihn als Dänen, als Franzosen, aber auch als Bayern oder Katalanen" prägen (Berggreen 1992, S. 436ff.). Vielmehr muß er wie ein Bayer und Hamburger in Deutschland oder ein Jurasse und Berner in der Schweiz in selbstverständlicher Weise seinen Beitrag zu einem übergreifenden Europa leisten können.

Am wenigsten darf im *Kultur- und Bildungsbereich* europäische 'Identität' über mehr Uniformität angestrebt werden. Zwar bestehen bis zum heutigen Tage durchaus europaeinende Bildungstraditionen – sei es bei der Wertschätzung einer humanistischen Bildung oder auch bei den Grundstrukturen der Bildungssysteme –, gleichwohl kann europäische Identität nur als Komplementarität von regional wie national ausdifferenzierten Zielbestimmungen und Konzeptionalisierungen verstanden werden (vgl. Eurobarometer June 1988, S. 10; Dec. 1988, S. 38). Von daher bieten sich – besonders in der Bildungs- und Kulturpolitik – *föderale Strukturen* an, um unterschiedliche Identifikationsbedürfnisse zu berücksichtigen und Loyalitätskonflikte zu begrenzen.[4]

3. Aktuelle Orientierungsprobleme der Öffentlichkeit

Identifikationen erfordern relativ konstante, kalkulierbare sowie bedeutsame Kontexte. Sie erfolgen allgemein erst längerfristig, und zwar am leichtesten auf der Grundlage erfolgreicher Problemlösungen. Da sich die europäischen Kontexte aber seit 1989 in unkalkulierbarer Weise veränderten, konnten neue Irritationen nicht ausbleiben. Die *Verunsicherung* der Öffentlichkeit resultierte einerseits aus der Führungslosigkeit westeuropäischer Politik nach dem Zusammenbruch der sozialistischen Systeme. Zum anderen ist sie Folge einer gestiegenen Entfremdung zwischen der EG, den nationalen Regierungen und westeuropäischen Bevölkerungen. Entsprechend folgte auf die lautstarke Integrationsouvertüre von Maastricht mit 11monatiger Verspätung ein recht disharmonisches Zwischenfinale (vgl. Eurobarometer Dec. 1991, S. 22, 25; Fischer 1992, S. 56ff.; Kühnel 1992, S. 61ff.).

Unter dem Eindruck epochaler Strukturveränderungen und inner-europäischer Neukonstellationen hat sich seit 1988 die *'Identitätsbereitschaft'* mit Europa durchaus verringert (Eurobarometer June 1990, S. 2).

Nicht nur der Vertrag von Maastricht führte zwischen den Nationen zu heftigen Kontroversen, sondern auch die hochstilisierten Erwartungen an eine Wohlstandssteigerung durch den Binnenmarkt bewirkten öffentliche Enttäuschungen, und schließlich erwies sich die anvisierte Währungsunion noch vor Ratifizierung der Verträge als überholt. Hinzu kamen und kommen öffentlich nicht erwartete National- und Sozialprobleme angesichts vermehrter staatlicher Konkurrenz und steigender Arbeitslosigkeit (1991 über 17,4 Mio. in der EG und 20% in Spanien. Vgl. Fürst 1993, S. 18f.; Walker 14.–17. 10. 1993, S. 2).[5] Kaum verwunderlich ist daher, daß sich in der europäischen Öffentlichkeit die positive Einstellung zu Maastricht auch noch vom Frühjahr bis zum Herbst 1993 um 3 Prozentpunkte und in Griechen-

Tab. 1: **Europaeinstellungen der EG-Bürger**

„Inwieweit fühlen Sie sich nicht nur als Nationalbürger, sondern auch als Europäer?"

EC	1988 (Herbst)	1989 (Frühjahr)	1990 (Frühjahr)
oftmals	16%	14%	15%
manchmal	37%	34%	31%

land, Italien und Luxemburg um mehr als 9 Prozentpunkte verringerte (Eurobarometer June 1993, A 21).

Schaden genommen hat Europa im Bewußtsein politisch bedeutsamer Teilöffentlichkeiten u. a. deshalb:
- weil die Regierungschefs den Vertrag gegen alle Einwände und öffentliche Skepsis durchzusetzen suchten (vgl. die Sonderzusagen an Dänemark bis an den Rand der Legalität);
- weil dem Prinzip der Gewaltenteilung keine nennenswerte Beachtung zuteil wurde (Brunner 23. 3. 1993);
- weil die Kommission das nationale Wirtschaftsrecht verstärkt an sich zu ziehen und in die nationale Kultur- und Bildungspolitik einzugreifen strebt (Schauer 1993);
- ferner weil die Medien national bedeutsamen Einzelaspekten überproportionale Resonanz verleihen, z. B., daß in Deutschland 69% in den protektionistischen Bananenzöllen eine typisch verbraucherfeindliche EG-Politik sehen oder ein Großteil der Franzosen glaubt, die Gemeinschaft wolle ihnen gewisse Käsesorten nehmen (Noelle-Neumann 1993b, S. 3);
- und vor allem, weil etliche Regierungen ihre Öffentlichkeit erst nach Abschluß der Vertragsvereinbarungen über Maastricht und seine Folgen ausführlicher informierten. Beispielsweise haben die deutsche und spanische Regierung erst mit einer Informationskampagne über die 'Europäische Union' begonnen, nachdem ein großer Vorlauf struktureller Veränderungen vor dem öffentlichen Problemverständnis entstanden war.

Schließlich haben sich anläßlich des europäischen Integrationsprozesses in etlichen Ländern große *innerstaatliche Kontroversen* zwischen Regierungen und Regierten aufgetan. So treffen die skandinavischen Regierungen mit ihren Anträgen auf EG-Mitgliedschaft auf erheblichen Widerspruch bei ihren Bevölkerungen. Während die norwegische Regierung z. B. argumentiert, daß Freiheit, Sicherheit und Wohlfahrt nur noch im Bündnis mit den europäischen Staaten gewahrt werden könnten, reagiert die norwegische Bevölkerung auf die neuen Herausforderungen (wie Langzeitstudien zeigen) mit steigendem Nationalbewußtsein. Entsprechend konnte die europafeindliche Zentrumspartei dort ihren Stimmenanteil bei der Wahl zum Nationalparlament von 6,5 % im Jahr 1989 auf 16,5 % im September 1993 vergrößern. Damit deutet sich eine ähnlich nationale Rückwendung wie beim ersten Referendum von 1972 an (vgl. Das Parlament 17./24. 9. 1993, S. 13). Auch *zwischenstaatlich* sind neue Fronten aufgebrochen, wie das britische Mißtrauen anläßlich der deutschen Einheit oder die währungspolitischen Alleingänge mehrerer Staaten und schließlich der provozierende und zeitwidrige französische Widerstand gegen das EG-Votum für das Blair-House-Abkommen (im Rahmen der GATT-Verhandlungen) zeigen.[6] Daß diese Kontroversen die Europaorientierung der Öffentlichkeiten in Mitleidenschaft ziehen, kann ebensowenig bezweifelt werden wie der Vertrauensschwund, den die Regierungen erleiden, wenn sie sich mehr mit der eigenen Machtsicherung beschäftigen als mit europäischen Problemlösungen.

Mag nach Maastricht in der Öffentlichkeit auch eher ein *diffuses Mißtrauen* in die zwischenstaatliche Kooperation und Glaubwürdigkeit der Regierungen entstanden sein und nicht eine auf Kenntnis beruhende Kritik an den europäischen Institutionen und ihren Entscheidungsprozessen, so beeinflussen derartige Vorbehalte und Einstellungen den politischen Willensbildungsprozeß doch erheblich. Denn, wie kann in Europa Freizügigkeit unter „Abschaffung jeder auf Staatsangehörigkeit beruhenden unterschiedlichen Behandlung der Arbeitnehmer" gewährleistet werden (vgl. Vertrag von Maastricht, Art. 48), wenn die Öffentlichkeit auf die anstehenden Integrationsprobleme der Märkte sowie die konkurrierenden Politikinteressen der Mitgliedsländer kaum vorbereitet ist und der Politik zunehmend mißtraut? Sollte es in naher Zukunft noch zu größeren Wohlstandseinbußen, zu wachsenden Ängsten um den Arbeitsplatz und zu schwerwiegenden nationalen Interessenkollisionen kommen, dann wird die versäumte Einbindung der Öffentlichkeit in den europäischen Meinungs- und Willensbildungsprozeß zu erheblichen Turbulenzen führen (Schleicher 1993a, S. 297ff.).

4. Öffentlichkeit und Bildung bzw. Bildung der Öffentlichkeit

Da sich unter dem Einfluß des Binnenmarkts und Maastrichts die wirtschaftsstrukturellen, arbeitsorganisatorischen, beruflichen und sozialen Veränderungen rasch vergrößerten, gewinnen soziale und *Identitätsängste* in Europa zunehmende Bedeutung. Entsprechend kommt auch den Investitionen in sog. 'Humanressourcen' – und damit der *Bildungspolitik* – wachsende Bedeutung zu. Denn nur bei großen bildungspolitischen Anstrengungen kann vermieden werden, daß die Konkurrenz zwischen lokalen Sozialisations- und Lebenseinflüssen auf der einen Seite, nationalen Bildungstraditionen und Öffentlichkeitserwartungen auf der anderen Seite sowie drittens europäischen Wirtschafts- und Bildungspolitiken zu erheblichen Spannungen führt.

Derzeit besteht in *bildungspolitischer Hinsicht eine fundamentale Lücke* im Aufbau Europas. Sie geht u. a. darauf zurück, daß sich die EG lange auf die wirtschaftlichen Dimensionen konzentrieren mußte, da ihr laut EWG-Vertrag nur im Bereich der Berufsbildung gewisse Kompetenzen zustanden und da die Nationalstaaten den europäischen Aufbau auch ihrerseits nicht mit angemessenen Bildungsangeboten begleiteten. Zwar hatte der Ministerrat auf europäischer Ebene schon 1974 eine bessere Kooperation in der Bildungspolitik gefordert und 1976 mit dem ersten 'Aktionsprogramm zur Bildungspolitik' eine transnationale Universitätskooperation anvisiert; aber dennoch studierte 1982 nur etwa 1 % der Studenten im europäischen Ausland. Ein neuer Impuls ging 1983 vom Europäischen Rat aus, als er die 'Feierliche Deklaration zur Europäischen Union' verabschiedete, die zur Grundlage für ein gemeinschaftliches Denken und Handeln in Sachen Kultur und Bildung werden sollte. Obwohl diese Vereinbarung als intergouvernementale Entscheidung – *unter tendenziellem Ausschluß der Öffentlichkeit* – zustande kam, plädiert sie für eine Betonung der 'europäischen Dimension' im Bildungsgeschehen, damit in Europa eine informiertere Öffentlichkeit entstünde. Wie aber kann der übergangene Bürger auf eine politische und wirtschaftliche Integration verpflichtet werden, wenn die Bildungsvorgaben dem „eigentlichen Gehalt von Kultur als einer im besonderen Maße öffentlichen Angelegenheit" widersprechen und mit der europäischen Tradition einer selbstbestimmten humanen Entwicklung kaum in Einklang zu bringen sind (vgl. Janssen 1984, S. 196f.)? Hier zeigt sich, wie widersprüchlich eine europäische Bildungspolitik bleiben muß, wenn sie nicht demokratisch legitimiert ist. Selbst ein OECD-Bericht von 1989 hatte betont:

„Bildung sollte nicht ganz mit Ausbildung gleichgesetzt werden, und professionelle Lehrer müssen über den Bildungsprozeß reflektieren können und analysieren dürfen, warum bestimmte Lernerfahrungen lohnend sind" (OECD 1991, S. 102).

Immerhin wurde vom Europäischen Rat schon 1983 die *fundamentale Bedeutung der Bildung* für den europäischen Bewußtseins- und Integrationsprozeß herausgestellt. Seither bemühen sich die europäischen Gremien verstärkt auch um die Förderung einer 'europäischen Identität', sei es durch Richtlinien zur Aufnahme einer 'europäischen Dimension' in die nationalen

Curricula (vgl. das ›Green Paper‹, EG-Kommission 1993), sei es durch eine verstärkt multikulturelle Erziehung oder eine Ausweitung des beruflichen und Studentenaustausches (vgl. BMBW 1988b, S. 28; Standing Conference 1987, S. 61 ff.).

Nicht unproblematisch ist, daß die mangelnde Verständigung zwischen der Kommission und den Mitgliedstaaten zu *Bildungsentscheidungen qua Rechtsurteil* durch den EuGH führte. Denn grundlegende, rechtsentwikkelnde Entscheidungen des Gerichtshofs (u. a. Gravier 1985, Lawrie-Brown 1989 und das ERASMUS-Urteil 1989) führten dazu, daß zunehmend weitere Bildungssektoren bzw. -stufen als berufliche Ausbildung eingestuft wurden und daß die europäischen Äquivalenzregelungen in nationale Bildungsrechte eingriffen (vgl. Richter 1993, S. 27 ff., 35; Schleicher 1993 a, S. 69 ff.; BMBW 13/1992). Nun war Bildungspolitik innerhalb der EG traditionsgemäß eine Aufgabe der Einzelstaaten, und dies wird von der Öffentlichkeit auch so gewollt (Eurobarometer Dec. 1990, S. 22).

Aus der skizzierten Entwicklung müssen sich zwangsläufig *bildungspolitische Probleme* ergeben:
- wenn unbeachtet bleibt, daß schulische Bildungsintentionen mit vorangegangenen und parallel erfolgenden, außerschulischen Sozialisationseinflüssen konkurrieren;
- wenn Bildung über enge wirtschaftliche und funktionale Dimensionen hinaus auch fundamentalen humanen Bedürfnissen dienen soll;
- wenn die gesellschaftlichen und europäischen Entwicklungen als offener und eigendynamischer Prozeß betrachtet werden, dessen künftiges Ergebnis von der Partizipation konkurrierender Teilöffentlichkeiten abhängt
- und wenn Verwaltungs- und Rechtsvorgaben einen pädagogischen Prozeß steuern wollen, der in der Praxis notwendigerweise beim Individuum in seinem lokalen wie öffentlichen Kontext ansetzen muß.

Welche Folgen aber eine an der Öffentlichkeit vorbei geführte und demokratisch kaum kontrollierte Bildungspolitik hat, wird wenig reflektiert. Denn bisher hat die *Bildungsforschung* kaum in größeren Zusammenhängen die 'bildungspolitische Bedeutung der öffentlichen Meinung in Europa' thematisiert. Zwar gibt es unzählige Einzelanalysen zur Sozialisationswirkung von Teilöffentlichkeiten – vor allem aus den 60er und frühen 70er Jahren –, aber kaum größere Analysen zu pädagogisch bedeutsamen Wahrnehmungs- und Sozialisationsvoraussetzungen der Bürger anläßlich der europäischen Integration (Ansätze bei: Baur/et al. 1991). Statt dessen konzentrierten sich Bildungsforschung und -politik eher auf einen Vergleich verschiedener Bildungssysteme, eine Kenntnisvermittlung über andere Nationen und auf multikulturelle Erziehungsansätze bzw. den Abbau von Stereotypen (vgl.

Bundeszentrale, Bd. 243, 1986; Jeismann 1979; Maes 1974). Würde dagegen die Bedeutung der öffentlichen Meinung als unverzichtbares Demokratieelement stärker beachtet, dann könnte u. a. verständlicher werden:
- weshalb Jugendliche kaum besser als Erwachsene über die europäische Integration informiert sind, obwohl sie in größerem Maße einen entsprechenden Schulunterricht erhalten haben (z. B. EMNID Nr. 7/8, 1992, S. 101, 106);
- weshalb sich die Einstellungen von Jugendlichen teilweise anders verändern als die curricularen und Lehrbuchinhalte (Almond/Verba 1965)
- und welche Aspekte bei der europäischen Bildungsdimension neben der 'Institutionenkunde' stärker beachtet werden müssen, bzw. wie sich formale und nonformale Bildungsprozesse ergänzen oder korrigieren.

In letztgenannter Hinsicht würde beispielsweise deutlich werden, inwieweit Teilöffentlichkeiten (z. B. der Jugendlichen oder Familien) und ähnliche Sozialisationsbedingungen (z. B. die städtischen und technischen Lebens- wie Arbeitsräume) eine national-übergreifende und europaintegrierende Wirkung haben. Eventuell wird sich unter diesen Einflüssen sogar am ehesten eine europäische Integration vollziehen, zumal sich jene Einflüsse stärker als die formale Bildung einem Zugriff der Nationalstaaten und EG entziehen (Kay 1985, S. 20 ff.; Schleicher 1993 b, S. 19 ff., 24 ff.). Bisher haben Bildungsforschung und -politik die psychischen Bedingungen für eine national und europäisch selektive Wahrnehmung bzw. die sozio-ökonomischen und technischen Kontexte als Sozialisationsfaktoren viel zu wenig beachtet. Auch hier gewinnt die *Öffentlichkeit wieder bildungspolitische Relevanz,* und zwar:
- einerseits, weil die außerinstitutionellen Bildungseinflüsse auf Kinder und Jugendliche vielfach nachhaltiger wirken als die institutionellen (vgl. Postlethwaite 1973);
- zum anderen, weil die Jugendlichen trotz weniger lang zurückliegender Schulbildung kaum besser orientiert sind über europäische Entwicklungen als ältere Erwachsene;
- weil die institutionellen und personellen Bildungsträger selbst ein sich ändernder Bestandteil von Öffentlichkeit sind
- und vor allem, weil die Spannung größer wird zwischen den erweiterten Kompetenzen der EG auf der einen Seite und der zunehmenden Differenzierung in Teilkulturen auf der anderen Seite oder, anders gewendet,
- weil die Konflikte angesichts der Inflexibilität europäischer Großbürokratien bei zunehmendem Partizipationsinteresse der Öffentlichkeit auf lokaler Ebene wachsen werden.

Hier sollte aus den 70er Jahren in Erinnerung bleiben, daß angesichts der vorerwähnten Einflußfaktoren selbst auf nationaler Ebene viele bildungspolitische Zielsetzungen nur sehr begrenzt erreicht wurden.

Von fundamentaler Bedeutung ist insgesamt, daß *die politische Krise* in Europa und die verunsicherte Öffentlichkeit *als Chance* für eine Neubesinnung – und zwar insbesondere der Bildungspolitik – begriffen wird und jetzt nicht nur 'modisch' Zerfallsprozesse thematisiert werden (vgl. Klemens 1993; Arnold 1993). Denn obwohl Maastricht eine unzureichende Antwort auf das Ende des Kalten Krieges und im Hinblick auf eine europäische Erweiterung gab, so gefährdet sich Europa in noch existentiellerer Weise, wenn es in das klassische Hegemoniestreben der Einzelstaaten zurückfällt und dafür seine Öffentlichkeiten mobilisiert. Ansporn sollte statt dessen sein, daß es in der Vergangenheit einigen herausragenden Europäern, aber auch den Regierungen und europäischen Gremien gelungen ist, die Nationalismen in der Gemeinschaft mehr oder minder auszubalancieren, den ethnischen Minderheiten bedeutsame Rechte zu sichern und die materiellen Lebensbedingungen aller Bürger erheblich zu verbessern. Die wichtigste Herausforderung besteht derzeit in einer *Weiterentwicklung Europas in überschaubarer Bürgernähe*, ohne die regionalen und nationalen Identitäten zu unterdrücken (Geiss 1993, S. 124). Dies aber dürfte eher eine föderale und dezentralisierte Bildungsorganisation als eine Erweiterung zentraler Befugnisse erfordern.

Zu diskutieren bleibt, wie sich derzeit europäisches Bewußtsein artikuliert, welche Bedeutung nationalen Bildungstraditionen beigemessen wird und wo sich Ansätze zur Verbindung europäischer, nationaler, regionaler und situativer Bildungsdimensionen zeigen.

II. Konkurrierende europäische, nationale und regionale Orientierungen

Wie sich 'Öffentlichkeit' als politische Basis auf den europäischen Gestaltungsprozeß auswirkt, hängt nicht nur von ihrer Identifikation mit politischen Zielen und Institutionen, sondern ebenso davon ab, inwieweit sie über politische Strukturen und Entscheidungsaufgaben orientiert ist, und schließlich, ob die Politik auch über die europäische Öffentlichkeit informiert ist. Und hier besteht ein doppeltes Defizit, zum einen, weil die Informationsgrundlage über die öffentliche Meinung, die auch hier verwendet wird, nur begrenzt brauchbar ist, und zum anderen, weil in Großsystemen das isolierte Herrschaftswissen von 'Eliten' den Realgegebenheiten nur bedingt entspricht und kaum öffentlich vermittelt wird.[7]

Nachdem im voraufgehenden Abschnitt auf die Bedeutung konkurrierender Loyalitäten sowie auf die fundamentale bildungspolitische Lücke im Aufbau Europas hingewiesen wurde, wird hier dargestellt, welche *Grundeinstellungen* gegenüber Europa, zum Nationalstaat und zur je eigenen Region vorherrschen, und ferner, was die Bürger von welcher Ebene erwarten und wie sie die Ebenen in Beziehung setzen. Das *bildungspolitische Defizit* in Europa wird sowohl an den Divergenzen zwischen politischen Einstellungen und Kenntnissen der Öffentlichkeit als auch zwischen ihren traditionellen Bindungen und aktuellen Problemeinschätzungen deutlich.

1. Öffentliche Informiertheit über politische Institutionen

Nicht nur die öffentlichen Diskussionen und Referenden anläßlich von Maastricht, sondern auch die Bürgerbeteiligung an den Europawahlen und ein verantwortlicher Umgang mit konkurrierenden Loyalitäten, sie alle hängen entscheidend von der *Informiertheit und Identifikation* der Bürger – bzw. von ihrer Sozialisation und Bildung – ab. Während auf der einen Seite die politische Partizipationsbereitschaft der Bürger tendenziell mit ihrer Informiertheit zu steigen pflegt, besteht andererseits ein enger Zusammenhang zwischen ihrer Informiertheit und der sozialen Bedeutsamkeit der Themen bzw. ihrem demokratischen Engagement. Obwohl kognitives Wissen, soziale Bedeutsamkeit und affektive Bindung keineswegs identisch sind (wie die politische Sozialisationsforschung seit Mitte der 60er Jahre zeigt), so bietet die öffentliche Informiertheit dennoch gewissen Aufschluß darüber, inwieweit sich Bürger mit nationalen und europäischen Strukturen und Entwicklungen auseinandersetzen.

Erste Anhaltspunkte für ein öffentliches Interesse – bzw. für die öffentliche Einschätzung lokaler, regionaler, nationaler oder europäischer Politik – ergeben sich aus den jeweiligen *Wahlkämpfen und Wahlbeteiligungen*. Da sich die Bevölkerungen allgemein durch nationale Entscheidungen am stärksten betroffen fühlen (zumal angesichts der soziopolitischen Vermittlungsstrukturen), ist die Wahlbeteiligung hier auch am höchsten und überschatten nationale Probleme sowohl die regionalen als auch europäischen Auseinandersetzungen. Umgekehrt treten bei den Europawahlen Auseinandersetzungen um so mehr hinter national-parteipolitischen Präferenzen zurück, als es keine europäischen Parteien gibt und die Intentionen, Aufgaben und Entscheidungsmöglichkeiten des Europaparlaments kaum greifbar werden.[8] Zwar ist das Europaparlament unter den europäischen Institutionen am bekanntesten, dennoch hat sich die Beteiligung an den Europawahlen seit 1979 kontinuierlich verringert (1979 = 63,0%; 1984 = 61,0%; 1989 = 58,5%) (Noelle-Neumann/Herdegen 1990, S. 277). Mehrheitlich wünscht die europäische Bevölkerung sogar (und zwar im EG-Durchschnitt zu 59%), daß die nationalen Repräsentanten ungeachtet ihrer Parteizugehörigkeit in Straßburg die jeweiligen Landesinteressen vertreten sollen.[9] Und generell finden Fragen, die das eigene Land zum Gegenstand EG-bezogener Politikaspekte machen, besonders hohe Zustimmung (Reif 1992,

S. 45 f.). Extrem hoch ist diese nationale Fixierung in Griechenland (74%), überdurchschnittlich auch in Italien, Spanien und Frankreich, am geringsten war sie in Dänemark (38%) (Eurobarometer, June 1989, S. 51, vgl. Tab. A 15).

In gewisser Weise korrespondieren die Wahldispositionen der Bürger mit ihrer *Informiertheit*, wie eine Befragung aus dem Jahr 1993 über die nationalen und europäischen Repräsentanten bzw. Institutionen zeigt. Gefragt wurde u. a. nach dem Bekanntheitsgrad:
- der nationalen Regierungschefs, Staatsoberhäupter und Gesetzgebungsorgane, etc.
- sowie nach der einflußreichsten europäischen Institution, dem Kommissionspräsidenten, dem Rat, den Mitgliedsländern der EG und den Wahlberechtigten des Europaparlaments.

Wenn Kenntnisse über Institutionen auch noch keinen großen Aussagewert hinsichtlich der politischen Handlungskompetenz besitzen, so zeigt sich auf Anhieb, daß die EG-Strukturen undurchsichtiger sind als die nationalen, d. h. die nationale Informiertheit ist erheblich höher. Beunruhigend jedoch muß sein, daß nur eine kleine Bevölkerungsgruppe sowohl über die nationalen wie über die europäischen Strukturen 'gut' informiert ist (vgl. Tab. 2).

Insgesamt ist die *nationale Informiertheit* in den Peripheriestaaten Irland und Portugal am höchsten und in Luxemburg am geringsten. Demgegenüber waren die *europäischen* Gremien in Dänemark, Frankreich sowie Luxemburg am weitesten bekannt bzw. in Italien am wenigsten. Verwundern kann kaum, daß sich die Mehrheit der Bürger für schlecht informiert hält; denn auf der einen Seite halten sich maximal 44% der Niederländer für 'gut' und auf der anderen Seite 79% der Italiener für unzureichend informiert (Eurobarometer, June 1993, S. 52 f.). Gering ist die Informiertheit selbst über politisch so herausragende Ereignisse wie Maastricht. Und zwar hielten sich trotz der großen Medienpublizität der Verträge insgesamt nur 14% der Europäer über diese für 'recht gut' oder 'ziemlich gut' informiert, während 36% noch nichts von ihnen gehört hatten (ibid., S. 30, A 22). Außerdem wurde dem Vertrag – sofern er bekannt war – wesentlich seltener eine positive Bedeutung für das eigene Leben als für Europa zuerkannt (29% zu 66%) (Eurobarometer, June 1992, S. 46 f.).

Bedeutsam ist darüber hinaus, daß der *Bekanntheitsgrad* der verschiedenen europäischen Gremien keineswegs mit ihrem *politischen Einfluß* korrespondiert. Am bekanntesten war das Europäische Parlament (bekannt bei 41%), es folgten der Europäische Rat (22%), dann der EuGH (20%), die Kommission (18%), der Ministerrat (16%) (ibid., S. 3 f., A 12). Irrtümlich wurde von der Öffentlichkeit zudem – mit abnehmender Häufigkeit – angenommen, daß europäische Entscheidungen am ehesten von folgenden Gremien kontrolliert werden könnten: vom EuGH (63%), dem Europäischen

Tab. 2: **Kenntnis nationaler und europäischer Institutionen**

Index* **Nationale Kenntnis**	EG	B	DK	D(W)	GR	E	F	IRL	I	L	NL	P	GB**
recht gut	13	16	12	8	14	13	11	26	13	6	17	16	23
gut	65	66	57	63	64	61	70	62	72	48	67	77	57
begrenzt	19	15	22	25	21	26	18	12	13	43	14	5	17
recht begrenzt	3	0	5	4	1	1	1	1	2	3	2	2	3
Index* **EG-Kenntnis**													
recht gut	2	2	3	2	2	2	4	2	0	1	1	1	1
gut	36	49	58	30	47	32	55	39	29	58	34	40	30
begrenzt	49	45	37	55	34	49	36	46	58	36	57	40	52
recht begrenzt	4	3	13	15	18	18	6	13	14	5	9	19	18

* Index = die unterschiedliche Anzahl der nationalen und europäischen Fragen wurde je nach Anteil der richtigen Antworten in vier Gruppen zusammengefaßt, die hier der Übersichtlichkeit halber mit 'recht gut' bis 'recht begrenzt' umschrieben werden.
** GB ohne Nordirland.
Eurobarometer, June 1993, A36, Tab. 41a.

Parlament (54%), der Kommission (52%), dem nationalen Parlament (52%), der nationalen Regierung (49%), usw. In diesem Ergebnis kommt, wie der Kommentar im Eurobarometer besagt, ein erhebliches Demokratiedefizit ("a rather strong feeling that there is a democratic deficit") zum Ausdruck (ibid., S. 70f.).

Vor diesem Hintergrund werden jetzt nacheinander europäische, nationale und regionale Einstellungen der Öffentlichkeit erörtert, die nicht ohne Einfluß auf die politischen Auseinandersetzungen sind und zeigen, inwieweit man europäischen Entscheidungen für das eigene Leben Bedeutung zumißt.

2. Öffentliche Einstellungen zu Europa

Zwei Jahrzehnte lang bestanden in der europäischen Öffentlichkeit (bis 1989) recht konstante, positive *Grundeinstellungen* gegenüber Europa (Eurobarometer, Trends 1992, S. 37, 72f.). Insofern konnten die Regierungen auf erhebliche öffentliche Zustimmung rechnen, wenn sie transnationale Ziele verfolgten und entsprechende Vereinbarungen trafen.

Wenn die Umfragedaten auf recht positive Haltungen zum europäischen Integrationsprozeß hinweisen, so vor allem, weil recht allgemeine 'Grundeinstellungen' abgefragt werden und anläßlich der Fragen die Konkretisierungsschwierigkeiten bzw. die Konflikträchtigkeit einer entsprechenden Europapolitik kaum bewußt wurden.[10] Damit korrespondiert, daß im Frühjahr 1989 zwar 83% der europäischen Bürger die EG-Angelegenheiten für 'wichtig' oder 'recht wichtig' hielten, aber nur 43% ein 'großes' oder 'gewisses' Interesse an der EG-Politik äußerten, bzw. nur 44% ein eigenes Politikinteresse bekundeten.

Aus den *Trendanalysen* geht hervor, daß einerseits seit 1975 die positive Einstellung zur 'europäischen Einigung' und zum 'Europäischen Parlament' etwas stärker gestiegen ist als die 'Allgemeine Lebenszufriedenheit'. Andererseits ist seit 1985 ein steigendes Interesse an der 'EG-Politik' bei etwa gleichbleibend positiver Einstellung zum 'Binnenmarkt' zu beobachten. Darüber hinaus zeigen andere Untersuchungen, daß 1988 etwa die Hälfte der Befragten (49%) eine europäische Gesetzgebung befürwortete (58% in Frankreich gegenüber 34% in GB) (Woyke 1989, S. 20). Auch hielt ein kleiner Prozentsatz die europäische Integration bereits ein halbes Jahr später, d. h. im Frühjahr 1989, für noch wichtiger und betrachtete die nationalen Integrationsvorteile demgegenüber für etwas weniger wichtig als zuvor (Eurobarometer, June 1989, S. 1, 4). Dabei begegneten die Bürger dem gemeinsamen Markt 1989 um so positiver, je höher ihr sozialer Status war. So befürworteten 79% der Befragten aus dem höheren Management den

Tab. 3: **Einstellungsveränderungen in der EG** (in %)
(10-Punkte-Skala von 'sehr stark' bis 'überhaupt nicht' allgemein in 4 Kategorien untergliedert, 2 positive referiert)

	EG (10)						EG (12)			
	sehr	ziemlich	sehr	ziemlich	sehr	ziemlich	sehr	ziemlich	sehr	ziemlich
	1975**		1985		1985		1989		1991	
Allg. Lebenszufriedenheit*	19	56	18	57	18	56	24	59	23	58
Pos. Einstellung zur europ. Einigung	31	38	28	47	29	45	37	41	33	46
	1976		1986		1986					
Interesse an der EG-Politik	22	–	24	–	24	–	14	40	11	36
Zufriedenheit mit demokr. Funktionsweise	7	42								
			1985		1985					
			8	42	10	42	10	47	7	43
	1977		1986		1986					
Bedeutung des Europaparlaments für die EG	10	27	13	40	11	38	15	44	13	43
			1988		1988					
Positive Einstellung zum Binnenmarkt	–	–	19	47	18	48	17	49	15	45

* Erhebungsmonate überwiegend: X und XI.
** Nicht aus allen Jahren liegen Daten vor.
Eurobarometer 1974–91, S. 16ff., 34f., 74ff., 151ff., 178, 203f.

Binnenmarkt, während die am stärksten Benachteiligten auch am wenigsten glaubten, daß sie vom gemeinsamen Markt profitieren würden. Die Befürchtungen waren außer bei Landwirten (32%) vor allem bei angelernten und ungelernten Arbeitern (29%) recht hoch (Eurobarometer, June 1989, S. 19, 28).

Bis zum Herbst 1989 waren insgesamt folgende *kultur- und bildungspolitisch bedeutsamen Vorteile* eines 'Europa der Bürger' ins öffentliche Bewußtsein gedrungen: daß man künftig ohne Paß die Grenzen überschreiten könne (64%), daß Studenten einen Teil ihrer Studien in den Mitgliedstaaten absolvieren könnten (51%) und daß Examina und Diplome in allen Mitgliedstaaten anerkannt würden (48%). Bei veränderter Fragestellung, und zwar nach wichtigen Merkmalen eines 'Europa der Bürger' wurde auf ähnlicher Weise hervorgehoben: daß Studenten einen Teil ihrer Studien in den Mitgliedstaaten absolvieren könnten (44%), daß Bürger beim Warenimport aus den Mitgliedsländern keinen Zoll mehr zahlen müßten (42%) oder daß berufliche Qualifikationen überall in der Gemeinschaft anerkannt würden (39%). Weniger Aufmerksamkeit fand dagegen (und zwar nur bei 26%), daß Gemeinschaftsrechte Vorrang vor den nationalen erhalten könnten (Eurobarometer, June 1989, S. 38f., 41f.). Ende der 90er Jahre meinte zudem die Mehrheit, daß eine europäische Regierung einige Aufgaben besser als die jeweilige nationale erfüllen könnte, und zwar dies insbesondere bei Umwelt-, Wirtschafts- oder außenpolitischen Aufgaben. Schließlich konstatierten im Frühjahr 1992 53%, daß sie der Errichtung einer europäischen Regierung positiv gegenüberstünden (Eurobarometer, Dec. 1990, S. 23f.).

Die Trendanalysen weisen nun aber auch auf erhebliche *Einstellungsänderungen* seit 1989 hin. So verringerte sich vom Herbst 1991 bis zum Frühjahr 1992 der prozentuale Anteil, der sich auf die Frage: „Sind Sie für oder gegen das Ziel der westeuropäischen Einigung?" entweder 'sehr dafür' oder zumindest 'dafür' aussprach. Der Anteil sank beispielsweise in Dänemark von 68% auf 61%, in Deutschland von 80% auf 73% und in Frankreich von 79% auf 75% (Schmuck 1993, S. 39). Auch verringerte sich das positive Image der Kommission und des Parlaments erheblich. Beispielsweise fiel die positive Einschätzung der Kommission zwischen 1990 und 1993 in der EG-Öffentlichkeit von 42% auf 34% und die des Parlaments von 52% auf 42%. Parallel dazu reduzierte sich sogar die positive Grundhaltung zur europäischen Einheit (sie sank von 81% auf 73%). Umgekehrt stiegen die Befürchtungen angesichts des Binnenmarkts in der EG-Öffentlichkeit von 21% im Jahr 1989 auf 36% im Jahr 1993. Vor allem aber ist hervorzuheben, daß im Frühjahr 1993 47% der Bevölkerung mit den demokratischen Strukturen der Gemeinschaft nicht einverstanden waren (Eurobarometer, June 1993, S. 5, 7, 10, 46, 68).

Offensichtlich hatte der Zusammenbruch des Sozialismus in Osteuropa zunächst neue europäische Hoffnungen geweckt. Mit dem entfallenen Integrationsdruck durch den Ostblock und unter dem Eindruck der osteuropäischen Renationalisierungstendenzen stiegen dann allerdings auch in der EG-Bevölkerung eigene nationale Vorbehalte gegen die Integration an; so z. B. in Frankreich, weil sein europäischer Führungsanspruch schwieriger wurde, in Großbritannien, das seine demokratische Tradition gefährdet sah, in Deutschland, weil die DM mit der Währungsunion beseitigt würde, oder in Dänemark, weil die sozialen Sicherungsvorteile beeinträchtigt werden könnten, usw. Entsprechend ist in vielen EG-Ländern seit 1990 ein merklicher Zustimmungsverlust zur europäischen Integration zu beobachten (vgl. Platzer 1993, S. 136ff.).

Da die politischen Konstellationen in Europa insgesamt labiler geworden sind, stößt die von der EG und einigen Regierungen forcierte Integrationspolitik bei den Bevölkerungen auf wachsende Ängste. Regierende wie Regierte beginnen sich neu zu orientieren und haben bisher noch nicht gezeigt, wie sie diesen politischen Lernprozeß bewältigen werden.

3. Nationaleinstellungen der Öffentlichkeit

Im Vergleich zu den europäischen Gremien haben die nationalstaatlichen Strukturen eine erheblich längere Tradition und auch höhere Alltagsbedeutung. Ihr *Einfluß* resultiert u. a. aus einer zum Teil 200jährigen Vernetzung der wirtschaftlichen, administrativen, rechtlichen und sozialen Subsysteme. Außerdem fungieren sie als soziale Katalysatoren und organisieren oder beaufsichtigen das *Bildungswesen*. Hinzu kommt, daß sie Signatarstaaten von europäischen wie internationalen Abkommen sind und daß selbst die Vereinten Nationen auf dem Nationalstaatsprinzip beruhen. Angesichts dieser Machtbasis und Alltags- wie Bildungseinflüsse kann kaum überraschen, daß sich die Bürger in Europa stark mit ihren Nationen identifizieren und daß die Identifikationen in schwierigen Zeiten noch steigen.

Dieser Hintergrund ist wichtig, wenn bei den EG-Bürgern Veränderungen ihrer nationalen und europäischen Identifikation seit den 70er Jahren betrachtet werden. Bedenkt man die nationale Fixierung der meisten Bürger bis zum Ende des Zweiten Weltkriegs und die Alltagsrelevanz der Nationalstaaten bis in die Gegenwart, so könnte fast überraschen, daß sich der sog. *Index für 'Nationalstolz'* zwischen 1970 und 1982 (bezogen auf die zwischen 1915 und 1955 geborenen Jahrgänge) europaweit verringerte (EG-Kommission 1982a, S. 89). Inzwischen werden *nationale und europäische Identität* in den meisten europäischen Ländern 'komplementär' verstanden – insbesondere in Frankreich. Nur in wenigen Ländern – wie Dänemark – sieht die Öffentlichkeit weiterhin einen entschiedenen Gegensatz zwischen

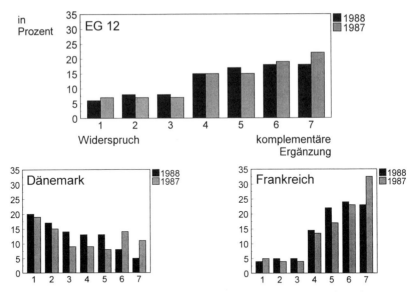

Abb. 2: Europäische und nationale Identität. Als Gegensatz oder komplementäre Ergänzung? (EG 12).

der nationalen und europäischen Identität (Eurobarometer, June 1988, S. 11, vgl. A 8).

Verständlich ist jedoch, daß die Bürger den Nationalstaaten und der Europäischen Gemeinschaft *unterschiedliche Entscheidungskompetenzen* in verschiedenen Politikbereichen zuerkennen. In die Kompetenz der EG sollten 1993 vor allem Aufgaben fallen wie: die Sicherung der Menschenrechte (81% für die EG: 13% für den Nationalstaat), die Kooperation mit der Dritten Welt (74% : 18%), die Universitätskooperation (72% : 19%) oder der Umweltschutz (67% : 29%). Demgegenüber plädierten die Befragten eher für nationale Zuständigkeiten in den Bereichen der Kulturpolitik (53% nationale : 39% EG-Kompetenz), bei grundlegenden Medienrechten (56% : 36%), der Gesundheits- und Wohlfahrtssicherung (59% : 37%) – und insbesondere bei der *Bildungspolitik* (63% : 33%). Am stärksten wird für die nationale Hoheit beim Bildungswesen in Dänemark (77%) und Frankreich (70%) votiert (Eurobarometer, June 1993, S. 42, A 26). Offensichtlich bestehen im Bildungsbereich aufgrund der Erfahrungsnähe der Bürger die stärksten Bedenken gegen eine bürokratische und situationsferne Außensteuerung, bzw. vermutlich auch deshalb, weil hier die Identitätsängste am größten sind.

Abgesehen vom Bildungs-, Kultur- und Wohlfahrtsbereich finden die europäische Integration und eine nationalübergreifende Politik sogar bis 1993

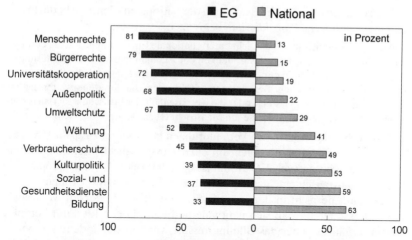

Abb. 3: Europäische oder nationale Entscheidungskompetenzen (EG 12). (Hier sind 10 von insgesamt 20 Entscheidungsbereichen resümiert.)

erheblichen Zuspruch. Gleichwohl haben sich seit 1989/91 die *Nationaleinstellungen* – ähnlich wie die Europaeinstellungen – deutlich verändert. Beispielsweise stieg vom Juni 1991 bis zum Juni 1993 der Anteil derjenigen, die nationale Entscheidungskompetenzen befürworteten: im Bildungsbereich von 56% auf 63%, im Wohlfahrts- und Gesundheitsbereich von 54% auf 59% und im Währungsbereich von 35% auf 41% an (Eurobarometer, June 1991, S. 19; June 1993, S. 42). Die Nationalorientierungen scheinen sich in dem Maße zu verstärken, wie einerseits die EG-Politik in Gegensatz zu öffentlichen Einstellungen geriet (z. B. angesichts ihrer Handlungsunfähigkeit nach dem osteuropäischen Umbruch mit den nachfolgenden Migrationsströmen oder ihrem Nachgeben gegenüber der Massenvernichtung, Massenvertreibung wie Massenvergewaltigung durch die Serben) und wie andererseits die innerstaatlichen Kontroversen über Maastricht nationale Emotionen weckten und der Wettbewerbsdruck des Binnenmarkts in Verbindung mit der Rezession öffentliche Ängste förderte. Diese aufkeimenden Renationalisierungstendenzen dürften dabei um so stärker werden, je weniger die europäischen Gremien zukunftsweisende Perspektiven mit Bürgernähe verbinden bzw. je mehr in den Einzelstaaten innenpolitische Auseinandersetzungen Vorrang vor einer gemeinsamen Europa- und Außenpolitik gewinnen. Die Tendenzen drohen sogar exzentrisch und undemokratisch auszuufern, falls die Regierenden zum eigenen Machterhalt oder -erwerb (wie z. B. im griechischen Wahlkampf) selber nationalistisch agitieren oder die Öffentlichkeit durch ihre finanzielle Selbstkorrumpierung weiterhin frustrieren. Umgekehrt lassen sich diese Entwicklungen von seiten der

EG am ehesten durch mehr Beachtung der nationalen Identitätsbedürfnisse und mehr politische *'Subsidiarität'* begrenzen.

Wie nachhaltig sich seit Maastricht bereits nationale Einstellungen auf die europäische Politik auswirken, zeigt das Einlenken der EG auf die dänischen Forderungen nach der ersten Volksbefragung, zeigt aber auch die zwischenstaatliche Belastung in den französisch-deutschen Beziehungen infolge der Bandbreitenerweiterung im Europäischen Währungssystem, oder die Zerrissenheit der britischen Toryparty aufgrund der nationalen Kontroverse um Maastricht (Rees-Mogg 5. 8. 1993).

Angesichts der skizzierten Veränderungen steht kaum zu erwarten, daß die intensivierten Bemühungen um eine 'europäische Dimension' in den Bildungsangeboten (vgl. EG-Kommission 1993) oder daß der europäische Studentenaustausch eine gegenläufige Entwicklung einleiten können.

Insgesamt herrscht in der europäischen Bevölkerung derzeit wohl noch die Auffassung vor, daß sich nationale und europäische Identität komplementär ergänzen, aber das Bildungsressort wünscht sie eindeutig in nationale Zuständigkeit. Wie sich der Meinungsbildungsprozeß fortentwickelt, hängt nicht zuletzt davon ab, ob das in Maastricht vorgesehene Subsidiaritätsprinzip mit Leben erfüllt und justitiabel wird, ferner ob die Regierungen Versuchungen widerstehen können, sich angesichts der inneren Sozialspannungen nationalistischer Parolen zu bedienen.

4. Bedeutung der Regionen in der öffentlichen Einschätzung

Im europäischen Wirtschaftsraum identifizieren sich die Bürger nicht nur mit Europa und dem jeweiligen Nationalstaat, sondern auch mit ihren Regionen. Damit jedoch sind *sehr unterschiedliche und ungleichwertige Phänomene* gemeint: beispielsweise Kulturräume, deren Traditionen oft länger als die nationalen zurückreichen (z. B. in Bayern, der Bretagne oder in Wales), oder auch transnationale Grenzregionen, die sich durch gemeinsame Interessen verbunden fühlen, wie z. B. die 'Euregio' (dazu gehören Kommunen im Raum Rhein, Ems, Ijssel) oder der 'Eurodistrict' (mit den Städten Saarbrücken und Metz). Politisch werden die Regionen sehr unterschiedlich betrachtet, teils als Voraussetzung für größere Bürgernähe und Chance für eine politische Dezentralisation, teils aber auch als unliebsame Herausforderung an die Nationalstaaten (wie z. B. die Basken in Spanien und die Samen in Schweden), teils als föderale Elemente (wie z. B. Baden-Württemberg in Deutschland), und schließlich auch als wichtige Brückenglieder zwischen den nationalen und europäischen Ebenen (wie die Alpenländer).

Für ein *'Europa der Regionen'* können gebietskörperschaftliche Differenzierungen oder verfassungspolitisch föderal verbundene Organisationen, aber auch die durch Autonomiestatuten eingebundenen Regionen *von unschätzbarem Wert* werden.[11] Sie können Politik in größere Bürgernähe bringen und die völkerrechtlich anerkannten Selbstbestimmungsrechte von Minderheiten realisieren und integrieren helfen (Schleicher 1993b, S. 2ff., 257ff.), so daß letztlich die Menschenrechte besser garantiert werden (vgl. Art. 127 des Internationalen Paktes über die bürgerlichen und politischen Rechte). Umgekehrt können fixe Ideen von homogenen Kulturregionen (z. B. in Bosnien), separatistische Orientierungen (wie auf Korsika) und selbst exzessive Vorteilswahrungen (wie bei der 'Lega Lombarda') schnell zur Beschädigung des Freiheitsgrundsatzes oder zu *Dauerkonflikten* bis hin zu ethnischen Säuberungen führen (Davies 1993, S. 302ff.; Coulmas 1993, S. 85ff.). Wie nahe die Möglichkeiten zur kulturellen Bereicherung und Gefahren zu einer gewalttätigen Auseinandersetzung beieinanderliegen, zeigen die langwierigen Konflikte in Italien, bevor der Südtirolkompromiß erreicht wurde (vgl. Seberich in diesem Band).

Von der EG werden die Regionen überwiegend unter ökonomischen und arbeitsmarktpolitischen und weniger unter kulturellen Gesichtspunkten betrachtet. Im Hinblick auf die Vereinheitlichung der Lebensverhältnisse und Realisierung des Binnenmarktes sollen so z. B. die großen Einkommens-, Kaufkraft-, Arbeitslosen- und Ausbildungsdifferenzen ausgeglichen werden (Sänger 1993, S. 35). Und derartige Ungleichheiten sind keineswegs ein peripheres Problem, sondern existieren auch innerhalb vieler Mitgliedsländer.

Beispielsweise betrug im Jahr 1991 in der belgischen Region 'Wallone' die Arbeitslosenquote 7,6%, im Gebiet 'Vlaams Gewest' dagegen 10,8%, bzw. die jeweiligen Kaufkraftunterschiede lagen bei 101:82 ECU (gemessen am Durchschnitt des Europa der Zwölf). Für wie dringlich die EG einen Ausgleich derartiger Ungleichartigkeiten ansieht, zeigen ihre Ausgaben für die Regionen mit Entwicklungsrückstand in Höhe von 38,3 Mrd. ECU im Rahmen des Strukturfonds zwischen 1989 und 1993 (Bullmann/Eißel 1993, S. 7, 4).

Nicht minder wichtig ist für das 'Europa der Bürger' aber, daß Regionen auch als *Identifikationsräume* angesehen werden, da die Anonymität in den europäischen Großstrukturen zwangsläufig steigt. Denn – wie Lübbe pronounciert formuliert – „nicht die Rückständigkeit läßt uns kulturell herkunftsbezogen sein, sondern die Dynamik der Modernisierung, die uns immer rascher über immer größere Räume hinweg in herkunftsdifferenzierterer Weise miteinander verbindet". Als Alternative bliebe nur eine steigende Anonymität und verringerte Sozialität bei gleichzeitig verstärktem Rückzug in den privaten Egoismus auf der einen Seite sowie eine wachsende Verfügbarkeit der Bürger durch Fremdsteuerung auf der anderen. Deshalb, so folgert er: „In den mannigfachen Formen moderner Vergangenheitszugewandtheit kompensieren wir die belastenden Erfahrungen eines änderungs-tempobedingten kulturellen Vertrautheitsschwundes" (Lübbe 1985, S. 196f.).

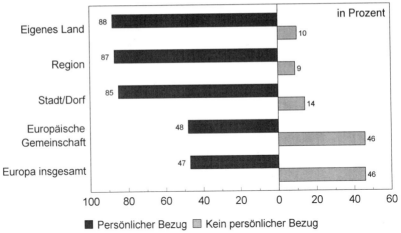

Abb. 4: Lokale, regionale, nationale und europäische Identifikation.

Wie bedeutsam diese Identifikationsmöglichkeiten für die Bürger sind, zeigt ein *Vergleich ihrer lokalen, regionalen, nationalen und europäischen Identifikationsbereitschaft*. Nach Umfragedaten von 1991 empfinden wesentlich mehr Bürger (85 % +) enge Bindungen zu lokalen, regionalen und nationalen Lebensformen als zur Europäischen Gemeinschaft bzw. zu Europa insgesamt (47 % +) (vgl. Eurobarometer, Dec. 1991, S. 66).

Offensichtlich fühlen sich etwa nur halb so viele Bürger der Europäischen Gemeinschaft wie ihrem Land oder ihrer Region verbunden. Im Ländervergleich sind die *lokalen und regionalen Bindungen* am stärksten in Griechenland, Portugal und Spanien (lokal 73 % +, regional 69 % +), die *nationalen* daneben sehr ausgeprägt: ebenfalls in Griechenland, aber auch in Dänemark und Irland (72 % +). Zur EG sind sie generell geringer, am höchsten noch in Spanien, Italien und Luxemburg (16 % +) (ibid., S. 66 f.).

Speziell die *Erziehung* darf das lokale und regionale Bedürfnis nach Identität und Sicherheit nicht ignorieren. Vielmehr muß sie es so 'kultivieren', daß soziale Kommunikation und Identität ermöglicht und gleichzeitig Bereitschaft zur Akzeptanz anderer Lebensformen, zu kultureller Toleranz und zu transnationaler Kooperation entwickelt werden. Dabei steht die Erziehung jedoch vor folgender Schwierigkeit: Grundlegende Enkulturations- und Sozialisationsprozesse finden bereits im Kindesalter (u. a. über Sprach-, Verhaltens- und normative Strukturen auf einer vorkognitiven Ebene) – und zwar vor allem im regionalen Kontext statt, d. h. noch bevor die formale Erziehung überhaupt einen größeren Einfluß auf die informell gelernten Muster nehmen und eine bewußtere Europaorientierung anstreben kann (Torney-Purta 1982, S. 37 ff.).

Tab. 4: **Länderspezifische Identifikationen** (in %)
(jeweils 3 höchste und niedrigste Nationalwerte)

Identifikation (feeling attached)	EG 12 ∅	höchste						niedrigste
Gemeinwesen	54	GR 81	P 75	E 73	...	UK 42	F 40	NL 28
Region	55	GR 87	E 71	P 69	...	B 41	F 41	NL 34
Nation	53	GR 86	DK 84	IRL 72	...	D(Ost) 45	NL 40	B 30
EG	12	E 18	I 18	L 16	...	D(Ost) 8	UK 6	NL 4
Europa insgesamt	12	I 19	E 18	GR 16	...	IRL 8	UK 8	NL 5

Resümiert nach: Eurobarometer, Dez. 1991, A 67.

Insgesamt wird ohne Beachtung der lokalen Unterschiede und der ethnischen wie regionalen Divergenzen kaum ein angemessenes Europaverständnis, noch ein loyaler Ausgleich verschiedener Identitäten möglich sein. Umgekehrt kann deren Berücksichtigung am ehesten eine kulturelle Verödung der Regionen, wie wir sie in den USA beobachten, oder ein exzessives Autonomiestreben vermeiden helfen.

Wie dieses Kapitel zeigt, besteht einerseits eine erhebliche *Differenz* zwischen der lokal und regional ausgerichteten Identität der Bürger und ihrem entschiedenen Plädoyer zugunsten der europäischen Integration und Einheit. Andererseits besteht aber auch eine Differenz zwischen den europäischen Grundeinstellungen der Bürger und ihrer begrenzten Kenntnis der europäischen Integrationsstrukturen. Das Bildungsdefizit ist offensichtlich.

Gleichzeitig scheint aber auch eine *Kongruenz* zwischen dem nationalen Identitätsbedürfnis und der Befürwortung nationaler Bildungskompetenzen zu bestehen (insbesondere in Dänemark). Kaum geringer ist die Kongruenz, wenn die Öffentlichkeit eine Komplementarität von nationaler und europäischer Identität konstatiert und gleichzeitig die studentische Mobilität als Vorteil des Binnenmarktes betrachtet.

Nur, wie und von wem sollen die Bürger angesichts ihres europapolitischen Bildungsdefizits bei ihrer gleichzeitigen Präferenz für eine nationale Bildungshoheit künftig auf die europäische Integration vorbereitet werden?

III. Bildungspolitik und Öffentlichkeit

Gegenwärtig steht die europäische Integration an der Schwelle zu einer neuen Qualität. Auf einen entsprechend qualitativen Sprung sind aber weder die Bürger noch die Lehrer – sei es durch die Medien, Hochschulen oder Schulen – vorbereitet. Vielmehr dokumentiert sich im kollektiven Bewußtsein (vgl. Downs/et al. 1982) eine mehrphasige *Überschichtung verschiedener Erfahrungspotentiale*. Und zwar wurden die oft jahrhundertealten kulturellen Identitätszuschreibungen (vgl. Kopelew 1985, S. 99 ff.) allmählich von einem national geprägten Selbstverständnis – nicht zuletzt der Bildungssysteme – modifiziert, das seinerseits seit 40 Jahren durch Impulse der europäischen Wirtschaftsintegration und forcierte Bemühungen um eine politische Einheit überlagert wird. Die unterschiedlichen Einflüsse haben je nach zeitlicher Dauer und Alltagsrelevanz in verschiedenen Kontexten ungleiche Bedeutung. Dabei treffen ihre Residuen z. T. recht unvermittelt aufeinander. Von diesen Einflußpotentialen auf das öffentliche Bewußtsein hängt aber in großem Maße ab, wie sich die europäische Dynamik und die EG-Entscheidungen auf die Sozialisations- und Bildungsprozesse auswirken bzw. inwieweit die Bildungssysteme und -angebote eine europäische Integration erleichtern oder erschweren werden. Tendenziell sind die öffentlich-nonformalen Einflüsse in komplexen Medien- und Konsumgesellschaften um so größer, je instabiler die sozialen Verhaltensmuster und relativer die Wertorientierungen werden bzw. je undurchsichtiger die politischen Steuerungsprozesse und geringer deren Kurzzeiteffekte werden. Denn dann gilt es, Berufs-, Bildungs- und Lebensvorteile eigenverantwortlich zu entscheiden.

Eine Bewältigung der europäischen Gegenwartsanforderungen und Vorbereitung auf die künftigen Integrationsaufgaben erfordert insgesamt höhere *Investitionen in den Humanressourcen*. Dabei sind die bildungspolitischen Aufgaben seit 1989 noch gestiegen, weil die osteuropäischen Systemveränderungen und die wirtschaftliche wie soziale Dynamik des Binnenmarkts erhebliche Identitätsängste fördern (Rorty/et al. 1990, S. 19 ff.). Und zwar muß Bildungspolitik sowohl eine rasche Anpassung des fachlich-beruflichen Könnens zur Sicherung der beruflichen Mobilität anvisieren als auch soziale und politische Kompetenzen fördern, wenn die steigenden Rollen-, Loyalitäts- und Kulturkonflikte die Europäische Gemeinschaft nicht gefährden sollen. Vor allem aber dürfen die Voraussetzungen für eine humane Wertorientierung und personale Stabilisierung bildungspolitisch nicht außer acht lassen, wenn in Europa weiterhin Rechtsbewußtsein, demokratische Verantwortungsfähigkeit und sinnbezogene Identität gewährleistet werden sollen.

Bisher hat sich die *europäische Bildungspolitik* – gemäß ihrer vertraglichen Vorgaben – vor allem auf den beruflichen Sektor konzentriert. Demgegenüber wurde den sozialen bzw. politischen Neuorientierungen nur punktuelle Aufmerksamkeit gewidmet und die Bedeutung der Wertorientierung und Sinnfindung (abgesehen von Bemühungen des Europarats um eine Menschenrechts- und multikulturelle Erziehung) wenig beachtet (Schleicher 1993b, S. 257ff.; vgl. Auswärtiges Amt, Memorandum 1989, S. 129). Dem letztgenannten Bereich wird in der EG-Öffentlichkeit aber große Bedeutung für die europäische Identität (vgl. S. 88) und für eine humane Selbstverwirklichung zuerkannt. Entsprechend priorisierte die Öffentlichkeit eine Erziehung zu Verantwortung, Toleranz, Selbständigkeit usw. (Eurobarometer, Dec. 1990, S. 72; June 1993, S. 82, A 49).[12]

Anläßlich der Differenz zwischen den öffentlichen Erziehungserwartungen und den bildungspolitischen Prioritäten der EG werden in den folgenden Ausführungen vor allem drei Aspekte beachtet:
- inwieweit in der europäischen Bildungspolitik ein dominanter Berufsbezug und eine Anwendung ökonomischer Kriterien auf das Feld von Bildung und Kultur existieren;
- ferner, inwieweit die intergouvernementale Zusammenarbeit in Europa unter tendenziellem Ausschluß von Öffentlichkeit dem „eigentlichen Gehalt von Kultur als einer im besonderen Maße öffentlichen Angelegenheit" widerspricht (vgl. Janssen 1984, S. 196f.)
- und inwieweit die inhaltliche Akzentuierung der 'europäischen Dimension' dem traditionellen, europäischen Selbst- und Politikverständnis gerecht zu werden vermag.

Hier werden weder die rechtlich vorgegebenen Handlungshorizonte der Bildungspolitik noch die Schwierigkeiten der europäischen Gremien übersehen, wenn es darum geht, eine Balance zwischen orts- und kulturverbundenen Erziehungseinflüssen, nationalen Bildungstraditionen und europäischen Integrationszielen zu gewährleisten. Sichtbar werden einige *konfliktträchtige Widersprüche* zwischen der europäischen Bildungspolitik, den öffentlichen Bildungserwartungen und einer adressaten- wie situationsspezifischen Pädagogik. Zunächst werden in diesem Abschnitt deshalb die Entwicklung der bildungspolitischen Kompetenzen in Europa resümiert, dann bildungspolitische Bemühungen um die 'europäische Dimension' mit dem Vorverständnis der Jugendlichen verglichen und schließlich Folgerungen für die Lehrerbildung erörtert.

1. Bildungspolitische Kompetenzen und Praxis in Europa

Eine europäische Bildungspolitik erfordert erhebliche Einsicht in – und eine Offenheit gegenüber – vernetzten Lebensbezügen auf kommunaler, regionaler, nationaler und europäischer Ebene, wenn die Öffentlichkeit kulturelle Verschiedenheit bejaht, nationale Souveränitätseinbußen akzeptiert und eine komplementäre europäische Identität entwickeln soll (vgl. Ungerer 1992, S. 683 ff.). Da *demokratische und politische Mündigkeit* und europäisches Bewußtsein nicht dekretiert werden können, muß europäische Bildungspolitik vor allem Anstöße und Anreize zu aktiver Beteiligung am europäischen Erfahrungs- wie Gestaltungsprozeß bieten und unter diskursiver Einbeziehung der Öffentlichkeit Selbstregulierungskräfte freisetzen. Bestehen dafür bisher aber hinreichende Voraussetzungen?

Auf europäischer Ebene gibt es formalrechtlich weder nach den Römischen Verträgen (EWGV) und der Einheitlichen Europäischen Akte (EEA) noch nach dem Maastrichter Vertrag eine eigenständige Bildungs- oder Kulturhoheit. Da die EG kein Staat ist, bleibt sie auf Einzelermächtigungen der Mitgliedsländer angewiesen (Berggreen 1992, S. 438). Gleichwohl soll die EG nach den europäischen Verträgen Freizügigkeit ermöglichen, Benachteiligungen von Minderheiten oder EG-Ausländern verhindern und ein europäisches Gemeinschaftsbewußtsein fördern. Entsprechend hat sie mobilitätsfördernde Austauschprogramme (wie ERASMUS oder LINGUA) beschlossen oder Richtlinien zur wechselseitigen Anerkennung von Abschlußzeugnissen und Diplomen erlassen (BMBW 13/1992). Plausibel erscheint auch, da auf den Regierungskonferenzen seit 1983 immer wieder nachdrücklich für eine Europäische Union plädiert wurde, daß die EG-Kommission (wie zuvor das Europäische Parlament) eine abgestimmte Bildungspolitik fordert und sich selbst eine bildungspolitische Koordinierungs- und Katalysatorfunktion zumißt (EG-Kommission 1990, S. 6; Lammert 1990, S. 19). In dieser ihrer Ansicht wurde die Kommission durch die integrationsfreudige Judikatur des EuGH seit Ende der 80er Jahre bestärkt (vgl. Richter 1993, S. 34 ff.). Der Gerichtshof legte die Befugnisse der Gemeinschaft (laut Art. 128 EWGV) dabei sehr weit aus, und zwar wurden über den engeren Berufsbildungssektor in zunehmendem Maße auch der tertiäre Bildungsbereich und Teile des allgemeinbildenden Sekundarschulwesens zur Berufsbildung gerechnet, ferner wurde eine Begrenzung der Lehrermobilität wegen vermeintlich hoheitlicher Aufgaben untersagt und Examina nach dreijährigem Studium als äquivalente Diplome gewertet (Schleicher 1993a, S. 78 ff.). Schließlich wurden der EG Kompetenzen zuerkannt, wo es sich um existentiell europäische Anliegen handele, denn der Gemeinschaft dürften nicht die erforderlichen Handlungsinstrumente zu einer gemeinsamen Berufspolitik vorenthalten werden. Der Maastrichter Vertrag legalisierte und modifizierte diese Kompetenzzuweisungen in gewisser Weise; denn damit erhielt die Gemeinschaft auch im Bereich der Allgemeinbildung Zuständigkeiten (vgl. Art. 126, 128), jedoch unter dem Subsidiaritätsvorbehalt (vgl. Art. 3b). Entsprechend betonte die Kommission noch vor der endgültigen Ratifizierung des Vertrags in ihrem Grünbuch:

"For the first time, a legal framework exists which allows the Community to propose cooperative actions in the area of education, and in particular in school-level education" (EG-Kommission 1993, S. 2).

Wesentliche *Kennzeichen der Entwicklung und Auseinandersetzung* um die europäischen Bildungskompetenzen waren:
1. Föderale Ansätze wurden in der Vergangenheit stets rasch verworfen, wie der Vertrag über die 'Europäische Politische Gemeinschaft' von 1954 oder der erste Luxemburger Entwurf des Unionsvertrags beispielhaft belegen.
2. Europäische Bildungsentscheidungen erfolgten weitestgehend in Form intergouvernementaler Vereinbarungen, die sich einer parlamentarischen Kontrolle entziehen (vgl. Auswärtiges Amt, Unterrichtung, 1989, S. 63).
3. Bildungspolitik wurde und wird entweder im Hinblick auf den Binnenmarkt zur Ausbildungspolitik verkürzt oder aber politisch stark auf den Integrationsprozeß der EG fixiert (vgl. entsprechende Hinweise auf die 'human resources' und 'European Dimension in Education') (EG-Kommission 1993, S. 2ff.).
4. Die europäische Bildungspolitik entzog sich um so mehr einer öffentlichen Kommunikation, je größer „die Schere zwischen Kompetenzen der europäischen Exekutive und Entscheidungsverlusten der nationalen Parlamente" wurde (Schröder 1990, S. 75).[13]

Diese Entwicklung steht jedoch in gewissem *Widerspruch zu den nationalen Bildungstraditionen.* Der nationale Einfluß geht nicht zuletzt darauf zurück, daß sich Europa in dem Maße kulturell und national differenzierte, wie die Staaten ihre Identität durch eine Verschränkung der sozialen, ökonomischen und Bildungssysteme zu festigen suchten. Sowohl der organisatorische Aufbau der Bildungssysteme als auch die Lehrplangestaltung (insbesondere die historisch-politische Bildung) stehen seither unter nationalstaatlichem Einfluß. Weil Identität aber stärker durch Zeit- als Raumdimensionen geprägt wird, die räumliche Abgrenzung Europas jedoch unklarer als bei den Nationalstaaten bzw. weil die Gemeinschaftserfahrungen zeitlich vergleichsweise kürzer als die nationalen sind, erweisen sich ethnische und nationale Einstellungen als dominant. Folglich sind die Bildungsstrukturen und -traditionen in Europa kurzfristig nicht nachhaltig durch Bildungsmaßnahmen der EG zu beeinflussen. Erschwerend kommt hinzu, daß die Nationalstaaten in eigener Initiative den europäischen Auf- und Ausbau nicht nachhaltig genug begleitet und unterstützt haben.

In der Öffentlichkeit führten die konkurrierenden nationalen wie europäischen Einflüsse dazu, daß weiterhin eine nationale Bildungskompetenz gewünscht, gleichzeitig jedoch Vorteile des Binnenmarktes – sei es im Sinne des Studentenaustausches oder der Anerkennung von Examina – gewürdigt werden. Andererseits ist die Skepsis gegenüber der sog. EG-Bürokratie in dem Maße größer geworden, wie deren Reglements stärker in vertraute Lebensbereiche eingreifen oder sich im Bildungssektor vermeintliche Mitsprachemöglichkeiten verringern. Für eine europäisch-demokratische Selbstbestimmung sowie für eine Identitätsklärung ist aber unverzichtbar, daß eine politisch-geistige Konsensbildung erreicht wird. Dies wiederum scheint um so eher möglich, wenn bei Bildungsentscheidungen (in größerem Maße als vor 1991) regionale und kulturelle Andersartigkeiten akzeptiert und deren Selbstorganisation zugelassen werden. Als weitere Schwierigkeit kommt hinzu, daß für die Öffentlichkeit von der EG bisher kaum vor- und klargestellt wurde, wie ein bildungspolitischer Konsens angestrebt bzw. in welche Weise auf öffentliche Interessen reagiert wird oder worin die bestehende oder anvisierte europäische Identität (über das zu schützende Erbe hinaus) eigentlich besteht. Erste Klärungsansätze zur europäischen Identität, wie sie sich in vorbereitenden Stellungnahmen von Experten (z. B. im Vanbergen-Bericht) finden, klingen in offiziellen Darstellungen kaum noch an (Mulcahy 1992, S. 46).[14]

Ob es aufgrund des *Maastrichter Vertrags* zu einer bürgernäheren Bildungspolitik bzw. zu mehr Berücksichtigung kultureller Vielfalt kommen wird, ist derzeit nicht abzusehen. Grundsätzlich erhält die EG (gemäß Art. 126) erstmals eine allgemeine Bildungskompetenz. Ihre Aufgabe ist danach u. a.: in Europa eine „qualitativ hochstehende Bildung" zu unterstützen, die Zusammenarbeit zwischen Bildungseinrichtungen und die Mobilität von Lehrenden wie Lernenden zu erleichtern und die 'europäische Dimension' im Bildungswesen zu fördern. Jedoch sollen diese Aufgaben „unter strikter Beachtung der Verantwortung der Mitgliedstaaten für die Lehrinhalte und die Gestaltung des Bildungssystems" wahrgenommen werden. Ein Zusammenhang zwischen den letztgenannten Hinweisen und dem '*Subsidiaritätsprinzip*' (vgl. Art. 3b) kann durchaus hergestellt werden (vgl. Europäische Gemeinschaft – Europäische Union 1992, S. 102f., 23).

> Nach dem Subsidiaritätsprinzip soll die Gemeinschaft in Bereichen, „die nicht in ihre ausschließliche Zuständigkeit fallen, ... nur tätig (werden), sofern und soweit die Ziele ... auf der Ebene der Mitgliedstaaten nicht ausreichend erreicht werden können ...".

Da der Begriff der 'Subsidiarität' von Kommissionspräsidenten bereits sehr eng ausgelegt wurde,[15] ferner unter den Mitgliedstaaten und selbst in Deutschland umstritten – und vermutlich nur begrenzt justitiabel – ist (vgl. Berggreen 1992, S. 443) und da unklar bleibt, mit welchen finanziellen und strukturellen Mitteln die Gemeinschaft die Zusammenarbeit zwischen den Bildungseinrichtungen fördern kann, bleibt abzuwarten, wie die Artikel vom EuGH künftig interpretiert werden und ob sich die Entscheidung des Bundesverfassungsgerichts vom Oktober 1993 auswirken wird. Deutlich ist bisher nur, daß 'Maastricht' im Bildungsbereich keine Harmonisierung der Rechts- und Verwaltungsvorschriften mehr anstrebt, sondern daß die Gemeinschaftsaktivitäten unter einem Vorbehalt nationaler Zuständigkeiten für die Bildungsinhalte und Bildungsorganisation stehen (Hochbaum 1992, S. 505f.). Sofern derartige Vertragsaspekte die Öffentlichkeit medial erreicht haben, könnte verständlicher werden, warum 34% der EG-Bürger glauben, daß die Verträge auf ihr persönliches Leben keinen Einfluß haben werden (Eurobarometer, June 1992, S. 46f.).

Insgesamt erweist sich die *europäische Bildungspolitik* als ein recht sensibler Bereich. Tendenziell läßt Maastricht eine dezentrale und öffentlichkeitsnahe Bildungsgestaltung und -politik zu und finden sich im Grünbuch der Kommission vermehrte Hinweise auf die Beachtung kultureller Vielfalt und schulnaher Lernkontexte (EG-Kommission 1993, S. 6f.), wie sie der vormalige stellvertretende Direktor für Erziehung in der OECD für wichtig hielt. Nach seiner Ansicht sei ein effektives Ressourcenmanagement am ehesten möglich, wenn über sie am Einsatzort von den Betroffenen nach den jeweiligen Gegebenheiten mitentschieden würde (OECD 1992, S. 11f.). Tendenziell stehen die erweiterten Zentralkompetenzen und die Ausrichtung der Bildung an ökonomischen Vorstellungen nicht nur im Widerspruch zu den öffentlichen Erwartungen, sondern sie dürften auch bei den potentiellen Neumitgliedern der EG auf einigen Widerstand treffen. Insgesamt sollte die öffentliche Ablehnung einer europäischen Fremdbestimmung und ihre Reserve gegenüber der europäischen Bildungspolitik die Brüsseler Administration zu Behutsamkeit und mehr öffentlichkeitswirksamer Kommunikation mahnen, damit es nicht zu einem Aufbegehren gegen eine vermeintliche oder reale zentralistische Außensteuerung ihrer Lebensformen und Bedürfnisse kommt. Erinnert sei, daß sich im Mai 1968 der Widerspruch gegen Fremdbestimmung nirgends so gruppenübergreifend entlud wie im zentralistisch organisierten Frankreich.

2. Europabildung und Jugend

Aufgabe von Politik und Gesellschaft ist es, Jugendliche so zu qualifizieren, daß sie ihre eigene Zukunft in Europa mitgestalten können. Diese Aufgabe wurde von der EG in folgender Weise interpretiert und angegangen: Seit den 70er Jahren versucht sie, ihre Akzeptanz in der Öffentlichkeit über Bildungsprogramme und eine politische Bildung – d. h. in ähnlicher Weise wie früher die Nationalstaaten – zu fördern. Bei den Diskussionen über die 'europäische Dimension' in der Bildung haben die *Jugendlichen als Teilöffentlichkeit* bis 1993 jedoch kaum konkretere Beachtung gefunden als die Gesamtöffentlichkeit in der europäischen Bildungspolitik. Zwar mangelt es nicht an europäischen Detailanalysen zur Arbeitslosigkeit, Familienorientierung oder zu den Europaeinstellungen von Jugendlichen (Schleicher 1988, S. 99ff.), doch fehlen in Europa (ungeachtet einiger Jugendstudien; vgl. EG-Kommission 1987) sowohl wichtige Voraussetzungen für eine koordinierte Jugendpolitik als auch genauere Vorstellungen, wie bei den Jugendlichen europäische Einstellungen und Kenntnisse gefördert werden können (vgl. Young Europeans 1990 zit. nach: EG-Kommission Task Force, Juni 1991, S. 3f., 10ff.; Hornstein 1988, S. 17ff.). Beispielsweise gehen die Initiativen zugunsten der 'europäischen Bildungsdimension' bisher kaum von den Erfahrungspotentialen, Einstellungen, Zielvorstellungen oder *Lernprozessen der Adressaten* aus, sondern vor allem von politischen und gesellschaftlichen Bedarfen oder rechtlich-organisatorischen Kontexten. Dabei wird die sog. 'europäische Identität' teils als gegeben unterstellt, teils als Ziel proklamiert, aber kaum präziser gezeigt, worin sie eigentlich besteht. Verwiesen wird zwar immer wieder auf das gemeinsame kulturelle Erbe, weniger jedoch auf identitätsstiftende Gemeinsamkeiten der Gegenwart und am wenigsten auf zukunftsorientierte Zielvorstellungen und Gestaltungsaufgaben. Bei den Jugendlichen aber ist das Interesse an der historischen Entwicklung geringer als an der gegenwärtigen Konkretisierung Europas. Zu erörtern bleibt mithin, inwieweit die bildungspolitischen Bemühungen mit den Einstellungen der Jugendlichen korrespondieren und welche pädagogischen Folgerungen sich daraus ergeben.

Die *Notwendigkeit einer verstärkten Europabildung* ist bei den Gremien der EG unbestritten. Von ihnen gingen zahlreiche Impulse aus, deren Umsetzung jedoch den nationalen Bildungssystemen oblag (vgl. KMK, 1978 und 1991). Die Gemeinschaft hatte sich 1976 – nach zahlreichen Initiativen des Europaparlaments – auf ein Aktionsprogramm ('Towards an European Education Policy', 1977) geeinigt, in dem eine explizite europäische Bildungspolitik und u. a. vorgeschlagen wurde, daß die Länder interdisziplinäre und erfahrungsbezogene 'Europäische Studien' in ihre Lehrpläne aufnehmen sowie den Schüleraustausch intensivieren sollten. Auf der Grundlage nachfolgender Nationalberichte schlug die EG-Kommission dann eine quasi *'staatsbürgerliche Erziehung'* über die Institutionen der EG, die Bedeutung der Wirtschaftsgemeinschaft und ein (eben nicht genauer definiertes) europäisches Gemeinschaftsbewußtsein vor. Die Initiative war nicht zuletzt deshalb wenig erfolgreich, weil verfassungs- und institutionenkundliche Orientierungen allein wenig zu politischen Einstellungsänderungen und Handlungskompetenzen beitragen. Gleichwohl wurde damit die *Entschlie-*

ßung 'des Rates und der im Rat vereinten Minister' im Jahr 1988 vorbereitet, nach der Bildungsmaßnahmen zur 'europäischen Dimension' darauf zielen sollten (EG-Kommission 1988; Rat der Europ. Gemeinschaften 1988, 1990):
- in der jungen Generation ein europäisches Identitätsbewußtsein (u. a. für die Kultur, Demokratie und die Menschenrechte) zu stärken;
- ihre Beteiligung an der wirtschaftlichen und sozialen Entwicklung sowie ihre Auseinandersetzung mit aktuellen Problemen der Gemeinschaft zu fördern
- und ihnen „eine bessere Kenntnis der Gemeinschaft und ihrer Mitgliedstaaten in ihren historischen, kulturellen, wirtschaftlichen und sozialen Aspekten" zu vermitteln.

So vorteilhaft auch die Differenzierung der Ziele und Umsetzungsstrategien war, und so anerkennenswert der Hinweis auf die kulturelle Vielfalt sein mag, so bleiben auch hier die Hinweise auf das europäische Gemeinschaftsbewußtsein vage (vgl. demgegenüber Weidenfeld 1985, S. 20; Löwenthal 1985, S. 44ff.). Vor allem ist fraglich, ob per 'Entschließung' eine Art 'europäischer Nationalerziehung' erreicht und das einzelstaatliche Nationalverständnis komplementär ergänzt werden kann. Ein Vergleich der *nationalen Umsetzungen* zeigt bereits, wie die 'europäische Dimension' bis zum Beginn der 90er Jahre je nach bildungspolitischer Tradition einbezogen wurde.

Die organisatorische Umsetzung erfolgte in den Niederlanden z. B. primär auf lokaler, in Deutschland auf Länderebene und in Frankreich oder Portugal weithin zentral. Ähnliche Differenzen zeigen sich auch bei den inhaltlichen Akzentuierungen. Während die 'European Studies' in England vor allem Kenntnisse über das Festland und die Wirtschaftsgemeinschaft (weithin deskriptiv) vermitteln, dominiert in Frankreich traditionsgemäß ein institutionenkundlicher Ansatz, während in Deutschland stärker der Ist- und Sollzustand der Integration problematisiert wird (Mickel 1991, S. 217ff., 226ff.).

Insgesamt haben europäische Dimensionen (wie die Literatur zeigt) seit den 60er Jahren stärkere Beachtung gefunden. Lange waren sie vor allem auf die EG ausgerichtet, erfolgten sie neben oder als Annex der Nationalgeschichte oder -politik und fanden weder in der politischen noch pädagogischen Diskussion breiteres Interesse (vgl. Sander 1984, S. 115). Dagegen blieben die innereuropäische Vielfalt (z. B. der Geschichtsinterpretationen) und Vergleiche mit anderen Großkulturen weithin unbeachtet (vgl. schon Barraclough 1978, S. 27). Dabei ist Sachwissen über Europa noch relativ leicht als Lernziel zu operationalisieren, dagegen sind eine Identifikation mit Europa und eine Partizipationsbereitschaft in Europa wesentlich schwieriger zu aktivieren (Neubauer 1984, S. 39ff.). Politische Einstellungen können eben nicht einfach gelehrt werden (Lißmann 1984, S. 105). Daher ist der komplexere Ansatz des jüngsten Grünbuchs zu begrüßen, der in der 'europäischen Dimension' nicht primär einen eurozentrierten Inhalt, sondern eine Konzeption bzw. integrierte Strategie sieht, um die jüngere Generation zu verantwortungsbewußter sozialer, kultureller und wirtschaftlicher Kooperation zu befähigen. Und dazu gehörten sowohl Sprachkompetenzen, Verständnis für die unterschiedlichen Nationalkulturen, Orientierungen über regionale Arbeitsbedingungen als auch engere Kontakte zwischen den Bildungs- und Ausbildungsstrukturen (EG-Kommission 1993, S. 2f., 5ff.). Eine Konkretisierung dieser Vorschläge bleibt abzuwarten und dabei vor allem, inwieweit das Vorverständnis der jeweiligen Adressatengruppe berücksichtigt wird.

Hier wäre nun zunächst einmal zu beachten, daß sich Jugendliche nicht jenseits gesellschaftlicher Kontexte, sondern in ihnen entwickeln. Überraschen mag dennoch, daß die positiven *Einstellungen zu Europa bei den Jüngeren* (15–24 Jahre) meist nicht höher sind als bei den Älteren (25–39 und 40–54), obwohl sie weitaus eher eine schulische Orientierung über Europa erhalten haben (EMNID Nr. 7/8, 1992, S. 101, 106). Statt nach Alter differenzieren die Europaeinstellungen aber eher nach dem Bildungs-, Sozial- und beruflichen Status (Eurobarometer, Dec. 1992, A 20; vgl. Dec. 1987, A 14; vgl. Noelle-Neumann/Herdegen 1984, S. 313ff.; Mickel 1985, S. 95). Entsprechend haben unter den Jugendlichen auch jene mit der geringsten Bildung den geringsten Bezug zu Europa (EG-Kommission, Task Force, Juni 1991, S. 15). Gleichwohl sind *nationale Identifikationen* den Jugendlichen nicht mehr in gleichem Maße wichtig wie Älteren und bei ihnen auch postmaterielle Orientierungen etwas ausgeprägter (so bereits Sinus-Institut 1983). Aber die großen europäischen Integrationsleistungen (seit 1945) haben für sie weniger Erklärungswert als die aktuellen Probleme in der Gemeinschaft, d. h. sie messen der unmittelbaren, individuellen Erfahr- und Erlebbarkeit Europas besondere Bedeutung zu (Weidenfeld/Piepenschneider 1990, S. 169ff.). Dabei verengt sich der Blick von 15–24jährigen, wie zumindest deutsche Umfrageergebnisse zeigen, recht stark auf die EG (z. B. die europäische Mobilität und die Agrar- wie Umweltpolitik), während Bildung und Kultur wesentlich weniger mit der Gemeinschaft in Zusammenhang gebracht werden. Gemeinschaftsaufgaben und -kompetenzen sehen sie daher eher dort, wo es um die Freizügigkeit des Handels, die Sicherung des Friedens oder um Entwicklungshilfe geht (über 68% erwarten hier europäische Lösungskompetenzen). Einzelne Integrationsschritte – z. B. der Wirtschafts- und Währungsunion – wurden dabei durchaus kritisch hinterfragt (Piepenschneider 1992, S. 693f.). Demgegenüber messen sie in Bereichen ihrer Alltagserfahrung den nationalstaatlichen Kompetenzen allgemein höhere Bedeutung zu, z. B. beim Abbau der Jugendarbeitslosigkeit oder in der Bildungs- und Schulpolitik (Weidenfeld/Piepenschneider 1990, S. 15, 17, 31, 62f., 65).

Daß die europäischen Einstellungen und Erfahrungen der Jugendlichen *in verschiedenen Ländern* erheblich differieren, kann kaum überraschen, wenn man die Jugendlichen als eine Teilöffentlichkeit im nationalen Bezugsfeld versteht. So haben etwa 60% der jungen Franzosen, Niederländer und Westdeutschen an Unterrichtsveranstaltungen zu Europa teilgenommen, aber nur ein Drittel der Portugiesen und Griechen, bzw. viel mehr junge Luxemburger und Dänen hatten bisher Möglichkeiten, in Europa zu reisen, als Portugiesen und Griechen (Young Europeans 1990, zit. nach EG-Kommission Task Force, Juni 1991, S. 10ff.).

Werden diese und ähnliche Befunde bei den Initiativen und Diskussionen über die *'europäische Bildungsdimension'* berücksichtigt, dann wird zunächst einmal verständlicher, weshalb sich die Einstellungen der Jugendlichen vielfach anders verändern als die curricularen und die Lehrbuchinhalte. Vor allem aber werden die Bildungsangebote *adressatenspezifischer*, d. h. sie werden mehr nach länder- und altersspezifischen Psychogrammen geplant, konzipiert und gemeinsam mit den Jugendlichen abgestimmt und realisiert (vgl. Steiner 1985, S. 149ff.; Ungerer 1992, S. 684; Piepenschneider 1992, S. 697f.). Dies aber erfordert Veränderungen in den bildungspolitischen und pädagogischen Denkmustern und Strategien. Und zwar darf nicht wie im bisherigen Maße die Faktizität Europas im Vordergrund stehen, sondern müßte deren unterschiedliche Wahrnehmung in verschiedenen Öffentlichkeiten und Teilöffentlichkeiten stärker berücksichtigt werden. Damit wäre folgender Doppeleffekt verbunden: Einerseits würde Europa wesentlich dynamischer und zukunftsoffener als kommunikatives 'Feld' regionaler, kultureller und nationaler Kräfte verstanden (vgl. Levins Feldtheorie 1963, bes. S. 74ff.). Andererseits bliebe die 'europäische Dimension' nicht ein Begleitaspekt politischer Bildung oder ein Annex der je nationalen Geschichte, sondern es würde auch die Bedeutung und Begrenzung des je eigenen bzw. des nationalen Wahrnehmungs- und Interpretationshorizonts erkannt. Wichtige Unterrichtsanregungen bieten dafür seit langem die Untersuchungen des Braunschweiger Schulbuchinstituts (vgl. Georg-Eckert-Institut seit 1978). *Bildungspolitische und pädagogische Vorteile* einer derart adressatenorientierten und multiperspektivischen Betrachtungsweise wären u. a. (vgl. Mickel 1991, S. 219; Bundeszentrale für Politische Bildung 1987; Sarcinelli 1993, S. 25ff.):
- die Bürger Europas finden neben den europäischen Institutionen mehr Aufmerksamkeit;
- der Unterrichts- und Lernprozeß geht gleichermaßen von vorhandenen Einstellungen wie von europäischen Entwicklungen aus, d. h. er zielt mehr auf eine Erweiterung und Verwendung von Können als auf Information;

– ferner werden die sinnstiftenden Grundlagen Europas neben den Entwicklungen des Binnenmarkts oder Problemen der europäischen Administration stärker ins Bewußtsein gerückt
– und schließlich wird deutlicher bewußt, wie vielschichtig, aber ähnlich die Wahrnehmung Europas und wie begrenzt die jeweiligen Nationalperspektiven sind.

Einen großen Beitrag kann in dieser Hinsicht zweifellos der europäische *Jugend- und Studentenaustausch* leisten, wie er von der EG nachdrücklich gefördert wird (vgl. die Beiträge Bardong und Manning in diesem Band).

Wenn europäische Bildung mithin als ganzheitliches Lernen verstanden wird und politische Bildung zur Teilnahme an einer sich dynamisch verändernden Wirklichkeit befähigen soll, dann können weder die Lernenden und ihr Vorverständnis noch kann der öffentliche Kontext des Lernprozesses ausgeklammert bleiben. Zudem läßt sich europäisches Bewußtsein nur sehr begrenzt über zentrale Entscheidungsgremien von oben nach unten delegieren. Vielmehr wird europäische Identität nur in dem Maße entstehen, wie Bürger vor Ort Interesse an Europa entwickeln und sich zur Mitgestaltung aufgerufen sehen. Europa ist dabei auf demokratisches Bewußtsein, Mitverantwortung und eine selbstbestimmte europäische Identität der Jugendlichen wie der Öffentlichkeit angewiesen. Auf europäischer Ebene können dafür nur Rahmenbedingungen geschaffen werden.

3. Lehrer in – und für Europa

Soll die junge Generation gezielt auf die europäische Integration vorbereitet werden, so ist dies nicht allein mit curricularen Veränderungen und schon gar nicht mit einer isolierten Betonung der 'europäischen Dimension' im Unterricht möglich. Vermutlich hat diese Einsicht ebenso wie der Druck der Lehrerverbände, die sich auf etlichen Tagungen mit der europäischen Bildungsproblematik befaßten (z. B. die 'Association for Teacher Education in Europe' in den Jahren 1980 und 1983–87), dazu beigetragen, daß der *Lehreraus- und -fortbildung* in der EG seit Ende der 80er Jahre mehr Aufmerksamkeit gewidmet wurde. Zwar hatten sich die europäischen Gremien punktuell schon früher (z. B. 1976/77) mit der Bedeutung von Lehrern für den europäischen Integrationsprozeß befaßt (Busch 1990, S. 25f.), aber eine entscheidende Akzentveränderung bahnte sich erst 1988 an. In der ›Entschließung über die europäische Dimension im Bildungswesen‹ wurde erstmals ausführlicher auf den notwendigen Beitrag der Lehrer und Lehrerbildung hingewiesen. Bereits ein Jahr später empfahl der Europäische Rat, nicht nur in größerem Maße europäische Studien- und Unterrichtsmaterialien zu entwickeln (Realisierungen z. B. bei Grenz/Schmuck 1990), sondern auch mehr europaorientierte Seminare in der Lehreraus- und -fortbildung anzubieten und die Kooperation unter den Ausbildungsstätten auszuweiten. Selbstverständlich bezog sich die allgemeine Bemühung des Rats um mehr grenzüberschreitende Mobilität während der beruflichen Erstausbildung auch auf Lehramtskandidaten (Rat der Europ. Gemeinschaft 1990, S. 19ff.). Aus rechtlichen und Verwaltungsgründen stehen seither die Ausweitung der Mobilität und weniger inhaltliche Ausbildungsaufgaben im Vordergrund der Diskussion.

Seit Mitte der 80er Jahre wird mithin nicht nur der Bildung generell und der 'europäischen Dimension' speziell mehr Beachtung geschenkt, sondern auch der Lehrerbildung. Erste Ansätze zum *Aufbau von Verbundmaßnahmen und zum Ausbau von institutionellen Netzwerken* (vgl. auch bei PETRA) wurden bereits im vorigen Band beschrieben (vgl. Peck 1993, S. 165ff.). In größerem Phasenvollzug folgt die europäische Bildungspolitik damit Entwicklungen, wie sie in den USA seit Anfang der 70er Jahre erprobt wurden (vgl. u. a. das Appalachian Project).[16] Wenn die europäischen Bemühungen um Netzwerke, die Förderung von Austausch- und Weiterbildungsprogrammen und die rechtliche Absicherung der Lehrermobilität auch noch nicht als Verbundstrategie betrachtet werden können, so ergänzen sich diese Einzelmaßnahmen doch in sinnvoller Weise.

Für die europäische Integration sind die *Austauschprogramme* von großer Bedeutung, obwohl die anvisierte Mobilitätsquote von 10% der Studierenden demnächst kaum erreicht wird (im 14. Jahrhundert war sie an der Universität Ferrara bereits erreicht). Immerhin sollen 1989/90 an 1349 EG-geförderten Austauschprogrammen ca. 1,5% der Studierenden der Gemeinschaft teilgenommen haben (Baur/et al. 1991, S. 103f., 109). Wie die folgende Übersicht zeigt, wollten 1992/93 immerhin 83451 Studierende an einem ERASMUS-Austauschprogramm teilnehmen (erfolgreiche Bewerber), das von 11356 beteiligten Institutionen arrangiert worden war. Unter den Studierenden hatten sich 7348 für Sprachprogramme, aber nur 1749 für Auslandserfahrungen im Rahmen von Bildungs- oder Lehrerbildungsangeboten entschieden.

Diese Austauschprogramme sind ein wichtiger Beitrag zur transnationalen Verständigung und können bedeutsamen Einblick in die europäische Bildungsvielfalt bieten. Mögen viele Lehramtskandidaten zunächst auch nur ins Ausland gehen, um ihre fremdsprachlichen Kompetenzen zu erweitern, so sammeln sie dabei auch landeskundliche Erfahrungen, und vielfach werden sich auch bildungspolitische Vergleiche aufdrängen. Diese Austauschprogramme finden nicht nur bei den Auszubildenden positive Resonanz, sondern gelten auch in der EG-Öffentlichkeit – wie oben bereits erwähnt wurde – als ein wichtiger Vorteil des gemeinsamen Marktes.

Tab. 5: **Interuniversitäre Kooperation 1992/93** (ERASMUS)

1992/93	Austauschprogramme (Anzahl der am ERASMUS-Austausch teilnehmenden Institutionen)		Studentenmobilität (Zahlen geschätzt nach erfolgreichen Bewerbern ohne 'free movers')	
Fachrichtung	D	EG	D	EG
Bildung/ Lehrerausbildung	44	419	184	1 749
Sprachen/ Linguistik	179	1 070	1 270	7 348
übrige	–	–	–	–
Total	1 758	11 356	13 058	83 451

(EG-Kommission 1992/93, S. 1146f., 1156f.)

Expliziter noch wird ein europäisches Verständnis und Gemeinschaftsbewußtsein durch die Forschungs- und *Fortbildungsveranstaltungen* des Council for Cultural Cooperation seitens des Europarats gefördert, wenn sich Symposien mit nationalen Wahrnehmungs- und Interpretationsmustern (vgl.: Geschichtsunterricht im Neuen Europa) oder mit europäischen Wertorientierungen (z. B. der Menschenrechtserziehung) befassen (vgl. Europarat 1986, 1991). Eine derartige Lehrerfortbildung gilt als unabdingbar, weil die raschen Wirtschaftsveränderungen, die politischen Integrationsprozesse und die Mobilität der Jugendlichen fortgesetzte Neuorientierungen bzw. Ergänzungsqualifikationen erfordern. Vor welchen Herausforderungen der Lehrkörper steht, zeigt beispielhaft der Entwurf zur Konvention über die Grundrechte der Europäischen Volksgruppen (Zusatzprotokoll zur EMRK), der ein Recht auf Unterricht in der Muttersprache und außerdem anstrebt, daß dieser von Lehrern gleicher Muttersprache erteilt wird (Interpretative Erklärung der Grundrechte 1991).

Noch einflußreicher könnte längerfristig die *Lehrermobilität* werden. Inwieweit sich die Lehrkräfte allerdings die Mobilitätsvorstellungen der EG zu eigen machen werden, ist angesichts der großen Struktur-, Besoldungs- und Unterrichtsdifferenzen zwischen den verschiedenen Bildungssystemen in den Mitgliedsländern nicht sicher, zumal erhebliche Sprach- und Sozialisationsbarrieren zu überwinden sind.[17] Die Folgen der anvisierten Lehrermobilität können dabei durchaus widersprüchlich sein. Auf der einen Seite wurden die nationalen Bildungsverwaltungen durch die europäischen Mobilitätsentscheidungen bereits veranlaßt, sich intensiver mit der Lehreraus-

und -fortbildung in anderen Ländern zu befassen, weil sie Äquivalenzen beurteilen müssen. Noch aber dominieren hier wie in der Forschung vor allem strukturell-organisatorische Aspekte und vergleichende Darstellungen der unterschiedlichen Aus- und Fortbildung (Buchberger/et al. 1991, S. 438ff.). Zu hoffen ist immerhin, daß die Bildungsverwaltungen in ihre künftigen Entscheidungen mehr Multiperspektivität einbringen und bei ihrer Bildungsplanung mehr europäische Erfahrungen berücksichtigen werden. Auf der anderen Seite aber kann die Bildungsentwicklung der ärmeren und peripheren Länder auch durch einen 'brain drain' erheblich behindert werden, der bisher kaum mitbedacht wird. Gegenwärtig allerdings sind die Lehrermobilität und deren europäisierende Wirkung auf die Öffentlichkeit noch recht gering, da ein Denken in Marktmechanismen bei Lehrern nicht weit verbreitet ist und weil sich Lehrer im anderen Land wohl eher in landesübliche Erziehungsstrukturen einpassen, als daß sie das öffentliche Bewußtsein umprägen werden.

Erstaunlich ist insgesamt, wie spät in der EG *Lehrer als eine wichtige Teilöffentlichkeit* beachtet wurden. Auch bis 1993 wurde der Lehrerbildung in den europäischen Gremien keineswegs eine Schlüsselrolle zuerkannt, obwohl die rechtlichen Rahmenbedingungen im Berufsbildungsbereich keineswegs ungünstig waren (vgl. Jüttner 1993, S. 5ff.). Vermutlich war die Kommission derart auf die „Ausbildung als ein Wirtschaftsprodukt" bzw. auf den „ökonomisch orientierten 'Bildungsraum Europa'" fixiert (Hochbaum 1993, S. 23), daß politische und öffentliche Bewußtseinsbildungsprozesse nur sekundäre Beachtung fanden. Dabei neigen Lehrer und andere Beschäftigte im Bildungssektor tendenziell zu einer *positiveren Bewertung der europäischen Einigung* als andere Berufsgruppen (1988 bekundeten in der EG 72% der Bildungsbeschäftigten gegenüber 60% in anderen Berufsgruppen positive Einstellungen zu Europa) (Eurobarometer, Dec. 1988, S. 73). Jüngst hat die EG-Kommission der Lehreraus- und -fortbildung in ihrem Grünbuch zur 'Europäischen Dimension der Bildung' mehrfach und ausführlichere Beachtung geschenkt. Und zwar sei es von großer Bedeutung, daß Lehrer sich mit heutigen Aspekten Europas im Hinblick auf künftige Entwicklungen befaßten, den kulturellen Reichtum teilen und mitteilen lernten, sich an der Überwindung von kulturellen und Sprachbarrieren beteiligten und neben der nationalen auch die europäische Perspektive vermittelten (EG-Kommission 1993, S. 9f.).

Gleichwohl müssen Lehrer- und Schuleinfluß auch im Kontext *konkurrierender Miterzieher* gesehen werden, damit ihr Einfluß nicht überschätzt wird. Beispielsweise sind häusliche Einflüsse selbst auf Schulleistungen – und hier insbesondere im Bereich der staatsbürgerlichen Bildung – nachweislich größer als jene der Schule und Lehrer (Anderson/Postlethwaite 1989, S. 73 ff.; vgl. den Beitrag Ravn in diesem Band). Außerdem sind länderübergreifende Empfehlungen zur Lehrerbildung schwierig, „weil sich Unterricht zwangsläufig im Rahmen kultureller und historischer Kontexte vollzieht, so daß es (beispielsweise) nicht möglich ist, erfolgreiche Praktiken des Leseunterrichts von einem auf ein anderes Land zu übertragen und zu erwarten, daß diese dort ähnlich erfolgreich sind". So sollte man keineswegs dem Irrtum verfallen, daß sich aufgrund von Korrelationsstudien spezifische Unterrichtsformen für alle Länder vorgeben ließen (Lundberg/et al. 1993, bes. S. 91).

Angesichts dieser konkurrierenden Sozialisations- und Bildungseinflüsse werden Lehrer *ein europäisches Verständnis wohl um so eher fördern* können, wenn sie ihre Funktion als Teilöffentlichkeit bewußter einkalkulieren, das schulische Umfeld der Schule unterrichtlich stärker einbeziehen und die 'europäische Dimension' zu einem integralen Erziehungsbestandteil, d. h. zu einem Unterrichtsprinzip machen. Dabei werden sie mit zunehmender Schüler- und Eigenmobilität um so mehr auf europäische Bezüge und Zielsetzungen eingehen müssen, wie sie mit einer strukturell unterschiedlichen Vorbildung der Lehrenden und Lernenden und mit inhaltlich unterschiedlichen Nationaleinstellungen konfrontiert werden.

Insgesamt sollte die EG die Lehreraus- wie -fortbildung zu einer *bewußteren Auseinandersetzung* mit sich als Teilöffentlichkeit und der öffentlichen Meinungsbildung ermutigen. Dies erfordert eine intensivere Vorbereitung, damit die Lehrenden nicht nur Unterschiede zwischen regionalen, nationalen und europäischen Bildungserfahrungen und -erwartungen verstehen bzw. verständlich machen können, sondern damit sie auch die rechtlichen wie verwaltungsmäßigen Voraussetzungen der europäischen Bildungssysteme erkennen und aufgreifen werden und vor allem, damit sie auch die kulturgeprägten wie öffentlichkeitsrelevanten Lernerwartungen, Arbeitseinstellungen und Konsummentalitäten angemessen berücksichtigen.

In diesem Kapitel wurde vor dem Hintergrund der öffentlichen Einstellungen zur europäischen Integration und öffentlichen Erwartung an eine nationale Bildungspolitik diskutiert; wie sich die bildungspolitischen Kompetenzen und Vorstellungen der EG seit dem EWG-Vertrag von 1957 entwickelten, inwieweit die Bemühungen um eine 'europäische Dimension' adressatenorientiert ausgerichtet waren und welche Beachtung der Lehrerschaft und Lehrerbildung als einer bedeutsamen Teilöffentlichkeit zuteil wurde. Die Diskussion zeigte, wie die europäische *Bildungskompetenz* seit Ende der 80er Jahre über den beruflichen Sektor ausgeweitet, aber kaum auf die Lehrerbildung angewandt wurde; wie das *Subsidiaritätsprinzip* seit Maastricht verankert ist, aber erst noch im Sinne einer adressatenspezifischen Pädagogik umgesetzt werden muß, und daß die bildungspolitisch bedeutsamen *Sozialisationseinflüsse der Öffentlichkeit* bisher ebensowenig beachtet werden wie deren Forderungen nach einer demokratischen Legitimation der europäischen Bildungsreglements. Letztlich können eine zukunftsoffene Entwicklung Europas und eine wertbezogene Identität in Europa nicht regulativ aus Brüssel vorgegeben werden, sondern sie sind auf öffentliche Befürwortung und Akzeptanz sowie auf eine bildungsmäßige Konkretisierung und Unterstützung angewiesen. Eine entsprechende öffentlichkeitswirksame Kommunikation und bildungspolitische Ergänzung steht bisher noch aus.

Zusammenfassung

Im europäischen Integrationsprozeß kommt der *öffentlichen Meinung* und der *bildungspolitischen Teilöffentlichkeit* große Bedeutung zu:
– denn eine demokratische Europapolitik ist gegen sie nicht möglich,
– eine europäische Identität kann ohne sie nicht zustande kommen
– und eine 'europäische Dimension' in der Bildung setzt öffentliche Akzeptanz sowie Förderung durch die bildungspolitische Teilöffentlichkeit voraus.

Auch die Ausweitung der beruflichen Mobilität, eine Gewichtung der ausländischen Bildungsabschlüsse und die Erfolge der Austauschprogramme hängen nicht nur von rechtlichen Vereinbarungen und den jeweiligen Sprachkenntnissen, sondern auch davon ab, daß die öffentlichen Kontexte mitbedacht werden und die Ausbildung sich mit ihnen befaßt.

Die *Bedeutung des öffentlichen Kontexts für die Bildungspolitik und -praxis* ist bisher wenig thematisiert worden, da sich die europäische, aber auch nationale Bildungspolitik mehr auf administrative oder berufskategoriale Fragen konzentriert und da die Forschung eher Bildungsstrategien auf der Grundlage von vergleichenden Bildungs- und Systemanalysen entwickelt. Angesichts der thematischen Vernachlässigung der Wechselwirkung von öffentlicher Meinung, Bildungspolitik und Bildungsprozessen konnte hier nicht auf eine Forschungstradition zurückgegriffen werden, sondern galt es zunächst einige Rahmenbedingungen zu skizzieren, dann das Problemfeld genauer darzustellen, bevor einige bildungspolitische Widersprüche und Diskussionsansätze erörtert werden konnten.

Der Beitrag skizziert im ersten Kapitel, welch grundlegende Bedeutung der *öffentlichen Meinung im europäischen Integrationsprozeß* zukommt und wie sie sich konstituiert, ferner welche Identitäts- und Loyalitätskonflikte zu beachten sind und warum in der europäischen wie in den nationalen Öffentlichkeiten anläßlich von Maastricht 'Orientierungsprobleme' auftauchten. Dabei wurde offenkundig, daß einerseits Bildung immer nur im öffentlichen Kontext und unter öffentlich konkurrierenden Mitziehern möglich ist und daß andererseits Öffentlichkeit auf Bildung angewiesen ist und von ihr beeinflußt wird.

Anschließend analysiert das zweite Kapitel, inwieweit *europäische, nationale und regionale Öffentlichkeitsvorstellungen* politisch und bildungspolitisch beachtet werden. Bildungspolitisch relevant sind folgende Einstellungskollisionen in der Öffentlichkeit:
- in der Öffentlichkeit wird Europa einerseits als übergreifender Wert-, Kultur- und Politikbezug verstanden, andererseits aber wird eine nationale Lösungskompetenz bei der Regelung von Alltags- und Bildungsproblemen gewünscht;
- dabei sind nationale Strukturen weitaus besser als europäische bekannt, wird aber von den europäischen Gremien eine Konfliktverringerung unter den Mitgliedsländern erwartet;
- schließlich hat sich trotz fortschreitender Wirtschaftsintegration und Souveränitätsverlagerung auf die EG seit Beginn der 90er Jahre das Europainteresse und -engagement der Öffentlichkeit verringert.

Die Analyse zeigt, welches bildungspolitische Defizit bisher in der europäischen Politik besteht und wie dringlich außerdem eine subsidiäre und föderale Bildungsorganisation ist, wenn die politische Union breitere Akzeptanz finden soll.

Auf dieser Grundlage wurde im dritten Kapitel versucht, spezifische Widersprüche und Aufgaben einer *öffentlichkeitsbewußten Bildungspolitik* aufzuzeigen. In folgenden drei Bereichen wurden einige Entwicklungstendenzen und Konsequenzen skizziert:
- die europäische Bildungspolitik versucht bisher kaum, sich öffentlichkeitswirksam zu vermitteln und zu legitimieren;
- zweitens, ihre Bemühungen um eine 'europäische Dimension' in der Bildung beachten die Europavorstellungen und Bildungserwartungen der jugendlichen Adressaten kaum, obwohl hier die künftige europäische Öffentlichkeit herangebildet wird,
- und schließlich widmet die EG einer so bedeutsamen Teilöffentlichkeit wie den Lehrern bisher nur partielle Aufmerksamkeit, obwohl sie in maßgeblicher Weise an der Umsetzung von EG-Maßnahmen und der Entwicklung einer europäischen Identität beteiligt sind.

Insgesamt zeigt der Beitrag, wie wenig in der europäischen Bildungspolitik regionale, nationale und europäische Identifikationsüberschichtungen sowie Interdependenzen zwischen öffentlichen Sozialisationsmechanismen und institutionellen Bildungsprozessen mitbedacht werden. Hier ergeben sich einige grundlegende, und zwar sowohl *politische wie konzeptionelle Herausforderungen an die Bildungspolitik:*
- Wie kann demokratische Mündigkeit ohne näheren Bezug der Bildung zur Öffentlichkeit und ohne öffentliche Akzeptanz der Bildung erreicht werden?

- Wie kann Subsidiarität ohne Beachtung der Öffentlichkeit und Beteiligung der Bürger pädagogisch relevant werden?
- Und wie kann eine 'europäische Dimension' in der Bildung wirklich einflußreich werden, wenn sie nicht adressaten-, situations- und milieuorientiert angeboten wird?

Soll Europa aber nicht nur ein wirtschaftlicher 'Supermarkt' werden, sondern als Wert-, Traditions- und politisches Gefüge Identität gewinnen, dann sind *Bildungsstrukturen erforderlich,* die nicht nur eine transnationale Mobilität ermöglichen und europäische Solidarität proklamieren, sondern die auch regionale sowie kulturelle Andersartigkeit zulassen und vor allem öffentlich akzeptiert und mitgetragen werden. Die *Entwicklungen nach 1989* machen deutlich, daß die Bürger Europas nicht nur für einen europäischen Zentralismus, sondern mehr für demokratische Kontrolle der EG plädieren, daß sie die Problemlösefähigkeit zentraler Systeme gegenüber der gesellschaftlichen Komplexität für begrenzt halten und daß sie vor allem im Bildungsbereich kulturelle Vielfalt und mehr Möglichkeiten zu eigenverantwortlicher Mitgestaltung wünschen.

Insgesamt wird nur eine ausbalancierte *Beachtung von Vielfalt und Gemeinsamkeit* dazu beitragen, neu aufbrechende nationale Egoismen zu mildern und die regionalen wie ethnischen Potentiale im Sinne einer kulturellen Bereicherung zu integrieren.

Anmerkungen

[1] In den USA wurde die erste 'Gallup Education Poll' 1969, die zweite als repräsentative nationale Erhebung 1970, und zwar in der Absicht durchgeführt, genaueren Aufschluß zu gewinnen, wie die Bürger ihr Schulwesen (von außerschulischen Lernaktivitäten bis zum Lehrerstreik) beurteilen.

[2] Welche Diskrepanzen zwischen wirtschaftlichen Abhängigkeiten und politischen Meinungsäußerungen entstehen können, zeigt sich, wenn im Jahr 1993 die EG-Mitgliedschaft Deutschlands nur von 17% der Deutschen als Vorteil, aber von 39% als Nachteil betrachtet wird, obwohl 70% des deutschen Exports in den europäischen 'Wirtschaftsraum' gehen (Noelle-Neumann 1993b, S. 2).

[3] Solange es keine politische Union und größere wirtschaftliche Konvergenz gibt, gefährdet eine Währungsunion die Integration eher als daß sie sie fördert, wie die jüngste Entwicklung bestätigt: "A year of turmoil on Europe's money markets has cost the EC's 345 Million men, women and children more than $ 150 each, according to research by 'The European' ... The financial turbulence has jeopardised the Maastricht treaty's plan for monetary union and a single currency by January 1999 at the latest" (Watson 5.–8. 8. 1993, S. 1).

[4] Zu beachten ist, daß es hier um föderale Strukturen und nicht um den Terminus 'Föderalismus' geht. Denn „unter ‚Föderalisten' verstand man schon bei dem Europa-Kongreß in Den Haag 1948" jene Befürworter, die klar definierte Kompeten-

zen auf eine europäische Institution übertragen wollten: „ganz im Sinne der amerikanischen 'Federalists' in dem publizistischen Kampf um die amerikanische Verfassung von 1787/88". In Deutschland dagegen wird der Begriff Föderalismus mit entgegengesetzter Bedeutung verwandt (Noelle-Neumann 1993, S. 11).

5 Bereits zuvor hatte die Jugendarbeitslosigkeit in einigen Ländern einen traurigen Rekord erreicht. So war sie von 1980 bis 1986 in Italien von 25,2 auf 47,2 % und im United Kingdom von 15,1 auf 35,6 % gestiegen (OECD 1985a, S. 30ff., 1985b, 76ff.). Während im EG-Durchschnitt im Herbst 1993 eine Arbeitslosigkeit von 10 % bestand, erreichte sie in Spanien und Irland über 15 %. Ferner lag die Inflationsquote der EG bei etwa 5 %, in Spanien aber bei mehr als 15 %, und schließlich droht sich in Griechenland und Portugal die Handelsbilanz um mindestens 12 % zu verschlechtern, und das Budgetdefizit wird in Deutschland und im UK wohl 6 % des Inlandsprodukts (GDP) erreichen (Financial Times, 4. 8. 1993).

6 Dabei berief sich Frankreich auf den Luxemburger Kompromiß von 1967, der Einstimmigkeit bei Gemeinschaftsbeschlüssen vorsah, die jedoch durch Maastricht gerade ersetzt werden. Der innenpolitische Zusammenhang ist offensichtlich, denn 1994 werden die Präsidentschaftswahlen vermutlich auf dem Lande entschieden. Wie hier die europäische Entwicklung national instrumentalisiert wird, zeigt der Hinweis von Industrieminister Longuet, als die französische Nationalversammlung am 6. 10. 93 ihre Vetohaltung aufgab: „Wir müssen Europa als ein Relais benutzen ...", wenn Frankreich noch eine Strategie zu verfolgen habe (FAZ, 7. 10. 1993).

7 Das Euro-Barometer wurde 1973 von der Europäischen Kommission initiiert, um eine nationalübergreifende Orientierungshilfe für ihre politischen Entscheidungen zu gewinnen. Die Ergebnisse spiegeln die öffentliche Meinung aber nur begrenzt wider, weil tendenziell positive Einstellungen (besonders zu EG-Gremien oder EG-Entscheidungen) abgefragt werden. Differenziertere, nationale Befragungen kommen daher vielfach zu erheblich negativeren Ergebnissen. Zwar ermöglicht die Fragekontinuität in den Eurobarometern interessante Trendanalysen, dafür aber gehen die Fragen leicht an aktuellen Problemen vorbei. Schließlich kann man aus den z. T. recht allgemeinen Fragen weder die eigentlichen Motive noch hinreichend erkennen, inwieweit Implikationen der Fragen überhaupt erkannt wurden (vgl. auch Noelle-Neumann 1993, S. 26f.).

8 Betrachtet man die Wahlergebnisse zum europäischen Parlament, so wird eine moderat 'positive' Beziehung zwischen dem Ausmaß *proeuropäischer Einstellungen* in den Bevölkerungen und ihrer Wahlbeteiligung deutlich. Erinnert sei, daß bei den Europawahlen nicht über eine supranationale Vertretung – sondern über nationale Vertreter in Europa – abgestimmt wird (Niedermeyer 1989, S. 472).

Wahlbeteiligung 1989 (in Prozent)

36,2 %	United Kingdom
46,2 % –51,2 %	Dän., Nied., Frankr., Portug.
62,3 % –68,3 %	BRD, Irland
81,0 % –87,4 %	Ital., Luxemb.
90,7 %	Belgien

9 "According to the vast majority, Parliament should concentrate on defending

national interests, thereby operating more like a Council of States, a Senate or a Chamber representing regional interests" (Eurobarometer, June 1989, S. 52).

[10] Erst wenn bei einer Bevölkerungsgruppe (wie den französischen Bauern) oder einem Staat (wie Dänemark) grundlegende Eigenvorteile berührt werden, pflegt sich zu zeigen, wie stark das europäische Gemeininteresse der jeweiligen Bevölkerung und der von ihr 'abhängigen' Regierung tatsächlich ist.

[11] „Die europäischen Regionalismen der Gegenwart sind Bewegungen, in denen sich der Anspruch politisch zur Geltung bringt, nach Sprache und Volkszugehörigkeit, nach Landschaft und Lebenskultur, nach Herkunftsprägung und kollektivem Gedächtnis auf rechtfertigungsunbedürftige Weise ein besonderer, ein anderer sein zu können" (Lübbe 1985, S. 196).

[12] Und zwar sollen bei der Erziehung (der künftigen Bürger) folgende 'Qualitäten' (unter 15 Werten und Kompetenzen) gefördert werden:

1993		1990	
Verantwortlichkeit	56%	Verantwortlichkeit	62%
Toleranz	50%	Respekt gegen andere	49%
Benehmen	40%	Benehmen	44%
Selbständigkeit	29%	Kommunikationsfähigkeit	32%
...		...	

[13] Dieser Prozeß wirkt sich in Deutschland in zweifacher Weise negativ aus: zum einen, weil bildungsrelevante Gesetze nicht in die Zuständigkeit des Bundes fallen, so daß die föderalen Strukturen Schaden nehmen, und zum anderen, weil die europäische Bildungspolitik damit sowohl auf Bundes- wie Landesebene der parlamentarischen Mitwirkung und Kontrolle entzogen wird (Schröder 1990, S. 74, 121).

[14] Europäische Kultur und Identität beruhen entscheidend „auf der Entwicklung einer Gesellschaft, die auf der Achtung der Menschenrechte beruht, auf Demokratie, Meinungs- und Redefreiheit, Pluralismus, ... auf dem Bewußtsein eines gemeinsamen kulturellen Erbes, dem Wunsch, gemeinsam die Zukunft aufzubauen ...". Auf dieser Grundlage soll zwischen den verschiedenen Kulturen ein Ausgleich gesucht und eine Kooperation angestrebt werden.

[15] Der Subsidiaritätsgedanke ist für zentral organisierte Länder wie Frankreich und jüngst auch Großbritannien schwer nachvollziehbar; in Deutschland dagegen trifft er bei Bund und Ländern auf unterschiedliche Resonanz. Die Ministerpräsidentenkonferenz war z. B. der Auffassung, daß Bildung nicht als Bestandteil des Wirtschaftslebens zu betrachten sei und die Kulturhoheit in die Zuständigkeit der Länder falle. Deshalb wurde der KMK 1986 der Auftrag erteilt, Vorschläge für eine klare Trennung der Zuständigkeiten von EG und Einzelstaaten zu erarbeiten. Gemäß KMK-Beschluß vom 12. 6. 1987 haben die EG-Gremien innerhalb des Kulturbereichs nur dort begrenzte Zuständigkeiten, wo Kulturpolitik im Kontext von Sozial- und Beschäftigungspolitik stehe. Entsprechend zielen die '10 Münchner Thesen' der Ministerpräsidenten (Oktober 1987) auf ein Europa mit föderalen Strukturen (vgl. Kraus 1989, S. 738f.).

[16] Beispielsweise hatte der amerikanische Kongreß 1965 eine Koordinierungskommission (The Appalachian Regional Commission) beauftragt, in der besagten Region die Erziehungs-, Sozial- und Gesundheitsdienste, aber auch die regionale Infrastruktur zu verbessern. Dabei wurden nicht nur einzelne Bildungsdimensionen

vernetzt, sondern die Bildungsangebote auch zur sozialen und wirtschaftlichen Situation in Beziehung gesetzt (Schleicher 1978, S. 282ff.).

[17] Betrachtet man vor diesem Hintergrund die EG-Bemühungen um Lehrermobilität und wechselseitige Anerkennung der Ausbildungsabschlüsse, so kann dies bei Ländern mit höherem Ausbildungs- und Sozialstandard durchaus zu einer Qualitätsverminderung in ihrem Unterricht führen. Zu berücksichtigen ist u. a. folgendes: Lehrer unterrichten (nach Jahr und 60-Minuten-Einheiten) in Spanien 600–750 Std., in den Niederlanden aber 1400 Std. Als Entlohnung erhält ein 32jähr. Lehrer in der Sekundarstufe II (in Kaufkraft und ECU) in Italien 16000, aber in Luxemburg 37000 ECU. Die Ausbildung differiert dabei nicht nur nach Dauer und fachlicher Ausrichtung, sondern auch hinsichtlich der berufspraktischen Ausbildungsanteile, und zwar sind dafür in Belgien ca. 100 Stunden, in Deutschland dagegen ist ein 24monatiges Referendariat vorgesehen (Kraus 1989, S. 733; OECD 1990, S. 22f.).

Literatur

Almond, G. A./Verba, S.: The Civic Culture, Political Attitudes and Democracy in Five Nations. Boston: Little, Brown and Comp. 1965.
Anderson, L. W., Postlethwaite, T. N.: What IEA Studies Say about Teachers and Teaching. In: Purves, A. C. (Hrsg.): International Comparisons and Educational Reform. Association for Supervision and Curriculum Development 1989, S. 73ff.
Anweiler, O.: Europa – Binnenmarkt der Bildung? In: Bildung und Erziehung, Nr. 46, 1 (1993).
Arnold, H.: Europa am Ende? Die Auflösung von EG und Nato. München: Piper 1993.
Auswärtiges Amt (Hrsg.): Die Bundesrepublik Deutschland in der Europäischen Gemeinschaft 1988. Reihe: Berichte und Dokumentationen. Bonn o. J. (1989): Memorandum vom 31. 5. 1988 für das Europäische Parlament über die Aktivität im Rahmen der Europäischen Politischen Zusammenarbeit auf dem Gebiet der Menschenrechte. – Unterrichtung des Deutschen Bundestages 11./12. 2. 1988.
Barraclough, G.: The Times Atlas of World History. London: Times Books Ltd. 1978.
Baur, R./Wolff, H./Wordelmann, P.: Herausforderungen des europäischen Binnenmarktes für das Bildungssystem der Bundesrepublik Deutschland (Gutachten i. A. BMBW). In: BMBW: Studien zu Bildung und Wiss. Bd. 91. Bonn 1991.
Berggreen, I.: Das Bildungswesen in Europa nach Maastricht. In: Recht der Jugend und des Bildungswesens 4 (1992), S. 436ff.
BMBW (Hrsg.): EG-Richtlinie zur Anerkennung von Hochschulabschlüssen für den Berufszugang. In: Bildung – Wissenschaft – International (1988).
BMBW: Äquivalenzen im Hochschulbereich. In: Aktuell, Bildung – Wissenschaft 13 (1992).
Brunner, M.: Gewaltenhäufung à la Maastricht. In: FAZ, 23. 3. 93.
Buchberger, F./Sperrer, E.: Lehrerbildung '91 – Themen und Trends im internationalen Vergleich. In: Erziehung und Unterricht 6 (1991), S. 438ff.

Bullmann, U./Eißel, D.: Europa der Regionen, Entwicklung und Perspektiven. In: Aus Politik und Zeitgeschichte, Beilage zur Wochenzeitung ›Das Parlament‹ (14. 5. 1993), S. 3 ff.
Bundeszentrale für Politische Bildung: Europäische Themen im Unterricht. Schriftenreihe Bd. 254. Bonn 1987.
–: Europa in der Schule. Schriftenreihe Bd. 243. Bonn 1986.
Busch, Fr.: Lehrerbildung – Ein Schlüsselproblem der Bildungspolitik in Europa? In: Bone, T./McCall, J. (Hrsg.): Teacher Education in Europe: The Challenges Ahead. Proceedings of a Conference held at Jordanhill College, Glasgow 1990, S. 19 ff.
Coulmas, P.: Das Problem des Selbstbestimmungsrechts. Mikronationalism, Anarchie und innere Schwäche der Staaten. In: Europa-Archiv 4 (1993), S. 85 ff.
Davies, Chr.: Concentric Overlapping and Competing Loyalties and Identifies. Implications for Education. In: Schleicher, K. (Hrsg.): Nationalism in Education. Frankfurt/M.: Peter Lang 1993.
Downs, R. M./et al.: Kognitive Karten. Die Welt in unseren Köpfen (hrsg. von R. Geipel). New York: Harper & Row 1982.
EG-Kommission der Europäischen Gemeinschaften: On the European Dimension of Education. Green Paper (Com [93] final). Brüssel 29. 9. 1993.
–: ERASMUS und Lingua Action II. Verzeichnis 1992/93.
–: Allgemeine und berufliche Bildung in der Perspektive. April 1990.
–: Die Bildungspolitik – ein Herzstück der europäischen Integration. In: Perspektive '92 der Kommission 1 (1988).
–: Index of 'national pride' in 1970 vs 1982 of different age cohorts, born in 1915 to 1955, 1982 a.
–: Die jungen Europäer, Situationsstudie über die 15- bis 24jährigen in den Ländern der Europäischen Gemeinschaft, Brüssel 1982 b.
EG-Kommission der Europäischen Gemeinschaften, Task Force Humanressourcen, allgemeine und berufliche Bildung, Jugend: Jugendliche in der Europäischen Gemeinschaft: Perspektiven für Forschung und Politik (Bericht verfaßt von Chisholm, L./Bergeret, J.-M.). Mimeo, Juni 1991.
Elan, St. (Hrsg.): The Gallup Polls of Attitudes Toward Education 1969–1973. Bloomington: Phi Delta Kappa 1973.
EMNID-Institut, Bielefeld: Horrorjob Lehrer (unveröffentlichte Ergebnisse einer Umfrage im Auftrag des Spiegel, vgl. dort Nr. 24, Mai 1993).
–: Umfrage und Analyse 7/8 (1991).
EuGH (Gerichtshof der Europäischen Gemeinschaften): Sammlung der Rechtsprechung des Gerichtshofs (Rechtssache 242/87). Luxemburg 1989/5.
Eurobarometer: Public Opinion in the European Community. Commiss. of the Europ. Communities, Brussels:
–: No. 39, June 1993.
–: No. 38, Dec. 1992.
–: No. 37, June 1992.
–: No. 36, Dec. 1991.
–: No. 35, June 1991.
–: No. 34, Dec. 1990.

–: No. 33, June 1990.
–: No. 32, Dec. 1989.
–: No. 31, June 1989.
–: No. 30, Dec. 1988.
–: No. 29, June 1988.
–: No. 28, Dec. 1987.
–: Trends 1974–1992. Brussels April 1992.
Europäische Gemeinschaft – Europäische Union. Die Vertragstexte von Maastricht. (Bearb. von Th. Läufer) Bonn: Bundeszentrale für Politische Bildung 1992.
Europäisches Parlament (Generaldirektion Wissenschaft): Die Fortschritte des Europäischen Einigungswerks, Juli 1986–Juli 1987. Mimeo, S. 73 ff.
Europarat/Council for Cultural Cooperation: The CDCC's Symposium on 'History Teaching in the New Europe'. Brugge 9.–13. 12. 1991. CC-ED (92), 7 a.
–: Educational Research Workshop on history and social studies – Methodologies of textbook analysis, Braunschweig 11.–14. 9. 1990. DECS/Rech (90), 59 Rev. (Report: Slater, J.).
–: 34. Seminar des Europarats für Lehrkräfte über 'Menschenrechtserziehung im Sozial- und Staatsbürgerkundeunterricht und in der politischen Bildung', Donaueschingen 17.–21. 11. 1986. DECS/EGT (86), 74 – All.
FAZ: Paris gibt Veto gegen Blair-House-Abkommen auf. In: FAZ, 7. 10. 1993.
Financial Times: Europe's economic priorities, 4. 8. 1993.
Fischer, A.: Politik und jugendliche Lebenswelt. Gruppenportraits. In: Jugendwerk der Deutschen Shell (Hrsg.): Jugend 92. Opladen: Leske und Budrich 1992.
Fürst, H.: Die harmonisierten Arbeitslosenzahlen. In: EG-Magazin, Zeitschrift für den Binnenmarkt 6 (1993).
Geiss, I.: Europa – Vielfalt und Einheit. Mannheim: B. I. Taschenbuch 1993.
Georg-Eckert-Institut: Internationale Schulbuchforschung (Zeitschrift seit 1978).
Grenz, G./Schmuck, O. (eingeleitet und bearbeitet): Europa sozial – Der EG-Binnenmarkt 1992 und seine soziale Dimension. Materialien zur Europapolitik (hrsg. vom Institut für Europäische Politik und der Landeszentrale für Pol. Bild. Nordrhein-Westfalens). Bonn: Europa-Union Verlag 1990.
Hochbaum, I.: Nationales und gemeinschaftliches Interesse. Die europäische Bildungspolitik von Rom bis Maastricht. In: Recht der Jugend und des Bildungswesens 4 (1992), S. 505 ff.
Hornstein, W.: Jugend in der zweiten Hälfte der achtziger Jahre – Perspektiven und Aufgaben der Jugendforschung. In: Wiebe, H.-H. (Hrsg.): Jugend in Europa. Opladen: Leske & Budrich 1988, S. 17 ff.
Janssen, B.: Bildungs- und Kulturpolitik. In: Jahrbuch der Europäischen Integration 1983, hrsg. von Weidenfeld, W./Wessels, W. Bonn: Europa-Union Verlag 1984.
Jeismann, K.-E.: Internationale Schulbuchforschung – Aufgaben und Probleme. In: Internationale Schulbuchforschung 1 (1979).
Jüttner, E.: Europa – Binnenmarkt der Bildung? In: Bildung und Erziehung 1 (1993), S. 5 ff.
Kay, W.: National Character – Concept, Scope and Uses. In: Watson, K./Wilson, R. (Hrsg.): Contemporary Issues in Comparative Education. London: Croom Helm 1985.

Klemens, Ludwig: Europa zerfällt. Völker ohne Staaten und der neue Nationalismus. Reinbek: rororo 1993.

KMK: Bestandsaufnahme zur Lehrerbildung in den Mitgliedsstaaten der EG. Bonn 1992.

–: Europa im Unterricht (1978). In: Sammlung der Beschlüsse der Ständigen Konferenz der Kultusminister in der Bundesrepublik Deutschland. Neuwied 1991.

Kopelew, L.: Fremdenbilder in Geschichte und Gegenwart. In: Liberale, Vierteljahreshefte für Politik und Kultur 27 (1985), S. 99 ff.

Kraus, J.: Statusfragen des Lehrers in Europa. In: Die berufsbildende Schule 12 (1989), S. 731 ff.

Kühnel, W.: Orientierungen im politischen Handlungsraum. In: Jugendwerk der Deutschen Shell (Hrsg.): Jugend 92. Opladen: Leske und Budrich 1992.

Kuhn, Th. S.: Die Struktur wissenschaftlicher Revolutionen. Frankfurt a. M.: Suhrkamp ²1976.

Lammert, N.: Europäische Bildungspolitik unter der Perspektive 'Binnenmarkt 1992'.

LOCCUMER PROTOKOLLE: Bildung ohne Grenzen. Rehburg-Loccum 1990.

Levin, K.: Feldtheorie in den Sozialwissenschaften (hrsg. von D. Cartwright). Bern/Stuttgart: Huber 1963, bes. S. 74 ff.

Lißmann, H.-J.: Lernfeld Europa – Anstöße zu einer interkulturellen Kommunikation. In: Franke, K. (Hrsg.): Jugend, Politik und politische Bildung. 2. Bundeskongreß für pol. Bildung. Berlin 1984. Opladen: Leske 1985, S. 105 ff.

Löwenthal, R.: Die Gemeinsamkeiten des geteilten Europa. In: Weidenfeld, W. (Hrsg.): Die Identität Europas. Schriftenreihe der Bundeszentrale für politische Bildung, Bd. 225. Bonn 1985.

Lübbe, H.: Die große und die kleine Welt. Regionalismus als europäische Bewegung. In: Weidenfeld, W. (Hrsg.): Die Identität Europas. Bonn: Schriftenreihe der Bundeszentrale für politische Bildung, Bd. 225. Bonn 1985.

Lundberg, I./Linnakylä, P.: Teaching Reading around the World. Hamburg: IEA 1993.

Maes, L.-Th.: Die Problematik der Vorurteile und ihre Auswirkung auf den Geschichtsunterricht. In: Sammlung ›Ideen und Studien‹, No. 94. Brüssel: Ministerium für Auswärtige Angelegenheiten 1974.

Mickel, W.: Lernfeld Europa, Didaktik zur europäischen Erziehung. Opladen: Leske 1991.

–: Einstellungen Jugendlicher in den zehn Staaten der Europäischen Gemeinschaft. In: Franke, K. (Hrsg.): Jugend, Politik und politische Bildung. 2. Bundeskongreß für pol. Bildung. Berlin 1984. Opladen: Leske 1985, S. 87 ff.

Mulcahy, D. G.: Auf der Suche nach der Europäischen Dimension im Bildungswesen. In: Pädagogik und Schule in Ost und West 1 (1992), S. 43 ff.

Neubauer, W.: Europäische Identität als sozialpsychologisches Problem. In: Böttcher, W. (Hrsg.): Europäische Integration und Lehrerbildung. Baden-Baden: Nomos 1984, S. 39 ff.

Niedermeyer, O.: Die Europawahlen 1989: Eine international vergleichende Analyse. In: Zeitschrift für Parlamentsfragen, 20. Jg., 4 (1989), S. 469–487.

Noelle-Neumann, E.: Europa in der öffentlichen Meinung. In: Glatzer, W. (Hrsg.): Einstellungen und Lebensbedingungen in Europa. Frankfurt a. M.: Campus 1993a.
–: Die Bürger: „Was wissen, fürchten oder hoffen sie von einem gemeinsamen Europa?" Vortrag IV. Kongreß junger Juristen und Wirtschaft, Essen 2.–4. 6. 1993. Mimeo, 1993b.
–: Öffentlichkeit als Bedrohung. Beiträge zur empirischen Kommunikationsforschung. Freiburg: Karl Alber 1979.
Noelle-Neumann, E./Herdegen, G.: Die öffentliche Meinung. In: Weidenfeld, W./Wessels, W. (Hrsg.): Jahrbuch der Europäischen Integration 1989/90. Bonn: Europa-Union Verlag 1990.
–: Die öffentliche Meinung. In: Weidenfeld, W./Wessels, W. (Hrsg.): Jahrbuch der Europäischen Integration 1986/87. Bonn: Europa-Union Verlag 1987.
–: Die öffentliche Meinung. In: Weidenfeld, W./Wessels, W. (Hrsg.): Jahrbuch der Europäischen Integration 1983. Bonn: Europa-Union Verlag 1984.
OECD: Decentralization and Educational Building Management. The Impact of Recent Reforms. Paris: OECD 1992, S. 11 f.
–: Schulen und Qualität. Ein internationaler OECD-Bericht. Frankfurt a. M.: Peter Lang 1991 (engl. Originalfassung 1989).
–: The Teacher Today. Tasks, Conditions, Policies. Paris: OECD 1990.
–: New Policies for the Young. Paris: OECD 1985a.
–: Education in Modern Society. Paris: OECD 1985b.
Peck, B. T.: Konzeptionen der Lehrerausbildung und -weiterbildung im Hinblick auf die europäische Integration. In: Schleicher, K. (Hrsg.): Zukunft der Bildung in Europa. Darmstadt: Wiss. Buchgesellschaft 1993, S. 152ff.
Piepenschneider, M.: Der Testfall für Europa. Wie sieht es mit der Zustimmung zur europäischen Einigung bei der Jugend aus? In: Geschichte, Erziehung, Politik 11 (Nov. 1992), S. 693ff.
Platzer, H.-W.: Lernprozeß Europa. Die EG und die neue europäische Ordnung. Bonn: Dietz 1993 (2).
Postlethwaite, T. N.: A selection from the overall findings of the IEA study in science, reading comprehension, literature, French as a foreign language, English as a foreign language and civic education. IIEP Occasional Papers, Vol. 30. Paris: Institute for Educational Planning 1973.
Rat d. Europ. Gemeinschaften (Generalsekretariat): Erklärungen zur Europäischen Bildungspolitik. Ergänzung der dritten Ausgabe, Stand Dezember 1989. Luxemburg 1990.
–: Richtlinie über eine allgemeine Regelung zur Anerkennung der Hochschuldiplome, 21. 12. 1988. In: Amtsblatt der EG Nr. L 19, 24. 1. 1989.
–: Erklärungen zur Europäischen Bildungspolitik (Ausgabe Juni 1987). Luxemburg: Amt für amtliche Veröffentlichungen der Europäischen Gemeinschaften 1988.
–: Erklärung zur Europäischen Bildungspolitik. Luxemburg: Amt f. amtl. Veröffentlichungen der Europ. Gemeinschaften 1987.
Rees-Mogg, W.: Arrogance, irrelevance, folly. In: The Times, 5. 8. 1993.
Reif, K.: Wahlen, Wähler und Demokratie in der EG. In: Aus Politik und Zeitgeschichte, Beilage zur Wochenzeitung ›Das Parlament‹, B 19 (1992), S. 43ff.

Richter, I.: Grundzüge eines Europäischen Bildungsrechts. In: Schleicher, K. (Hrsg.): Zukunft der Bildung in Europa. Nationale Vielfalt und Europäische Einheit. Darmstadt: Wiss. Buchgesellschaft 1993, S. 27 ff.

Rorty, A. O./Wong, D.: Aspects of Identity and Agency. In: Flanagan, O./Rorty, A. O.: Identity, Character, and Morality. Camb. (Mass.): MIT Press 1990.

Sänger, R.: Die Auswirkungen der Europäischen Strukturfonds auf die regionale Entwicklung in Portugal. In: Aus Politik und Zeitgeschichte, Beilage zur Wochenzeitung ›Das Parlament‹ (14. 5. 1993), S. 35.

Sarcinelli, U.: 'Verfassungspatriotismus' und 'Bürgergesellschaft' oder: Was das demokratische Gemeinwesen zusammenhält. In: Aus Politik und Zeitgeschichte, Beilage zur Wochenzeitung ›Das Parlament‹ (20. 8. 1993).

Schauer, H.: Europa der Vernunft. Kritische Anmerkungen nach Maastricht. München: Verlag Bonn Aktuell 1993.

Schleicher, K. (Hrsg.): Zukunft der Bildung in Europa. Nationale Vielfalt und Europäische Einheit. Darmstadt: Wiss. Buchgesellschaft 1993 a.

–: Einleitung: Bildungspolitik im Kontext europäischer Entwicklungen, S. 1 ff.

–: Ausblick: Politik und Bildungspolitik nach Maastricht, S. 297 ff.

–: Bildungsäquivalenzen in Europa? Bildungspolitische und rechtliche Rahmenbedingungen konkurrierender Bildungsentwicklungen, S. 69 ff.

–: Introduction. Nationalism and Internationalism. In: Ders. (Hrsg.): Nationalism in Education. Frankfurt a. M.: Peter Lang 1993 b, S. 13 ff.

–: The Future Generation in Industrialized and Developing Countries. In: Oxenham, J. (Ed.): Education and Values in Developing Nations. New York: Paragon House 1988, S. 99 ff.

–: Ökologie des Kindes als Grundlage der Vorschulpolitik – Notwendigkeit einer Integration von Bildungs-, Sozial- und Gesundheitsdiensten. In: Dollase, R. (Hrsg.): Handbuch der Frühpädagogik, Bd. 1. Düsseldorf: Schwann 1978, S. 275 ff.

Schmuck, O.: Die Deutschen und Europa. Hintergründe der aktuellen Europamüdigkeit und die Aufgabe der Erwachsenenbildung. In: Hessische Blätter für Weiterbildung 1 (1993), S. 37 ff.

Schröder, M.: Europäische Bildungspolitik und bundesstaatliche Ordnung. Baden-Baden: Nomos 1990.

Shultz, G. P.: On Sovereignty. (Vortrag des früheren US-Außenministers anläßlich der 25-Jahr-Feier der 'National Academy of Engineering' in Washington DC am 4. 10. 1989.) Mimeo.

Sinus-Institut: Die verunsicherte Generation – Jugend und Wertewandel. Opladen: Leske u. Buderich 1983.

Standing Conference of European Ministers of Education (Council of Europe): European Co-operation on Education, 15th Session, Helsinki, 5–7 May 1987 (M ED-15-6). Strasbourg 1987.

–: Education and Training for young people aged 16–19: Problems and Prospects. National Summaries (M ED-14-6). Strasbourg 1985.

Steiner, K.: Entwicklungsbedingte Veränderungen des Verständnisses staatspolitischer Begriffe. In: Franke, K. (Hrsg.): Jugend, Politik und politische Bildung. 2. Bundeskongreß für pol. Bildung. Berlin 1984. Opladen: Leske 1985, S. 149 ff.

Thomas, M. R.: The Moral-Identity Development in Ethnic Relations. In: Schleicher, K./Kozma, T. (Hrsg.): Ethnocentrism in Education. Frankfurt a. M.: Peter Lang 1992, S. 63 ff.
Torney-Purta, J.: Socialization and human rights research: implications for teachers. In: Branson, M. St./Torney-Purta, J. (Hrsg.): International human rights, society, and the schools (NCSS Bulletin No. 68). Washington DC 1982.
Ungerer, L. A.: Europa im Unterricht. Konstanten und Variablen der europäischen Dimension am Beispiel der politischen Bildung. In: Geschichte, Erziehung, Politik 11 (Nov. 1992), S. 683 ff.
Walker, L.: Workers squeezed in job crisis. In: The European, 14.–17. 10. 1993, S. 2.
Watson, R.: Hidden misery of the have-nots. In: The 'European', 14.–17. 10. 1993, S. 4.
–: Paying the price of ERM shambles. In: The European, 5.–8. 8. 1993, S. 1.
Weidenfeld, W.: Europa – aber wo liegt es? In: Weidenfeld, W. (Hrsg.): Die Identität Europas. Schriftenreihe der Bundeszentrale für politische Bildung, Bd. 225. Bonn 1985.
Weidenfeld, W./Piepenschneider, M.: Junge Generation und Europäische Einigung. Einstellungen – Wünsche – Perspektiven. Bonn: Europa-Union Verlag 1990.
Woyke, W.: Die europäische Gemeinschaft, Entwicklung und Stand. Ein Grundriß. Opladen: Leske 1989.

Sabine Manning

Bildungsprogramme der EG in den neuen Bundesländern

Abstract

Fördermaßnahmen der EG für Bildung und Qualifizierung stehen den neuen Bundesländern (NBL) seit 1991 offen. Wie dieses Angebot an Programmen und Fonds für den EG-Bereich insgesamt strukturiert und für die NBL speziell zugeschnitten ist, soll nachfolgend ebenso erörtert werden wie die erste Bilanz über die Nutzung der EG-Förderung in den NBL. Grundlage hierfür ist ein gegenwärtig laufendes Projekt des Wissenschaftsforums Bildung und Gesellschaft e.V., Berlin, zur wissenschaftlichen Begleitung von EG-Förderprogrammen für Bildung und Beschäftigung in den NBL.

Einleitung

Die Entwicklung der Humanressourcen ist eines der zentralen Anliegen der EG-Politik (vgl. IRDAC). Dem dient eine Vielfalt von Fonds und Förderprogrammen für Bildung und Qualifizierung. Wie die Beschlüsse von Maastricht unterstreichen, geht es dabei um die Förderung einer qualitativ anspruchsvollen beruflichen und allgemeinen Bildung als eigenständige Gemeinschaftsaufgabe (vgl. Feuchthofen 1992).
Die NBL sind mit Eingliederung in die Europäische Gemeinschaft unmittelbar vor dieses komplexe Angebot gestellt. Wie aber wird diese Chance in der Umbruchsituation der NBL genutzt? Wie funktionieren hier Instrumentarien der EG, die ursprünglich zur Bildungsförderung und Annäherung etablierter westeuropäischer Staaten geschaffen wurden? Welcher Voraussetzungen in den NBL bedarf es, das Förderangebot umzusetzen?
Betrachten wir zunächst die inhaltlichen, finanziellen und organisatorischen Aspekte dieser Programmpalette – jeweils im Kontext der europäischen Integration und als spezielles Angebot für die NBL.

I. Programmangebot der EG

1. Inhaltliche Akzente

Die EG-Förderung zielt generell auf eine vielschichtige Rolle der Bildung im Integrationsprozeß: Nicht nur die ökonomische Leistungskraft und wissenschaftlich-technische Innovation, auch soziale Lösungen und kulturelle Werte der Gemeinschaft sollen stimuliert werden.

Hierfür steht eine Palette an Programmen zur Verfügung, die nahezu alle institutionellen und fachlichen Bereiche betreffen und vielfältige Aktionsformen umfassen (vgl. Wissenschaftsforum 1992).

Übergreifende Bedeutung für das *Bildungswesen* haben u. a. die Programme LINGUA zur beschleunigten Verbreitung der Gemeinschaftssprachen, DELTA zur Nutzung moderner Medien und Lernsysteme im Bildungsprozeß und ARION für Studienbesuche von Bildungsspezialisten.

Innerhalb der *Berufsausbildung* dient PETRA zur Unterstützung des Übergangs von Schulabsolventen in das Erwerbsleben, verbunden mit Austauschprogrammen für junge Arbeitskräfte und für Jugendliche (YES). EUROTECNET fördert Innovationen in der beruflichen Bildung auf allen Stufen.

Spezielle Programme laufen im *Hochschulbereich*, vor allem ERASMUS für den Austausch von Studenten und Nachwuchswissenschaftlern, COMETT II zur Förderung der naturwissenschaftlich-technischen Bildung im Zusammenwirken von akademischen Einrichtungen und Unternehmen und TEMPUS für die Entwicklung der Hochschulsysteme in den Ländern Mittel- und Osteuropas.

Schließlich mehren sich Initiativen der EG im Bereich der *Weiterbildung*, die für Beschäftigte wie Arbeitslose unterschiedlicher Qualifikationen konzipiert sind. Mit einem breiten Leistungsspektrum angelegt sind FORCE zur Entwicklung der beruflichen Weiterbildung und EUROFORM zur Förderung neuer Berufsqualifikationen, Fachkenntnisse und Beschäftigungsmöglichkeiten. NOW befördert die Chancengleichheit von Frauen in der Beschäftigung und beruflichen Bildung, in engem Zusammenwirken mit dem Netzwerk für berufliche Bildung von Frauen (IRIS). Auf besondere Problemgruppen zugeschnitten ist HORIZON, speziell zur Eingliederung von Behinderten (verknüpft mit dem besonderen Programm für diese Gruppe: HELIOS) und von bestimmten benachteiligten Gruppen wie Langzeitarbeitslosen in Berufsbildung und Beschäftigung.

Unverkennbar ist hierbei ein aktionsorientierter Ansatz. Die Programme sind zu unterschiedlichen Zeitpunkten für spezielle Förderanliegen entstanden und überschneiden sich teilweise in ihren Zielstellungen und -gruppen. Ihre jeweilige inhaltliche Relevanz wird erst vor dem Hintergrund der generellen Bildungsförderziele der Gemeinschaft plastisch (vgl. auch Manning

Bildungsprogramme der EG

Bereiche	Programme	Inhalt	Zeit	Aktionen
1-Schulbild. 2-Berufsbild. 3-Hochschulb. 4- Weiterbild. 5-Wirtschaft		1-Sprachen 2-Neue Techn. 3-Allg.Bild. 4-Berufl.Bild.		1-Projekte 2-Austausch 3-Inst.Koop. 4-Netzwerk
1---2---3---4---5		1---2---3---4		1---2---3---4
x---x---x---o---o	ARION	o---o---x---x	1991-1992	x---x---o---o
o---x---x---x---x	COMETT II	o---x---o---o	1990-1994	x---o---x---o
x---x---x---x---x	DELTA	o---x---o---o	1991-1995	x---o---o---o
o---o---x---o---o	ERASMUS	o---o---x---o	1990-1994	o---x---x---o
o---o---o---x---o	EUROFORM	o---o---o---x	1990-1994	x---o---o---o
o---x---x---x---o	EUROTECNET	o---x---o---o	1990-1994	x---o---o---x
o---o---o---x---o	FORCE	o---o---o---x	1991-1994	x---o---o---o
o---o---o---x---o	HELIOS	o---o---o---x	1988-1991	x---o---o---o
o---o---o---x---o	HORIZON	o---o---o---x	1990-1993	x---o---o---o
o---o---o---x---o	IRIS	o---o---o---x	1988-	o---o---o---x
x---x---x---x---o	LINGUA	x---o---o---o	1990-1994	o---x---x---o
o---o---o---x---o	NOW	o---o---o---x	1990-1993	x---o---o---o
o---x---o---o---o	PETRA	o---o---o---o	1988-1992	x---x---o---o
o---o---x---x---x	TEMPUS	o---o---x---o	1990-1993	x---x---x---o
o---x---o---o---o	YES	o---o---o---x	1988-1991	o---x---o---o

x = zutreffend; o = nicht zutreffend
Anmerkung: Das Nachfolgeprogramm PETRA II läuft 1992-1994.
(Quelle: Zusammenstellung auf Grundlage offizieller EG-Materialien.)

Abb. 1: Struktur der EG-Programme für Bildung und Beschäftigung.

1990, 1991). Hier heben sich deutliche Differenzierungen innerhalb der Bildungsbereiche ab:
- An den *schulischen* bzw. *allgemeinbildenden Bereich* ergehen vorwiegend Empfehlungen für die Einbeziehung bestimmter Inhalte wie moderne Technologien, Gemeinschaftssprachen, europäische Kultur und Umwelterziehung. So entstehen Grundlagen für die Herausbildung des euro-

päischen Bürgers und der Arbeitskraft auf dem europäischen Markt. Der Effekt für die Integration ist jedoch nur über die anschließenden Bildungs-, Arbeits- und Lebenswege zu erzielen.
- In der *beruflichen Aus- und Fortbildung* richten sich die Gemeinschaftsaktivitäten – sowohl zur inhaltlichen Gestaltung der Kurse als auch zur Vergleichbarkeit der Befähigungsnachweise – vor allem auf die Herausarbeitung von europäischen Berufsbildungsprofilen. Es geht also um die Sicherung eines allgemeingültigen, den modernen Anforderungen angemessenen Niveaus der Facharbeiterqualifikation im europäischen Binnenmarkt. Hingegen ist die ebenfalls angestrebte Mobilität der Arbeitskräfte dieser Qualifikationsstufe weniger bedeutsam. Zwar werden Voraussetzungen geschaffen, auch mit der vorgesehenen Einführung des Berufsbildungspasses, daß allen Bewerbern künftig der europäische Arbeitsmarkt offensteht. Doch tatsächlich wird ein grenzüberschreitender Arbeitsplatzwechsel durch vielfältige soziale Unsicherheiten und Unterschiede in den Lebensgewohnheiten gehemmt.
Nach wie vor ist das Kapital flexibler als die Arbeitskraft, um europa- und weltweit zu agieren.
- Sowohl soziale als auch ökonomische Relevanz haben die Programme zur *Weiterbildung* bzw. *Eingliederung* Jugendlicher und Erwachsener in das Berufsleben. Die sich abzeichnende Veränderung der Altersstruktur der europäischen Arbeitsbevölkerung – anteiliger Rückgang der Jugendlichen – und der rapide technologische Wandel machen es erforderlich, massiv in die Qualifikationserhöhung der vorhandenen Arbeitskräfte zu investieren und mehr Bildungsmöglichkeiten für bisherige Randgruppen zu erschließen. Die betreffenden Aktionsprogramme konzentrieren sich zudem auf strukturschwache Regionen, um das industrielle und soziale Gefälle in der Gemeinschaft zu verringern.
- Im Gesamtbereich der *akademischen Bildung* befördern Austauschprogramme für Studenten und auch die gegenseitige Anerkennung von Hochschulabschlüssen ein europäisches Profil zukünftiger Verantwortungsträger in Wirtschaft und Gesellschaft. Insbesondere wird die Internationalisierung der Wissenschaft als einer der Basisprozesse der ökonomischen Integration im europäischen Raum vorangebracht.
- Einen besonderen Stellenwert hat die *wissenschaftlich-technische Bildung* für *hochqualifizierte* Kräfte in enger Verbindung von Universitäten und Industrie. In diesen Projekten werden moderne wissenschaftliche Erkenntnisse für Produktion und Management in den für die Integration strategischen Bereichen umgesetzt.

Aufschlußreich ist hier auch das direkte Engagement der großen Unternehmen, insbesondere auf dem Gebiet der Hochtechnologien. Das von ihnen selbst initiierte Programm zur Weiterbildung von Ingenieuren, Naturwissenschaftlern und Leitungskräften (PACE) eröffnet ausgewählten Teilnehmern mittels modernster Medien den Zugang zu Zentren von Spitzenerfahrung und -wissen in Europa.

Es ist also eine kleine Gruppe von Führungskräften an der Nahtstelle von Wissenschaft, Produktion und Management, die ein integriertes europäisches Bildungsprofil und volle Mobilität benötigt.

Wie geeignet ist dieses umfassende Förderangebot für die NBL? Für die spezifischen Erfordernisse des Umgestaltungsprozesses der NBL mußten zumindest inhaltlich ganz bestimmte Akzente gesetzt werden. Es geht einmal darum, die 40jährige Abschottung des Bildungswesens gegenüber dem Westen zu überwinden und die NBL in den inzwischen beschleunigten Prozeß der westeuropäischen Annäherung einzubeziehen. Zugleich gilt es, den tiefgreifenden Strukturwandel der NBL hin zur Marktwirtschaft durch Qualifikationsförderung zu flankieren und die Ausrichtung auf den einheitlichen Binnenmarkt zu unterstützen.

Diesem Anliegen entsprechen die Schwerpunkte, die für die Einstiegsphase der NBL in das Programmangebot gesetzt worden sind.

Vorrangig gefördert werden:
- westeuropäische Fremdsprachen in ihrer praktischen Anwendung, vor allem durch LINGUA und ergänzende Maßnahmen;
- die Mobilität, insbesondere von Studenten und Dozenten im Rahmen von ERASMUS;
- die Information über Bildungsentwicklungen in der EG, einschließlich Expertenaustausch;
- die Weiterbildung und Umschulung im Rahmen der Strukturförderung, u. a. über EUROFORM, HORIZON und NOW.

Gleichzeitig sollen notwendige Kooperationsstrukturen (z. B. die regionalen Partnerschaften im COMETT-Programm) für den Einstieg in das reguläre Angebot vorbereitet werden.

2. Finanzielle Mittel

Deutlich spiegelt sich die inhaltliche Zielsetzung der Bildungsförderung – im EG-Raum allgemein wie für die NBL im besonderen – in den eingesetzten finanziellen Mitteln.

Die Gesamtaufwendungen (in absoluten Werten) konzentrieren sich
- unter den Bildungsbereichen vor allem auf die Weiterbildung sowie auf die Hochschulbildung, in geringerem Maße auf Schul- und Berufsbildung;
- nach der Zweckbestimmung der Programme vor allem auf Bildungsmaßnahmen zur Beschäftigungsförderung und auf die Modernisierung der Bildung, weniger hingegen auf den Austausch von Bildungsteilnehmern.

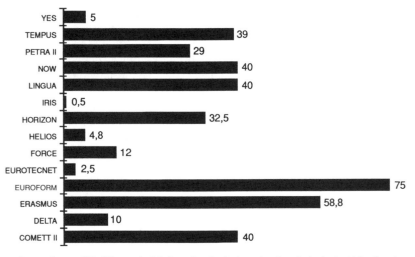

Anmerkung: Die Werte sind Jahresdurchschnitte der Laufzeit (vgl. Abb. 1) oder direkte Zuwendungen für 1991.
(Quelle: Berechnung auf Grundlage von offiziellen EG-Materialien.)

Abb. 2: Budget für EG-Programme 1991 in Mio. ECU.

Diese Mittelverteilung ist allerdings im Verhältnis zu den Zielgruppen zu betrachten. So beziehen sich rein statistisch z. B. die zweistelligen Budgets von
- ERASMUS (59 Mio. ECU) auf 7 Mio. Vollzeitstudenten,
- PETRA (29 Mio. ECU) auf 53 Mio. Jugendliche,
- EUROFORM (75 Mio. ECU) auf 140 Mio. Erwerbstätige,

wenn die jeweilige Population im EG-Bereich (vgl. Kommission/Task Force 1989) gegenübergestellt wird.

In Anbetracht dieser Relationen übertreffen die Aufwendungen für den Hochschulbereich bei weitem diejenigen für die übrige berufliche Aus- und Weiterbildung. Bei den Hochschulprogrammen ERASMUS und COMETT II kommen durchschnittlich 12 ECU auf einen Studenten, zur Weiterbildung wird 1 ECU pro Arbeitskraft ausgegeben, und für die berufliche Bildung ergibt sich ein rechnerisches Verhältnis von 0,3 ECU für einen Jugendlichen.

Auch die Beteiligungsrate an Austauschprogrammen zeigt diesen markanten Unterschied: Während in der Perspektive nahezu jeder zehnte Student über ERASMUS die Möglichkeit eines zeitweisen Auslandsstudiums erhalten soll (wobei die Teilnehmerrate an diesem Programm bisher nicht über 1 Prozent hinausging), sind im Berufsbildungsbereich von 1992 bis 1994 für ca. 100 000 Teilnehmer Praktika und Austausche vorgesehen, d. h. für durchschnittlich nur einen von 500 Jugendlichen.

Bildungsprogramme der EG 143

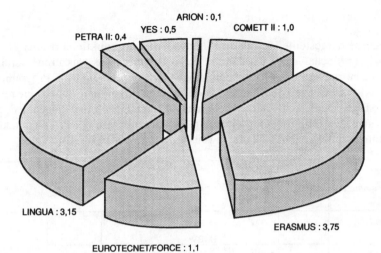

(Quelle: Statistische Daten aus BMBW 1990.)

Abb. 3: Sonderbudget für EG-Programme in den NBL 1991 in Mio. ECU.

Dieser Vergleich erhellt nicht nur einen unterschiedlichen Stellenwert, sondern auch eine jeweils andere Funktionsweise der Programme: Für die höhere Bildungsebene, d. h. für die relativ kleine Gruppe von zukünftigen Führungskräften, ist die Förderung weitgehend direkt wirksam. Hingegen haben die Aktionen für die Masse der Auszubildenden und Arbeitskräfte vorwiegend Modellcharakter – als Anregung für eigene Initiativen in den Mitgliedsländern.

Für die NBL sind mit dem Sonderfonds von 1991 die oben genannten inhaltlichen Erfordernisse der Übergangsphase berücksichtigt worden.

Darüber hinaus sind für einen Zeitraum von zunächst drei Jahren (1991–1993) Mittel aus den Strukturfonds der EG verfügbar: Für Bildungs- und Qualifizierungsbedürfnisse innerhalb der wirtschaftlich-sozialen Umstrukturierung der NBL können insgesamt 785 Mio. ECU beantragt werden (vgl. Kommission 1991).

Da die NBL direkt in die Konzipierung einbezogen wurden und über die konkrete Projektarbeit entscheiden können, sind diese Instrumentarien in hohem Maße für die Lösung landesspezifischer Qualifizierungsprobleme geeignet.

Als ein Problem erweist sich allerdings die anteilige Finanzierungsweise: Die EG bietet den Anschub von maximal 50%, den anderen Teil müssen die Länder bzw. der Bund oder die Kommunen aufbringen.

3. Organisationsstruktur

Diese dargestellte Vielfalt an Bildungsförderung funktioniert über komplizierte Mechanismen und hierarchische Organisationsstrukturen. Bereits unter normalen EG-Förderbedingungen ist die entstandene Programmstruktur schwer zu koordinieren. Die einzelnen Programme haben eine relative Eigenständigkeit – mit teilweisen inhaltlichen Überschneidungen, jedoch geringer Verknüpfung untereinander. Die Organisation der Programmaktivitäten schließt zahlreiche und jeweils unterschiedliche Instanzen ein.

Programm	Landesebene		Bundesebene		EG-Ebene		
DELTA			BMFT // BMBW				
ARION	Ministerien für Bildg./ Kultus	KMK / PAD					
LINGUA					LINGUA Bureau		
ERASMUS					ERASMUS Bureau		
COMETT		DAAD	BMBW		COMETT Office	Task Force	EG-Kommission
TEMPUS					TEMPUS Office		
EUROTECNET					EUROTECNET Off.		
		BIBB			CEDEFOP		
PETRA					IFAPLAN ITS		
FORCE					FORCE Office		
IRIS	Ministerien für Arbeit/ Bildung	BIBB // BA	BMAS // BMBW		CREW		
NOW							

(Quelle: Zusammenstellung aus offiziellen EG-Materialien.)

Abb. 4: Organisationsstruktur der EG-Bildungsförderprogramme.

Während sich diese Programmstruktur für die EG-Mitgliedstaaten jedoch über einen längeren Zeitraum schrittweise herausgebildet hat, sehen sich die NBL plötzlich vor das Gesamtangebot gestellt. Zudem können hier die erforderlichen organisatorischen Voraussetzungen auf Bundes- und vor allem Länderebene erst im Prozeß der Umgestaltung von Bildungs- und Verwaltungsstrukturen geschaffen werden.

II. Umsetzung der EG-Programme

Über die Wirksamkeit der EG-Förderprogramme werden europaweit Evaluationen erstellt (vgl. z. B. Teichler 1991). Diese erfolgen gewöhnlich nach Ablauf der Programmphase. Wenig entwickelt ist hingegen die wissenschaftliche Begleitung im An- und Ablauf von Projekten. Die Einführung der EG-Programme in den NBL legt dies besonders nahe, um durch genaue Bilanz und Untersuchung der fördernden und hemmenden Faktoren den Prozeß der Umsetzung aktiv zu unterstützen. Mit diesem Anliegen läuft gegenwärtig ein Projekt des Wissenschaftsforums Bildung und Gesellschaft e.V. Berlin (vgl. Manning 1992).

1. Bilanz

Wieweit wurde die Förderung in den NBL tatsächlich in Anspruch genommen? Nach einer Bilanz des BMBW von Anfang 1992 sind die Angebote der Bildungsprogramme gut angelaufen. Die von der Gemeinschaft zur Verfügung gestellten 10 Mio. ECU waren bis Ende des ersten Förderjahres zu 85% aufgebraucht. Etwa 1,5 Mio. verblieben noch für die Finanzierung von Gastdozenten, Studienaufenthalten und Sprachreisen (vgl. BMBW 1992).

Für die Umsetzung der EG-Hochschulprogramme liegen detailliertere Daten vor (vgl. DAAD 1992). Insgesamt ergibt sich im Hochschulbereich eine signifikante durchschnittliche Programmbeteiligung der NBL innerhalb der Bundesrepublik von annähernd einem Zehntel (im Durchschnitt beteiligter Studenten, Institutionen, Projekte und Kontakte).

Eine ähnliche Größenordnung hat der Anteil der NBL am TEMPUS-Programm mit 8–9% unter den deutschen Einrichtungen und Vorhaben.

Kennzeichnend sind erhebliche territoriale und institutionelle Unterschiede. Bei ERASMUS ist z. B. die Universität Leipzig mit 44 Projekten zur Spitzengruppe in Deutschland aufgeschlossen, während die große Mehrheit von Hochschulen in den NBL bisher keine Projekte hat.

In der Gegenüberstellung von veranschlagten und abgerufenen Finanz-

Tab. 1: Beteiligung an ERASMUS- und LINGUA II-Aktivitäten 1991/92

	Anzahl in NBL		Anzahl NBL an Dtschl.	
	ERASMUS	LINGUA	ERASMUS	LINGUA
Stipendiaten	284	97	4%	7%
Hochschulen	18	6	12%	10%
Projekte	65	22	7%	12%
EG-Partner	352	52	7%	6%

Berechnung auf Grundlage von DAAD 1992.

mitteln ist bei LINGUA und COMETT eine gute Nutzung (ca. 90%), bei ERASMUS-Stipendien allerdings eine geringere Quote (66%) zu verzeichnen.

Letztere Tatsache weist auf Mobilitätsprobleme bei ostdeutschen Studenten hin. Aus Sicht des DAAD sind hierfür u. a. soziale Besonderheiten – die bisher relativ frühe Eheschließung/familiäre Bindung der Studenten in den NBL –, aber auch Unsicherheiten in Fragen der akademischen Anerkennung und verbreitete Unkenntnis der Programme maßgeblich.

Spezifische inhaltliche Bedürfnisse der Hochschulbildung in den NBL spiegeln sich in der Fachwahl bei ERASMUS-Austauschprogrammen, insbesondere mit dem Vorrang an Fremdsprachen.

Tab. 2: Größte Anteile an ERASMUS-Stipendiaten in Fachbereichen 1991/92

Neue Bundesländer		Alte Bundesländer	
Sprachen	22%	Betriebswirtsch.	25%
Sozialwiss.	18%	Sprachen	14%
Ingenieurwiss.	11%	Ingenieurwiss.	12%

Quelle: DAAD 1992.

Es ist allerdings fraglich, ob der große und nur über Jahre zu kompensierende Bedarf an Sprachausbildung nicht stärkerer Sonderförderung bedarf. Denn innerhalb des regulären ERASMUS-Programms dominiert er möglicherweise auf Kosten anderer Fachbereiche, wie z. B. der Betriebswirtschaftslehre (Spitzenposition in den alten Bundesländern), die für die Einstellung auf die Marktwirtschaft wesentlich sind.

Signifikant ist auch der Einstieg der NBL in die Förderprogramme für berufliche Bildung: von 56 PETRA-Projekten für Ausbildungspartnerschaften mit deutscher Beteiligung laufen 11 in den NBL; 11 von 19 deutschen Projekten, die in das FORCE-Programm aufgenommen wurden, stammen aus den NBL (vgl. Jordan 1992). Einen besonderen Stellenwert haben darunter Maßnahmen zur Weiterbildung von Ausbildern, um Multiplikationseffekte für die europäisch orientierte Berufsbildung zu erreichen.

Als Ziel wird angestrebt, alle NBL gleichmäßig in Projektaktivitäten einzubeziehen und Zentren mit regionaler Ausstrahlungskraft zu schaffen. Nur so kann EG-Förderung in der Berufsbildung angesichts der weitgestreuten Vielzahl kleiner Einrichtungen und Ausbildungsstätten greifen.

Bei der Förderung von Qualifizierungsmaßnahmen aus den Strukturfonds der EG hat die Bilanz nach dem ersten Förderjahr beträchtliche Unterschiede innerhalb der NBL erbracht: Von einem Bruchteil bis zum größten Teil wurden die veranschlagten Mittel genutzt. Damit im Zusammenhang standen verschiedene Herangehensweisen. Zum Beispiel ließen sich anspruchsvollere Vorhaben, wie die gezielte Förderung von Klein- und Mittelbetrieben, schwieriger umsetzen als eine Verteilung nach dem Gießkannenprinzip.

Eine Übersicht der ersten Projektanträge (vgl. BMAS 1991) kennzeichnet deutlich die spezifischen Qualifizierungsbedürfnisse in den NBL. Im Mittelpunkt stehen:
- Qualifizierung von Management- und Verwaltungspersonal in kleineren und mittleren Unternehmen,
- überbetriebliche Erstausbildung,
- Ausbildung und Weiterqualifizierung von Ausbildern,
- Schulung von Unternehmern und Existenzgründern,
- Anpassungsqualifizierungen,
- Qualifizierung in Gesellschaften zur Arbeitsförderung, Beschäftigung und Strukturentwicklung (ABS),
- Zusatz- bzw. Umqualifizierungen für Lehrer und Berufsschullehrer,
- Qualifizierung von Beziehern von Sozial- und Jugendhilfe.

2. Probleme

Die ersten Untersuchungen[1] haben erbracht, daß die für die alten Bundesländer typischen Probleme in der Nutzung von EG-Förderung im wesentlichen auch für die NBL zutreffen. Allerdings zeigen sich deutliche Besonderheiten, die sowohl durch herkömmliche Verhaltensmuster als auch durch die gegenwärtige Umbruchsituation bedingt sind.
- Die an sich bereits komplizierte *EG-Bürokratie* stellt Bewerber, die sich gerade erst auf bürgerliche Rechts- und Verwaltungsreformen einstellen, vor doppelte Schwierigkeiten. Bei unbestrittener fachlicher Kompetenz

sehen sich nicht wenige Interessenten in den NBL als funktionale Analphabeten vor einem Wirrwar von Antragsformularen und Instanzenwegen. Eine Vereinfachung und Verkürzung von Verfahren könnte nicht nur in den NBL hilfreich sein, sondern auch positive Rückwirkungen auf den gesamten EG-Bereich haben.

- Groß ist der *Informationsbedarf* bezüglich Programm- und Förderangeboten. Jedoch verfehlt die auf dem EG-Markt übliche Flut von einschlägigen Materialien eher das Ziel; gefragt wird vielmehr nach Informationen über das Know-how. Noch gibt es allerdings auch Schwierigkeiten in den NBL, sich mit eigener Initiative und Aktivität Informationen und Know-how zu erschließen. Die inzwischen angelaufenen Großveranstaltungen zu EG-Förderangeboten in den NBL sind hierfür ein, wenn auch etwas verspätetes, Entgegenkommen.
- Die *Umstrukturierungsprozesse* in den Bildungseinrichtungen erfordern einen hohen Kraftaufwand und konzentrieren sich nahezu ausschließlich auf bundesdeutsche Muster. Damit wird die Nutzung von EG-Förderchancen teilweise in den Hintergrund gedrängt.

Insbesondere die curriculare Umgestaltung, die institutionelle Neustrukturierung und die fortgesetzten Personalkürzungen machen Kooperationsvorhaben und inhaltliche Angebote schwierig. Andererseits wird aus EG-Kontakten Reformhilfe in Teilprozessen, wie z. B. bei der Durchsetzung moderner Lehrinhalte und -methoden, erstrebt.

Typisch in dieser Situation ist es, daß die Initialzündung für Kooperationsvereinbarungen, z. B. bei ERASMUS, im wesentlichen von den westlichen Partnern ausgeht. Hohen Anteil hat zugleich das persönliche Engagement von Akademikern in den NBL, das häufig auf bereits in früheren Jahren angebahnte Kontakte mit westeuropäischen Hochschulen zurückgeht.

- Der relativ niedrige *materielle Standard* in den NBL bei Bewerbern für EG-Programme bzw. teilnehmenden Personen und Einrichtungen schränkt die Aktionsmöglichkeiten ein.

ERASMUS-Studenten aus den NBL im Ausland müssen sogar eine finanzielle Mehrbelastung in Kauf nehmen, da die Bemessungsgrenze ihrer BAFöG-Stipendien zur Zeit noch niedriger als in den alten Bundesländern ist. Existenzunsicherheit und mangelnde Fonds behindern auch den Dozentenaustausch.

Zwar gibt es in den NBL selbst einige Vorteile gegenüber Partnerländern, wie z. B. bessere Verfügbarkeit von Wohnraum und relativ niedrige Lebenshaltungskosten, doch sind diese an eine nur kurze Übergangsphase gebunden.

Zusammenfassung

Die Europäische Gemeinschaft verfügt über ein Förderangebot für Bildung und Qualifizierung, das sich auf bestimmte strategische Ziele der Integration richtet. Bezogen auf die NBL gibt es einen besonderen Wirkungszusammenhang zwischen der Bildungsförderung und der internen Umgestaltung des Bildungswesens.

Mit einem gesonderten Einsatz von EG-Mitteln in der Einstiegsphase soll dem Nachholbedarf der NBL bezüglich Bildungskooperation/Mobilität, Gemeinschaftssprachen und Bildungsmanagement entsprochen werden. Gleichzeitig dient die Starthilfe der Überbrückung von Qualifikationsdefiziten bei der Umstrukturierung der Wirtschaft. Die Bildungseinrichtungen sowie Unternehmen sind jedoch unter dem Druck der eigenen Umgestaltung und Existenzunsicherheit nur bedingt in der Lage, Förderangebote aufzugreifen bzw. Projekte konsequent durchzuziehen.

Insgesamt sind in den NBL die EG-Mittel weitgehend abgerufen und signifikante Aktivitäten zur Bildungsförderung eingeleitet worden. Dabei erweist sich die Bewältigung der internen Probleme der Umgestaltung als wesentliche Voraussetzung für die Nutzung des Förderangebots.

Anmerkung

[1] In der nachfolgenden Auswertung wurden Arbeitsergebnisse von S. Jordan, W. Kehr und R. Thomas einbezogen.

Literatur

BMAS: Die Einbeziehung der fünf neuen Bundesländer in die Strukturpolitik der Europäischen Gemeinschaft (unveröffentlichtes Material). o. O. (Bonn) o. J. (1991).
BMBW: EG-Bildungsprogramme im Osten gut angelaufen. In: Informationen Bildung Wissenschaft 4 (1992).
–: Maßnahmen der Europäischen Gemeinschaft zur Integration der neuen Länder in die bildungspolitische Zusammenarbeit in Europa (unveröffentlichtes Material). Bonn 1990.
DAAD: ERASMUS, LINGUA (Aktion 2) und COMETT – Sondermittel der EG für die neuen Bundesländer 1991/92 – Eine Zwischenbilanz (unveröffentlichtes Material). Bonn 1992.
Feuchthofen, J. E.: EG-Bildungspolitik: Durchbruch in Maastricht. In: Grundlagen der Weiterbildung 3 (1992), S. 1.
IRDAC (Industrial Research and Development Advisory Committee of the Commission of the European Community): Qualifikationsdefizite in Europa. o. O., o. J. (1990).

Jordan, S.: Berufsbildungsprogramme der Europäischen Gemeinschaft und die neuen Bundesländer (Vorlage für Veröffentlichung). Berlin 1992.

Kommission der Europäischen Gemeinschaften: Gemeinschaftliches Förderkonzept 1991–1993 – Bundesrepublik Deutschland. Luxemburg 1991.

Kommission der Europäischen Gemeinschaften/Task Force Humanressourcen, allgemeine und berufliche Bildung, Jugend: Leitfaden zu den Programmen der Europäischen Gemeinschaften in den Bereichen allgemeine und berufliche Bildung, Jugend. Brüssel 1989.

Manning, S.: Ausrichtung der beruflichen Bildung auf den EG-Binnenmarkt 1992. In: Vergleichende Pädagogik 26 (1990), S. 2.

–: Bildung im europäischen Integrationsprozeß. In: Wissenschaftsforum Bildung und Gesellschaft e.V. (Hrsg.): Bildung und Gesellschaft vor neuen Herausforderungen – Beiträge zu einer Bildungsdebatte. Berlin 1991.

–: EG Education Programmes – a Stimulus for the New Federal States of Germany. Paper submitted to the VIIIth World Congress of Comparative Education. Prag 1992.

Teichler, U./Steube, W.: The Logics of Study Abroad Programmes and their Impacts. In: Higher Education 21 (1991), S. 3.

Wissenschaftsforum Bildung und Gesellschaft e.V.: EG-Förderprogramme für Bildung und Beschäftigung – Informationen über Ziele, Schwerpunkte, Antragstermine, Finanzierung und Ansprechpartner. Berlin 1992.

III. ERZIEHER UND MITERZIEHER IN EUROPA

Europäische Bildung muß als *Verbundergebnis* konkurrierender Erziehungs- und Sozialisationseinflüsse betrachtet und darf nicht allein auf pädagogische Institutionen eingeengt werden. Damit verringert sich einerseits der Erwartungsdruck auf einzelne Bildungsträger, -inhalte oder -methoden und wird es andererseits eher möglich, europäische Bildungsmöglichkeiten und -grenzen je nach sozialen Kontexten, nationalen Traditionen und technischen Entwicklungen realistisch einzuschätzen.

Vergleicht man die veränderten Bildungsfunktionen *lokaler 'Miterzieher'*, den Wandel der *nationalen Unterrichtsmittel* und *massenmediale Integrationstendenzen*, so wird die fruchtbare Spannung von bildungspolitischer Vielfalt, transnationaler Abstimmung und ähnlichen Bildungsherausforderungen in Europa deutlich. Die drei Beiträge des Kapitels zeigen, welche pädagogischen und sozialisierenden Einflüsse dabei aufeinandertreffen und wie sie sich regional unterscheiden. Der Facettenreichtum der Beiträge belegt, daß sich Europa derzeit nur in diskursiver Auseinandersetzung mit seiner Traditionsvielfalt und seinen unterschiedlichen Bildungsagenten erweitern kann, wenn es nicht in Regionalismen verfallen, durch obrigkeitsstaatliche Vorgaben reglementiert oder an mediale Marktmechanismen ausgeliefert sein will.

Der erste Beitrag weist auf der Basis jahrzehntelanger *Erfahrungen des Braunschweiger Schulbuchinstituts* darauf hin, wie in den westeuropäischen Unterrichtswerken ein Ausgleich nationaler Geschichts-, Geographie- und Sozialkundedarstellungen angestrebt und angesichts ähnlicher Wissenschafts-, Didaktik- und Unterrichtsintentionen auch möglich wurde. Ein ähnlicher Abstimmungs- und Ausgleichsprozeß wird mit den osteuropäischen Staaten wohl nur längerfristig erreichbar sein, weil sie derzeit auch dann sehr stark mit ihrer nationalen Identitätsfindung befaßt sind, wenn sie eine engere Kooperation mit der Europäischen Gemeinschaft wünschen.

Aber nich nur zwischen den nationalen Bildungssystemen sind *Abstimmungen* erforderlich, sondern auch *vor Ort bei den Erziehungsbeteiligten*, d. h. den 'Miterziehern'. Verglichen und gewichtet werden historische Partizipationsvoraussetzungen in den eher ländlichen, dezentral organisierten und schulorientierten nordischen Wohlfahrtsstaaten mit den weithin katholischen, zentral und familial ausgerichteten Südstaaten. Vor dem Hintergrund dieser Einstellungsunterschiede werden in jüngster Zeit aber ähnliche Entwicklungstrends bei den Kooperationsbeteiligten von Portugal bis Dänemark erkennbar. Sichtbar wird auch, weshalb eine ökologische Vernetzung verschiedener Bildungspotentiale für eine adressaten- und marktgemäße Bildungspolitik notwendig ist.

Der letzte Beitrag über die unterschiedliche Verbreitung und Entwicklung der *neuen Medien in Europa* weist auf einen zunehmend einflußreicheren 'Miterzieher' von Elternhaus und Schule hin. Im Unterschied zur institutionalisierten Erziehung wird die Medienentwicklung jedoch nicht gleichermaßen durch den Gemeinsamen Markt bzw. ihre Medienfunktion nicht ebenso stark durch die EG wie der Bildungssektor beeinflußt. Der Autor erwartet eine rasche Programmdifferenzierung im Hinblick auf regionale, europäische und auf Spartennutzer. Medienpädagogische Aufgaben thematisiert er anläßlich der Jugendschutzdiskussion. Der Beitrag fordert zu einer vielschichtigen medienpädagogischen Diskussion heraus, wenn es nicht bei 'Reflexen' auf mediale Impulse bleiben soll.

Deutlich wird damit, wie sich europäische Bildung im lebensnahen Handlungsvollzug vor Ort, auf der Grundlage nationaler Absprachen und unter dem Einfluß transnationaler Medienstrukturen vollzieht.

Falk Pingel

Europa – Nation – Region: Historisch-politische Bildung in europäischen Schulbüchern

Abstract

Seit Ende des Zweiten Weltkrieges hat der internationale *Schulbuchvergleich auf europäischer Ebene* viel dazu beigetragen, daß sich in den Geschichts- und Geographiebüchern der *EG-Mitgliedstaaten* keine wechselseitigen Feindbilder mehr finden. Aufgrund dieses europäischen Kommunikations- und Verständigungsprozesses haben sich inhaltliche Gliederung und methodische Zugänge der Schulbücher angeglichen und bestimmte Inhaltskomplexe herausgeschält, die von vielen Autoren für Geschichte und Geographie Europas als dominant angesehen werden. Gleichwohl sind nationale Strukturen und Bewertungen weiterhin deutlich unterscheidbar. Eine neue große Herausforderung für die Schulbuchdiskussion wie für das Bildungswesen insgesamt ergibt sich jedoch anläßlich der Integration *Osteuropas*, weil die Entwicklungsvoraussetzungen bis in die Gegenwart unterschiedlich sind. Gesamteuropäische Schulbuchdarstellungen, die von nationalen Differenzierungen absehen, werden die nationalen Lehrbücher in nächster Zeit nur ergänzen, nicht ersetzen können.

I. Schulbuchrevision in Europa

Schulbuchrevisionen im Dienste der Völkerverständigung haben eine lange Geschichte, die allerdings nicht als 'Erfolgsstory' anzubieten ist. Schulbuchverbesserung war als länderübergreifende Aufgabe eng mit der *internationalen Friedensbewegung* verbunden und hat ebenso wie diese im Laufe ihrer Entwicklung Rückschläge hinnehmen müssen, deren schwerste sicherlich die beiden Weltkriege gewesen sind. Dennoch wurde nach den Kriegen das Anliegen der Schulbuchrevision um so nachhaltiger verfolgt, da die Überzeugung wuchs, daß die Ziele der Friedensbewegung in die praktische Politik Eingang finden müßten. So machte sich der *Völker-*

bund die Schulbuchrevision zu seiner eigenen Aufgabe. Er rief 1932 seine Mitglieder auf, internationale Kommissionen einzurichten, die darauf hinwirken sollten, daß militaristische, chauvinistische und andere Völker herabsetzende Texte durch Darstellungen ersetzt würden, die Verständnis für die Möglichkeiten eines friedlichen Austragens von Konflikten und von unterschiedlichen Interessen wecken sollten. Entsprechende zwischenstaatliche Schulbuchabkommen wurden vor allem in Regionen abgeschlossen, die schon längere Zeiten wenig oder nicht von Kriegen heimgesucht worden waren: so in Amerika und Nordeuropa. Aber auch von *Deutschland* gingen in der Zwischenkriegszeit Anregungen zur Revision jener Schulbuchtexte aus, die einer friedlichen und gleichwertigen Beziehung zwischen Nachbarvölkern abträglich waren.

Zwar entfachte die Denkschrift des Historikers und Reformpädagogen Siegfried Kawerau über nationalistische Einstellungen in deutschen Geschichtsbüchern der Weimarer Republik eine vehemente und in großen Teilen ablehnende Diskussion; Kritik forderten insbesondere die Passagen heraus, in denen er um mehr Verständnis für die französische Haltung warb. Aber seine Gutachten trugen mit dazu bei, daß sich im Jahre 1935 (!) deutsche und französische Historiker zusammenfanden, um die vorhandenen Geschichtsbücher zu analysieren und Empfehlungen zur Darstellung der deutsch-französischen Beziehungsgeschichte zu verabschieden (Schröder 1961). Diese Empfehlungen konnten allerdings kaum noch zur „Entgiftung" des gegenseitigen Klimas beitragen (Tiemann 1988). Dies war damals der offizielle Terminus, der schon als solcher bezeichnend ist für den sprachlichen Duktus, der manchem Schulbuchtext zugrunde lag; der Terminus „Entgiftung" blieb bis in die 60er Jahre hinein gebräuchlich, um das Ziel der internationalen Schulbuchrevision zu bezeichnen. In der Zwischenkriegszeit erzielten die französischen Lehrerverbände wohl die größte Wirkung, da sie nach einer gründlichen Analyse französischer Geschichtsbücher (bereits in den 20er Jahren) erreichten, daß Verlage freiwillig Bücher vom Markt nahmen, „die feindselige Gefühle gegen andere Völker vertraten" (Schröder 1961, S. 51).

Als Nachfolgerin des Völkerbundes auf dem Gebiet der Kultur hat die UNESCO nach dem Zweiten Weltkrieg die Bemühungen um Schulbuchverbesserung wiederaufgenommen. Schon 1947 legte sie Empfehlungen zur Beurteilung von Schulbüchern vor, die den Mitgliedstaaten ein Instrument an die Hand gaben, ihre Schulbuchproduktion nach gleichen Kriterien einem internationalen Vergleich zu unterziehen (UNESCO 1949; Deutsche UNESCO-Kommission 1974).

Daß diese Aufgabe in *Europa* als besonders wichtig galt, ist nach einem Krieg, der von europäischem Boden aus nahezu die ganze Welt verstrickte, leicht verständlich. Unter den europäischen Organisationen hat sich insbesondere der Europarat mit der Schulbuchrevision befaßt. Seinem Engagement kommt heutzutage nicht zuletzt deshalb große Bedeutung zu, weil er einen weiteren Staatenkreis als nur die Mitglieder der Europäischen Gemeinschaft vertritt. Er veranstaltet europaweite Lehrerseminare und regte erst jüngst die erfolgreiche Gründung des europäischen Geschichtslehrerverbandes „Euroclio" an.

Der Europarat ernannte 1967 das Internationale Schulbuchinstitut in Braunschweig, aus dem 1975 das *Georg-Eckert-Institut für Internationale Schulbuchforschung*[1] hervorging, zu seinem Schulbuchzentrum. Dieses Institut hat vor allem im bilateralen Rahmen internationale Schulbuchkonferenzen durchgeführt:
- um die Darstellung der nationalen Beziehungen in den Schulbüchern zu versachlichen;
- um Verständnis für unterschiedliche nationale Traditionen zu wecken;
- ferner um Vorurteile abzubauen bzw. die Einsicht zu fördern, daß Interessengegensätze zwischen den Staaten auf friedlichem Wege durch internationale Verständigung gelöst werden können.

So wurden – vordringlich mit den ehemaligen „Feindstaaten" Deutschlands – eine Reihe zweiseitiger Schulbuchabkommen geschlossen. Dabei bauten die deutsch-französischen Empfehlungen ganz konkret auf der Vorarbeit auf, die bereits in den 20er und 30er Jahren geleistet worden war. Inzwischen hat der Schulbuchvergleich angesichts der veränderten Weltlage, der engen Einbindung Deutschlands in die atlantische Allianz und aufgrund des Zusammenwirkens europäischer Organisationen eine feste und dauerhafte Grundlage erhalten. Anders als nach dem Ersten Weltkrieg stützen die politisch-wirtschaftlichen Rahmenbedingungen heutzutage die Bemühungen ab, überkommene Feindbilder zu überwinden (Jeismann 1982; Hinrichs/Pingel 1988). Inzwischen finden sich in den Schulbüchern der Europäischen Gemeinschaft so gut wie keine herabsetzenden Stereotypen oder krasse Vorurteile gegenüber den Völkern der Mitgliedstaaten mehr.

Unter dem Einfluß des Kalten Krieges aber konnte die internationale Schulbuchrevision lange Zeit nicht *über die Blockgrenzen hinaus* wirksam werden. Erst 1972 gelang es, mit Polen, als erstem Staat des sozialistischen Lagers, Schulbuchgespräche aufzunehmen, die 1976 zur Veröffentlichung entsprechender Empfehlungen führten. Die Anerkennung der gegenseitigen Grenzen, die heute selbstverständlich und durch zwischenstaatliche Verträge abgesichert ist, war damals für Schulbuchtexte und Kartendarstellungen in Atlanten empfohlen worden. Diese Empfehlungen der deutsch-polnischen Schulbuchkommission waren damals allerdings in den deutschen Kultusministerien und in der Öffentlichkeit ein Politikum und löste erhebliche Kontroversen aus (deutsch-polnische Schulbuchempfehlungen 1979). Was zur Versöhnung zwischen den Völkern beitragen sollte, erwies sich als

Streitapfel innerhalb des Volkes – und zwar sowohl in der Bundesrepublik als auch in Polen. Auf längere Sicht aber trugen, ähnlich wie Kaweraus Denkschrift in den 20er Jahren, die deutsch-polnischen Schulbuchempfehlungen dazu bei, daß Schulbuchautoren der Darstellung des umstrittenen Nachbarschaftsverhältnisses mehr Aufmerksamkeit und Sorgfalt zukommen ließen und zumindest – auch wenn sie sich im einzelnen nicht immer den Positionen der Empfehlungen anschlossen – die Kontroversen beachteten.

Die deutsch-polnischen Schulbuchkonferenzen brachten insgesamt stärker ins Bewußtsein, daß Europa nicht auf Westeuropa eingegrenzt werden darf. Damals war das vielleicht eine Maxime, die für manchen jenseits der konkreten politischen Möglichkeiten lag. Inzwischen jedoch sind die politisch-ideologischen Grenzen gefallen, die Europa geteilt haben. Hierin liegt vielleicht die größte *Herausforderung einer gesamteuropäischen Bildungspolitik*, die wohl nur von der EG ausgehen kann, keinesfalls aber auf sie beschränkt bleiben sollte. Die bestehenden Unterschiede zwischen den west- und den osteuropäischen Ländern sind nicht zu leugnen. Sie stellen eines der zentralen Probleme dar, mit denen wir uns auseinandersetzen müssen, um bei unseren Schülerinnen Verständnis für die gegenseitigen Bindungen und Abhängigkeiten zu wecken und um bestehende oder sich wiederbelebende Vorurteile gegen den politisch und wirtschaftlich „unterentwickelten Osten" ausräumen zu helfen.

Die westeuropäischen Länder sind in den letzten Jahrzehnten enger zusammengewachsen, während die osteuropäischen Staaten z. T. auseinanderfallen und sich voneinander abgrenzen. Dennoch orientiert sich auch der dortige neue Nationalismus an Europa – nicht nur aus vordergründigen wirtschaftlichen Nützlichkeitserwägungen, sondern auch aus kulturellem Selbstverständnis. In Westeuropa wird nur zögerlich begriffen, daß die Nationenbildung in Ost- und Südosteuropa weder mit dem Ersten noch mit dem Zweiten Weltkrieg ihren Abschluß gefunden hat, sondern sich auch noch in der Gegenwart vollzieht. Schon deswegen werden Curricula und Schulbuchdarstellungen auf längere Sicht national strukturiert bleiben, selbst wenn sich stärker übergreifende, europäische, internationale, ja globale Inhalte und Orientierungen herausbilden.

Wir sehen uns mit zwei *gegenläufigen Tendenzen* konfrontiert: Einerseits bilden sich immer stärker supranationale Zusammenhänge heraus, die in die Geschichte zurückverfolgt werden; andererseits gewinnen nationale Identitäten neues Gewicht. Gleichzeitig aber – und dies ist gegenwärtig vor allem in Teilen Ost- und Südeuropas der Fall – erscheinen die Nationen selbst weniger homogen bzw. stabil und entwickeln ein stärkeres Eigenbewußtsein. Vertreter regionaler Einheiten melden sich zu Wort und verlangen beispielsweise, daß die Inhalte der historisch-politischen Bildung ihre spezifisch regionalen Lebensbezüge widerspiegeln. Den internationalen Schulbuchvergleich wird man in Europa daher in zweierlei Hinsicht fortsetzen müssen. Zum einen zeigen Begegnungen mit europäischen Gesprächspartnern, daß SchülerInnen und LehrerInnen Synthesen fordern, die es erlauben, die Entwicklung der nationalen Geschichte und Kultur in übergeordnete Zusammenhänge einzubetten; andererseits aber sollen Lehrbücher und Unterricht auf die konkreten Lebensbereiche Bezug nehmen, in denen Europa und Nation oft nur eine sehr abstrakte Rolle spielen. Wir müssen diese unterschiedlichen räumlichen Bezüge und zeitlichen Bereiche des politisch-historischen Interesses und Selbstverständnisses in ein neues Verhältnis setzen.

II. Spannungen innerhalb des europäischen Beziehungsnetzes

Die wirtschaftliche und politische Integration der Europäischen Gemeinschaft wird bis zum Jahrhundertende voranschreiten und die Bildungssysteme der Mitgliedstaaten beeinflussen. Theoretisch sind die Mitgliedstaaten schon heute verpflichtet, Berufs- und Bildungsabschlüsse gegenseitig anzuerkennen. Praktisch stehen dem noch manche Hindernisse entgegen. Wenn aber Bildungsgänge überall in der Gemeinschaft gleiche Gültigkeit haben sollen, so werden sich wohl auch die *Bildungsinhalte angleichen* müssen. Zumindest aber wird Europa selbst und der Prozeß der europäischen Integration – d. h. seine historischen Wurzeln und zukünftigen Entwicklungschancen – Thema des Geschichts-, Geographie- und Sozialkundeunterrichts werden müssen. Denn sonst werden wir kein Verständnis für eine Entwicklung wecken können, die darauf hinausläuft, daß die europäischen Organe in zunehmendem Maße Entscheidungen treffen, die bisher nationalsouverän getroffen wurden.

Die *Einstellungen zu Europa* sind, wie das erste ablehnende Referendum zum Vertrag von Maastricht in Dänemark noch einmal zeigte, durchaus unterschiedlich. Die Entwicklungschancen einer Europäischen Gemeinschaft unter einer einheitlichen Währung werden kontrovers beurteilt. Jugendliche schätzen vor allem in jenen Ländern die Bedeutung von Europa hoch ein, in denen sie große Erwartungen in einen europäischen Wirtschaftsverband setzen; dies trifft vor allem auf Osteuropa zu, wo mit großem Nachdruck auf den Beitritt zur Gemeinschaft hingearbeitet wird und die Erwartungen hoch gesteckt sind. Wo aber Europa eher Schwierigkeiten bereitet, wo es national scheinbar gesicherte und überschaubare Verhältnisse verkompliziert, da wird es eher skeptisch beurteilt; dies ist vor allem in den „arrivierten" alten Mitgliedsländern der Fall, wie etwa in Deutschland oder Frankreich. Europa ist eben eine abhängige Variable. Wie sich Jugendliche auf Europa einstellen, hängt ganz wesentlich von den Erfahrungen ab, die sie im eigenen Lande machen. Jede Didaktik einer europäischen Bildung muß diesen unterschiedlichen Sichtweisen von – und vielfältigen Erwartungen an – Europa Rechnung tragen.

Hinzu kommt, daß auch die politischen Interessen im engeren Sinne und das Handeln der Politiker oft noch von nationalen Gesichtspunkten ausgehen, wenn sie sich auf europäische Ziele beziehen. Überwiegend wird Europa noch von seiner Bedeutung für die jeweils nationale Entwicklung gesehen, und nicht selten funktionalisiert die nationale Politik Europa im Hinblick auf die je eigenen Zwecke. Das hängt mit der historischen Ausgangslage zusammen, aus der heraus der Weg in die Integration beschritten wurde (MacLean/Howorth 1992).

Zwar legitimieren sich die europäischen Organe auch durch eine *Europa-Ideologie*, die von einer abendländisch geprägten Kulturtradition ausgeht. Die begrenzte wirtschaftliche, politische und militärische Kooperation der westeuropäischen Staaten deckt sich aber mit diesem historisch abgeleiteten und umfassenden ideologischen Anspruch nicht. Gerade weil die Europäische Gemeinschaft nicht das Ergebnis eines ständigen Machtzuwachses und einer kontinuierlichen Vereinheitlichung politischer Strukturen in Europa war, sondern aus den schwersten zivilisatorischen Erschütterungen resultierte, die der Kontinent je erlebte, sollten die *ersten gemeinsamen Organe* zunächst dazu beitragen: den Machtverfall Europas zwischen den Blöcken aufzuhalten und einen nationalen Wiederaufbau unter (west-)europäischer Perspektive zu ermöglichen. In der Phase ihres Aufbaus grenzte sich die Europäische Gemeinschaft notwendigerweise gegenüber Osteuropa ab und bezog wesentliche Entwicklungsanstöße einerseits von den Vereinigten Staaten und andererseits aus den nationalen Interessen, die je eigene Basis über die europäische Wirtschaftsgemeinschaft zu rekonstruieren. Dieses Spannungs- und Erwartungsverhältnis zwischen nationalen Interessen und europäischen Möglichkeiten ist auch heute noch eine wichtige Determinante der europäischen Entwicklung. Es wird um so fühlbarer werden, je mehr wir Osteuropa in die gemeinsame Arbeit einbeziehen.

Die zunehmende Binnenintegration der EG und die Einbeziehung neuer Staaten in die Gemeinschaft sind angesichts der bis heute vorherrschenden nationalen Traditionen und Wahrnehmungsmuster nicht unproblematisch. Die wirtschaftliche, selbst die *politische Einigung verläuft oft schneller als die Entwicklung des kulturellsozialen Bewußtseins*. Ohne ein hinreichendes Gemeinschaftsbewußtsein aber kann die europäische Einigung selbst wieder diskriminierende und konflikttr̈achtige Elemente im Leben der national, sozial und ideologisch-kulturell so unterschiedlich geprägten Gruppen der Gemeinschaft hervortreiben. Während der freie Kapital- und Warenverkehr innerhalb der Gemeinschaft inzwischen weitgehend akzeptiert und befürwortet wird, bereiten die Migration und der ungehinderte Austausch von Arbeitskräften noch große Schwierigkeiten und stoßen auf soziale wie kulturelle Barrieren und Dispositionen zu Vorurteilen. Dabei wird das wirtschaftliche Gefälle innerhalb einer auch die osteuropäischen Länder umfassenden Gemeinschaft noch stärker werden und traditionelle Vorurteile nähren. Zweifellos nehmen angesichts offener Grenzen die Überfremdungsängste und auch der soziale Neid zu und lösen die politischen wie wirtschaftlichen Internationalisierungstendenzen neue Nationalismen und Regionalismen aus. Gleichzeitig kann aber nicht geleugnet werden, daß sich breite Lebensbereiche – speziell der Jugendlichen – in vielen Ländern Europas angleichen. Allgemein trifft dies z. B. auf Medien-, Konsum- und Freizeitverhalten zu. Insofern könnten Schulbücher viel häufiger auf die gemeinsamen länderübergreifenden Erfahrungswelten Jugendlicher Bezug nehmen, als dies bisher geschieht.

Die europäische Einheit wird die politisch-kulturellen *Identitäten* auf nationaler und regionaler Ebene nicht auflösen oder ersetzen, sie wird sie nur *ergänzen* können. Das zeichnet die gesamte europäische Geschichte aus. Wo immer von ihrer inneren Einheit die Rede ist, handelt es sich um Beziehungen zwischen relativ selbständigen Einheiten, die wechselnde Verhältnisse von zeitlich begrenzter Dauer eingingen. Wenn wir erstmals einen Integrationsprozeß vor uns haben, der unumkehrbar scheint, so dürfen wir dessen innere Differenzierung doch nicht außer acht lassen, denn diese birgt einerseits große Möglichkeiten zu einer offenen Entwicklung in sich, macht es anderseits aber schwer, die künftige Gestalt Europas genauer zu bestimmen. Dem *Integrationsprozeß* auf der einen Ebene – z. B. im wirtschaftlichen Bereich – können auf einer anderen Ebene durchaus *Regionalisierungs- oder gar Zerfallstendenzen* auf einer anderen Ebene – etwa der politischen oder der kulturellen – entsprechen. Angesichts dieser Lage muß es problematisch erscheinen, schon heute allen Europäern gemeinsame Inhalte der politisch-historischen Bildung 'vorzuschreiben'. Vielmehr kommt es erst einmal darauf an, Widersprüche sichtbar und unterschiedliche Sichtweisen verständlich zu machen sowie den gemeinsamen Erfahrungshorizont durch Fortbildungsseminare und Schulbuchaustausch über die Grenzen hinweg zu erweitern (Pingel 1991).

III. Harmonisierung der Bildungsziele?

Obwohl die Mitgliedstaaten der EG für das Erziehungswesen bisher die alleinige Verantwortung tragen – in Deutschland sind selbst die Befugnisse der Bundesregierung in diesem Bereich außerordentlich beschränkt –, gehen sowohl der Europarat als auch der Ministerrat der EG davon aus, daß

wir im Gefolge der wirtschaftlichen Integration nicht nur mehr miteinander kommunizieren und voneinander erfahren werden, sondern auch der kulturelle Austausch zunehmen und sich vielleicht ein Kern einer gemeinsamen kulturellen Überlieferung herausbilden wird. Der Ministerrat hat sich seit Beginn der 80er Jahre in mehreren Entschließungen zum Ziele gesetzt, „die *europäische Dimension* im Bildungswesen" aufzuwerten. Seine Aufmerksamkeit galt dabei sowohl dem Bestreben, die Zugänge zu Bildungsgängen und zu Arbeitsplätzen durchlässiger zu gestalten, als auch dem Bemühen, die Vermittlung europäischer Inhalte in den nationalen Ausbildungsgängen zu intensivieren. So stellten die „Schlußfolgerungen" des Ministerrates vom 19. Juni 1985 fest: „Ein immer engerer Zusammenschluß der Völker Europas, wie er im Vertrag zur Gründung der Europäischen Wirtschaftsgemeinschaft vorgesehen ist, kann nur erreicht werden, wenn die Bürger das politische, soziale und kulturelle Leben in anderen Mitgliedstaaten verstehen. Es ist außerdem wichtig, daß sie über die Ziele der europäischen Integration und die Handlungsmöglichkeiten der Europäischen Gemeinschaft gut informiert sind. Die europäische Dimension im Unterricht ist daher ein unerläßlicher Bestandteil der Bildung der künftigen Bürger Europas." Dieser Hinweis folgt ganz sicherlich auch Eigeninteressen der Kommission, die bestrebt ist, Vorbehalte in der Bevölkerung gegen die Integration abzubauen und ein europäisches Gemeinschaftsbewußtsein zu fördern. Zu Recht ist Skepsis gegenüber dem Versuch angebracht, *politisch-wirtschaftliche Schwierigkeiten durch eine Europa-Ideologie zu überdecken*, die eine rationale Auseinandersetzung über Tempo und Reichweite der Integration erschwert. So nimmt auch die letzte Entschließung des Ministerrates zu diesem Thema aus dem Jahre 1988 auf das Schlagwort von der „Europäischen Identität" Bezug, deren inhaltliche Ausfüllung doch noch sehr in Frage steht, obwohl jetzt konkrete Ziele für das soziale und politisch-historische Lernen angegeben werden. Und zwar gelte es, den jungen Menschen
– „den Wert der europäischen Kultur und der Grundlagen, auf welche die Völker Europas ihre Entwicklung heute stützen wollen, nämlich insbesondere die Wahrung der Grundsätze der Demokratie, der sozialen Gerechtigkeit und der Achtung der Menschenrechte zu verdeutlichen",
– „die junge Generation auf ihre Beteiligung an der wirtschaftlichen und sozialen Entwicklung der Gemeinschaft ... vorzubereiten",
– „ihr sowohl die Vorteile als auch die Herausforderungen zum Bewußtsein zu bringen, die die Gemeinschaft durch die Eröffnung eines wirtschaftlichen und sozialen Raumes mit sich bringt",
– und schließlich ganz allgemein, ihnen eine „bessere Kenntnis der Gemeinschaft und ihrer Mitgliedstaaten ... zu vermitteln".

Die Kommission hat bisher *nicht* beansprucht, ihre Anregungen in einen eigenen *Lehrplan zu Europa* umzusetzen. Sie hat vielmehr die ursprüng-

Europa – Nation – Region

liche Intention unterstrichen, europäische Inhalte stärker in die vorhandenen Curricula zu integrieren. Bereits 1991 haben die Mitgliedsländer Berichte darüber vorgelegt, wie weit sie diesem Ziele nachgekommen sind. Die Stellungnahmen mancher Länder bestätigen, daß es kaum eigenständige, europäische Inhalte gibt. Vielmehr wird Europa eher als eine, wohl zunehmend wichtiger werdende Bezugsgröße *nationaler Problemstellungen* angesehen.

– Auch wenn etwa der *französische Bericht* das Verhältnis eher umgekehrt sieht und behauptet, daß „die nationalen geschichtlichen Entwicklungen in Wirklichkeit nationale Sichtweisen hinsichtlich einer europäischen Geschichte" ausdrückten (Leclercq, J. M., 1994), so deckt doch die konkrete Analyse der Schulbuchinhalte auf, daß den SchülerInnen gerade nicht vermittelt wird, daß es sich hier um eine spezifische Sichtweise, nämlich die französische, von Europa handelt. Ein Vergleich mit anderen Sichtweisen unterbleibt in der Regel. Sehr oft ist auch das angeblich gemeinsame Substrat „Europa" nur undeutlich erkennbar. Dafür treten die nationalen Strukturen um so deutlicher hervor.

– Die entsprechende *Stellungnahme der deutschen Kultusministerkonferenz* macht schon eher deutlich, daß mit staatlicher Unterstützung folgender Prozeß eingeleitet werden muß: „Durch die fortlaufende Einarbeitung europarelevanter Themen und Aufgabenstellungen in die Lehrpläne bzw. Rahmenlehrpläne wird den Verlagen mit nachweisbarer Wirkung nahegelegt, die europäische Dimension verstärkt in den von ihnen angebotenen Schulbüchern und Materialien zu berücksichtigen" (Tham/et al. 1993, S. 10).

Zwar billigt auch die *Vereinbarung von Maastricht* nach Auffassung der KMK der EG noch keine bildungspolitische Kompetenz zu, dennoch werde sie sich auf Struktur und Inhalte des Bildungswesens in den Mitgliedsländern auswirken. Hierauf müsse sich auch die Bundesrepublik vorbereiten. Dementsprechend hat die Bund-Länder-Kommission für Bildungsplanung im April 1992 beschlossen, ihre Arbeit auch „auf die europäische Dimension der Bildungsplanung" auszurichten. Wie eng Bildungsinhalte mit wirtschaftlich-sozialen Fragen verbunden sind, zeigt sich u. a. daran, wenn „europabezogene Lernanforderungen" genauer bestimmt werden sollen, damit Absolventen deutscher Bildungsgänge einer „europaweiten Mobilität" und einem „europaweiten Wettbewerb" gewachsen seien. Die Bund-Länder-Kommission denkt dabei sowohl an die technischen Berufe als auch an eine Förderung der Sprachenpolitik. Generell sollen die Voraussetzungen gegenseitiger Kommunikation verbessert und die europäische Dimension in der historisch-politischen Bildung verstärkt werden, um den Handlungshorizont künftiger Bildungsträger im europäischen Rahmen zu erweitern. Was nun tragen Schulbücher der Gemeinschaft in den Fächern Geschichte,

Geographie und Politik heute dazu bei, einen solchen europaweiten Bildungshorizont anzulegen?

IV. Kernbereiche europäischer Themen in den Schulbüchern

Obwohl sich Schulbuchautoren und Schulbuchverlage in Westeuropa in den vergangenen Jahrzehnten kaum über die nationalen Grenzen hinweg darüber verständigt haben, wie sie ihre Texte inhaltlich anlegen, welche Schwerpunkte sie setzen und welche Methoden und didaktischen Ansätze sie anwenden, so haben sich doch die *Schulbücher* in den sozialwissenschaftlichen Fächern etwa seit den 70er Jahren *in ganz ähnlicher Weise* gewandelt. Bis in die 60er Jahre hinein standen nationale Geschichte und Geographie im Vordergrund und gliederte sich von ihnen aus der Stoff. Sie bildeten den Ausgangspunkt, von dem aus andere 'Geschichten' oder Regionen in den Blick kamen. In den letzten 20 Jahren ist dagegen ganz allgemein festzustellen, daß sich die Texte zunehmend einer globalen Betrachtung öffnen und internationale, sowohl europäische als auch außereuropäische Inhalte stärker in Betracht ziehen. Die AutorInnen orientieren sich zunehmend an sozialwissenschaftlich fundierten Ansätzen, für deren räumliche Bezüge nationale Grenzen eine geringere Rolle spielen. Nicht mehr Fakten und Ereignisse stehen im Mittelpunkt der Darstellung, sondern Problemstellungen, in die die Schüler durch „Aufrißkapitel", "advanced organizers" oder großflächige Illustrationen eingeführt werden. Dabei werden in der Regel weite Räume erfaßt oder aber einzelne Regionen komparativ vorgestellt. Am Ende der darstellenden Kapitel ermöglichen Quellenwiedergaben eine eigenständige Durcharbeitung des Stoffes und regen Fragen zu einer aktiven Auseinandersetzung an. Natürlich schlagen diese Tendenzen in den europäischen Ländern mit unterschiedlicher Stärke durch und variiert ihre Anwendung auch innerhalb von Buchreihen eines Landes nicht unerheblich; dennoch ist diese Tendenz von den jüngsten griechischen Geschichtsbüchern bis hin zu innovativen Lehrbüchern norwegischer Verlage, bzw. von einigen "textbooks", die sich an dem neuen "National Curriculum" in Großbritannien ausrichten, bis hin zu den ersten, tastenden Neuentwicklungen in den ehemaligen sozialistischen Staaten erkennbar. Trotz aller Differenzen läßt sich feststellen, daß sich die methodischen und inhaltlichen Strukturen der Geschichts- bzw. Geographiebücher bis zu einem gewissen Grad angleichen – bis zu dem Grad nämlich, der durch die eigenen, nationalen oder regionalen Besonderheiten bestimmt wird.

Hinter dieser Vereinheitlichung der inhaltlichen Strukturierung und des methodischen Aufbaus der Schulbücher stehen langfristige Prozesse einer *Reform der Lehrerbildung*, die viele Länder Westeuropas seit den 70er Jahren mit ähnlichen Zielen verfolgt haben. Sie läßt sich schlagwortartig kennzeichnen durch „Verwissenschaftlichung und Professionalisierung" sowie durch einen stärkeren Theoriebezug im Hinblick auf die Anforderungen der Praxis (Winter 1980, S. 321). Gerade die Verwissenschaftlichung der Didaktik unter emanzipatorischen Zielen, die sich in den 70er Jahren im Anschluß an die „Studentenbewegung" herausbildete, hat viel dazu beigetragen, daß die Schuldidaktik in Westeuropa seitdem eine ähnliche Richtung eingeschlagen hat. Die Verwissenschaftlichung schlägt sich dabei auch in den *Autorenteams der Schulbücher* nieder, die sich nicht mehr – wie früher überwiegend üblich – fast ausschließlich aus Lehrern oder Angehörigen der Pädagogischen Akademien rekrutieren, sondern immer mehr „Fachwissenschaftler" einbeziehen. Diese pflegen aber einen ungleich intensiveren internationalen Austausch, als er unter Lehrern üblich ist. Die herrschenden Paradigmata in den Sozialwissenschaften und deren Didaktik konnten so sehr viel schneller Eingang in die Schulbuchproduktion unterschiedlicher Länder finden, als dies in der Vergangenheit der Fall gewesen ist. Inzwischen bestehen in den wichtigsten Ländern des Kontinents wie Deutschland, den Niederlanden, Italien und Frankreich regionale und zentrale Lehrerfortbildungsinstitutionen, die sich entweder mit Seminaren und Buchreihen, oder als Dokumentationszentren am internationalen Erfahrungsaustausch beteiligen und gerade in Hinsicht auf gesamteuropäische Themen über die Grenzen hinweg ein Kommunikationsnetz aufgebaut haben. Entsprechend wurden auch Unterrichtsvorschläge und Evaluationsmethoden für vorliegende Materialien teils *binationaler, teils multilateraler Zusammenarbeit* entwickelt, die von vornherein ausschließen, daß nationalgeprägte Vorurteile in die Texte Eingang finden.

Dieser langfristige Trend in der europäischen Schulbuchentwicklung reflektiert die zunehmende internationale, politisch-wirtschaftliche Verflechtung. Er resultiert mithin nicht aus der Auflösung des Blockdenkens in Europa, wird durch die jüngsten Ereignisse aber natürlich gestärkt, was sich auch in Schulbuchtexten niederschlägt. Werke, die in den letzten beiden Jahren erschienen sind und die Wiedervereinigung Deutschlands sowie die Regeneration oder Neubildung der Nationen in Osteuropa behandeln, sehen Europa nicht länger nur als abhängige Variable der Kräfteverhältnisse zwischen den Supermächten, sondern als eine der zentralen wirtschaftlich-politischen Regionen der Welt neben Nordamerika, Japan und der sogenannten „Dritten Welt". Gerade an deutschen Büchern wird deutlich, daß ein verstärkter Europabezug die neue Bedeutung des „nationalen Faktors" seit der Wiedervereinigung 'konterkarieren' soll.

In Hinsicht auf die hier formulierte *Trias von Europa, Nation und Region* verdient das neue spanische Geschichtscurriculum besonderes Interesse. Das spanische Bildungssystem befindet sich in einem europäisch motivierten Umbruch. Gegenwärtig werden neue Curricula und Schulbücher eingeführt. Neben der Behandlung globaler, europäischer und allgemeiner, spanischer Themen schreibt das neue Geschichtscurriculum vor, daß auch die jeweilige, autonome Region in Unterricht und Schulbuch angemessen zu berücksichtigen sind. Das hat zur Folge, daß der Platz, der der spanischen Geschichte und Geographie ganz allgemein eingeräumt wird, beträchtlich erweitert werden muß. Interessanterweise bleiben jedoch die Anteile der europäischen Inhalte in den bisher vorliegenden Schulbüchern in etwa gleich (ca. ein Drittel). Dieses kann aber nur dadurch gewährleistet werden, daß Europa nun auf einer allgemeinen Ebene abgehandelt wird und einzelne Länder – wie etwa England oder Frankreich, die bisher in gesonderten Kapiteln berücksichtigt wurden – kaum mehr hervortreten. *Regionalisierung* (innerhalb der nationalen Ebene) *und Europäisierung* stellen hier also gleichsam *zwei Fluchtpunkte* dar, die es kaum noch erlauben, Europa in seinen nationalen Untereinheiten zu betrachten. Da sich ähnliche Trends zur Regionalisierung oder Föderalisierung auch in anderen Ländern abzeichnen, scheint sich hiermit eine allgemeine Tendenz anzudeuten. Sie hat – wie beim spanischen Beispiel angesichts des relativ hohen Anteils gesamteuropäischer Inhalte – als weitere Folge, daß der Anteil der außereuropäischen Geschichte in den Schulbüchern vergleichsweise gering wird (in den Geschichtsbüchern ca. 15%).

Insgesamt ist folgende Entwicklung zu beobachten: Schulbuchdarstellungen beschränkten sich in den 50er und 60er Jahren in der Regel darauf, die Aufgaben und die Struktur der einzelnen europäischen Organe darzustellen. Sie veranschaulichten die Marktmechanismen und lassen sich im ganzen aufgrund ihrer Präsentationsart institutionenkundlichen Ansätzen zuordnen. Auf übergreifende, historisch gewachsene Europa-Vorstellungen nahmen sie kaum Bezug. Sie erfüllten damit allenfalls das Minimum dessen, was die EG-Kommission in ihren Entschließungen einforderte. Diese Lage hat sich nach und nach gebessert. Heute wecken fast alle *Texte der jetzigen Mitgliedstaaten* ein Bewußtsein europäischer Kultur, in beschränktem Maße auch der politischen Kultur. Hierzu gehören die Ausbildung des Nationalstaates, der Zusammenhang und die Aufeinanderbezogenheit von Krieg und Frieden in der europäischen Machtentfaltung, die großen Kulturepochen, die das Abendland umgriffen, wie etwa die Renaissance, oder epochale politisch-wirtschaftliche Entwicklungen und Einschnitte wie der Industrieimperialismus oder die Französische Revolution (Riemenschneider 1994).

So lassen sich vom Reiche Karls des Großen, das in der Regel als der politische Ausgangspunkt des „modernen" Europa angesehen wird und es zugleich mit seinen antiken Grundlagen verbindet, bis hin zum Zusammenbruch des Sozialismus große *Inhaltskomplexe* identifizieren, die in nahezu allen Geschichtsbüchern Europas (Analoges läßt sich auch in den Geographiebüchern feststellen) thematisiert werden, auch wenn die inhaltliche Ausfüllung im einzelnen breit variiert. Legt man die Grobgliederung italienischer und deutscher Geschichtsbücher nebeneinander, so ergeben sich in der Regel mehr Entsprechungen als Differenzen. Je mehr man allerdings in die Feingliederung geht, je größer werden die Unterschiede. Vielleicht lassen sich jedoch schon in einigen Jahren Strukturen eines Standardwissens zu Europa aus solchen Gliederungen ablesen. Die Skizzierung eines europäischen Entwicklungsweges vom Mittelalter bis heute könnte den Verdacht nahelegen, daß sich damit eine *europazentrierte Betrachtungsweise* durchsetzt, die gleichsam die gesamte Weltentwicklung vom Primat der europäischen Geschichte her sieht. Es ist nicht von der Hand zu weisen, daß jede Förderung europäischer Bildungsinhalte in dieser Gefahr steht. Einige, Europa besonders betonende Schulbücher unterliegen ihr bereits. Es steigt auf der anderen Seite aber auch das Bewußtsein dafür, daß Europa selbst nicht homogen ist, in sich recht unterschiedliche Kulturen einschließt und daß sich nicht länger ein Anspruch auf Dominanz der sogenannten abendländischen Kultur vertreten läßt, wie ihn vor den Weltkriegen noch viele Schulbuchtexte verkündeten. Im Gegenteil: Das Ausgreifen Europas und der Industriekultur auf weite Teile der Welt wird gerade in deutschen, aber auch in manchen italienischen Schulbüchern sehr kritisch beurteilt. Und zwar werden die 'Kosten' betont, die dieser Prozeß für die außereuropäischen Regionen mit sich brachte. Es wäre beim jetzigen Stande übertrieben zu sagen, die AutorInnen würden allgemein einem multikulturellen Ansatz folgen. Gleichwohl tendieren die Texte gegenwärtig dahin, das „*Fremde*" und jene, die sich „*anders*" verhalten, *aufzuwerten*, bzw. einseitige Sichtweisen stärker in Frage zu stellen. Jedenfalls werden sich Jugendliche, die sich nationalistischen oder fremdenfeindlichen Parolen anschließen, kaum auf ihre Schulbücher berufen können.

Konfliktbeladene Betrachtungsweisen finden sich in den Schulbüchern vor allem in den Grenzzonen Europas, zumal wenn ungelöste politische Fragen dahinterstehen. So macht etwa das Zypern-Problem eine verständnisbereite Darstellung der griechisch-türkischen Beziehungen in den Schulbüchern beider Länder schwierig. Hier stehen die Schulbuchgespräche noch ganz am Anfang. Auch wird niemand beim gegenwärtigen Kriegszustand im ehemaligen Jugoslawien erwarten, daß sich die Feindbilder, die Militär und Medien vermitteln, nicht auch in der Erziehung niederschlagen (Höpken 1993). Im allgemeinen ist zwar in den ehemaligen sozialistischen Ländern das Bedürfnis groß, sich bei der Umstrukturierung der Bildungsinhalte und -methoden an westeuropäischen didaktischen Modellen zu orientieren, doch darf man hier das Eigengewicht nationaler Beschreibungsmuster nicht unterschätzen. In Rußland z. B. werden russische und außerrussische Geschichte in getrennten Unterrichtseinheiten und Büchern behandelt. Diesem Beispiel, nationale und allgemeine Geschichte separat und nicht integriert zu lehren, werden wohl auch die baltischen Staaten folgen.

In der *Geographie* hat seit Ende der sechziger Jahre eine ähnliche Entwicklung wie im Fach Geschichte stattgefunden. Unumstritten galt bis dahin im Unterricht das Prinzip der länderkundlichen Abfolge. Entsprechend waren die Schulbücher aufgebaut. Damit war gewährleistet, daß die wichtigsten Länder der Erde und damit auch Europas in ihrer räumlichen Struktur als staatliche Einheiten behandelt wurden. Das ist heute nicht mehr unbedingt der Fall. Als *neues Gliederungsprinzip* haben sich systematische Fragestellungen in den Vordergrund geschoben, wie z. B. die Darstellung von gleichen Klimazonen, von spezifischen Wirtschaftsbereichen oder von Wanderungsproblemen, die für spezifische Regionen der Welt charakteristisch sind. Am weitesten verbreitet ist zur Zeit wohl eine Mischung beider Zugänge, wobei oft – wie z. B. in Deutschland – in den untersten Klassen eher ein länderkundlicher Zugang gewählt wird, während in der Sekundarstufe II systematische Gesichtspunkte im Vordergrund stehen. Dahinter steht die Auffassung, den Geographie-Unterricht mit der Darstellung des eigenen Landes zu beginnen und dann die Nachbarländer, Europa und die Welt einzubeziehen (Haubrich 1982; Sperling 1988).

Europäische Zusammenhänge werden vor allem in wirtschaftsgeographischer Hinsicht thematisiert. Historische Rückbezüge finden sich in Geographiebüchern in der Regel nicht. Nur italienische Geographiebücher bilden hier eine Ausnahme; denn etliche bemühen sich durchaus um eine historische Definition, die dann auf bestimmte Räume bezogen wird. Insgesamt liefern die Geographie-Bücher derzeit mehr Sachinformationen zur Wirtschaft und zum Teil auch zur Sozialstruktur einzelner europäischer Länder als die Geschichtsbücher.

Sehr viel uneinheitlicher ist die Lage im Fach „*Staatsbürgerkunde*" (in Deutschland „Sozialkunde", „Politik" oder „Gemeinschaftskunde"; in Italien «educazione civica»; in Frankreich «éducation civique»; in England "civics"). Man möchte erwarten, daß in diesem Fach am ehesten ein Bild vom „Europa der Bürger" entworfen wird – um einen Begriff der EG-Kommission aufzunehmen. Dieses ist bedauerlicherweise nicht der Fall. In vielen Ländern Europas ist die politische Bildung dabei keinem einzelnen Fache zugeordnet, sondern Teil des Geschichts- oder eines integrierten Geschichts- und Geographieunterrichts. Auch in Deutschland, wo „Staatsbürgerkunde" ein eigenes Fach darstellt, wird es nicht unbedingt von Fachlehrern unterrichtet, sondern sie wird – in einem Fächerverbund mit Geschichte und Geographie – alternierend, aber nicht integrativ auf der gleichen Klassenstufe unterrichtet. In den meisten Ländern bildet die „Staatsbürgerkunde" ein Annex zur Zeitgeschichte oder zur Geographie Europas.

Die Inhalte sind noch stark institutionenkundlich ausgerichtet. In der Regel wird in das Regierungssystem des eigenen Staates eingeführt, aber keineswegs regelmäßig auch auf den europäischen Einigungsprozeß und seine Organe hingewiesen. Erst in der Sekundarstufe II, in der ein selbständiges Urteil der SchülerInnen eher vorausgesetzt wird, finden sich stärker problematisierende Ansätze.

V. Zukunftsperspektiven

Meine Ausführungen gingen bisher davon aus, daß jedes Land, mitunter sogar einzelne Provinzen oder Regionen, ihre eigenen Schulbücher haben werden. Wäre es aber nicht wünschenswert, ein Geographie- oder Geschichtsbuch zu konstruieren, das europäische Inhalte in einer Weise behandelt, die europäischen Schülern unabhängig von ihrer nationalen Zugehörigkeit zugänglich wird? In der Tat hat der französische Verlag Hachette sich an ein solches Unternehmen gewagt und ein ›Europäisches Geschichtsbuch‹ vorgelegt, das in möglichst viele europäische Sprachen übersetzt und mit identischem Inhalt in möglichst vielen europäischen Ländern erscheinen soll. Andere Versuche sind in Arbeit; unter anderem hat auch der Deutsche Geschichtslehrerverband ein Modell für ein ähnliches Werk entwickelt. Allen diesen Versuchen ist gemeinsam, daß sie auf der Basis europäischer Zusammenarbeit ein Bild Europas entwerfen wollen, das von vornherein einen Kompromiß zwischen den einzelnen nationalen oder regionalen Sichtweisen, Egoismen oder Schwerpunktsetzungen darstellt. Sie nehmen gleichsam die Erkenntnisse der internationalen Schulbuchrevision vorweg, die ja immer nur mit den bereits veröffentlichten Büchern arbeitet. Schon die Ausarbeitung der Gliederung und die Formulierung der einzelnen Kapitel setzt einen europäischen Verständigungsprozeß im Kreise der AutorInnen voraus. Die Schwierigkeiten, wenn nicht Unzulänglichkeiten eines solchen gesamteuropäischen Unternehmens für die Schule sind allerdings leicht erkennbar. Angesichts der Stoffülle hat das Autorenteam eines solchen Werkes außerordentlich schwierige *Auswahlentscheidungen* zu treffen. Die bisher vorliegenden Ergebnisse gehen in die Richtung, einige Hauptentwicklungen und geschichtsmächtigen Kräfte vorzustellen. Dies führt dazu, daß vor allem über die großen Staaten berichtet wird, die anteilmäßig schon bisher im Zentrum der europäischen oder internationalen Geschichts- oder Geographie-Lehrbücher standen. Dann besteht die Geschichte Europas vor allem aus Beiträgen Frankreichs, Englands, Deutschlands, Italiens und Spaniens. Damit entsteht die Gefahr, daß daraus eine Addition berühmter Nationalgeschichten wird. Das kann gerade die kleineren Staaten, die nur ausnahmsweise, aber nicht kontinuierlich behandelt werden, nicht befriedigen. Eine Alternative wäre eine *integrierte Zivilisationsgeschichte*, die mit einer Vielzahl wechselnder regionaler Beispiele aus dem gesamten Raum arbeitet und diese für die jeweilige Epoche als „europäisch" definiert. Sehen wir einmal von der Debatte ab, die sich an einer solchen Definition entzünden müßte, so würden die Nationen und Staaten nur zwei unter den vielen regionalen Einheiten bilden, die das politische, wirtschaftliche und kulturelle Leben in Europa geprägt haben. Sie gliedern somit auch nur Teilbereiche der Geschichte oder Geographie Europas. Freilich haben die betreffenden Fachwissenschaften bisher noch keine befriedigenden Gesamtdarstellungen vorgelegt, die die SchulbuchautorInnen ermuntern könnten, ein entsprechendes Werk für den Gebrauch an Schulen in Angriff zu nehmen. Ein entsprechender Versuch wäre aber auch schon der Mühe wert, wenn nur die Diskussion vorangebracht würde, was denn nun die entscheidenden Inhalte europäischer Zivilisation sind, wie sie sich gegen außereuropäische Lebenswelten abgrenzen oder zu ihnen in ein Verhältnis treten. Die Analyse der vorhandenen, national bezogenen Geographie- und Geschichtsbücher zeigt jedenfalls, daß diese Europa überwiegend als einen räumlichen Terminus auffassen, der allerdings oft keine konstanten Bedeutungen hat und „in dem" räumlich und zeitlich unterschiedlich eingrenzbare Entwicklungen stattfinden.

Vorläufig bleiben in den hier besprochenen Disziplinen Schulbücher, die mit einem gesamteuropäischen Ansatz auf den Markt kommen, für LehrerInnen und SchülerInnen nur Zusatzmaterial, das in den ohnehin knapp bemessenen Stunden kaum verarbeitet werden kann. Man wird wohl davon ausgehen müssen, daß sich dies auch im letzten Jahrzehnt unseres Jahrhunderts nicht mehr ändern wird.

Eine Revision der nationalen Curricula ohne eine *Diskussion in Wissenschaft und Öffentlichkeit* darüber, wie wir uns selbst als Europäer sehen, ist weder erwartbar noch wünschenswert. Angesichts der inhaltlichen Vielfalt, die uns Europa bietet, sowie angesichts der widersprüchlichen Entwicklungszüge und wechselnden Grenzen, die es auszeichnen, sollten wir vielleicht gar nicht erwarten wollen, daß uns *ein einheitliches europäisches Curriculum* vorgelegt wird. Dies würde geradezu unterschlagen müssen, was es darstellen soll: wechselnde Identitätsbezüge, die sich in der Auseinandersetzung mit den vielfältigen Differenzierungen unserer Lebensbereiche inner- und außerhalb Europas herausgebildet haben. Auf der anderen Seite aber besteht kein Zweifel, daß die *europäische Dimension* nicht nur unseren unmittelbaren Lebenskreis, sondern auch unsere Außenbeziehungen und die Art und Weise, wie wir von außen wahrgenommen werden, zunehmend beeinflußt.

Das *außereuropäische Ausland* hat anläßlich der jüngsten kriegerischen Konflikte am Golf und in Jugoslawien nach der Haltung „Europas", zumindest nach derjenigen der „Gemeinschaft" gefragt; wir können uns hier nicht mehr allein auf nationale Interessen zurückziehen. Ob wir es wollen oder nicht, jenseits Europas geht man bereits von einer gesamteuropäischen Verantwortung im politischen und wirtschaftlichen Kräftespiel der Welt aus. Es erscheint mir daher unerläßlich, die europäische Dimension in den Sozialwissenschaften stärker zu betonen, ihre jeweiligen Inhalte deutlicher herauszuarbeiten und sich sehr viel stärker auf den internationalen und innereuropäischen Vergleich einzulassen, als dies bisher geschieht.

Dementsprechend muß sich auch der Schulbuchvergleich zwischen den Ländern europäisieren. Neben die bilaterale Arbeit, die insbesondere im Austausch zwischen West und Ost wichtig bleibt, wird eine gesamteuropäische Komponente treten. Dabei geht es darum, die Darstellung und Bewertung Europas in seinen gegenwärtigen Möglichkeiten und seinen historischen Traditionen mit anderen Großräumen – wie etwa Nordamerika oder Afrika – zu vergleichen. Aber auch in Hinsicht auf den innereuropäischen Vergleich sind Arbeitsgruppen nötig, die den Versuch wagen, die in der Geschichte wechselnden Muster europäischer Beziehungen detaillierter freizulegen und einen Horizont für zukünftige Gestaltungsmöglichkeiten zu entwickeln. Nur so werden junge Menschen eine aktive Rolle in einer großflächigen Dimension ihres Lebensraumes wahrnehmen können.

Anmerkung

[1] Ich beziehe mich im folgenden auf eine Schulbuchanalyse, die am Georg-Eckert-Institut angefertigt wurde. Vgl. hierzu auch meine zusammenfassende Übersicht zu einzelnen Länderergebnissen (Pingel 1993) sowie den ausführlichen Projektbericht mit den Einzelstudien (Pingel 1994).

Literatur

Deutsche Unesco Kommission (Hrsg.): Empfehlung für die Erziehung zu internationaler Verständigung und Zusammenarbeit und zum Weltfrieden, verabschiedet von d. 18. Generalkonferenz der Unesco am 19. November 1974, Köln 1975.
Die deutsch-polnischen Schulbuchempfehlungen in der öffentlichen Diskussion der Bundesrepublik Deutschland. Eine Dokumentation, eingeleitet u. ausgew. v. W. Jacobmeyer, Braunschweig 1979.
Europa in der politischen Bildung der 12 EG-Staaten. Bonn 1992.
Haubrich, H. (Hrsg.): Geographische Erziehung im internationalen Blickfeld. Ziele, Inhalte und aktuelle Entwicklungen des Geographieunterrichts in 30 Ländern von 5 Kontinenten. Braunschweig 1982.
Hinrichs, E./Pingel, F.: Georg Eckert (1912–1974) und die internationale Schulbuch-

forschung. In: Leidinger, P. (Hrsg.): Geschichtsunterricht und Geschichtsdidaktik vom Kaiserreich bis zur Gegenwart. Stuttgart 1988, S. 334–348.

Höpken, W.: Geschichte und Gewalt. Geschichtsbewußtsein im jugoslawischen Konflikt. In: Internationale Schulbuchforschung 1 (1993), S. 55–73.

Jeismann, K. E.: Internationale Schulbuchforschung. Aufgaben, Arbeitsweise und Probleme. In: aus politik und zeitgeschichte 36 (1982), S. 27–36.

Kawerau, S.: Denkschrift über die deutschen Geschichts- und Lesebücher vor allem seit 1923. Berlin 1927.

Leclercq, J. M.: Die europäische Dimension im Geschichtsunterricht und in der staatsbürgerlichen Erziehung. In: Pingel, F. (Hrsg.), 1994.

Maclean, M./Howorth, J.: Europeans on Europe. London 1992.

Pingel, F. (Hrsg.): Europa – seine Geschichte und Geographie in Schulbüchern europäischer Länder. Frankfurt a. M. 1994.

–: Europa im Schulbuch – eine Bestandsaufnahme. In: Geschichte in Wissenschaft und Unterricht, 1993, S. 550–566.

–: Der Widerspruch gehört in's Schulbuch. Nationale Bildungstraditionen und europäische Lehrbücher. In: Wege nach Europa, Friedrich Jahresheft, 1991, S. 118–121.

Riemenschneider, R.: Bilder einer Revolution. Die Französische Revolution in den Schulgeschichtsbüchern der Welt, Frankfurt a. M. 1994.

Schröder, C. A.: Die Schulbuchverbesserung durch internationale geistige Zusammenarbeit. Braunschweig 1961.

Sperling, W.: Wissenschaftliche Grundlagen, didaktische Zielsetzungen und pädagogische Aufgaben des Geographieunterrichts in der Bundesrepublik Deutschland. In: Stadelbauer, J., u. E. Hillers (Hrsg.): Die Bundesrepublik und die Sowjetunion. Fachdidaktik und Fachwissenschaft bei Schulbuchgesprächen in der Geographie 1983–1986. Braunschweig 1988, S. 113–127.

Tham, B., u. a.: Rahmenbedingungen für die Vermittlung Europas im Unterricht in Rheinland-Pfalz, Universität Mainz – Eigenverlag 1993.

Tiemann, D.: Schulbuchrevision im Schatten der Konfrontation. Deutsch-französische Auseinandersetzungen zwischen den beiden Weltkriegen. In: Geschichte in Wissenschaft und Unterricht, 1988, S. 342–362.

Unesco: A handbook for the improvement of textbooks and teaching material. Paris 1949.

Winter, K.: Das Europäische Bildungswesen im Prozeß seiner Internationalisierung. Weinheim 1980.

Birte Ravn

'Miterziehung' durch Familie und kulturelles Milieu

Abstract

Die Entwicklung von Erziehung und Sozialisation in Europa weist auf den *Bedarf einer erweiterten Miterziehung* im Kontext der örtlichen Schulumgebung hin – und zwar als Teil einer generellen Dezentralisierungstendenz. Diese Tendenz zeigt sich ungeachtet verschiedenster erziehungspolitischer und kultureller Maßnahmen in Europa.

– Aus diesen Entwicklungen ergibt sich die Forderung an uns alle, sowohl die erziehungspolitischen Strategien in Frage zu stellen als auch die Funktion des Elternhauses und die Rolle des Kindes zu überdenken und neue Wege eines pädagogischen Zusammenwirkens zu konzipieren.

– Um diese neuen Anforderungen zu meistern, muß die Lehrerbildung in den Prozeß miteinbezogen werden.

– Dabei lassen sich Illusionen bei den Erziehungs- und Sozialisationsprozessen in Neu-Europa nur vermeiden, wenn wir von einem vielfältigen Europa ausgehen und die kulturellen Besonderheiten sowie Lebensformen aufmerksam beachten. Nur auf diese Weise wird ein vereinigtes Europa leben und überleben können.

I. Historischer Kontext der 'Miterziehung' in Europa

Die soziale Unruhe des neunzehnten und zwanzigsten Jahrhunderts schuf – in gewisser Weise im Kielwasser der industriellen Entwicklung – einen *Bedarf an staatlicher Kontrolle,* und zwar nicht zuletzt weil befürchtet wurde, daß sich Kinder – besonders von Arbeitereltern – den herrschenden bürgerlichen Normen nicht anpaßten. Dies Mißtrauen in die Eltern, daß sie entweder nicht in der Lage oder bereit wären, einen institutionalisierten Unterricht zu unterstützen, führte auf verschiedene Weise zu disziplinierenden Organisationsstrukturen im Bildungswesen.

So spiegeln sich in den *stark industrialisierten Ländern* Zentraleuropas
– wie Deutschland, Frankreich, Belgien, der Schweiz und zum Teil auch Italien – die hierarchischen Organisationsmuster der Industrie auch in den zentralen bzw. hierarchisch-elitären Strukturen des Erziehungssystems. In diesen Regionen führte die Organisation des Schulsystems dazu, daß Lehrer und Schulen z. T. auch heute noch die staatliche Autorität gegenüber den Eltern hervorkehren. Demgegenüber zeigte sich in Ländern wie Dänemark, Norwegen und im mehr industrialisierten Schweden – in gewissem Grade auch in England – ein stärkerer Einfluß *landwirtschaftlicher Strukturen* auf die Organisation der Schule. In der Landwirtschaft aber ist jeder Bauer und Gutsbesitzer prinzipiell sein eigener Herr.
– Beispielsweise erhielt das *englische Schulsystem* vormals eine äußerst dezentrale, von Partnerschaftsgedanken geprägte Form, weil große Furcht bestand, daß die obligatorische Schule unter politische Leitung geraten könnte. Aufgrund dieser Tradition ist trotz der neueren zentralistischen Tendenzen das Verhältnis zwischen Lehrern und Eltern tendenziell auch heute noch enger als zwischen Lehrern und der staatlichen Autorität, wie sich an der Organisation der 'Parent-Teacher-Associations' zeigt.
– In *Dänemark* wiederum vereinigten sich die Bauern im Laufe des 19. Jahrhunderts in Verbänden. Diese Genossenschaftsbewegungen (Andelsbevaegelsen) beeinflußten die Schule so, daß sie sich – im Unterschied zu England – auf der Grundlage eines 'sozialen' Liberalismus entwickelte. Beispielsweise sicherte der dänische Staat allen Kindern eine Grundausbildung zu, und selbständige Bauern setzten durch, daß Eltern Einfluß auf den Unterricht und die Organisation der Schule erhielten. So entstanden viele private Schulen, deren Ausgaben bis zu 90% von der öffentlichen Hand getragen wurden. Gleichzeitig berücksichtigten die öffentlichen Schulen in zunehmendem Maße Erziehungswünsche des Elternhauses. Heute findet dieser Einfluß über den obligatorischen Elternrat statt, der von und unter den Eltern jeder Schule gewählt wird. Auf diese Weise wird die öffentliche Schule recht stark von pädagogischen Vorstellungen geprägt, wie sie sich in den freien Schulen entwickelten. Vermutlich besteht in Dänemark ein größeres Gleichgewicht zwischen Schule, Staat und Elternhaus als im übrigen Europa. Das nachfolgende Schema deutet die unterschiedlichen Einflußsphären an.
Die gesellschaftliche Entwicklung beeinflußt notwendigerweise die Haltungen und Erwartungen, mit denen sich Eltern, Kinder, Lehrer, administrative Autoritäten und Bürger in den verschiedenen Regionen Europas begegnen. Dabei ist nicht nur die Rede von Unterschieden in der staatlichen Einflußnahme auf den Erziehungsprozeß, sondern auch von kulturellen Unterschieden innerhalb der Staaten, die derzeit in Europa beachtet werden.

'Miterziehung' durch Familie

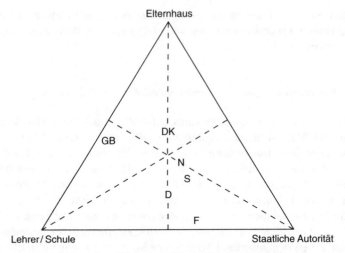

Abb. 1: Das bildungspolitische Kräfteverhältnis.

Die Abbildung skizziert auf schematische Weise, wie und welche Partner in der Erziehung miteinander kooperieren. Vor diesem Hintergrund soll diskutiert werden, wie in Europa die 'Miterziehung' – national und örtlich/kulturell – realisiert wird, d. h. „Wer sind die Partner?" – „In welcher Beziehung stehen die Partner zueinander?" – „Wie hat sich das Verhältnis der Partner verändert?".

Notwendig ist es, im Erziehungs- und Sozialisationsprozeß unseres 'Neu-Europa' von einem *kulturellen Pluralismus* auszugehen, d. h. von kulturellen Besonderheiten und verschiedenartigen Lebensformen.[1] Ein vereinigtes Europa wird nur leben und überleben können, wenn die lokal entstandenen und gemeindeverankerten Lebensformen – d. h. die kulturellen Besonderheiten und Zustände – beachtet werden und die neuen Vorstellungen von Europa sich mit den älteren Kulturtraditionen verbinden. Nur dann kann sich ein Gefühl von 'Sicherheit' entwickeln. Denn ohne Bezug zu je eigenen Fundamenten wird sich rasch ein Unsicherheits- und Angstgefühl verbreiten. Notwendig ist, daß wir anderen eine Chance geben, im Rahmen unserer Lebensformen von ihrer eigenen Kultur Gebrauch zu machen. Wie bedeutsam diese Verständigung ist, zeigen nicht nur die Zusammenführung der deutschen Staaten, sondern noch stärker die Verständigungsprobleme der ehemals jugoslawischen Länder sowie manch anderer Region in Zentraleuropa. Haben nicht die obrigkeitsstaatlichen politischen oder finanziellen Absichten der Regionen die Bevölkerung im Stich und in Unsicherheit gelassen? Gerade diese Erfahrungen zeigen in eklatanter Weise, daß die Begriffe von Bildung, Erziehung und Sozialisation neu konzipiert und in Beziehung gesetzt werden müssen. Die politischen Ereignisse und entsprechenden Konjunkturen haben zwangsläufig einen beträchtlichen Einfluß auf die Bildungspolitik, Erziehung und pädagogischen Verfahren (vgl. Luhmann/Schorr 1988).

II. 'Miterziehung' zwischen professioneller und politischer Steuerung

Betrachten wir die konkrete Entwicklung Europas Ende der 80er und Anfang der 90er Jahre, beobachten wir weithin eine größere *Akzeptanz der Verschiedenheiten*. Beispielsweise werden in der pädagogischen Praxis und Bildungsforschung politische und kulturelle Unterschiede stärker berücksichtigt und kultursoziologische und ethnographische Erkenntnisse mit einbezogen. Hinzu kommt eine Dezentralisierung der Entscheidungskompetenz bis hin zur lokalen Ebene. Auf der anderen Seite aber zeigen sich bei der EG und in etlichen Staaten auch *Tendenzen einer stärker zentralen Lenkung und Leitung*, und zwar wird versucht, quer zu den kulturellen Verschiedenheiten politisch festzulegen, welche Kompetenzen das Erziehungssystem vermitteln soll (Telhaug 1990). Diese Zentralisierungstendenz kann als Ausdruck eines Machtkampfes um Einfluß auf das Unterrichtssystem – und dadurch indirekt auf den gesamten Erziehungsprozeß – interpretiert werden. Bei diesen Auseinandersetzungen, die sich seit Ende der 80er Jahre in Europa verschärft haben, geht es vor allem um konkurrierende fachliche Ansprüche auf der einen Seite und politisch-ökonomische auf der anderen.

Insgesamt haben in der Europäischen Gemeinschaft, die sich lange ökonomisch legitimierte, zunehmend wirtschaftlich ausgerichtete, politische Konzeptionen die Erziehung beeinflußt. So werden *Bildung und Erziehung als nationale Ressourcen* betrachtet, von denen die jeweilige Konkurrenzfähigkeit abhängt. Diese Akzentuierung der Humanressourcen spiegelt sich in sämtlichen EG-Programmen zur Bildungskooperation. Hinzu kommt, daß die frühere Auffassung, durch Bildung könne Chancengleichheit gesichert werden, sich nicht erfüllt hat. So werden das Unterrichtssystem, die Schule und professionell Beteiligte politisch zunehmend in Frage gestellt. Statt dessen sucht man in den Wünschen und Bedingungen der 'Bildungsadressaten' einen neuen bildungspolitischen Ausgangspunkt. Entsprechend werden die Wahlmöglichkeiten unter den Bildungsangeboten – sei es in Form verschiedener Unterrichtsarten oder Schultypen – erweitert. Absicht ist vor allem, die allgemeine und berufliche Bildung im Hinblick auf die Anforderungen des Arbeitsmarktes flexibler zu gestalten.

In Frankreich betonte der Präsident Mitterrand beispielsweise, daß der Ausbildung nationale Priorität zukomme, und in allen Ländern betrachtet man Erziehung und Erwachsenenbildung als ein Mittel, um der Arbeitslosigkeit zu begegnen.

Die gleichzeitig adressaten- und marktorientierte Bildungspolitik eröffnet durchaus neue Möglichkeiten, daß Menschen mit verschiedenem kulturellen Hintergrund, die unterschiedliche Lebensformen und Wirtschaftsbereiche repräsentieren, einen Teil ihrer Ausbildungs- und Qualifikationswünsche und -forderungen erfüllt bekommen. Aber diese Bildungspolitik veranlaßt die *staatlichen Instanzen* auch, die gesellschaftsdienliche Erziehung zu koordinieren, zu kontrollieren und verstärkt zu lenken.

Vier zentrale 'Ansätze' lassen sich bei den heutigen *Kontroll- und Legitimierungsbemühungen* unterscheiden, die die Miterziehung auf unterschiedliche Weise beeinflussen. Sie werden zunächst benannt und dann detaillierter diskutiert.

– Eine 'externe Evaluierung': Hier gilt es, möglichst genau definierte Ziele und Überprüfungstechniken zu entwickeln.
– Eine Verbindung von 'Nutzerentscheidung und Wettbewerb': Hier erfolgt die Kontrolle der Bildungsangebote weithin implizit über den Wettbewerb und die jeweilige Beteiligung der Nutzer.
– Wichtig ist außerdem die 'Selbstentwicklung': Hier werden personale und lokale Entwicklungsprozesse auf der Grundlage dezentralisierter Entscheidungs- und Entwicklungsprozesse zur Legitimation herangezogen.
– Schließlich gibt es eine sog. professionelle 'Überlebensstrategie': Dabei geht es um den Selbsterhalt der Lehrenden und Schule in einer Gesellschaft, die das Lehreramt und eine professionelle Pädagogik in Frage stellt.

1. Externe Evaluierung

In den früher stark zentralisierten Bildungssystemen – z. B. jenen von Frankreich, Österreich und Belgien – wird die staatliche Steuerung der Unterrichtssysteme zunehmend kritisiert. Außerdem richtet sich die Kritik in einigen Ländern – wie Frankreich und Belgien – gegen die große Anzahl der 'Nichtversetzten'. In anderen wiederum – wie z. B. in Deutschland und England – wurde und wird eine schärfere und vor allem *meßbare Kontrolle der Bildungsprozesse und -ergebnisse* gefordert.
– So wurden in *England* 1988 während der konservativen Regierung unter Margaret Thatcher ein Nationales Curriculum und altersspezifische nationale Evaluierungen eingeführt. Begründet wurden diese Maßnahmen unter anderem damit, daß deutsche Schulen bessere Bildungsresultate erreichten, weil die Bildungsziele hier genauer definiert und unter den Schulen weithin ähnlich waren (Telhaug 1990). Die Einführung nationaler Prüfungen war dabei durchaus umstritten. Beispielsweise protestier-

ten 1993 Lehrer, Schulbehörden und Eltern so vehement gegen sie, daß Unterrichtsminister John Patton von allzu vielen technischen Prüfungen Abstand nahm.
– Auch in *Nordeuropa* haben die Evaluierungstheorien Eingang gefunden. Jedoch legt man hier im Rahmen einer Entwicklungs- und Effektivitätsstrategie mehr Wert darauf, daß die Beteiligten in einem formativen Evaluierungsprozeß auch zu einer Selbstbeurteilung kommen. Tendenziell zumindest bemüht man sich in den skandinavischen Ländern darum, von externen Motivierungsformen, die auf Kontrolle und Wettbewerb bauen, Abstand zu nehmen; denn Furcht und schlechtes Gewissen seien pädagogisch keine vorteilhaften Anregungshilfen. Das dänische Unterrichtsministerium hat z. B. eine Reihe von qualitativen Entwicklungsrapporten ausarbeiten lassen, die teils eine direkte Kontrollfunktion haben, teils zur Selbstevaluierung anregen. Einer dieser Rapports handelt von der Zusammenarbeit von Schule und Elternhaus und dient derzeit als beispielhafte Beratungshilfe für eine bessere Kooperation (vgl. Udviking og kvalitet 1991; Barrosso/Sjørslev 1990).

Wenn wir von 'Miterziehung' im Rahmen einer externen Evaluierung sprechen, so zielt sie auf einen summativen Evaluierungsprozeß. Dabei gilt Erziehen primär als eine Aufgabe der Spezialisten – sei es von Lehrern oder externen Beratern, die im staatlichen Auftrag handeln. Auch die Ziele der Erziehung sind allgemein extern und ohne Mitwirken der Beteiligten, d. h. der Schüler oder Eltern, festgelegt. Zwar können sich die Eltern den Schulinformationen gegenüber positiv wie negativ äußern, aber nur selten können sie an der Zielbestimmung konstruktiv mitwirken. Die Gründe dafür sind vielerlei Art:
– Erstens, wenn eine humanistische Philosophie vorliegt, die davon ausgeht, daß Lernen von einer 'Tabula rasa' beim Kind auszugehen bzw. 'Handicaps' oder 'Fehlentwicklungen' zu berücksichtigen habe (vgl. Pourtois/et al. 1993; Krumm 1993; Ravn 1991), dann kann in der schulischen Erziehung kaum von einer Mitwirkung von 'Nicht-Professionellen' die Rede sein. Denn nach dieser Auffassung können nur professionelle Pädagogen die richtigen, d. h. 'wahren' Informationen geben, und nur sie beherrschen die notwendigen Fähigkeiten.
– Zweitens ergeben sich erhebliche Diskrepanzen, wenn zwischen fachlichen Bildungskompetenzen einerseits und sozialen wie moralischen Erziehungsaufgaben andererseits scharf getrennt wird; denn dann sind die Schule bzw. die Lehrer für den ersten Bereich und das Elternhaus für den letztgenannten verantwortlich.
– Drittens ergeben sich Probleme, weil die akademische Lehrerausbildung zum einen in universitären Milieus stattfindet und damit vielfach nur jüngere Altersgruppen betrifft und zum anderen weil die Lehrer nur in aka-

demischer Hinsicht, d. h. fachspezifisch ausgebildet werden, aber kaum sozialpsychologische und pädagogische Orientierungen für eine Zusammenarbeit mit den Eltern erhalten. Daraus ergibt sich, daß fundamentale Voraussetzungen für einen erfolgreichen Lernprozeß zu wenig beachtet werden, wie z. B. die Bedeutung eines gemeinsamen Lernverhaltens.

In Dänemark findet – dies ist eine Ausnahme in Europa – die Lehrerausbildung in besonderen Ausbildungsinstitutionen (sog. Lehrerseminaren) statt. Die Ausbildung bezieht sich auf die allgemeinbildende Gesamtschule von der ersten bis zur zehnten Klasse. Hier werden die Lehrer für alle Unterrichtsfächer auf allen Schulstufen (bis zur 10. Klasse) ausgebildet, obwohl Spezialisierungen auf einige Fächer vorgesehen sind. Außerdem werden die Lehramtsstudenten mit den Aufgaben und der speziellen Verantwortung des Klassenlehrers vertraut. Dabei ist der Klassenlehrer für das soziale Leben in der Klasse, für den Kontakt mit den Eltern und für die Koordination der verschiedenen Fachlehrer in der Klasse verantwortlich. In ähnlicher Weise ist auch das norwegische und schwedische Schulsystem organisiert. Daher mag es für die Lehrer nordischer Länder näherliegend sein, sich stärker mit der Gesamterziehung der Kinder zu befassen und mit den Eltern zu kooperieren.

– Viertens bereitet die Evaluation der Miterziehung Schwierigkeiten, wenn sich die Lehrer nur als Staatsangestellte und Wissensvermittler im Rahmen politischer Vorgaben und als Beteiligte an summativen Evaluierungsprozessen verstehen. Denn dann verstehen sie sich eben nicht als 'Miterzieher'.

2. Nutzerentscheidung und Wettbewerb

Bei diesem 'Ansatz' haben *Eltern* direkt wie indirekt eine *legitimierende Rolle* für die Ausrichtung der Schule nach marktwirtschaftlichen Prinzipien. Einerseits können Eltern bei freier Schulwahl den Wettbewerb unter den Schulen genauso herausfordern wie Klienten und Käufer, die unter Beratungsdiensten und Waren wählen. Zum anderen können sie durch ihr Engagement im Elternrat die Leitung der Schule beeinflussen. Entsprechende Mitwirkungs- und Einflußmöglichkeiten bestehen in allen europäischen Ländern, obwohl das Ausmaß der Mitverantwortung und daher die Legitimierung des Wettbewerbs durchaus verschieden ist.
– Als der *englische Unterrichtsminister* Ende der 80er Jahre Abstand von dem bis dahin fachlich, d. h. professionell geleiteten Erziehungssystem nahm, das er als produzentendominiert bezeichnete, begründete er dies damit, daß die Konsumenten der Erziehung (d. h. die Eltern) stärker ins Zentrum der schulischen Entscheidungsprozesse gerückt werden müßten.

- Für diese Gedanken zeigten sich der *dänische Unterrichtsminister* und die neuliberale Regierung Ende der 80er Jahre durchaus zugänglich. So wurden die Befugnisse des Elternrats, der an jeder Schule obligatorisch ist, erweitert, um eine effektivere Verwaltung der schulischen Ressourcen zu erreichen. Gleichzeitig löste man die Lehrerräte an den Schulen auf und ermöglichte eine Konkurrenz der Schulen im Rahmen der regionalen Schulgebiete. Daneben fand eine landesweite Neukonzipierung der 'Folkeskole' statt, damit sie den Wünschen und Ideen der örtlichen Schulen und Nutzer besser entspricht. Die Grundphilosophie war, dem einzelnen Menschen stärker zuzutrauen, für sich „selbst zu tun, was er will" („Folk kan selv").[2]
- In *Norwegen* wiederum wird an der örtlichen Verankerung der Schule festgehalten, zumal sich dies schon in Anbetracht der geographischen Ausdehnung des Landes gebietet. Von einer freien Schulwahl und von freien Schulen nimmt man allerdings Abstand, da man für alle Kinder und Jugendlichen eine wohn- und lebensnahe Erziehung gleicher Qualität wünscht (Jacobsen 1993).
- In *Schweden* dagegen wurden Eltern und Schüler seit Beginn der 90er Jahre erweiterte Wahlmöglichkeiten eingeräumt. Ein Hauptprinzip der schwedischen Regierung war es, die Eigenprofilierung der Schule, d. h. die sog. 'Profilschule' zu fördern (Rosenbohm 1993; Telhaug 1990). Damit Eltern sich auch vom Unterricht der Kinder überzeugen und an ihm teilnehmen können, haben sie seit mehreren Jahren das Recht, zwei Arbeitstage bei vollem Lohn für Schulbesuche freigestellt zu werden.
- Den Verfassungsentwürfen der fünf *neuen Bundesländer in Deutschland* ist schließlich gemeinsam, daß sie das Recht der Eltern auf freie Schulwahl und kostenlosen Schulbesuch festschreiben und daß auf dem Gebiet der ehemaligen DDR jetzt private Schulen zugelassen sind und staatlich mitfinanziert werden (Grossmann 1990).

Vergleicht man die *unterschiedlichen Beteiligungs- und Wettbewerbsstrukturen*, so werden auf der einen Seite die Wahlmöglichkeiten vor allem nach dem Prinzip des Wettbewerbs reguliert, auf der anderen Seite – vor allem in Skandinavien – basieren sie auf der Idee, daß sich verschiedene Angebote möglichst gegenseitig ergänzen sollen. Generell unterscheiden sich die neuen Wahlmöglichkeiten, in denen eine neue Fassung der Egalitätsideologie zum Ausdruck kommt, von den alten, elitären Schulsystemen, wie sie aus Frankreich und England bekannt sind. Denn heute wenden sich die unterschiedlichen Schulkonzepte nicht mehr an bestimmte soziale Schichten. Auf diese Weise werden nicht – wie früher – soziale Ungleichheiten stabilisiert, allenfalls ergeben sich andere Ungleichheiten.

Selbstverständlich ist beim 'Prinzip der Miterziehung', daß *Lehrer und Eltern unterschiedliche Interessen und Voraussetzungen* einbringen. Bei der einen Gruppe dominiert die Absicht, Chancengleichheit zu fördern, bei der anderen stehen spezifische Nutzerinteressen im Vordergrund. Diese Konkurrenzsituation fordert diejenigen Bildungssysteme besonders heraus, in denen die Miterziehung auf dem Gedanken von Chancengleichheit beruht, weil nicht nur sehr differente Werte, Normen und Gewohnheiten aufeinandertreffen, sondern bei den Miterziehenden auch die ökonomischen, sozialen und ausbildungsmäßigen Voraussetzungen sehr ungleich sind.

Lehrer stehen damit vor schwierigen Aufgaben, weil sie letztlich die soziale Gemeinschaft fördern und zwischen den unterschiedlichen Interessen vermitteln müssen. Die Gefahr darf nicht übersehen werden, daß sich etliche Lehrer angesichts dieser Herausforderung leicht auf ihren fachlich-professionellen Bereich zurückziehen, d. h. sich den Interessen der Eltern verschließen, vor allem wenn sie sich unsicher fühlen oder als 'Besserwissende' betrachten. Diese Problematik ist in meinen eigenen Untersuchungen über das Verhältnis von Lehrern und Eltern immer wieder deutlich geworden (Ravn 1988, 1990). Auch zeigte sich, daß viele Lehrer nicht die notwendigen fachlichen, persönlichen und sozialen Kompetenzen besitzen bzw. keine angemessene Ausbildung erhalten haben, um trotz guten Willens mit solchen sozialen Prozessen zurechtzukommen. Die meisten Lehrer gestehen sich diese Defizite bzw. Schwierigkeiten durchaus ein.

Betrachten wir dagegen die Zusammenarbeit bei den elitären oder freigewählten Schulen, z. B. katholischen, so sind die Voraussetzungen der 'Miterziehung' ungleich günstiger. Hier bestehen schon im voraus gemeinsame Interessen und Werte, auf deren Fundament sich eine kultur- und wertspezifische Erziehung und wechselseitige Kooperation anbietet.

Insgesamt handelt es sich beim Mitwirkungsrecht der Eltern primär um ein demokratisches Prinzip und erst sekundär um ein pädagogisch-erzieherisches Prinzip. Ihre Mitwirkung auf legal-organisatorischer Ebene (z. B. über Elternräte) ist in den letzten Jahren überall in ganz Europa erheblich erweitert worden. Auf detailliertere Analysen, welche Erfahrungen auf dieser Ebene der elterlichen Miterziehung bisher gemacht wurden, muß hier aber verzichtet werden.[3]

3. Selbstentwicklungsansatz

Als einen dritten 'Ansatz' zu einer neuen Bildungsorientierung finden wir seit einiger Zeit in Europa wie auch in den Vereinigten Staaten sowohl eine stärkere Ausrichtung auf die *Gesamtentwicklung der Kinder,* die weder Schule noch Eltern allein leisten können, als auch ein verstärktes Bemühen um eine *lebensnähere und komplexere Erziehung,* weil die pädagogische Verbindung zum konkreten, örtlichen Leben vielfach verlorengegangen ist.

Aus letztgenannten Gründen wird oft eine Dezentralisierung der Entscheidungs- und Entwicklungsprozesse angestrebt, denn die komplexen Strukturen moderner Gesellschaften sind für Kinder nicht durchsichtig und pädagogisch kaum einzuholen. Ziel ist es dabei, das ganze kulturelle Milieu der schulischen Umgebung – inklusive der lokalen Medien – pädagogisch mit einzubeziehen. Dieses geschieht aus der wachsenden Erkenntnis, daß Familie und Elternhaus nicht länger die einzig Verantwortlichen der Erziehung sein können, weil die Erziehungsvoraussetzungen und -fähigkeiten der Eltern eng mit der Qualität öffentlicher und privater Institutionen, mit dem jeweiligen Milieu, der Nachbarschaft und der Umgebung sowie mit den Arbeits- und Wohnverhältnissen der Eltern und dem Gesundheitswesen verbunden sind. Und zwar richtet man den Blick auf den Zusammenhang von örtlichen Verhältnissen und schulischer Erziehung, weil dadurch sowohl die fachliche Bildung als auch die zunehmend bedeutsamere soziale wie persönliche Entwicklung der Kinder berührt werden. Begreift man jedoch die Schule als *örtliches Kultur- oder Aktivitätszentrum*, so lassen sich komplementäre – vielleicht sogar alternative – Lernmilieus integrieren. So bieten sich neue Möglichkeiten, daß Kinder und Erwachsene miteinander bekannt werden, und wird vielleicht auch eine ganzheitlichere persönliche Entwicklung möglich, als sie die traditionelle Schule zu fördern vermag.
– In den *deutschen Großstädten*, wie Hamburg und Berlin, wünschen Pädagogen und Schulbehörden seit Jahren, die Unterrichtsmöglichkeiten der Schulen stärker auf die sozialen Verhältnisse der nächsten Umgebung abzustimmen. Auf diese Weise erscheint es angesichts der wachsenden Minoritätenproblematik auch am ehesten möglich, Probleme der Fremdsprachlichkeit zu meistern und die Öffentlichkeit in die Arbeit der Schule einzubeziehen. Devise könnte sein: „Wir sind die Schule" – so wie vor Auflösung der DDR artikuliert wurde: „Wir sind das Volk" (Rosenbohm 1993).
– In *Spanien und Portugal* wiederum bemüht man sich um eine Zusammenarbeit unter dem Motto: „Der Erfolg aller beruht auf der Zusammenarbeit aller" – oder, wie es in einem afrikanischen Sprichwort heißt, "a child's education demands all the village". Das Ziel ist es, Wege zu finden, daß Familie, Schule und Gemeinde enger zusammenarbeiten, um die Motivation von Kindern, ihr Lernen und ihre Entwicklung zu fördern (Souta/u. a. 1993). Entwickelt wurden deshalb örtliche Strukturen, die eine gezielte Zusammenarbeit von Professionellen und Nichtprofessionellen, von Lehrern und Familienmitgliedern sowie von örtlichen Organisationen, Vereinen und Verwaltungen begünstigen.
– In *Belgien* arbeitet CERIS (Centre de Recherche et d'Innovation en Sociopédagogiques, Mons) mit dem gleichen Ansatz, und zwar nicht nur um die kindliche Erziehungsentwicklung zu fördern, sondern auch um jeden

Akteur – seien es Experten, Katalysatoren oder anderweitige Ressourcen – in die soziale Entwicklung einzubeziehen (Pourtois/u. a. 1993).

– In *Dänemark* wiederum endete vor kurzem ein landesweites Entwicklungsprogramm der Folkeskole (Hogsbro/u. a. 1991), das sich in zentraler Weise damit befaßte, wie die Schule als örtliches Kulturzentrum fungieren könne, und zwar um über traditionelle Schranken hinweg eine Kooperation verschiedener Institutionen zu erreichen, ähnlich wie bei den spanischen und portugiesischen Entwicklungsstrategien. Die dänische Initiative basiert auf der Idee, daß die Schule für jedermann in der örtlichen Gemeinschaft zugänglich sein solle – und zwar ist damit nicht nur das schulische Gebäude gemeint, sondern auch das Potential der Mitarbeiter und das mit der Schule verbundene kulturelle Milieu. Einerseits soll Kindern, Eltern und Großeltern damit eine Möglichkeit gegeben werden, sich in anderem Kontext zu begegnen und gemeinsam mit den gleichen – oder auch sachverwandten – Bereichen zu beschäftigen. Zum anderen wurden dadurch neue Möglichkeiten zur sozialen Integration von Kindern und Jugendlichen aus verschiedenen Kultur- und Altersgruppen erschlossen. Am hier skizzierten Entwicklungsprogramm beteiligte Lehrer formulierten ihre Zielsetzung in einer Einladung an Eltern und örtliche Bewohner z. B. so:

„wichtig ist es . . . daß Menschen außerhalb der Schule jenes Potential entdecken, welches Unterrichtsräume, Inventar und Menschen in der Schule für alle Bewohner und Vereine des örtlichen Umkreises darstellen" können.

Offensichtlich ist, daß man die existierenden Grenzen der schulischen Unterrichts- und Erziehungsarbeit zu überschreiten und einen Ausgleich zu erreichen suchte zwischen organisiertem Lehren und freier wie aktiver Beteiligung an neuen Lern- und sozialen Gestaltungsprozessen. Beispielsweise werden in vielen Gemeinden sowohl von Eltern als auch Kindern lokale Medien in diesem Lernprozeß genutzt. Wie vielfältige Reflexionen dieser Bemühungen zeigen, fühlen sich in diesen neuen Zentren Eltern und örtliche Bewohner der Schule und den Lehrern gegenüber sehr viel entspannter. Überraschender noch war es, wie sich viele involvierte Lehrer selbst erstaunt zeigten, daß sie das Wohnviertel und seine Bevölkerung viel besser kennengelernt hätten und sich dadurch besser befähigt sahen, das lokal vorhandene Wissen, die unterschiedlichen Fähigkeiten und andere Quellen besser zu nutzen. Ein soeben verabschiedetes neues Schulgesetz basiert auf diesen Erfahrungen. Es verlangt, daß im Bildungssektor künftig nicht nur eine Zusammenarbeit von Eltern und Lehrern, sondern auch von Schule und örtlichen 'Bildungsträgern' angestrebt wird, sei es daß sich diese Arbeit im Weiterbildungssektor und Vereinsleben entfaltet oder auf Aktivitäten und Kreise interessierter Bürger zurückgeht.

Miterziehung reicht also über eine Zusammenarbeit von Schule und Elternhaus hinaus. In dem Bemühen und in den Strategien, Kindern eine integrierte und örtlich verankerte Erziehung anzubieten, liegt jedoch auch eine Gefahr, nämlich daß der Einfluß und die Aufgaben des Elternhauses wie der Familie in den Hintergrund gedrängt werden. Wichtig ist deshalb zu überlegen, worauf man in einzelnen Situationen besonderes Gewicht zu legen wünscht und auf welcher Grundlage sich das gesetzte Ziel lokal fördern läßt. Beispielsweise steht angesichts der ökonomischen Probleme in den 1990er Jahren bei den zentralen Behörden und Autoritäten oft ein Interesse, möglichst viele Ressourcen außerhalb der öffentlich finanzierten Institutionen zu mobilisieren. Dies ist für Gemeinden zweifellos eine Möglichkeit, sich selber aktiver an einer Neugestaltung der Miterziehung zu beteiligen.

4. 'Überlebensstrategie' professioneller Pädagogen

In dieser Strategie erhält das Elternhaus eine legitimierte Funktion im institutionellen Bildungsprozeß, und zwar auf zweierlei Weise:
In professionell-fachlicher Hinsicht gelten die *Eltern als wichtige Hilfe* beim fachlichen und persönlichen Unterrichtserfolg der Kinder und werden deshalb von Lehrern und Schulen als hilfreiche Miterzieher betrachtet. Entsprechend werden verschiedene formelle und informelle Kontakte hergestellt, sei es über:
– schriftliche Informationen,
– aufklärende Versammlungen,
– oder soziale Arrangements.
Die Informationen und Veranstaltungen zielen allgemein jedoch mehr darauf, den Eltern einen Eindruck von der Schule zu vermitteln, als von ihnen pädagogisch bedeutsame Hintergrundinformationen zu erhalten (Ravn 1980, 1988, 1989). Wie meine dänischen Untersuchungen Mitte der 80er Jahre zeigen – deren *Haupttendenzen* heute noch Bestätigung finden –, stehen bei derartigen Kontakten im Vordergrund:
– Schulbezogene Darstellungen der Lehrkräfte, d. h. sie erzählen von ihrem Unterricht oder vom Erfolg der Kinder;
– spezifische pädagogische oder soziale Probleme, wie sie von den Lehrkräften erlebt und definiert werden;
– eine arbeitsteilige 'Zusammenarbeit', und zwar gilt es aufgrund der unterschiedlichen Problemzuweisungen eher als Aufgabe der Eltern, für Kaffee und Kuchen zu sorgen, bzw. als Aufgabe der Lehrer, Unterrichtsprobleme zu thematisieren.
Zum anderen aber wird die Kooperation mit dem Elternhaus auch aus

kompensatorischer Perspektive angestrebt. Vor allem in Südeuropa und in den angelsächsischen Ländern gab und gibt es zahlreiche Bemühungen, Bildungsnachteile der Kinder durch Elternbildungsmaßnahmen zu verringern. In Nordeuropa hingegen sind derartige Elternerziehungsabsichten auf größeren Widerstand gestoßen.

Insgesamt stellt die Miterziehung die *Lehrer vor große Aufgaben;* einige klammern sich daher um so mehr an eine professionelle 'Attitüde', andere – besonders der Grund- und Sekundarstufe I – versuchen ihre professionelle Abgesondertheit zu durchbrechen. Wenn es aber im Curriculum bzw. Lehrplan keine Hinweise oder anderweitigen Forderungen gibt, die den Lehrerbeitrag in der Miterziehung als Aufgabe klar beschreiben, kann kaum verwundern, wenn sie sich auf ihre persönliche Auffassung von Professionalität zurückziehen. Hulsebosch (1991), der Einstellungsunterschiede bei Lehrern untersuchte, fand heraus, daß die eher Passiven, die Eltern nur beiläufig einbeziehen, ihre Lehrerrolle viel stärker im traditionell-fachlichen Sinne und sich selbst als unabhängig, aber auch isoliert verstanden. Nun zeigen aber dänische Projekte, die sich mit den Funktionen des Klassenlehrers befaßten (vgl. Das Projekt 'Klassenlehrer' 1990, 1991, 1992), daß Lehrer, die zwangsläufig mit Kollegen kooperieren müssen, allgemein auch konstruktiver mit den Eltern zusammenarbeiteten. Obwohl man auch bei dänischen Lehrern auf ähnliche Bedenken, Schwierigkeiten und defensive Haltungen gegenüber der Elternmitarbeit stößt wie in anderen Ländern, kommt es der Verfasserin so vor, als ob hier die LehrerInnen doch bereitwilliger und selbstverständlicher auf sie als Miterzieher eingehen.

Tendenziell sind Lehrer heutzutage eher bereit – teilweise aber auch gezwungen –, die Eltern als Miterzieher zu beachten und ihre Kooperation zu suchen. Dies nicht zuletzt, weil durch bildungspolitische Debatten das Vertrauen in die Schule und Professionalität der Lehrer recht gering geworden ist und sich Wettbewerbs- wie Marktmechanismen im Unterrichtssektor verstärken. Teils wenden sie sich den Eltern dabei als Sparringspartner zu, teils um ihre Handlungen den Kindern gegenüber neu oder besser zu legitimieren. Eine *konstruktive Zusammenarbeit* scheint sich derzeit vor allem in Dänemark und Skandinavien, aber auch in England und Schottland sowie außerhalb Europas – vor allem in den USA[4] – anzubahnen. Dabei wird Erziehung als institutionsübergreifender Prozeß verstanden. Wie Eltern zusammen mit Lehrern neue Ideen, Materialien, Unterrichtsthemen und Erziehungsaufgaben erarbeiten können, wird in vielen dänischen Beispielen dokumentiert. Zu wenig beachtet wird in Europa noch, wie sich Erziehungs-, Sozialisations- und Bildungsprozesse wechselseitig durchdringen und welche Probleme sich angesichts der keineswegs vorurteilsfreien Verantwortungs- und Aufgabenverteilung zwischen Elternhaus und Lehrern ergeben. Welche Schleier hier noch zu lüften sind, wird im folgenden Abschnitt diskutiert.

III. Der Einfluß des Elternhauses

Da die Begriffe Familie und Elternhaus nicht länger Eindeutiges bezeichnen, ergeben sich leicht große Irrtümer und verfehlte Handlungen hinsichtlich der familialen Erziehungsmöglichkeiten. Obwohl darüber schon viel gesagt und geschrieben worden ist, müssen hier doch einige Aspekte resümiert werden; denn es haben sich nicht nur die Begriffe, sondern auch die Rollen und Funktionen von Elternhaus und Familie verändert. Wie bereits angedeutet, unterscheiden sich in Europa die Voraussetzungen der Eltern hinsichtlich ihrer Zusammenarbeit mit der Schule erheblich.

1. Familiäre Strukturen

Die Familie hat sich in organisatorischer Hinsicht z. B. in folgender Weise differenziert. Nebeneinander finden wir Familien, in denen Eltern und Kinder in der Kleinfamilie zusammenleben, ferner Alleinerziehende, die ihre Kinder ständig bei sich haben oder diese nur besuchen, und es gibt auch Kollektive, in denen sich Eltern und Kinder in einer quasi familiären Gemeinschaft, z. T. ohne Blutsverwandtschaft, zusammenfinden. Auch die sozialen Beziehungen der Familienmitglieder haben sich intern wie extern geändert. Zu erwähnen sind nicht nur veränderte Arbeitsteilungen. Obwohl Frauen überwiegend noch die sozialen und erzieherischen Aufgaben übernehmen, auch wenn sie berufstätig sind, so beteiligen sich Männer doch mehr und mehr an der Hausarbeit. Gleichzeitig sind die erzieherischen Verantwortungen des Elternhauses heute schwieriger zu erfüllen als früher; denn die verfügbare Zeit und die psychische Belastbarkeit sind oft gering, z. B. wenn man mit Arbeitslosigkeit konfrontiert ist. Schließlich besteht seit langem keine Übereinstimmung mehr zwischen den Standardsystemen und -mechanismen der Gesellschaft auf der einen und den Werten der Familie auf der anderen Seite. Zudem existiert die 'bürgerliche' Familie, die in der offiziellen Bildungsvorstellung und -politik lange als Erziehungsträger einkalkuliert wurde, kaum noch.

In unseren komplexen und ausdifferenzierten Gesellschaften sind allgemeine Funktionen und Verpflichtungen in stets kleinere Einheiten untergliedert worden. Eben deshalb hat sich die wechselseitige Abhängigkeit, die auch das Privatleben einbezieht, zunehmend verstärkt. Dies beeinflußt auch die Entscheidungen der Partner, ob und gegebenenfalls wie viele Kinder sie sich wünschen. Für manche Familien sind Kinder geradezu ein Luxus bzw. ein Armutsrisiko geworden. Kinder sind nicht nur teuer, sondern nehmen auch viel Zeit in Anspruch. Man entschließt sich heute daher oft in ähnlicher Weise für oder gegen ein Kind, wie man sich für ein Auto oder ein Sommerhaus entscheidet. Auch die Abtreibung ist in vielen Staaten Europas legalisiert. Schließlich bedeuten Kinder für Frauen verlorenen Arbeitsverdienst und verzögern ihre Karriere. So heißt es z. B.: „Sag es nicht allen, wenn du schwanger bist, falls du deine Arbeit behalten möchtest." Die Ergebnisse einer EG-Untersuchung (Ende 1980) zeigen deutlich, daß für Mütter die wirtschaftlichen Umstände, Wohnverhältnisse und die Arbeitsstelle entscheidend sind, ob sie sich Kinder wünschen. Den Einzelfaktoren wird in verschiedenen Ländern dabei unterschiedliches Gewicht beigemessen. Für den Kinderwunsch waren in Dänemark die Kinderfürsorge, in Deutschland die Wohnverhältnisse und in Frankreich eine flexible Arbeitszeit besonders wichtig. Wie stark insgesamt der Arbeitsbereich auf die Familien zurückwirkt, geht aus einer dänischen Untersuchung aus dem Jahr 1993 hervor. Danach wird das Familiengeschehen in zunehmend größerem Maße durch Arbeitsanforderung geprägt, während innerfamiliäre Belange stärker in den Hintergrund treten. Vielfach wird offensichtlich die Berufstätigkeit höher gewertet als das Miteinander in der Familie.

2. Familiäre Erziehungsmöglichkeiten

Auch die Erziehungsmöglichkeiten der Familien haben sich entscheidend verändert, und zwar tendenziell verringert. So vermögen die Eltern die Ziele und die Zukunft ihrer Kinder allgemein weniger zu beeinflussen als früher, während gleichzeitig mit steigendem Ausbildungsniveau die Anforderungen an die Familien immer höher werden. Beispielsweise bleiben Jungen heutzutage länger im Elternhaus, weil die formale Ausbildung bis zum Berufseintritt länger geworden ist – falls sie anschließend überhaupt einen Arbeitsplatz bekommen. Da sich viele Eltern den heutigen Bildungs- und Ausbildungsaufgaben gegenüber aber inkompetent fühlen, vertrauen sie ihre Kinder der Schule und den Lehrern immer vorbehaltloser an oder suchen sich private Lehrer. Wenn ihnen in dieser Situation eine freie Wahl der Schule ermöglicht wird, vergrößert dies zwangsläufig ihre Unsicherheit und Aufgaben; denn jetzt müssen sie sich zunächst über die Fähigkeiten und Einstellungen ihrer Kinder zukunftsbezogene Urteile bilden. Außerdem müssen sie einschätzen, welche Schule angesichts der kindlichen Voraussetzungen am ehesten in Frage kommen könnte. Bei ihrer Entscheidung müssen sie schließlich noch die geographischen und ökonomischen Begleitumstände berücksichtigen. Insgesamt sind die pädagogischen Orientierungs- und Erziehungsanforderungen an die Eltern also keineswegs geringer geworden.

3. Unterschiede familiärer Erziehungsfunktionen

Die unterschiedliche Familienentwicklung hat in Europa auch zu einer verschiedenen Gewichtung der elterlichen Erziehungsverantwortung geführt. In Ländern, in denen noch patriarchalische Familienstrukturen vorherrschen – sie liegen vor allem in den katholisch dominierten Regionen Europas und in Ländern vor, in denen das soziale Sicherheitssystem weniger entwickelt ist –, besteht überwiegend die Auffassung, daß das Elternhaus auf die (Mit-)Erziehung der Kinder besser vorbereitet werden muß. In Deutschland ging man zudem davon aus, daß die erzieherische Rolle der Mutter stärker professionalisiert werden könnte. So betonte der zweite Familienbericht der Regierung, daß viele soziale Probleme daraus resultierten, daß sich die Rolle der Mutter nicht professionalisieren lasse (Krumm 1993). In den nordeuropäischen Ländern dagegen, die weithin protestantisch sind und ein hochentwickeltes soziales Sicherheitssystem besitzen, wird primär von der Schule und den Lehrern erwartet, daß sie sich für die 'Miterziehung' einsetzen.

Diese Unterschiede finden sich auch in anderen Zusammenhängen wieder. Da in den *katholisch geprägten Gegenden* allgemein stärker hierarchische Ordnungsmuster bestehen, die auf der katholischen Soziallehre aufbauen, werden vom Staat mehr Reglements, Kontrollen und rechtliche Konsequenzen erwartet. Auch geht man dort eher davon aus, daß die Familie den Lohn bekommt, damit die Frau zu Hause bleiben kann – wie die päpstlichen Briefe zum Subsidiaritätsprinzip belegen (Borchorst 1993). Insgesamt aber scheint der Einfluß der Kirche auf die Erziehung und die pädagogisch Verantwortlichen geringer zu werden (Henriot-van Zanten 1988). In Dänemark und in *Skandinavien* wurden den Frauen und Kindern dagegen schon früh große Eigenrechte zuerkannt. Vom 'Familismus', verstanden als gesetzlicher Zusammenhalt einer Familie mit dem Vater als Haupterhalter, nahm man schon in der 2. Hälfte des 19. Jahrhunderts Abstand. Heute spricht man auch eher von einer Kinder- als von einer Familienpolitik, obwohl sich die dänische Folkeskole gerade jetzt an alle Familienmitglieder wendet. Ein Hauptunterschied ist also: In den patriarchalisch bzw. familienorientierten Regionen geht man stärker davon aus, daß Eltern in der Erziehung hilfsbedürftig, wenn nicht unfähig sind – während in Ländern, in denen vor allem der Staat und das Unterrichtssystem für die Erziehung verantwortlich gemacht werden, von Lehrern und Schule erwartet wird, daß sie die Initiative ergreifen, um die kindliche Erziehung und Miterziehung der Eltern zu verbessern.

Inwieweit die Auffassung einer eher familiären oder stärker schulischen Mitverantwortung im Erziehungsprozeß vertreten wird, hängt nicht nur von den erziehungspolitischen Ideen und Strategien ab, sondern auch von den

'Miterziehung' durch Familie 187

Werten, die mit der Familie oder Schule in der örtlichen Umgebung verbunden werden. Je nach kulturellen Grundlagen wird die Wahl verschieden ausfallen und sich damit die Entwicklung der Miterziehung unterscheiden. Zweifellos wird die Rolle und Aufgabe der Familie und des Elternhauses – vor allem, wenn es um kulturelle Minderheiten geht – je nach kulturellen und örtlichen Gegebenheiten unterschiedlich definiert werden. Für Diskussionen um die Miterziehung mag die obige Abbildung zum bildungspolitischen Kräfteverhältnis (vgl. S. 173) hilfreich sein.

Erstaunlich ist, daß bei der Diskussion oft der zentrale Bezugspunkt der Miterziehung – nämlich die Kinder – vergessen wird.

4. Familiäre Herausforderung durch Kinder

Auf die Kinder, d. h. die an sich Hauptbeteiligten der Miterziehung, soll nun der Blick gerichtet werden, damit wir realistische Vorstellungen von der Bedeutung der Miterziehung in Europa gewinnen. Natürlich ist die Bezeichnung 'Kind' ein Konstrukt. Allgemein wird damit eine Gruppe von Menschen bezeichnet, die einer bestimmten Alterskategorie zugeordnet ist.

Weithin überlegen Erwachsene heute, wie 'Kinder' am besten und am schnellsten zu 'Erwachsenen' werden, denn nur als 'Erwachsener' gilt man etwas. Daß dies nicht ganz korrekt ist, zeigt der kommerzielle Markt, der seine Aufmerksamkeit seit einiger Zeit zunehmend auf Kinder und Jugendliche richtet; denn sie haben entweder Geld und Zeit oder beeinflussen ihre Eltern nachhaltig. Kinder und Jugendliche sind je eigene Kategorien, die oft wechselnde Institutionen – z. B. Schule, Freizeitklub, Freizeitheim oder Sportverein – besuchen. Sie unterliegen eigenen juristischen Regeln und konsumieren die speziell für sie produzierten Waren. Gleichwohl ist der Übergang vom Kind zum Jugendlichen und vom Jugendlichen zum Erwachsenen – sei es in der Sozialisation oder Erziehung – unklar. Daraus resultieren inkonsistente pädagogische Strategien.

In anderen als unseren westeuropäischen Kulturbereichen sind die Übergangsrituale wesentlich klarer. Im Vordergrund steht vielfach die sexuelle Reife. In den christianisierten Kulturbereichen und industrialisierten Gesellschaften aber kommt der biologischen Entwicklung nicht mehr eine derart zentrale Bedeutung zu. An deren Stelle sind oft Alter, Ausbildung oder auch Rituale wie Namenstag, Konfirmation und Prüfungen getreten. Nur stellt sich immer mehr die Frage, welche Werte und Fähigkeiten damit tatsächlich erreicht oder erworben werden. Wenn wir sie entlassen haben, werden sie mehr als ein potentieller Wert der Gesellschaft denn als Mitglieder der Familie betrachtet. Vielfach sind sie sich früher als in der Vergangenheit selbst überlassen und damit veranlaßt, ihr eigenes Dasein und ihre Identität im Rahmen von Altersgruppen und Marktkräften selbst zu definieren. Gleichwohl werden sie in ihrer Ausbildung von pädagogischen Theorien der Erwachsenenwelt kontrolliert und gesteuert. Und zwar richtet sich die organisierte, meist staatliche Erziehung auf eine Vorbereitung und Disziplinierung für den Arbeitsmarkt. Gleichzeitig aber vertieft sich die Kluft zwischen den Jugendlichen und Erwachsenen in den Lebensstilen. Tendenziell verdrängt der 'Markt' eine kulturelle Reproduktion, indem er Kinder und Jugendliche unabhängig von den Eltern anspricht und für sich zu nutzen sucht. Dies muß zwangsläufig viele Eltern, die sich für ihre Kinder noch verantwortlich fühlen, in Verlegenheit bringen, so daß sie die Hilfe von Lehrern, Pädagogen und Psychologen suchen.

Wenn wir mithin von einer 'Miterziehung' in Europa im Jahr 2000 sprechen, müssen wir von den obigen Befunden ausgehen. Auch die Vorstellung vom 'Kind' und 'Jugendlichen' muß problematisiert und neu definiert werden, wenn von einer 'Miterziehung' die Rede sein soll. Wenden wir unseren Blick auf konkrete 'Casestudies' und interdisziplinäre Entwicklungsstudien, wie sie in den letzten Jahren durchgeführt wurden, so ergeben sich immerhin einige Ansätze, wie die Miterziehung zwischen Kindern, Eltern und Lehrern in örtlicher Umgebung neu formuliert werden könnte.

IV. 'Miterziehung' im Verbund von Kindern, Eltern und Lehrern

1. Die Kinder

In Spanien untersuchte M. Gonzales, inwieweit Kinder im Alter von 12 Jahren über die schulische Kooperation ihrer Eltern informiert, daran interessiert und hinsichtlich der Kooperationsart und des -umfangs ähnlicher Auffassung wie die Eltern waren. Seine Analysen zeigen, daß die Mehrheit der Kinder die elterliche Kooperation bejaht und mit ihr zufrieden ist. In wichtigen Teilbereichen wünschen sie allerdings ein größeres Engagement ihrer Eltern, speziell bei deren Teilnahme in Elternvereinen und ihren Lehrerkontakten. Gleichzeitig wünschen sie sich auch, daß die Eltern häufiger gemeinsam mit ihnen lesen und ihnen öfter Bücher schenken (Gonzales 1991).

Generell scheint sich in den letzten Jahren auch in Südeuropa – wie zuvor in den nördlichen Gegenden – die Auffassung durchzusetzen, daß Kinder aktiver in die Bildungsprozesse einbezogen und nicht nur als passive Empfänger von Wissen und Fähigkeiten betrachtet werden sollten (vgl. Pourtois/ u. a. 1993; Souta/u. a. 1993).

2. Einfluß der Familie

Bereits 1979 hatte eine Untersuchung über den familiären Einfluß auf den Schulerfolg der Kinder gezeigt, daß bei 7jährigen Kindern etwa 84 Prozent der schulischen Leistungsunterschiede auf familiäre Einstellungen und Verhaltensweisen zurückgeführt werden können (Pourtois/u. a. 1993). Diese longitudinal angelegte Studie wurde 1993 abgeschlossen. Ihr Ziel war es, die Bedingungen des Schulerfolgs von 20–21jährigen Schülern besser zu verstehen. Nach Ansicht der Autoren läßt sich bei etwa 70 Prozent – auf Basis der im Alter von 5–7 Jahren erhobenen Variablen – das schulische Leistungsniveau von 20–21jährigen voraussagen. In der Studie wurde
- *quantitativ gemessen:* der häusliche Erziehungsstil, die elterlichen Erziehungseinstellungen, das soziokulturelle Milieu sowie Persönlichkeitsbezüge der Eltern; und
- *qualitativ analysiert:* das Verhalten und die Haltungen der Eltern, Merkmale der innerfamiliären Interaktion und Dynamik sowie die intergenerative Beweglichkeit.

Wie die Auswertung zeigt, geben spezielle Variablen keinen herausragenden Aufschluß über den familiären Einfluß auf die schulischen Leistungen. Offensichtlich sind sie alle in äußerst komplexer Weise mit sozialen, familialen und individuellen Faktoren verbunden. Daher plädieren die Autoren dafür, das Spektrum der Variablen bei zukünftigen Untersuchungen zu erweitern. So sollen auch die Ressourcen und Einflüsse anderer Institutionen – d. h. konkurrierender Miterzieher – berücksichtigt werden (vgl. den obigen Abschnitt II.3), um die Bedingungsfaktoren menschlicher Entwicklung besser zu verstehen. Weil es letztlich um ein möglichst komplexes Verständnis der Bildungseinflüsse geht, wird in diesem Beitrag nicht weiter auf soziologische Forschungsergebnisse Bezug genommen, weil dort zu monokausal aus den traditionellen sozialen Schichtmerkmalen über den Erziehungs- und Schulerfolg Schlußfolgerungen gezogen werden. Beispielhaft sei jedoch auf die Ergebnisse von Henriot-van Zanten (1992) verwiesen,[5] die anläßlich der Migrantenforschung zu einer komplexeren Betrachtung der häuslichen Erziehungseinflüsse anregt und zeigt, daß all jene Theorien und Methoden wenig zum Verständnis beitragen, die nur einzelne Einflußfaktoren untersuchen (Henriot-van Zanten 1988).

3. Die Lehrer

Vergleicht man die Erwartungen der Eltern an die 'Miterziehung' mit denen der Lehrer, so zeigt sich mehr oder minder überall die gleiche Tendenz. Allgemein stehen Lehrer einer Kooperation skeptischer und zurückhaltender gegenüber als Eltern – ja, oft haben sie sogar Angst, Eltern stärker mit einzubeziehen (vgl. Abschnitt II.4). In Portugal und Spanien z. B., wo das Elternhaus erst in den letzten Jahren eine größere Rolle in der Miterziehung spielt, haben mehrere Forscher die reservierte Haltung der Lehrer inzwischen ebenso bemerkt, wie schon lange zuvor in Nordeuropa. Mögen die Gründe dafür in den einzelnen Ländern und an Schulen auch unterschiedlich sein, so gibt es eine *zentrale Voraussetzung* und Bedingung, um die Lehrerbereitschaft zur Kooperation zu verbessern. Und zwar fehlt – wie verschiedene Untersuchungen in ähnlicher Weise zeigen – eine adäquate Ausbildung für eine qualifizierte Kooperation mit dem Elternhaus und den Miterziehern der örtlichen Umgebung sowie mit den Kindern.[6]

V. Ein Modell zur Kooperationsverbesserung

Das hier skizzierte Modell ist als Anregung zur Verbesserung der Zusammenarbeit entwickelt worden. Es sollte je nach kulturellen Umständen und lokalen Bedürfnissen abgewandelt werden (Ravn 1988, 1989, 1991). Außerdem kann es als Hilfsmittel zur Reflexion der eigenen Praxis und als Grundlage für vorbereitende Studien dienen. Das 'Zusammenwirken' wird dabei als Interaktionsprozeß zwischen aktiven und kreativen Individuen betrachtet, die im Kooperationsprozeß Selbstvertrauen, Zutrauen zur eigenen Funktion und auch soziales Vertrauen benötigen. Zusammenarbeit ist letztlich ein dialektischer Prozeß, in den *vier verschiedene 'Funktionen'* eingehen.

Nachfolgend beschriebene vier Funktionen – von denen keine wichtiger als eine andere ist und die sich gegenseitig verstärken können – sind m. E. für eine erfolgreiche Kooperation unabdingbar:
– Eine *Funktion der Identität:* . . . d. h. sich sprachlich klar ausdrücken können, über eigenes Wissen, eigene Phantasie und spezifische Fähigkeiten verfügen, sowie sich handelnd zu vermitteln;
– eine *soziale Funktion:* . . . d. h. bereit zu sein, voneinander lernen zu können, Gemeinschaft zu erleben und gemeinsame Erfahrungen zu machen;
– eine *Funktion des Wissens:* . . . d. h. die Absicht zu haben, Wissen auszutauschen und gemeinsam zu entwickeln, damit gehandelt werden kann;
– sowie eine *Funktion der Handlung und Kontrolle:* . . . d. h. das Ziel zu verfolgen, gemeinsam zu handeln und eigene Ressourcen einzubringen.

Der Erfolg wird davon abhängen, ob und inwieweit es gelingt, jene Rahmenbedingungen zu überschreiten und zu verändern, die die einzelnen Partner zunächst als Behinderung erleben. Grundsätzlich wird hier von einem demokratischen Modell ausgegangen, das Demokratie als einen Lebenswert und nicht nur als Ordnungs- und Organisationsprinzip versteht. Wichtig ist deshalb, daß Machtstrukturen, die alle sozialen Beziehungen beeinflussen, transparent gemacht und in Frage gestellt werden können.

Aber der Kooperationserfolg hängt nicht nur von jenen vier Funktionen, sondern außerdem noch von den Beziehungen folgender *drei Dimensionen* ab, die im Idealfall genau aufeinander abgestimmt sein sollten. Und zwar sind es:
- *die Inhalte:* 'was' wird verhandelt, besprochen und vermittelt?
- *die Absichten:* 'weshalb' wird etwas beraten?
- *die Strukturen:* 'wie' wird kooperiert?

Konzentrieren sich die Bemühungen um eine verbesserte Kooperation nur auf eine Dimension, pflegt der Erfolg nur gering zu sein. So hat sich z. B. gezeigt:
- Die Häufigkeit von Elternversammlungen und/oder -informationen ist in vielen Fällen wenig bedeutsam, wenn bei den Lehrern nicht auch die Absicht besteht, gemeinsam mit dem Elternhaus eine spezifische Aufgabe zu bewältigen.
- Auch die rechtliche Einführung eines Elternrats oder die Erweiterung seiner Aufgaben und Verantwortung kann die Distanz zwischen Lehrern und Elternrat eher vergrößern als verringern, wenn nicht gleichzeitig auch ein verbessertes Vertrauensverhältnis zwischen den Gruppen angebahnt wird. Entscheidend sind dabei aber nicht nur die Lehrer, die in den meisten Fällen für die Elternkontakte und den Miterziehungsprozeß verantwortlich sind, sondern auch die Schulleiter, wie sie das soziale Klima, in dem die Elternkontakte stattfinden, entscheidend mitprägen (Barroso/ Sjørslev 1990, S. 128; Ravn 1989). Daß bei gezielten, längerfristigen Bemühungen eine Veränderung der traditionellen Haltungen und Erwartungen in der Kommunikation zwischen Eltern und Lehrern möglich ist, zeigen zwei neue portugiesische Studien. Aus ihnen geht hervor, daß sich Eltern nach vier Jahren häufiger mit den Lehrern verständigten und öfter in die Schule ihrer Kinder kamen. Nach Ansicht der Verfasser ging die verbesserte Kooperation insgesamt darauf zurück, daß parallel zur neuen Gesetzgebung auch die Lehrerfortbildung der Kooperationsproblematik Aufmerksamkeit widmete (Souta/u. a. 1993).

In diesem komplizierten Zusammenspiel verschiedener Bedingungen und Normen kommt den legalen, organisatorischen und materiellen Rahmenbedingungen große Bedeutung zu, um eine Diskussion anzustoßen. Ein erfolgreiches Zusammenwirken hängt dann allerdings davon ab, ob es den Beteiligten in folgenden Bereichen gelingt, sich konstruktiv und offener aufeinander einzulassen:
- Wie machen wir uns verständlich und erleichtern anderen Teilnehmern, sich zu beteiligen? Zu beachten ist dabei vor allem, was einzelne Partner hindert, sich frei zu äußern. (Problem der Identitätswahrung.)

- Wie können sich die Beteiligten so kennenlernen, daß sie auch zu gemeinsamem Handeln bereit sind? Versammlungen sind deshalb so zu gestalten, daß möglichst ein Gemeinschaftsgefühl entsteht. (Ermöglichen von Sozialität.)
- Wie kann erreicht werden, daß das Wissen der Partner trotz aller persönlichen, kulturellen, sprachlichen und fachlichen Unterschiede gleich gewertet und so zusammengeführt wird, daß die gemeinsamen Aufgaben möglichst differenziert ausgeleuchtet und Handlungsalternativen entwickelt werden? (Aufgabe der Wissenserweiterung.)
- Wie können Entscheidungen im Zusammenwirken der Partner getroffen werden? Gibt es z. B. gemeinsam erarbeitete Richtlinien, die das gemeinschaftliche Handeln erleichtern? (Ziel der Handlungskontrolle.)

Letztlich sollte jedem Teilnehmer immer wieder bewußt werden, daß eine wohlüberlegte Nutzung von verschiedenen Kompetenzen, Mitteln und Materialien den gemeinsamen Arbeitsprozeß enorm bereichern kann. Nur muß dieser Arbeits- und Kooperationsprozeß von sämtlichen Teilnehmern als wechselseitiges *Geben ('Lehren') und Nehmen ('Lernen')* verstanden und akzeptiert werden.

Abschließend noch einen Hinweis auf verschiedene Arten des 'Zusammenwirkens'. Zusammenwirken darf nicht als eine Art überall anwendbarer Technik verstanden werden. Absicht, Inhalt und Kontext des Zusammenwirkens hängen vielmehr davon ab, in welcher Situation kooperiert werden soll. Zu unterscheiden sind:
- ein gesetzlich vorgesehenes – obligatorisches – Mitwirken,
- ein formal organisiertes – routineartiges – Mitwirken
- und ein flexibles – informelles – Mitwirken, das sich in spezifischen Situationen 'ad hoc' ergibt.

Die Kooperationsmöglichkeiten und -hindernisse sind in allen drei Fällen verschieden. Im ersten Fall ist das Zusammenwirken durch Gesetz vorgezeichnet, obwohl es vielfach verschiedene Interpretationen der Vorgaben gibt. Beim formal organisierten Mitwirken geht es um Praxis und Routine, die sich örtlich und kulturell jedoch spezifisch entwickeln. Beim letztgenannten handelt es sich nicht zuletzt um die vielen nicht vorausplanbaren Ad-hoc-Aktivitäten. Diese Mitwirkungsform eignet sich oft am besten, um neue Kooperationsformen zu entwickeln, erfordert aber bei den Beteiligten Selbstvertrauen und soziales Vertrauen im Kooperationsprozeß.

Allgemein ist bei der Auswahl der Kooperationsstrategien wichtig, daß man zunächst von Werten, Strukturen und Inhalten ausgeht, die den Beteiligten in einer spezifischen Situation bekannt sind. Schrittweise kann man sich dann neuen bzw. anderen Kooperationsformen zuwenden.

V. Zusammenfassung

Dieser Beitrag versuchte zu zeigen, welche erziehungspolitischen Strategien in Europa die Möglichkeiten des 'Miterziehens' beeinflussen. Ebenso wird darauf hingewiesen, wie die Lebenssituationen von Eltern, Kindern und Jugendlichen in Europa differieren und sich von den tradierten Vorstellungen vom Elternhaus oder von den Kindern und Jugendlichen unterscheiden. Aber obwohl die regionalen und kulturellen Kontexte und Voraussetzungen für die 'Miterziehung' in Europa unterschiedlich sind, wurden weithin ähnliche Vorschläge zur Verbesserung des Zusammenspiels von Elternhaus, Schule und der lokalen Umgebung entwickelt. Dies resultiert nicht zuletzt aus der wachsenden Einsicht, daß Familie und Elternhaus nicht länger die Hauptverantwortlichen in der Erziehung sein können. Eben deshalb widmet man dem Zusammenwirken verschiedener Kräfte auf lokaler Ebene größere Aufmerksamkeit. Auf diese Weise soll den Kindern sowohl eine fachliche Erziehung, als auch in steigendem Maße eine soziale und persönliche Entwicklung gesichert werden.

Das Zusammenführen der verschiedenen Bildungsimpulse ist nicht zuletzt Aufgabe der Lehrer. Dies ist eine Herausforderung, die nach aller Erfahrung auch eine ergänzende Ausbildung nötig macht – und zwar nicht nur für Primar-, sondern auch für Sekundarschullehrer. Für eine derartige Aus- und Weiterbildung wurde ein von uns entwickeltes Modell zur Förderung des Zusammenwirkens präsentiert. Wir verstehen es als Hilfsmittel, um einen Dialog über Voraussetzungen, Möglichkeiten, Ressourcen und Probleme des Zusammenwirkens anzuregen. Nach unserer Auffassung kann jeder Mensch – d. h. auch das Kind – an diesem Kooperationsprozeß aktiv und kreativ mitwirken, wenn ihm oder ihr entsprechende Gelegenheit geboten wird. Ein derartiges Zusammenwirken wird künftig noch wichtiger werden, weil es dadurch am ehesten möglich ist, den kulturellen Besonderheiten und Lebensformen im vielfältigen Europa gerecht zu werden. Ziel der Mitwirkung sollte sein, daß gemeindeverankerte und wiedererkennbare Lebensformen, kulturspezifische Lebensweisen von Minderheiten und Kompetenzen unterschiedlicher Erziehungsträger so zusammengeführt werden, daß ein demokratisches Voneinander-Lernen und Erziehen möglich wird.

Anmerkungen

[1] In Dänemark haben die Forscher Lone Rahbek Christensen und Thomas Højrup eine Gesellschaftstheorie entwickelt, die strukturell unterschiedliche Lebensformen berücksichtigt, d. h. mit einem qualitativen Kulturbegriff verschiedenen Kulturen in der Gesellschaft gerecht zu werden versucht.

Die 'Lebensformanalyse' ist im Gegensatz zu vielen anderen Gesellschaftstheorien als analytisches Instrument für die Planung und die politische Praxis entwickelt worden. Hinsichtlich der diskutierten Miterziehung wird hieraus verständlich, wie sich verschiedene Elterngruppen in ihren Erwartungen an eine Zusammenarbeit mit der Schule und im Umgang mit Normen und Werten unterscheiden (vgl. Christensen/ Højrup 1992; siehe auch Ravn 1989 b).

[2] Ein 7-Punkte-Entwicklungsprogramm für die dänische Folkeskole (und zwar für die Primar- und Sekundarstufe) wurde in den Jahren 1987–1991 von dem dänischen Parlament initiiert und finanziell unterstützt. Diese landesweite Entwicklungsarbeit diente als Grundlage für einen neuen Gesetzesentwurf zur Schulreform (Knudsen/ Ravn 1990; Bildungspolitische Stellungnahme 1992; Jensen/et al. 1993).

[3] Über die formelle Zusammenarbeit liegen zahlreiche Analysen vor, vgl. u. a.: Smith/van Esch 1991, Macbeth 1990; Schleicher 1989; Ravn 1989 a, 1991 b; Barroso/ Sjørslev 1990.

[4] Beispielsweise haben Joyce Epstein und Don Davies seit einigen Jahren in Baltimore an der Johns-Hopkins-Universität ein 'Center on Families, Communities, Schools & Children's Learning' etabliert.

[5] In ihrer 'Soziologie de l'école' diskutiert Henriot-van Zanten europäische Forschungsergebnisse u. a. im Hinblick auf: 1. die Sozialisation im Elternhaus (Übertragung von Werten, Stilen wie Methoden der Erziehung und Bedeutung der Sozialisation für den schulischen Erfolg); 2. die Bedeutung der schulischen Leitung und Beziehung unter den Lehrern; 3. die Entwicklung elterlicher Erziehungs- und Kooperationsrechte.

[6] Entwürfe, wie die Lehrerkompetenz so erweitert werden kann, daß sie die Schule als Kulturzentrum verstehen und handhaben lernen, finden sich bei Høgsbro/ u. a. 1991. Weitere Untersuchungen über notwendige Veränderungen der Lehrerausbildung im Hinblick auf eine bessere Zusammenarbeit mit den Eltern sind sowohl für Skandinavien (Ravn), als auch Europa (Ravn; Macbeth, Glasgow University) in Vorbereitung.

Literatur

Barroso, J./Sjørslev, S.: Administration and Evaluation Structures for Primary and Secondary Schools – in the twelve Member States of the European Community. Danish and Portuguese EURYDICE UNIT. Bruxelles 1990.
Bildungspolitische Stellungnahme. Entwicklungsrat der Folkeskole. Kopenhagen Maj 1992.
Borchorst, A.: Kvinderne og EF. In: Dansk Sociologi 4. årg. Nr. 2 (1993), S. 16–18.
Christensen, L. R./Højrup, T.: Arbeitspapiere zur strukturellen Lebensformanalyse. Marburg 1992; vgl. Schriewer, K.: Die strukturelle Lebensformanalyse. Marburg 1992 (Schriften des Arbeitskreises Volkskunde und Kulturwissenschaften e.V. Bd. 1).
Gonzales, M.: Parents and Children: Academic Values and School Achievement. In: International Journal of Educational Research. Vol. 15, Nr. 2 (1991), S. 163–169.

Grossmann, W.: Die neuen Eltern- und Schulrechte. Die 5 neuen Bundesländer und ihre Verfassungen. In: Eltern Forum KED 6, 3 (1990).
Henriot-van Zanten, A.: Les Familles face à l'école rapports institutionnels et relations sociales. In: Durning, P.: Education Familiale. Un Panorama des recherches internationales. Paris: MIRE/Matrice 1988.
–: Les pratiques éducatives des familles. In: Dune-Bellar, M./Henriot-van Zanten, A. (Hrsg.): Sociologie de l'école Paris. A. Colin 1988.
Høgsbro, K./Jochumsen, H./Ravn, B.: Beyond Limits. Development of the School as a Local Cultural Centre in Denmark. (Final Report. Für den Reformrat der Folkeskole.) Ministerium für Unterricht und Forschung, Entwicklungszentrum für Erwachsenenbildung. Kopenhagen 1991.
Hulsebosch, P. L.: Beauty in the Eye of the Beholder: How and Why Teachers Involve Parents. In: J. Educ. Res. Vol. 15 (1991), S. 183–200.
Jacobsen, W. B.: Efterkrigstidens anden store reformbølge. In: Uddannelse, Nr. 6 (1993), S. 300.
Jensen, B. B./Nielsen, M./Steenstrup, J. E.: Die Folkeskole. Zukunftsvorstellungen und Konsequenzen. Der Entwicklungsrat der Folkeskole. Kopenhagen 1993.
Das Projekt 'Klassenlehrer'. Ein Teil des landesweiten Entwicklungsprogramms der Folkeskole. (Für den Reformrat der Folkeskole.) Danmarks Laererhojskole. Kopenhagen. Drei Berichte: 1990, 1991, 1992.
Knudsen, K. M./Ravn, B.: Die Schule als örtliches Kulturzentrum – Evaluierung einer Entwicklungsarbeit. (Für den Reformrat der Folkeskole.) Ministerium für Unterricht und Forschung. Entwicklungszentrum für Erwachsenenbildung. Kopenhagen 1990.
Krumm, V.: Expectations of Parents in Education in Austria, Germany and Switzerland. In: Macbeth, A./Ravn, B. (Hrsg.): Expectations about Parents in Education. EPA (European Parents Association) 1993 Forthcoming.
Luhmann, N./Schorr, K. E.: Strukturelle Bedingungen von Reformpädagogik. In: Zeitschrift f. Päd. Nr. 4 (1988), S. 471 ff.
Macbeth, A.: Professional Issues in Education. From Purpose to Practice. Edinburgh: Scottish Academic Press 1990.
Macbeth, A./Ravn, B. (Hrsg.): Expectations about Parents in Education. European Parents Association. 1993 Forthcoming.
„Mål og Med", Statens Pædagogiske Forsøgscenter. Kopenhagen 1992.
Pourtois, J.-P./Desmet, H.: La famille: son impact et ses ressources in éducation. In: Macbeth, A./Ravn, B. (Hrsg.): Expectations about Parents in Education. EPA (European Parents Association) 1993 Forthcoming.
Ravn, B.: Folkeskolens informationsopgaver – samarbejde skole-hjem (Die Informationsaufgaben der Schule – unter Mitwirken des Elternhauses). Bericht über eine Entwicklungsarbeit in der nordseeländischen Gemeinde Helsinge, 1978–1980. Helsinge 1980.
–: Being Professional at the Boundary between School and Home. (Engl. Summary of PH.D. Thesis – Stencil.) Kopenhagen 1988.
–: a) Myter, magt og muligheder. Krogh, Vejle 1989.
–: b) Den paradoksale udfordring. Krogh, Vejle 1989.
–: c) På vej mod et samvirke. Institut für Pädagogik und Erziehung, Kopenhagen. 1989.

Ravn, B.: a) På sporet af et samvirke. Krogh, Vejle 1991.
–: b) The Role of Parents and Parents' Associations. (Paper presented at EPA Seminar in Holland.) 1991.
–: Lærerprofessionalisme – mellem ajourføring og legitimering. Unge Pædagoger. Kopenhagen 1993.
Rosenbohm, H.-O.: Økonomi først – pædagogik så. In: Uddannelse Nr. 6 (1993), S. 295.
Schleicher, K.: Home-School Relations and Parental Participation. In: Glaton, M./Blyth, A. (Hrsg.): Handbook of Primary Education in Europe. London: David Fulton Publ. 1989.
Smith, F./Esch, W. van: Parents as Participants. Parents in schools and school governing boards in the Netherlands. (Inst. f. Applied Social Sciences, Catholic University of Nijmegen.) 1991.
Souta, L./Marques, R./Martinez, R.-A.: Expectations about Parents in Education in Portugal and Spain. In: Macbeth, A./Ravn, B. (Hrsg.): Expectations about Parents in Education. (EPA Publication.) 1993 Forthcoming.
Telhaug, A. O.: Den nye utdanningspolitiske retorikken. Bilder av international skoleutvikling. Oslo: Universitetsforlaget 1990.
Thavlow, I.: Børnefamiliernes arbejdstider – en analyse af fleksible arbejtidstider i staten. Rapport 93:3; (SFI) Sozialforschungsinstitut. Kopenhagen 1993.
Udvikling og kvalitet. Skole-hjem samarbejde. Evaluering 3. Das Dänische Unterrichtsministerium. Cranil, M. (Hrsg.): Kopenhagen 1991.

Elmar Elling

Medien und Medienpädagogik in Europa

Abstract

Die Medientechnik befindet sich in einem Prozeß bemerkenswerter Veränderungen. Für das sich integrierende Europa sind davon primär die Veränderungen im TV-Bereich von Belang: Programme werden zahlreicher und vielfältiger, werden mit neuen Techniken und von einer Reihe neuer Sender angeboten. Aber, und dies ist für die Medienpädagogik wichtig, die Zuschauer lernen mit. Die Medienpädagogik wird sich durch Internationalisierung selbst wandeln, wird alte Aufgabenstellungen in dem erweiterten europäischen Rahmen wahrnehmen und darüber hinaus Aufgaben erhalten, die speziell aus der Integration Europas erwachsen.

Einleitung

Soviel ist vom Gemeinsamen Europa bereits Wirklichkeit geworden: Für die 12 Staaten der Europäischen Gemeinschaft gibt es seit dem 1. 1. 1993 einen Binnenmarkt, in dem weder für Personen, noch für Waren, Dienstleistungen oder Kapital Grenzen existieren. Derzeit bestehende einzelstaatliche administrative, technische oder steuerliche Regelungen, die den Handel hemmen können, sollen abgebaut werden. Die Verwirklichung dieses Wirtschaftsraumes soll der „Gemeinschaft in den neunziger Jahren ein Wachstum von zusätzlich sieben Prozent" (Delors 1989, S. 28) einbringen und den Wohlstand in der EG um 430 Milliarden DM erhöhen (vgl. Läufer 1989, S. 22). Ein gar nicht unbedeutender Teil davon wird im Medienbereich erwirtschaftet werden,[1] immerhin erwarten die Bürger der EG für das Jahr 2000 – einer Umfrage aus dem Jahre 1987 zufolge – außer der völligen Bewegungsfreiheit, einer gemeinsamen Währung und intensiverem Handel auch gesamteuropäische Medien (vgl. Läufer 1989, S. 27).

Die folgende Zukunft ist Europa ebenfalls gewiß: Die Anzahl der Fernsehprogramme wird sich erhöhen, immer mehr Haushalte werden verkabelt sein, zu den bereits vorhandenen Satelliten werden sich im Laufe der 90er Jahre weitere hinzugesellen, es wird immer mehr Computer geben, ISDN (= Integrated Services Digital Network) wird sich innerhalb der nächsten Jahre in zumindest einigen Mitgliedsländern rasch ausbreiten usw. usf.

Was die Frage nach den Medien im zukünftigen Europa von der Frage nach seiner Bildungsverwaltung etwa oder seiner schulischen Bildung unterscheidet, ist dies: Die Expansion der Medien vollzöge sich auch ohne die Integration Europas, ja, ist zum Teil längst geschehen. Und auch für die Zukunft steht zu vermuten, daß die Veränderungen im Medienbereich mehr und gravierendere Folgen für Europa zeitigen werden als sich umgekehrt dessen Zusammenschluß auf die Medienlandschaft auswirkt.[2] Gilt diese Prognose für das Verhältnis von Binnenmarkt zu Medienbereich, so gilt sie erst recht für die Medienpädagogik, die von der Schaffung des Binnenmarktes in direkter Weise nur am Rande berührt wird.

Dennoch soll nach den Folgen des Binnenmarktes für die Medien gefragt werden. Dabei braucht man keineswegs die Gesamtheit der Medien in den Blick zu nehmen, sondern nur die Massenmedien. Und von denen müssen auch nicht alle berücksichtigt werden. Etliche der „alten Medien" sind in rechtlicher, ökonomischer, sozialer oder kultureller Hinsicht soweit etabliert, daß sie sich durch die Entstehung des Binnenmarktes allein kaum ändern werden. Wieso auch sollte sich das Medium 'Plakat' nach dem 1. 1. 1993 nur wegen dieses Datums wandeln? Auch die Situation der Buch- und Zeitungsverlage wird durch die bloße Existenz des Binnenmarktes keine andere werden. Wer z. B. den Corriere della Sera lesen will, kann ihn auch heutigentags am Bahnhofskiosk jeder etwas größeren Stadt erstehen. Und wenn es die Verleger von El País 1991 für unökonomisch halten, ihre Zeitung auch in deutscher Sprache erscheinen zu lassen, so wird sich diese Überzeugung nicht deswegen ändern, weil ab 1993 die Grenzen zwischen Madrid und Berlin fallen. Dennoch: Eine Zeitung wie The European ist ein Novum und wäre in den eurosklerotischen Jahren endloser Streitereien über Milchpreise, Butterberge und Weinseen undenkbar gewesen. Der Erfolg einer solchen Zeitung ist erst möglich, seit in Politik und Öffentlichkeit eine zukunftsträchtige Sicht von Europa existiert.

I. Die Neuen Medien

Für die hier anstehende Betrachtung kommen also einzig die sogenannten Neuen (Massen-)Medien in Betracht. – So berechtigt die Kritik, der Begriff „Neue Medien" werde „auf neue Formen der Massenkommunikation wie Kabel- und Satellitenfernsehen oder Bildschirm- und Videotext verengt" (Mast 1985, S. 18), im allgemeinen auch ist, mit Blick auf den europäischen Binnenmarkt ist diese Einengung geradezu geboten.

In den diversen Stellungnahmen europäischer Organe zu den Medien ist stets und vor allem vom Satelliten die Rede gewesen. Diese Technik ist relativ neu und war bis vor einigen Jahren im Rahmen der Gemeinschaft juristisch nur unzureichend definiert, was sich jedoch inzwischen geändert hat. Im Unterschied zum Satelliten und seinen Anwendungsmöglichkeiten sind Medien wie Computer, Video, oder Farbkopierer ohne europolitische Brisanz. Politisch-ökonomische Regelungen, die diese Objekte betreffen, zielen auf ihre Funktion als Ware, nicht auf ihre Funktion als Medium. Und zur Zeit läßt sich eine Veränderung in diesem Punkt auch nur für den Computer denken – dann etwa, wenn die internationale Vernetzung der Rechner eine gewisse Dichte erreicht haben sollte.

Die Neuen Medien der Vergangenheit: Telegraph, Telephon, Hörfunk, Fernsehen usw. waren isolierte und unifunktionale Techniken; die Neuen Medien unserer Tage lassen sich zum Teil gar nicht gerätebezogen definieren, eher schon als kommunikationstechnische Funktionen, verbunden mit den alten oder neuen Medien und untereinander in zunehmendem Maße integriert.[3]

Mit Blick auf die europäische Einigung und die damit verbundenen Probleme der nächsten Jahre sind von den fünf medialen Entwicklungsbereichen, die Faul (1990) aufzählt, vor allem die folgenden drei von Interesse:

1. Das Video, das sich in der privaten Nutzung längst etabliert hat, sei es zur Aufzeichnung und zum Abspielen, sei es zur aktiven Nutzung mit der Kamera. Allerdings ist die Bestückung der europäischen Haushalte mit Videorekordern von Staat zu Staat recht unterschiedlich: Sie reicht von 42% aller Haushalte in Großbritannien über 33% in den Niederlanden und 18 bis 22% in Irland, der (alten) BRD[4] und Dänemark, bis zu 13% in Frankreich und gar nur 5% in Italien (vgl. Gellner/Tiersch/Zimmer 1990, S. 202). Hinter diesen Zahlen verbirgt sich nicht nur die ökonomische Potenz der Durchschnittshaushalte in den einzelnen Ländern, gewiß sind die Angaben auch Ausdruck der national unterschiedlichen Einstellungen zum Video bzw. zu den visuellen Medien allgemein. Die EG allerdings dürfte am Thema 'Video' nur aus zwei Gründen interessiert sein: Da ist zum einen der Schutz des Urheberrechts: Die Raubkopien hatten im Jahre 1986 in Portugal einen Anteil von 75%, in Griechenland von 50% und in der BRD und den Niederlanden von jeweils 45%, und zum zweiten ist die EG an der Durchsetzung eines ans HDTV angepaßten, von Grund auf neuen Videosystems interessiert (vgl. Europäische Gemeinschaften – Kommission 1988, S. 31–33). Der Wettkampf der Systeme zwischen den USA, Japan und der EG scheint mittlerweile entschieden zu sein – und zwar zuungunsten des HDTV.

2. Das Satellitenfernsehen. Vor mehr als zehn Jahren herrschte die Meinung vor, die Verbreitung von Satellitenprogrammen müßte regional begrenzt werden.[5] Schon bald aber gelangte man zu der Einsicht, daß die Satellitentechnik völlig ungeeignet ist, nationalstaatliche Grenzen zu respektieren, daß sie im Gegenteil aus ökonomischen Gründen die Aufhebung der Grenzen geradezu fordert: "The extent to which international satellite television will establish itself", heißt es etwa in einem Medienbericht für die niederländische Regierung "is, however, primarily dependent on economic factors and is not particularly susceptible to national legislation" (Netherlands Scientific Council for Government Policy o. J., S. 6). Auch für die EG-Kommission ist das Satellitenfernsehen „wirtschaftlich nur sinnvoll, wenn es durch eine genügend große Zahl von Zuschauern genutzt wird (insbesondere bei Pay-tv-Programmen)" (Europäische Gemeinschaften – Kommission 1984, S. 53/67).

Der geänderten Einsicht paßte sich die europäische Medienpolitik an: Man schützte nicht länger die nationale Rundfunkhoheit vor der Satellitentechnik, sondern die Möglichkeiten der Satellitentechnik vor einzelstaatlichen Interessen und schickte fortan Satelliten in den Orbit, die weite Teile Westeuropas versorgen können. Ein im Laufe der Jahre entwickelter juristischer Rahmen erlaubt den einzelnen Staaten dennoch, hier und da die Sendefreiheit zu beschneiden, wenn z. B. gegen Paragraphen des Jugendmedienschutzes oder die Werbeordnung verstoßen wird.

Anfänglich dienten Satelliten – so z. B. in Schweden, Frankreich und Italien – dazu, abgelegene Gebiete mit Rundfunk zu versorgen. Bald aber wurden auch Kompilationsprogramme gesendet: TV5 sendet französische, 3SAT deutschsprachige Programme usw. Heute dienen Satelliten hauptsächlich der Verbreitung kommerzieller Programme, für die der Senderbetreiber keine oder nur weitgehend eingeschränkte terrestrische Möglichkeiten besitzt. Dazu zählen: SKY networks, WH Smith TV's Lifestyle, die in Großbritannien operieren, RTL-Plus, SAT1, Pro 7, Tele 5 in Deutschland, Super Channel (hauptsächlich Englisch, aber auch Holländisch und Deutsch), MTV (populäre Musik in Englisch, manchmal auch Deutsch), RTL-Veronique (in Französisch, Englisch, Italienisch und Deutsch) usw. usf. Die Satellitenkommunikation hat sich enorm ausgeweitet.[6] Ein Grund dafür sind die Kosten, die, beim Vergleich mit dem Kabel, stets für den Satellitenempfang sprechen, ein zweiter ist das relativ geringe Tempo, mit dem die Verkabelung zum Teil voranschreitet – blickt man etwa nach Ostdeutschland. Sicherlich wird es noch weitere und noch leistungsfähigere Satelliten geben als etwa den heutigen luxemburgischen 'Astra', so daß europäische Satelliten Mitte der neunziger Jahre „100 bis 200 Kanäle für die Übertragung von Fernsehprogrammen anbieten können" (Europäische Gemeinschaften – Kommission 1988, S. 16).

Medien und Medienpädagogik in Europa 201

3. Selbstverständlich hat die Verkabelung Europas einen ebenso handfesten ökonomischen Hintergrund wie die Satellitentechnik; schließlich investiert beispielsweise die Deutsche Bundespost seit 1982 Jahr für Jahr mehr als eine Milliarde Mark, was sich am Ende auf 20 bis 30 Milliarden summiert haben wird.

Noch ist der Stand des Kabelfernsehens in Europa recht unterschiedlich: 1982 bzw. 1983 waren in Luxemburg 80% der Haushalte verkabelt, in Belgien 79%, in den Niederlanden 67%, in Frankreich 40% und in England 22%. Die Haushalte der (alten) Bundesrepublik waren zu jener Zeit erst zu 7% verkabelt. Diese Quote erhöhte sich bis Ende 1988 auf 46% (Gellner/Tiersch/Zimmer 1990, S. 203), und „in den 90er Jahren wird mit einem Versorgungsgrad von 80% aller Haushalte gerechnet" (Bundeszentrale für politische Bildung 1985, S. 9).

Neben den Verbreitungstechniken (Kabel, Satellit, Video usw.) und Informations-Abrufsystemen (Videotext) gibt es noch Dialogsysteme, zu denen in erster Linie Btx oder Videotext zu rechnen sind. In Frankreich längst zur Selbstverständlichkeit geworden, steht Btx in der BRD noch am Anfang. Für 1990 rechnete die Bundespost mit 3,6 Millionen Btx-Teilnehmern[7] –, mit einer erheblichen Ausweitung jedoch erst bei flächendeckender Breitbandverkabelung.[8] Unter dieser technischen Voraussetzung allerdings werden Bildtelefon, Bildkonferenzschaltung, interaktives Kabelfernsehen, Datenverarbeitung im Dialog etc. möglich sein.[9] Mit der Digitalisierung werden dann alle „schmalbandigen" Übertragungsdienste integriert: Telephon, Telefax, Telex, Teletext, Computerdatenaustausch, Btx und einige neue – sie alle werden über dasselbe Netz abgewickelt, und erst im Empfangsgerät wird entschieden, welcher Art die Daten sind. Zur Zeit besteht nur in einigen Ballungszentren der BRD die Möglichkeit, ISDN zu benutzen,[10] von 1993 an sollte dies flächendeckend möglich sein, was aber nicht der Fall ist. Aber auch damit wäre die absehbare Entwicklung noch keineswegs am Ende. „Später – bei zunehmendem Einsatz von Glasfasern – werden sogar ‚breitbandige' Dienste abgewickelt werden können; dann wird die Integration der Individual- und der Verteil- (oder Massen-)Kommunikation zu einem integrierten Fernmeldenetz ‚IBFN' (Integriertes breitbandiges Fernmeldenetz) möglich. Es würden dann Rechnerkommunikation, schnelle und ganzheitliche Datenkommunikation, graphische Datenverarbeitung, Fernsehen und Bildtelefon auf einem modernen Netz ermöglicht, auf dem auch ganz konventionell telefoniert werden könnte" (Glotz 1990, S. 208). Bis diese Technik alltäglich sein wird, wird Europa längst ein gut Stück enger zusammengewachsen sein.

Ob nun Kabelfernsehen oder Satelliten-TV, von den technischen oder ökonomischen Vorteilen des einen oder des anderen Verfahrens einmal abgesehen ist für den Benutzer die Frage, wie ein Programm ihn erreicht, letztendlich ebenso belanglos wie die Frage, ob sein neues Auto über diese oder jene Produktionsstraße das Licht der Verkehrswelt erblickte. Es entsteht eine neue Vielfalt technischer Kommunikationsmöglichkeiten, letzten Endes aber kommen die meisten Mitteilungen an längst vertrauten Wahrnehmungsplätzen an. "The 'new television'", schreibt Mazzoleni mit Bezug aufs Fernsehen, "is just a more powerful or extended version of the 'old' television: the basic structure of its content (fiction, news, entertainment) is likely to change very little. In addition, it is not certain that it is going to influence radically either viewing habits or ratings" (Mazzoleni 1986, S. 100).

Dennoch wird sich auch beim TV der Empfangsapparat radikal verändern: „Wir werden für den Endverbraucher in der zweiten Jahreshälfte 1990 Geräte mit einer Bildschirmdiagonale von 90 cm im neuen Format 16:9 zu einem Preis um ca. 8000 DM anbieten."[11] Die Rede ist von HDTV (= High Definition Television), einer bisher unbekannten technischen Qualität von Fernsehen.[12] Der genannte Preis dürfte sich proportional zur Zeit verhalten, die dieses Gerät brauchen wird, um in europäischen Wohnzimmern Einzug zu halten, zumal zusätzlich eine Satellitenempfangsstation erforderlich ist, die die Signale der Fernmeldesatelliten empfangen kann. Auf dem heute üblichen Wege oder auch per Kabel ist HDTV jedenfalls nicht zu haben – es sei denn, beim Kabel handelt es sich um ein Glasfaserkabel. Eine solche Technik würde den gewohnten Wahrnehmungsplatz deutlich verändern. Über die Auswirkungen der „Leinwand im Wohnzimmer" ist auch schon spekuliert worden. So prognostiziert Zielinski spürbare Auswirkungen des HDTV auf unsere Wahrnehmung und das gesamte Sozialleben: „Katastrophen, Unfälle, alltägliche Gebrechen, alles was von vielen als häßlich empfunden wird, als Irritation privater Harmoniebedürfnisse, ist in der distanzierten Betrachtungssituation vor dem herkömmlichen Fernsehapparat noch erträgbar oder mag sogar für einige faszinative Ausstrahlung besitzen. Den wirklichen Dimensionen angenähert, graphisch feingliedrig strukturiert, unbarmherzig hart präsent wie die Bilder des Photorealismus, würde es regelrecht die Wohnzimmerlandschaft besetzen und an ihrem Ambiente haften bleiben. Solche Gegenstände werden einem audiovisuellen Verdrängungsmechanismus zum Opfer fallen. Sie bleiben televisuabel für die verkleinerten mobilen Apparate und die Zweit- oder Drittgeräte an verschiedenen Orten der privaten Haushalte, aber nicht für die neue Anordnung, die mit der hochgezüchteten Audiovisionstechnik in der Privatsphäre entsteht" (Zielinski 1989, S. 250–252). Infolge dieser Konstellation wird sich dann, so folgert Zielinski weiter, eine neue TV-Ästhetik ergeben, die stärker als bisher am Ding, am Warencharakter orientiert ist und an der verbreiteten Auffassung vom Schönen.

Aber das ist – bei historischer Perspektive – nicht mehr als die Anpassung der Prognose an die veränderte Wirklichkeit. Schließlich hatte Adorno

Anfang der 50er mit Blick auf die damals als zu klein erscheinende Bildschirmgröße konstatiert, daß Identifikation nicht möglich sein werde; und grosso modo hatte dies dann Anders wiederholt und hatte festgestellt, der Fernseher lasse alles zur Nippesszene geraten – weswegen dann ein realistischer Blick für Unfälle etc. nicht möglich würde. Die genannten und weitere Versuche stellen eines nicht in Rechnung: den Zuschauer und seine Lernfähigkeit. Vielmehr sind sie Fälle des oft wiederholten Versuchs, aus einer Strukturbeschreibung des Gegenstandes gradlinig auf die Art der Bildungsprozesse zu schließen, die mit ihm möglich sind.

II. Das neue Programmangebot

Die oben umrissene, komplizierte und aufwendige Technik läuft bei den Programmanbietern auf einen schlichten Zweck hinaus: mehr Programme, mehr Werbung, mehr Gewinn. Im Jahre 1986 betrug das Volumen an Fernsehprogrammen im westeuropäischen Durchschnitt 29 600 Stunden pro Jahr. Bis zum Jahre 2000 wird es sich auf über 60 000 Stunden erhöht haben, im selben Zeitraum wird der Umsatz der Sender um 230 % gestiegen, die Zuschauerreichweite der einzelnen Sender aber im Durchschnitt gesunken sein.[13] Da die EG-Europäer sich selbst einen Anteil am gemeinsamen TV-Programm von vornherein gesichert haben,[14] bedeutet dies auf alle Fälle gut gefüllte Auftragsbücher für eine Reihe europäischer Produktionsgesellschaften.[15] Letzten Endes ist auch die kulturelle Dimension der Medien im Spiel dieser Zahlen zu beurteilen; jedenfalls wird vor ihrem Hintergrund verstehbar, warum die EG-Kommission in ihren Katalog der Maßnahmen zur beruflichen Bildung u. a. die Aus- und Weiterbildung von Drehbuchautoren aufgenommen hat.[16]

Die privaten Sender werden in jeder Hinsicht deutlich an Gewicht gewinnen und unter ihnen vor allem die der längst Etablierten: Berlusconi,[17] Murdoch – denen freilich noch ein paar weitere hinzuzurechnen sind. Unabhängig davon, wer die Oligopolisten letzten Endes sein werden, wird diese ökonomische Situation im großen und ganzen eine drastische Veränderung des heute gewohnten Fernsehprogramms nach sich ziehen:

Das Programm wird sich insgesamt stärker popularisieren. Es werden mehr Serien à la „Dallas", „Schwarzwaldklinik" usw. gesendet. – Eben diese Beispiele zeigen aber, daß sich vermutlich auch die Öffentlich-Rechtlichen diesem Wandel anschließen werden. Sie müssen es, wie sie immer wieder betonen, weil sie ansonsten dem Druck der Konkurrenz erliegen. – Fragt sich, wem sie erlagen, als die Konkurrenz noch gar nicht existierte.

Es wird eine Differenzierung geben, was konkret recht unterschiedliches bedeutet. Zum einen wird sich die Anzahl der Spartensender bzw. -programme erhöhen. Heute gibt es u. a. „Eurosport" und den Musikkanal „MTV" als europaweite TV-Angebote; ähnliche Spezialisierungen sind für Softporno, impressionistische Programme, schöne Bilder aus aller Welt u. a. m. denkbar. Diese Entwicklung, ökonomisch betrachtet nichts anderes als eine Überlebensstrategie der Sender, wird auch europaweite Kulturkanäle hervorbringen – einer, der deutsch-französische, wurde ja erst kürzlich ins Leben gerufen. Unabhängig vom Programm müssen allenfalls noch zwei- bis fünfzigtausend Mark pro Stunde für Untertitelung oder Übersetzung gezahlt werden, und schon könnte z. B. ein italienischer Sender in dem großen deutschsprachigen Raum – immerhin ca. 90 Mio. Menschen – agieren.

Auch in anderer Hinsicht könnten sich Veränderungen in Europas Medienlandschaft ergeben: Eines der Ergebnisse aus der Begleituntersuchung des Kabelprojekts 'Ludwigshafen-Vorderpfalz' besagt, daß die Zuschauer ein ungemein hohes Interesse an Sendungen über den regionalen Bereich hatten. Ein solches Interesse erstreckt sich, sind erst einmal die Grenzen in den Köpfen der Leute gefallen, möglicherweise auf ganz andere Regionen, die z. B. Teile von Frankreich und Teile von Deutschland umfassen und einem zweisprachigen Regionalsender eine Chance geben. In solchen bi- oder auch trinationalen, durch wirtschaftliche, politische und sonstige Beziehungen konturierten europäischen Regionen könnte das Fernsehen jene integrierende Funktion erfüllen, von der immer wieder die Rede ist. Dies vermag das Fernsehen aber nicht von sich aus zu leisten; worüber auch sollte ein Sender in der belgisch-deutsch-französischen Region berichten, wenn dort nichts geschähe, das von sich aus geeignet ist, der europäischen Integration zu dienen?

Auf die Dauer wird es gewiß auch eine Gliederung nach Sprachräumen geben: Deutsch, Englisch, Französisch – mit deutlichem Vorsprung des Englischen. Es steht zu befürchten, daß dabei die „kleinen" Sprachen – Holländisch, Dänisch, Griechisch etc. – im Äther sehr leise werden. Einen Vorgeschmack auf diese deutsch-englisch-französische Sprachmonokultur bietet die kurze Geschichte von „Europa-TV", getragen von ARD, NOS (NL), RAI (I), RTP (P) und RTE (IRL): Die Sender der kleineren Länder hatten allem Anschein nach großes Interesse an diesem Projekt, die Sender der (beiden) großen ein kleines – und infolgedessen starb „Europa-TV" eines frühen Todes.

Die Kommerzialisierung, so ist des öfteren zu lesen (vgl. Bergheim 1984, S. 8), sei der Grund für die ansteigende Gleichförmigkeit und Trivialisierung des Fernsehens. Der Werbung, so geht die Mutmaßung in der Regel weiter, kommt in diesem Prozeß die Hauptrolle zu: sie sichert den Privatsendern die Einnahmen und beeinflußt daher in hohem Maße die Programmgestaltung.[18]

Medien und Medienpädagogik in Europa   205

Nun werden aber die, welche die Zuschauer als potentielle Käufer umwerben, ihrerseits als Werbende umworben. Und in dieser Konkurrenz der Sender untereinander ist dauerhafter Erfolg nicht durch Mimikry zu erreichen. Bei kategorialer Betrachtung, mit Blick auf die Programmsparten, werden sich die Sender freilich hochgradig ähneln: Jene, die nicht nur auf eine Sparte setzen, werden vornehmlich Spielfilme zeigen, Serien, Talk-Shows, Sport. Darin aber bereits eine Vereinheitlichung zu sehen, käme der Feststellung gleich, zwischen ›Neuer Revue‹ und ›Spiegel‹ bestünden kaum Unterschiede, weil doch beide Serien, Reportagen, Klatsch usw. bringen. Dieses Beispiel vor Augen ist nicht einzusehen, warum sich kommerzielles Fernsehen letzten Endes anders sortieren sollte als der Zeitschriftenmarkt.

Die Konkurrenz um die Werbeeinnahmen und gegen die Mitbewerber wird die Programme vielfältiger werden lassen. Dabei wird die Attraktivität eines Senders für Werbespots sowie der Preis, den er für sie erzielen kann, auch künftig von der Einschaltquote abhängen. Sie wird allerdings mit wachsender Ausdifferenzierung der Sender eine zweitrangige Rolle spielen und tendenziell nur noch bei großer Ähnlichkeit von Sendern oder Programmen zum Tragen kommen.[19] Ein zunehmend wichtigeres Kriterium wird die Zuschauerklientel eines Senders sein. Ein ausgemachter Sportkanal dürfte sich in dieser Konkurrenz erfolgreich um die Werbung für Fitneßprodukte bemühen, sich aber schwertun, dauerhaft die Werbung für Babywindeln zu gewinnen.

Die in Rede stehende Tendenz zur Ausdifferenzierung wird durch die größere kulturelle Heterogenität Europas gestützt. Für viele Produkte: Autos, Parfums, Bürogeräte etc. läßt sich vermutlich ohne weiteres europaweit gleichförmig werben, so daß die Werbung ein Optimum an Rentabilität hat. Ob sich allerdings in Italien in derselben Form für eine deutsche Biermarke werben läßt wie in der Bundesrepublik und ob in Deutschland auf die gleiche Weise für Spaghetti geworben werden kann, wie dies in Italien geschieht, bleibt zweifelhaft.[20]

Das mediale Angebot wird in der Zukunft noch breiter werden. Neben Fernsehen und Video wird das Pay-TV mehr und mehr Kunden gewinnen. Bei entsprechender Reichweite wird das Pay-TV[21] ein hervorragendes Instrument abgeben, um den Publikumsgeschmack permanent zu testen. Man wird feststellen können, welche Filme bevorzugt werden – zu welchen Tageszeiten, bei welchen Alternativen des regulären Programms und in welchen Regionen Europas, wo die „Schmerzgrenze" bei den Werbeanteilen liegt usw. Die durch Pay-TV-Analyse ermittelten Zahlen über den Publikumsgeschmack wirken zurück: Sie werden von der Werbebranche als ein qualitativer, nicht in Zahlen angebbarer, aber sehr wohl präziser Maßstab genommen, um Sender, ihre Reichweiten etc. zu beurteilen. Ein Sender, der unter dieser Voraussetzung meint, sein Programm ausschließlich mit

B-Pictures oder sonstigem kostengünstigen Material gestalten zu können, dessen Rechnung dürfte kaum aufgehen. Das Image von Produkten, deren Werbung sich zwischen unattraktiven Programmen sehen lassen muß, würde eben deswegen leiden. So wird gerade das Pay-TV dazu beitragen, den Europäern summa summarum jenes Fernsehen zu liefern, das sie verdienen;[22] daß dieses Fernsehen so aussehen wird wie ARD oder ZDF heute, ist allerdings nicht anzunehmen. Hier und da wird auch die Befürchtung laut, die europäische Medienlandschaft könnte sich, als Folge des Näherrückens der Europäer, nivellieren und monotoner werden. – Angleichungen im Medienbereich sind selbstverständlich absehbar: Möglich, daß sich auch in der deutschen TV-Werbung der humorvollere britische Stil durchsetzt. Denkbar, daß *Derrick* bald über sämtliche europäischen Fernsehschirme flimmert. Wünschenswert, daß sich die deutsche Senderlandschaft in ein ebenso kleingegliedertes Mosaik verwandelt wie die italienische?

Freilich werden einige nationaltypische Formen – worunter ich Sendungen, Programmtypen, ökonomische Gliederungen, stilistische Eigenheiten u. a. m. verstehe – verschwinden. Im Gegenzug werden sich andere ausdehnen. Dieser Prozeß kann aber höchstens im konkreten Einzelfall Bedauern erregen, nicht jedoch pauschal. Man kann jedenfalls schwerlich frei von Widerspruch für ein gemeinsames Europa eintreten und gleichzeitig jedwede nationale Eigenheit bewahrt wissen wollen. Sofern nationale Eigenheiten eine Funktion erfüllen, identitätsstiftend sind und wertgeschätzt werden, werden sie sich auf nationaler oder regionaler Ebene halten. Über welche TV-Show z. B. die Europäer lachen, dürfte von Land zu Land recht unterschiedlich sein und lange Zeit noch bleiben. Das Verschwinden von Formen grundsätzlich zu beklagen bedeutete eben *nicht,* europäisch zu denken, sondern national. Und in jedem Verschwinden einer Form sogleich eine Nivellierung zu vermuten, ist am Ende nichts anderes als die Geschichte Europas im Sinne seines Untergangs zu deuten.

III. Der neue Zuschauer

Wie immer die Veränderungen des Fernsehens selbst ausfallen mögen, sie werden auch die europäischen Fernsehzuschauer verändern. Über die Richtung der Veränderung besteht aber auch in diesem Fall recht geteilte Meinung. „Dabei sind Entwicklungen im Bereich der Medien von enormer Tragweite, [...] denn man muß davon ausgehen, daß die Wirkungen, gerade auch die unerwünschten Beeinflussungen der heranwachsenden Generation, sich in Zukunft eher vergrößern als vermindern" (Luscher 1984, S. 153). Anders die Europäische Kommission: sie geht nicht davon aus, daß die europaweite Verbreitung des Fernsehens den Konsum des einzelnen nennenswert erhöhen wird (vgl. Europäische Gemeinschaften – Kommission 1984, S. 34).[23] Weitere Stimmen stellen gar fest, daß das Geschäft mit den Medien, insbesondere das Satellitengeschäft zumindest noch heute zögernd verläuft, weil „ausgerechnet die Hauptperson nicht so recht mitspielen" mag (Anonymus 1989, S. 109, Sp. 3). Mag sein, daß hierfür die immer noch recht hohen Kosten ausschlaggebend sind, mag sein, die Begeisterung für die visuellen Medien ist in Europa einfach nicht so hoch wie etwa in den USA.

Die Arbeit der Medienmacher wird in Zukunft jedenfalls schwieriger werden, weil der Medienkonsum sich mit der steigenden Vielfalt der Möglichkeiten stärker individualisiert. „Das Publikum flutscht weg", schreibt Glotz gar, „es ist überall und nirgends" (Glotz 1990, S. 211), und er zählt die Fluchtmittel auf: Zapping (das sog. Wellenreiten mit Hilfe der Fernbedienung) und den Videorecorder – und demnächst kommt noch das Pay-TV hinzu.

Die (medien)pädagogische Sicht auf diesen Prozeß zieht mit einer gewissen Notwendigkeit die Befürchtung nach sich, diese Flucht könnte alles in allem eine Flucht zum Trivialen, Seichten und Stumpfsinnigen sein: Nicht nur, daß die Kommerzialisierung die Informationssendungen rarer werden läßt, im alltäglichen Umgang mit den Medien verschwinden sie praktisch ganz. Gegen derartige Befürchtungen helfen konkrete Beobachtungen: „Mit vier Kanälen, die miteinander konkurrierende Programmstrukturen haben, gibt es an einem Fernsehtag nur wenige Momente, an dem [an denen; E. E.] der britische Zuschauer nicht etwas Lockeres, Leichtes und sehr Populäres sehen kann. Umgekehrt wird fast immer etwas Anspruchsvolleres zumindest auf einem der vier Kanäle angeboten. Wenn also die Masse der Zuschauer nur leichte Fernsehkost will, warum nimmt sie sich nicht noch zusätzlich Zeit, um noch mehr davon zu sehen? Warum beträgt der Anteil der leichten Kost nur drei Fünftel des Fernsehkonsums?" (Grade 1989, S. 36). Dieses Argument von der Selbsterstickung des Trivialen hat auch dann seine Plausibilität, wenn Grade keinerlei qualitative Angaben darüber macht, was er unter „locker", „leicht" usw. versteht.

Entscheidend für die Beurteilung der Medien ist allemal auch eine Aussage über deren Publikum. Medienpädagogisches Nachdenken zeigt dabei oft die Tendenz, Zuschauer und Zuhörer statisch zu verstehen und deren Reaktionen aus der Struktur der Medien und Medienereignisse ableiten zu wollen. Demgegenüber zeigen Medienmacher – aber wie sollte das anders sein? – oft mehr Sensibilität fürs Publikum und dessen veränderliches Verhalten: „Der Mediennutzer wird mit der Ausweitung der Wahlmöglichkeiten zunehmend kritischer: Die Maßstäbe für die Akzeptanz eines Programmangebotes [...] werden steigen; nicht primär durch die Verschärfung der Konkurrenzsituation zwischen verschiedenen Anbietern, sondern durch zunehmend bewußteren Umgang mit den Medien" (Wössner 1984, S. 12). Man mag dieser Aussage, weil sie aus der Feder des Vorstandsvorsitzenden der Bertelsmann AG kommt, Wahrhaftigkeit und Glaubwürdigkeit absprechen. Aber warum eigentlich sollte es unrealistisch sein, „Beurteilungs- und Lernprozesse der Rundfunkteilnehmer zugunsten einer strengeren Selektivität zu erwarten" (Europäische Gemeinschaften – Kommission 1984, S. 35)? Immer wieder haben Lernprozesse, individuelle wie gesellschaftliche, die Menschen kritischer gemacht, so daß im Laufe der Geschichte „der Vorsprung der Düpierer" (Henningsen 1984, S. 105) stetig kleiner geworden ist. Fest steht jedenfalls, daß bei diesem „Düpierungswettlauf" Autoritäten überholt wurden, deren autoritätsgeschützter Vorsprung lange Zeit unaufholbar schien: Ärzte, Lehrer und Priester – warum nicht auch Medienmacher?

IV. Die europäische Zukunft der Medienpädagogik

An der technisch imposanten und seit 1993 nahezu grenzenlosen Medienwelt ist die Medienpädagogik unmittelbar wenig interessiert. Ihr Bereich beginnt erst bei den Auswirkungen, die diese Medien haben; und direkt angesprochen ist sie beim Jugendmedienschutz, soll Kinder und Jugendliche gegen eine Reihe von Medienprodukten immunisieren oder mithelfen, allzu hemmungslosem Geschäftssinn beim Vertrieb massenmedialer Produkte Einhalt zu gebieten.

In der (alten) Bundesrepublik bestand die Aufgabe des Jugendmedienschutzes schon immer darin, die Verbreitung von pornographischen, gewalt- und kriegsverherrlichenden, rassistischen usw., in summa: zur Desorientierung von Kindern und Jugendlichen geeigneten Medienerzeugnissen zu verhindern. Die Ausgangspositionen in den übrigen Staaten der EG sind zum Teil ganz andere:
1. Es gibt Länder, die überhaupt keinen speziellen Jugendmedienschutz kennen wie z. B. Dänemark und Luxemburg.
2. Einige der europäischen Länder übertragen die allgemeinen Vorschriften des Jugendschutzes auch auf den Bereich des Rundfunks; dies ist u. a. üblich in Italien und den Niederlanden.
3. Sodann gibt es Länder, die einen speziellen Jugendmedienschutz kennen; dazu zählen Großbritannien und Frankreich (Europäische Gemeinschaften – Kommissionen 1984, S. 288 ff.).

Alle nationalstaatlichen Sonderheiten sind mit Beginn des Jahres 1993 endgültig verschwunden, besser: von einem europäischen Jugendmedienschutz überformt. Die seit April 1989 existierenden Mindestnormen für den Jugendschutz kreieren auch jenen Ländern einen Jugendmedienschutz, die ihn bisher nicht kannten. Da es sich dabei um bindendes europäisches Recht handelt, ist beispielsweise jeder Mitgliedstaat prinzipiell befugt, die Programmeinspeisungen EG-ausländischer Sender zu untersagen, falls diese gegen die aufgestellten Normen verstoßen; in einem solchen Fall könnte beim europäischen Gerichtshof in der betreffenden Angelegenheit Klage erhoben werden.

Für die Bundesrepublik hat sich durch die europäischen Gesetze nicht viel geändert. „Die europäischen Regelungen bei den überstaatlichen Institutionen EG und Europarat", stellte der für Jugendschutz zuständige Referatsleiter des (ehemaligen) BMJFFG, Scholz, fest, „sind etwas allgemeiner gefaßt [als die entsprechenden bundesdeutschen Regelungen; E. E.], sie sind als Generalklauseln formuliert, die aber bei einer sachgerechten Auslegung durchaus dorthin führen, wo wir in der Bundesrepublik und natürlich mit gewissen Abweichungen in anderen Staaten heute schon sind" (Scholz 1989, S. 22).

Darüber hinaus ist es – ganz im Sinne des Delors-Planes – den einzelnen Staaten überlassen, für die nationalen Medienprodukte und deren Verbreitung engere Gesetze zu formulieren.

Wegen der „sachgerechten Auslegung" und weil etliche meinen, eine „Vereinheitlichung auf allen anderen Gebieten des Jugendmedienschutzes" sei ebenso erforderlich wie seine „institutionelle(n) Verankerung" (Lieven 1990, S. 5) auf europäischer Ebene, darf man annehmen, daß Europa noch immer keine endgültige Regelung besitzt, sondern diese erst im Laufe der Jahre erhalten wird.[24]

Wie immer der europäische Jugendmedienschutz letzten Endes beschaffen sein mag, die Einhaltung seiner Vorschriften zu kontrollieren dürfte schwieriger werden als dies bisher der Fall ist. Wer könnte schon die 30, 40 oder noch mehr Sender überprüfen, die demnächst zu empfangen sind? Hinzu kommt der Vertrieb von Videokassetten und anderen Medienprodukten.

An dieser Stelle soll aber nicht jener monokausalistische Irrtum wiederholt werden, demzufolge gilt: Je mehr Fernsehen, Video etc., um so schlimmer und bedrohter die Situation der Jugendlichen und Kinder. Andererseits ist die Ansicht, „ein breitgefächertes Fernsehangebot" beinhalte die Chance, „gegen die unsägliche Flut gefährlicher Videos anzugehen" (Brok 1986, S. 32), irrig, funktioniert nach derselben Logik wie die Austreibung des Teufels durch Beelzebub. Denn möglicherweise gibt es eines Tages 100 oder mehr Sender und ebenfalls ein europaweites Pay-TV, das jedem Jugendlichen, der die Codenummer seiner Eltern kennt, die Teilnahme ermöglicht; dann würde die Kontrolle noch schwieriger als im Falle der Videoausleihe. Die Bedingungen für ein Interesse an Gewalt-, Horror- und sonstigen mißliebigen Videos oder die Bedingungen für die Vielguckerei sind auch weniger bei den Medien als vielmehr im sozialen Rahmen des Betreffenden zu suchen. Unterscheidet man, wie durchaus üblich, zwischen einem bewahrpädagogischen und einem aufklärerischen „Zweig" der Medienpädagogik, so sind die Ansprüche des erstgenannten zumindest vorläufig durch die europäische Regelung zum Jugendmedienschutz eingelöst. Darüber hinaus werden auch künftig jene Bemühungen stärker gefragt sein, die sich des Mediennutzers annehmen und seine Position stärken. Dafür spricht zum einen die Tatsache, daß eine Kontrolle der Medien selbst immer schwieriger wird. Dafür sprechen zum anderen die Absichtserklärungen der Politik: Um die Menschen im Umgang mit den „modernen Informations- und Kommunikationstechniken" kompetent zu machen, „kommt der Bildung in Kindergarten, Schule, beruflicher Bildung, Hochschule und Weiterbildung eine Schlüsselfunktion zu". Der Medienpädagogik kommt die Aufgabe zu, den Mediennutzer „zu verantwortungsbewußter Nutzung" (Presse- und Informationsamt der Bundesregierung 1985, S. 22) zu befähigen, „zur überlegten Auswahl der für ihn wichtigen Informationen. Mediendidaktik und Medienerziehung müssen sich den damit verbundenen Herausforderungen – insbesondere auf dem Gebiet des Verhaltens von Kindern und Jugendlichen – stellen" (Presse- und Informationsamt der Bundesregierung 1985, S. 58). Prinzipiell ist auch die Einschätzung der Europäischen Kommission keine andere. Es wird eine der Aufgaben der Medienpädagogen sein, die Erfüllung jener Aufgaben einzufordern, die sich aus derartigen Programmatiken ergeben.

Unter dem Gesichtspunkt des Jugendmedienschutzes werden Kinder und Jugendliche vor Gewaltdarstellung, Pornographie und anderem mehr geschützt. Nicht geschützt werden sie hingegen vor der Zunahme an strukturell Gleichartigem – und das ist mit steigender Kommerzialisierung der europäischen Medienlandschaft in zunehmendem Maße zu erwarten. Konkret besagt das: Mehr "He-Man", mehr „Heidi", mehr "Knight Rider", so daß die Kinder der Tendenz nach weniger Alternativen geboten bekommen und stärker auf strukturelle Stereotypen eintrainiert werden. Daß die hier gemeinte Art von Filmen, in einer pauschal nicht genau bestimmbaren Menge konsumiert, geeignet ist, das kindliche Denken zu schablonieren, wird zwar hier und da bemerkt, ist aber nicht durch Regelungen des Jugendmedienschutzes zu verhindern. Erich Mohn konstatiert, daß eine Reihe von medienpädagogischen Fragen wenig Beachtung findet, „obwohl sie (mir) jugendpolitisch bedeutsam sind: was bedeutet beispielsweise die Ersetzung von Nachrichten durch 'news shows', was die Permanenz-Abstrahlung von Spielfilmen des Niveaus von ‚Liebe durch die Hintertür – Nacke-Di, Nacke-Du, Nacke-Dei'" (RTL, 28. 12. 1989) (Mohn 1990, S. 18). Im selben Tenor äußert sich Herrmann: „Unter dem Gesichtspunkt Jugendschutz erscheinen mir auch gefährlich die stereotyp-steril-stupiden Handlungsmuster einiger 26-, 43- oder 52-Minuten-Produktionen, deren Inhalt in teilweise erschreckender Weise das Kind, den Jugendlichen ‚führt' und verführt zu der simplen Meinung: Wer schneller zieht, lebt länger" (Herrmann 1986, S. 27). Insgesamt aber sind die Stimmen, die vor der Monokultur eines bestimmten Typus von Geschichten warnen oder vor der notorischen TV-Fröhlichkeit, nicht sonderlich zahlreich. Nichtsdestotrotz ist es zumindest in ästhetischer Hinsicht katastrophal, wenn sich im Kopf eines Kindes die Überzeugung festsetzt: Hat ein Text kein Happy-End, war er der Mitteilung nicht würdig. Hier, so will auch mir scheinen, geschieht, auf breiter Basis, weitaus Schlimmeres, als wenn ein 12jähriger mal einen Softporno guckt. Die Abstinenz staatlicher Fürsorge im Falle von "He-Man", "Mask" und sonstiger ästhetisch-kognitiver Schmalkost hat mancherlei Gründe, vielleicht auch den, daß Kinder beim Dauerkonsum jener Produkte lediglich geistig verarmen, was sich als individuelle Schwäche auswirken könnte, während sie durch den Konsum von Gewaltdarstellung und Pornographie zu dysfunktionalen Gesellschaftsmitgliedern werden könnten.

Ausblick

Mit Blick auf die Fragen des Jugendmedienschutzes ist vielleicht am ehesten ein positiver Einfluß Europas auf die Medienpädagogik zu erwarten. Gerade weil die Ausgangssituation in den verschiedenen Mitgliedstaaten eine jeweils andere war und infolgedessen auch die Erfahrungen, könnte das internationale Zusammenspiel von unterschiedlichen Interessen und Gesetzesauslegungen die intellektuellen Lösungen für den Umgang mit den Medien befördern und die moralischen beschneiden (vgl. Henningsen 1966, S. 45ff.). Daß die Argumentation der Jugendmedienschützer oft nicht mehr ist als eine Kombination aus moralischem Impetus und Durchsetzungsmacht, läßt sich an Beispielen konkret aufzeigen (vgl. Elling 1985a, b).

Unwahrscheinlich, daß die tiefgreifenden Veränderungen im Mediensektor die Medienpädagogik gänzlich unberührt lassen. Aber auch hier werden es in erster Linie die technischen und sozialen Veränderungen sein, die den Einfluß ausüben, und weniger die Folgen des europäischen Zusammenschlusses – der allerdings ohnehin vorhandene Tendenzen verstärken wird.

Als einigermaßen gewiß läßt sich vorhersagen, daß die Medienpädagogik an Bedeutung gewinnen wird. – Heute freilich ist sie in erster Linie eine mitteleuropäische Angelegenheit, die allenfalls in der (alten) Bundesrepublik eine längere Tradition aufweist,[25] nicht aber in Spanien oder Griechenland. Medienpädagogik ist also kein europaweites Gesprächsthema, wird aber dazu werden, weil sie selbst ihre angestammt engen Grenzen verlassen hat und das Interesse an ihr auch außerhalb der Niederlande oder Deutschlands wächst.

Im Verlaufe der Integration Europas könnte sich die Medienpädagogik zu einer Art „Exportartikel" Mitteleuropas entwickeln. Dann wäre allerdings zu wünschen, daß aus ihr kein Instrument der Bevormundung wird, wie dies in vielen anderen Fällen internationaler Hilfestellungen wieder und wieder zu beobachten war. Statt dessen sollten die z. B. in Deutschland gesammelten Erfahrungen als ein Angebot zur Verfügung gestellt werden. Für einen „kontrollierten Export" sind Gemeinschaftsunternehmungen wie das (britisch-italienisch-griechisch-deutsche) Programm zur Errichtung eines Studiengangs "Media Education and Mass Communication Research in Europe" vermutlich bestens geeignet (vgl. Bachmair 1991, S. 22 ff.). Erst in solch internationalen Kooperationen ist es möglich, Fragen anzugehen wie die nach der Funktion von Medienpädagogik: Wenn Medienpädagogik über viele Jahrzehnte hin in einigen Ländern Europas für so wichtig gehalten wurde, wie konnten Griechenland, Spanien und andere Länder auf die Medienpädagogik verzichten? War dies nur eine Frage des Geldes, der Lobby, des Zufalls? Blieb es konsequenzenlos oder war die Medienpädagogik dort überflüssig, weil ihre Ziele durch andere Instanzen der Gesellschaft verwirklicht wurden? Vielleicht hängen die Frage, wie eine Gesellschaft Medien nutzt (seien dies Kino, Fernsehen oder andere), wie Medien sozial eingebettet werden und weitere Fragen mit bisher unerkannten Faktoren zusammen.[26] Das Interesse an Medienpädagogik wird aber nicht nur im Süden oder Westen Europas zunehmen, sondern auch im Osten. Dafür kann möglicherweise das, was sich zur Zeit in den fünf neuen Bundesländern vollzieht, als Modell angesehen werden (vgl. Scholz 1991).

Die Medienpädagogik hat es nach Einschätzung verschiedener Vertreter „künftig nicht nur mit Lehr-Lern-Prozessen und entsprechenden Apparaturen, nicht mit traditionellen Massen-Medien allein zu tun; ihr Gebiet sind alle technischen Vorkehrungen, Information und Kommunikation, Erfahren und Erleben, Verhalten und Handeln zu organisieren, zu strukturieren und zu beeinflussen" (Baacke 1987, S. 17). Diese Veränderungen werden sich auch in Abhängigkeit von der europaweiten Ausdehnung der Medienpädagogik vollziehen und ebenso in Abhängigkeit von anderen Prozessen und Fragestellungen (vgl. Austermann 1989, S. 1042 f.). Die Medienstürmerei, zumindest für Außenstehende lange Zeit das dominierende Merkmal an der Medienpädagogik, hat an Bedeutsamkeit eingebüßt: nachdem jahrelang die Frage dominierte, was die Medien mit uns machen, welchen Schaden und welchen Verlust sie uns zufügen, scheint die Frage, was die Menschen mit den Medien machen,[27] an Interesse zu gewinnen. Der Mediennutzer, bisher oft das (vermeintliche) Objekt der Medien, wird damit zum Subjekt, das aktiv mit den Medien umgeht.

Die Medienforschung, auch die pädagogisch orientierte, wird nicht nur dem technischen Ausbau der Medien Rechnung tragen, sondern auch deren europäischer Integration. In den kommenden Jahren werden neben vertrauten Fragen wie etwa der, was Kinder und Jugendliche mit einem (jeweils) neuen Medium anfangen, neuartige Themen aufkommen, die sich in erster Linie aus der europäischen Integration ergeben. Zu diesen Themen könnte beispielsweise die Frage zählen, welche Rolle welche Medien bei der Herausbildung neuer europäischer Regionen spielen. Oder auch die Frage, welche medial initiierten Bewußtseinsprozesse den Weg des stärkeren Zusammenschlusses begleiten werden; noch ist es schließlich so, daß die meisten Europäer – Gastarbeiter hin, Urlauber her – Europa in erster Linie als eine mediale Inszenierung kennen.

Insgesamt werden Anzahl und Umfang vergleichender Forschungsarbeiten zunehmen. Und es kann nur von Nutzen sein, wenn somit der Prozeß der europäischen Integration zumindest teilweise wissenschaftlich begleitet wird. Untersuchungen der hier gemeinten Art können sich jedoch nicht darin erschöpfen, Zahlen gegenüberzustellen. Neue Vorgehensweisen sind gefragt, wie sie sich in Form medienökologischer Forschung andeuten. Denn nur auf diese Weise läßt sich Einblick gewinnen in die *Lebenszusammenhänge* der verschiedenen Gesellschaften Europas: Die Briten sehen im Schnitt 222 Minuten pro Tag fern und führen damit die europäische Statistik an. Die Dänen liegen mit nur 86 Minuten Fernsehkonsum pro Tag am Ende der westeuropäischen Rangskala (vgl. Gellner/Tiersch/Zimmer 1990, S. 202). Was ist – neben möglichen Abweichungen in der Datenerhebung – der Grund für diesen Unterschied? Spannend sind die Daten über den Medienkonsum nur dann, wenn man sie als Funktion des jeweiligen sozialen Bedingungsrahmens interpretiert. Was um alles in der Welt also machen die Dänen während jener 136 Minuten, in denen die Briten fernsehen? Und warum gönnen sich die Briten nicht auch so viel fernsehfreie Zeit wie die Dänen? Möglicherweise werden die Briten aufgrund ihres höheren TV-Konsums auch nicht nur umfangreicher unterhalten, sondern werden auch besser über das Weltgeschehen informiert? – Vor allem dann, wenn es richtig sein sollte, daß den Europäern eine einheitliche Kultur bevorsteht, eröffnet sich in den kommenden Jahren das letzte Mal die Chance, nationale Eigenheiten im Umgang mit den Medien zu studieren, bevor nicht nur die althergebrachten Medien, sondern auch die entsprechenden Verhaltensweisen Geschichte werden.

Das wissenschaftliche Interesse der Medienpädagogik wird zunehmen; u. a. deswegen, weil in verschiedenen Ländern Europas Nachholbedarf an medienpädagogischen Untersuchungen besteht. Der europäische Zusammenschluß selbst wird für ein Anschwellen (auch) der medienpädagogischen Literatur sorgen, weil die stärkere Koordination und Angleichung

Stoff liefern wird für mancherlei Auseinandersetzung, die ihren Grund letzten Endes in den je unterschiedlichen Traditionen der europäischen Gesellschaften hat. Es sind eine Reihe von „ethnologischen" Studien zu erwarten, die sich z. B. mit der Frage nach der Medienwirkung im europaweiten Vergleich auseinandersetzen.

Die Medienpädagogik wird auch pädagogischer werden: Indem sich die Perspektive weitet und nicht länger nur das Verhältnis Medium zu Rezipient Beachtung findet, sondern zunehmend auch das weitere soziale Umfeld in den Blick kommt, wird deutlich werden, daß z. B. die Vielseherei nur ein Symptom ist, dessen „Behandlung" die Medienpädagogik allein nicht leisten kann. Anhand einer Reihe von Problemlagen wird somit die gleichzeitige Zuständigkeit von Medien-, Freizeit-, Sozial- und weiteren Pädagogiken deutlich werden.

Anmerkungen

[1] Die EG betrachtet, trotz aller Betonung des kulturellen Wertes von Film und Fernsehen, Medien in erster Linie als Ware, als ein ökonomisches Objekt. Jedenfalls stellt sich dieser Eindruck ein, wenn man z. B. die EG-Richtlinie zum grenzüberschreitenden Fernsehen betrachtet oder auch das Filmförderungsprogramm MEDIA. Selbstverständlich bleibt eine strikt ökonomische Sichtweise nicht ohne Konsequenzen für die Medien selbst – vgl. Anm. 2.

[2] Daß offizielle Stellen dies anders und euphorischer sehen, liegt in der Natur ihrer Position: „Alle Zweige des audiovisuellen Sektors, sei es Film oder Video oder Fernsehen, sind von diesen Veränderungen [gemeint sind solche, die sich durch den Binnenmarkt ergeben; E. E.] betroffen" (Europäische Gemeinschaften – Kommission 1988, S. 9). Andererseits heißt es in demselben Dokument, daß „die Europäische Gemeinschaft für die Vollendung des europäischen Binnenmarktes bis Ende 1992" rund 300 Maßnahmen durchzuführen habe, von denen „zwei speziell den audiovisuellen Bereich" betreffen: Zum einen „im Bereich der Rundfunk- und Fernsehwerbung, zum anderen im Bereich der Urheberrechte" (ebd., S. 37), womit die Bedeutsamkeit des Binnenmarktes für die Medien, sofern direkt und politisch angegangen, ebenso deutlich geworden sein dürfte wie die Richtung, in welche diese Maßnahmen zielen.

[3] Bezeichnungen wie „Telematik" (aus dem Französischen: „telecommunication" und „informatique") oder „computation" (engl., aus „computer" und „communication") deuten darüber hinaus das Verschmelzen dieser beiden großen Bereiche an.

[4] Der Verkauf an Videorekordern entwickelte sich in der (alten) BRD in folgenden Etappen: 1979: 200000 verkaufte Geräte (= 1 % der Haushalte); 1981: 750000 Geräte; 1983: 1,5 Mio. Geräte; 1985: 1,6 Mio. (Bundeszentrale für politische Bildung 1985, S. 4).

[5] Die weltweite Funkverwaltungskonferenz WARC (= World Administration Radio Conference) schrieb jedenfalls 1977 vor, jedes Land habe die Sendekeulen seiner

Medien und Medienpädagogik in Europa 215

Satelliten so auszurichten, daß das Gebiet benachbarter Staaten so wenig wie möglich behelligt würde. – Aber natürlich hängt die Möglichkeit zu empfangen nicht einzig von der Stärke des Senders ab; mit entsprechend großen Empfangsschüsseln läßt sich der französische TDF-1 im größten Teil Europas empfangen.

[6] Auch die unter Giscard d'Estaing arbeitende "European Television Task Force" kam in ihrem Bericht u. a. zu dem Ergebnis, daß die Anzahl der TV-Kanäle erheblich anwachsen wird, daß die Kommerzialisierung zunimmt und ebenso die Deregulierung.

[7] Vgl. PZ 37 (1984), 29. Es gibt allerdings auch vorsichtigere Schätzungen. – Tatsache ist, daß viele Anbieter, auch solche, die ehedem mit sehr viel Verve eingestiegen waren, mittlerweile eher zurückhaltend sind. Dies „hängt vor allem damit zusammen, daß sich Private längst nicht in dem Umfang für Bildschirmtext interessieren, wie das einmal gehofft und von der Deutschen Bundespost vorausgesagt worden war" (Bundeszentrale für politische Bildung 1985, S. 5). Am mangelnden Interesse ändert sich auch dadurch nichts, daß nunmehr auch Privatpersonen die Möglichkeit gegeben ist, Nachrichten in sogenannten elektronischen Briefkästen zu verschicken.

[8] Das Breitbandkabel kann statt der 64 Kilobit des alten Kabels in derselben Zeit 140 Megabit übertragen und ist damit für z. B. Videokonferenzen tauglich. Bisher werden hauptsächlich Kupferkoaxialkabel verlegt, welche allerdings die beim BIG-FON-Versuch mit Glasfaser erprobten Möglichkeiten nicht zulassen. Ein Glasfaserkabel besteht in der Regel aus 30 bis 100 Fasern, jede weniger als $^1/_{10}$ mm dick. Die Informationen werden nicht durch Strom-, sondern durch Lichtimpulse transportiert. Eine einzige dieser Fasern kann gleichzeitig über 7000 Telefongespräche oder 4 Farbfernsehprogramme übermitteln.

[9] Mit Blick auf die BRD nach dem 3. Oktober 1990 bleibt abzuwarten, wie sich die ISDN-Pläne für die elf alten Länder mit der Aufgabe, das Telefonnetz in den 5 neuen Ländern auszubauen, vertragen und welches der beiden Vorhaben möglicherweise auf Kosten des anderen gekürzt oder verlangsamt wird.

[10] Dies sind im einzelnen: Berlin, Düsseldorf, Frankfurt, Hamburg, Hannover, München, Nürnberg und Stuttgart.

[11] Peter Weber, Sprecher des Thomson-Konzerns in Sachen Forschung und Entwicklung. Zit. nach: Schwarz (1990, S. 30).

[12] Statt der heute üblichen 625 hat HDTV 1250 Zeilen, auf denen sich 1,2 Mio. Bildpunkte befinden statt der bisher dort anzutreffenden 200 000; die Diagonale ist keineswegs auf 0,9 m festgelegt, sie kann auch das Doppelte betragen und noch mehr.

[13] Hier beziehe ich mich auf die Ergebnisse der PROGNOS-Studie von 1988 in der Zusammenfassung von Wunden (1989 a, S. 5).

[14] Die Hälfte der fiktionalen Sendungen soll bei europäischen Programmanbietern eingekauft werden, ein Zehntel davon bei unabhängigen. Da diese Regelung mit keinerlei qualifizierenden Merkmalen verbunden ist, haben der Zuschauer und die vielbeschworene Kultur Europas nicht unbedingt etwas von ihr.

[15] Die europäische Kommission veranschlagt für Mitte der neunziger Jahre den „Gesamtbedarf Europas an Unterhaltungsprogrammen und Kommentarsendungen mit 125 000 Stunden pro Jahr" und stellt gleichzeitig fest: „die heutige Produktions-

kapazität Westeuropas – Fernsehen und Kinofilm zusammengenommen – beträgt aber weniger als 20000 Stunden pro Jahr" (Europäische Gemeinschaften – Kommission 1988, S. 23).

[16] Vgl. Europäische Gemeinschaften – Kommission 1988, S. 53. Die entsprechenden Seminare werden z. B. von der Bertelsmann Stiftung veranstaltet (vgl. Bertelsmann Stiftung 1987, S. 54).

[17] Das neue Mediengesetz Italiens, demzufolge niemand mehr als drei Sender besitzen darf (also niemand mehr als RAI) und auf Grund dessen Berlusconi einige seiner Sender hat verkaufen müssen, scheint seine Macht insgesamt dennoch nicht zu berühren.

[18] Es existieren natürlich Richtlinien für den Werbeanteil und die Plazierung der Werbung; ich gehe allerdings davon aus, daß diese Werte keine für alle Zukunft unumstößlichen Größen darstellen.

[19] „Die Werbetreibenden glauben zu gerne, daß die Masse der Bevölkerung fest an den Top Ten der Sendungen klebt. Tatsächlich sehen in Großbritannien, wenn in einem Kanal eine außergewöhnlich populäre Sendung gezeigt wird, insgesamt etwa genauso viele Zuschauer die drei anderen Programme" (Grade 1989, S. 36). – Irgendwann wird die heilige Kuh „Einschaltquote" säkularisiert werden.

[20] Andererseits dürfte langfristig zutreffend sein, was die britische Werbeagentur Saatchi & Saatchi Compton 1982 feststellte (vgl. Europäische Gemeinschaften – Kommission 1984, S. 55), daß nämlich die europäischen Lebensgewohnheiten fortschreitend konvergieren und damit die Möglichkeiten steigen, Werbekampagnen auch in Europa international zu vereinheitlichen.

[21] Das Pay-TV, das in den USA längst üblich ist und sich wachsenden Zuspruchs erfreut, stellt die Möglichkeit dar, sein Fernsehprogramm individueller zu gestalten, indem man sich einen bestimmten Film aus einem vorgegebenen Repertoire auf den Fernseher senden läßt. Diese Filme sind dann frei von Werbung, ihr Konsum muß aber, und dies Film für Film, bezahlt werden.

[22] Im Sinne der Gliederung von Kunczik wird hier die sogenannte „Reflexionsthese" vertreten, die besagt, „daß sich in einer bestimmten Gesellschaft die dominanten Wertvorstellungen oder Leitmotive in den Medieninhalten bzw. den kulturellen Produkten niederschlagen" (Kunczik 1988, S. 6).

[23] Dabei ist allerdings zwischen Erwachsenen und Kindern zu differenzieren. Daß sich die Kommission allerdings auf die unterschiedlichen Sprachen in Europa bezieht und wähnt, sie stellten für (potentielle) Fernsehgroßkonsumenten eine Barriere dar, ist angesichts der bevorstehenden Veränderungen oder auch nur angesichts französischsprachiger Softpornos im heutigen RTL blauäugig.

[24] Man kann nur hoffen, daß der Jugendmedienschutz, sollte er wirklich weiter ausgebaut werden, nicht jene dirigistischen Züge annimmt, die den Europäern hier und da anempfohlen werden: „Maßstab der Medienpolitik ist es dabei, den einzelnen und die soziale Gemeinschaft vor Kommunikationsbelastungen aufgrund neuer Medien(Transfer)techniken zu schützen" (Lieven 1990, S. 4). – Wohlgemerkt: Hier geht es nicht um Porno u. a. m., also nicht um Inhalte, sondern um „Kommunikationsbelastungen", die wohl auch, wenn ich den Autor richtig verstehe, beim Sehen oder Hören von Nachrichtensendungen, Kulturmagazinen, bei langen Telefongesprächen, beim Telefaxen und weiteren medialen Tätigkeiten auftreten können.

²⁵ Zur Einschätzung des Stellenwertes der Medienpädagogik innerhalb der Pädagogik ist die Übersicht über die pädagogischen Disziplinen von Lenzen (1989, S. 1114–1115) nützlich.

²⁶ Es gibt Untersuchungen (vgl. Chafe 1980), die dezidiert nachweisen, daß es kulturell unterschiedliche Wahrnehmungs- bzw. Darstellungsweisen gibt. So wird etwa derselbe filmische Sachverhalt von US-Amerikanern anders aufgefaßt als von Griechen. Wie solche Unterschiede mit den jeweiligen gesellschaftlichen Strukturen und mit den Einstellungen zu und Umgangsweisen mit den Medien zusammenhängen, ist ein höchst spannender Fragenkomplex, den anzugehen ein intimeres Verständnis von Medien verspricht als bloße Nutzungsvergleiche.

²⁷ Klar, diese Sichtweise hat es immer gegeben (vgl. Hunziker 1988, S. 88), nur war sie (und ist es z. T. wohl immer noch) überlagert von all den Warnungen vorm Fernsehen (Mander) und den vielen „Verlustmeldungen" (vgl. die im Literaturverzeichnis genannten Titel der Bücher von v. Hentig, Postman und Roszak). Die Warnung vor den Medien scheint allerdings im deutschsprachigen Raum besonders marktschreierisch (gewesen) zu sein. Der Titel von Roszaks Buch etwa hört sich im Englischen weitaus harmloser an: ›The Cult of Information‹ und ebenso der von Manders Buch: ›Four arguments for the elimination of television‹. Ein Buch wie das von Rogge, das den aktiven Umgang von Kindern mit dem Medium Fernsehen betont, dürfte vor ca. 10 Jahren jedoch kaum eine Chance gehabt haben.

Literatur

Adorno, Th. W.: Eingriffe. Neun kritische Modelle. Edition Suhrkamp 10. Frankfurt a. M. 1971.
Anders, G.: Die Antiquiertheit des Menschen. 2 Bde. Erster Band: Über die Seele im Zeitalter der zweiten industriellen Revolution. Zürich 1984.
Anonymus: Völker, hört die Signale. In: GEO Wissen 2, Kommunikation (1989), S. 108–110.
Austermann, A.: Medienpädagogik. In: Lenzen, D./Rost, F. (Hrsg.): Pädagogische Grundbegriffe. 2. Jugend – Zeugnis. Reinbek 1989, S. 1035–1045.
Baacke, D.: Medienpädagogik. Mißverstanden, mißbraucht – notwendig! In: Fernsehen ohne Grenzen? Jugend- und Familienschutz im europäischen Mediensystem. Jugendschutzforum '85 (hrsg. v. Aktion Jugendschutz, Köln/et al.). Köln 1986, S. 85–101.
–: Medienpädagogik im Umbruch. In: Landeszentrale für politische Bildung Baden-Württemberg (Hrsg.): Medienpädagogik im Umbruch. Stuttgart 1987, S. 11–20.
Bachmair, B.: Kultivierung tut not – Projekte zur Förderung von Medienkultur. In: Medienpädagogik als eine weitere Bindestrich-Pädagogik? Der Beitrag der Medienpädagogik zum pädagogischen Denken. (Schriften zur Medienpädagogik 1. Rundbrief-Dokumentation.) 1991, S. 16–27.
Bergheim, D.: ... ist schon schlecht genug. PZ 37 (1984), S. 8.
Bertelsmann Stiftung (Hrsg.): Projekte Projektionen. Dritter Tätigkeitsbericht der Bertelsmann Stiftung 1985–1986. Zehn Jahre Bertelsmann Stiftung. Gütersloh 1987.

Brok, E.: Jugend, Familie und Fernsehen – Schutz und Förderung nur mit europäischer Rundfunkrahmenordnung. In: Fernsehen ohne Grenzen? Jugend- und Familienschutz im europäischen Mediensystem. Jugendschutzforum '85 (hrsg. v. Aktion Jugendschutz, Köln/et al.). Köln 1986, S. 30–41.

Bundeszentrale für politische Bildung (Hrsg.): Massenmedien 2. Informationen zur politischen Bildung (1985), S. 209.

Chafe, W. L. (Hrsg.): The Pear Stories. Cognitive, Cultural and Linguistic Aspects of Narrative Production. Norwood, N. J.: Ablex 1980.

Delors, J.: „Brief an die Deutschen" vom 24. 6. 1988. In: Läufer, a. a. O., 1989, S. 28–29.

Deutsche Bundespost/Telekom: Die deutsche Kommunikations-Gesellschaft. Broschüre der Generaldirektion der Deutschen Bundespost TELEKOM. Bonn o. J.

Elling, E.: Argumentative Strategien und syntaktische Form. Analyse des Nazi-Propagandafilms „Gestern und Heute". In: Elling, E./Möller, K.-D. (Hrsg.): Untersuchungen zur Syntax des Films II. Münster 1985a, S. 165–210.

–: „Gestern und Heute": Bemerkungen zur Indizierung des Films. In: Elling, E./ Möller, K.-D. (Hrsg.): Untersuchungen zur Syntax des Films II. Münster 1985b, S. 213–220.

Europäische Gemeinschaften – Kommission (Hrsg.): Fernsehen ohne Grenzen. Grünbuch über die Errichtung des gemeinsamen Marktes für den Rundfunk, insbesondere über Satellit und Kabel. (Mitteilungen der Kommission an den Rat.) Luxemburg: Amt für amtliche Veröffentlichungen der Europäischen Gemeinschaften 1984.

–: Die audiovisuellen Medien im großräumigen europäischen Markt. Broschüre. Amt für amtliche Veröffentlichungen der Europäischen Gemeinschaften. Europäische Dokumentation 4. Luxemburg 1988.

European Television Task Force: Europe 2000: What Kind of Television? Manchester 1988.

Faul, E.: Europäische Staatswesen und „Neue Medien" – Neuorientierung oder Desorientierung der Fernsehpolitik? In: Zeitschrift für Kulturaustausch 2 (1990), S. 139–153.

Gellner, W./Tiersch, St./Zimmer, J.: Das Fernsehen in den europäischen Ländern – Angebot und Nutzung im Überblick. In: Zeitschrift für Kulturaustausch 2 (1990), S. 202–207.

Glotz, P.: Software und Souveränität. Über die Zukunft der Telekommunikation und die Isolation der Eliten in Europa. In: Sloterdijk, P. (Hrsg.): Vor der Jahrtausendwende: Bericht zur Lage der Zukunft. Bd. 1. Frankfurt a. M. 1990, S. 203–227.

Grade, M.: Am Scheideweg. Zur Entwicklung des europäischen Fernsehens aus britischer Sicht. In: medium 19 (1989), S. 34–37.

Grosse Peclum, M.-L.: Gibt es den europäischen Zuschauer? – Fernsehnutzung in einem internationalisierten Programmangebot. In: Zeitschrift für Kulturaustausch 2 (1990), S. 185–194.

Henningsen, J.: Lüge und Freiheit. Ein Plädoyer zur politischen Bildung. Wuppertal 1966.

–: Die Linke Lüge und ein paar gewöhnliche Widersprüche. In: Winkel, R. (Hrsg.):

Deutsche Pädagogen der Gegenwart. Ihre Erziehungs-, Schul- und Bildungskonzeptionen. Bd. 1. Düsseldorf 1984, S. 82–110.

Hentig, H. von: Das allmähliche Verschwinden der Wirklichkeit. Ein Pädagoge ermutigt zum Nachdenken über die Neuen Medien. München 1984.

Herrmann, G.: Fernsehen in Europa – Entwicklung und Perspektiven. In: Fernsehen ohne Grenzen? Jugend- und Familienschutz im europäischen Mediensystem. Jugendschutzforum '85 (hrsg. v. Aktion Jugendschutz, Köln/et al.). Köln 1986, S. 16–29.

Hunziker, P.: Medien, Kommunikation und Gesellschaft. Einführung in die Soziologie der Massenkommunikation. Darmstadt 1988.

Kunczik, M.: Medien, Kommunikation, Kultur. Zum Einfluß der Medien auf Kultur und Gesellschaft. In: Bertelsmann Briefe 123 (1988), S. 5–19.

Läufer, Th.: Die Europäische Gemeinschaft. 22 Fragen und Antworten. Bonn 1989.

Lenzen, D.: Pädagogik – Erziehungswissenschaft. In: Lenzen, D. (Rost, F. [Hrsg.]): Pädagogische Grundbegriffe 2. Jugend – Zeugnis. Reinbek 1989, S. 1105–1117.

Lieven, J.: Jugendmedienschutz in Europa – Stand und Entwicklung im Hinblick auf den gemeinsamen Binnenmarkt. In: Jugendschutz Heute 1 (1990), S. 3–8.

Luscher, K.: Neue Medien und ihre Auswirkungen auf die Familie und die heranwachsende Generation. In: Rau, J./Rüden, P. v. (Hrsg.): Die Neuen Medien – eine Gefahr für die Demokratie? Frankfurt a. M./Olten/Wien 1984.

Mander, J.: Schafft das Fernsehen ab! Eine Streitschrift gegen das Leben aus zweiter Hand. Reinbek 1979.

Mast, C.: Medien und Alltag im Wandel. Eine Literaturstudie zu Akzeptanz und Nutzung alter und neuer Medien. Konstanz 1985.

Mazzoleni, G.: Mass telematics: facts and fiction. In: The Euromedia Research Group McQuail, D./Siune, K. (Hrsg.): New Media Politics. Comparative Perspectives in Western Europe. London/Beverly Hills/New Delhi 1986, S. 100–114.

Mohn, E.: Medien Europa – Rückblick und Einschätzung. In: Jugendschutz Heute 1 (1990), S. 15–20.

Netherlands Scientific Council for Government Policy: A Coherent Media Policy. Summary of the twenty-fourth Report to the Government. o. O. o. J.

Postman, N.: Das Verschwinden der Kindheit. Frankfurt a. M. 1982.

Presse- und Informationsamt der Bundesregierung (Hrsg.): Neue Techniken – Neue Medien. Dokumente zur Medienpolitik. (Berichte und Dokumentationen der Bundesregierung.) Bonn 1985.

Rogge, J.-U.: Kinder können fernsehen. Vom sinnvollen Umgang mit dem Medium. Reinbek 1990.

Roszak, Th.: Der Verlust des Denkens. Über die Mythen des Computer-Zeitalters. München 1986.

Scholz, G.: Zur Situation in der DDR im Bereich Medienpädagogik. In: Medienpädagogik als eine weitere Bindestrich-Pädagogik? Der Beitrag der Medienpädagogik zum pädagogischen Denken. (Schriften zur Medienpädagogik, 1. Rundbrief-Dokumentation.) 1991, S. 66–70.

Scholz, R./Gottberg, J. von: EG-Binnenmarkt – Keine Aushöhlung des Jugendschutzes. Gespräch mit Dr. Rainer Scholz, Referatsleiter im BMJFFG, zuständig für den Bereich Jugendschutz. Das Gespräch führte Joachim von Gottberg. In: Film und Fakten 10 (1989), S. 22–25.

Schwarz, K.-F.: Ein völlig neues Fernsehgefühl. In: FWU Magazin 2 (1990), S. 30–32.

Wössner, M.: Märkte und Medien im Wandel. Standorte und Perspektiven der Kommunikationsgesellschaft von morgen. Eröffnungsvortrag beim 16. Montreux Direct Marketing Symposium im Mai 1984. In: Bertelsmann Briefe 115 (1984), S. 4–13.

Wunden, W.: Fernsehen für Europa. 3 Folgen. 1. Folge: Die Fernseh-EG ist zu klein. In: Landesreport aktuell 8 (1987), S. 24–29; 2. Folge: Märkte und Multis. In: Landesreport aktuell, Spezial 71 (1989a), S. 1–8; 3. Folge: Poker um Programme. In: Landesreport aktuell, Spezial 75 (1989b), S. 1–8.

Zielinski, S.: Audiovisionen. Kino und Fernsehen als Zwischenspiele in der Geschichte. Reinbek 1989.

IV. SOZIALDIMENSIONEN IN DER EUROPÄISCHEN ERZIEHUNG

Den *Humanressourcen* wurde 1993 in der Europäischen Gemeinschaft zunehmende Beachtung geschenkt, sei es in den Grünbüchern zur Sozialpolitik und europäischen Bildungsdimension oder im Weißbuch zu 'Wachstum, Wettbewerbsfähigkeit und Beschäftigung'. Allerdings konzentrieren sich die Überlegungen vorwiegend auf Wettbewerbsfaktoren, die europäische Integration und Kohäsionsstrategien der EG. Mag dies kurzfristig angesichts einer Finanzbelastung von 220 Mrd. ECU aufgrund einer Arbeitslosenquote von inzwischen 11 % auch verständlich sein, so drohen dabei andere Zentralbereiche aus dem Blickfeld zu geraten.

Um einer zu kurzfristigen und kurzsichtigen Diskussion über die Humanressourcen zu begegnen, wird in diesem Kapitel auf die sozial- und bildungspolitisch bedeutsamen *Potentiale von älteren Menschen* und auf den Verlust von sog. Humankapital durch *gesundheitsgefährdende Faktoren* hingewiesen. Längerfristig muß diesen Ressourcen jedoch mehr Aufmerksamkeit gewidmet werden, weil die Überalterung der europäischen Gesellschaften – speziell der deutschen und schweizerischen – entweder eine längere Arbeitsfähigkeit und -willigkeit der Bevölkerung erfordert oder zu erheblichen Standortnachteilen und einer Verringerung des Lebensstandards führt.

Der erste Beitrag betont – komplementär zur stark arbeitsmarktpolitisch ausgerichteten Diskussionen über die Humanressourcen – die sozialpolitische Bedeutung von *Bildung und Lernen für das Alter und im Alter*. Gefordert wird hier angesichts der 'Ergrauung' der europäischen Gesellschaften aufgrund demographischer Veränderungen eine bildungspolitische Umakzentuierung. Und zwar müsse neben der qualifikationsorientierten Ausbildung im ersten Lebensquartal mehr Gewicht gelegt werden auf ein lebenslaufbezogenes und lebenslanges Um- und auch Alterslernen. Unter Bezug auf familiensoziologische und geschlechtsspezifische sowie auf ökonomische und politische Bildungsbedarfe entwickelt die Autorin Zielperspektiven für eine Altersbildung und diskutiert danach vorliegende Angebotsformen. Grundsätzlich benötige Europa eine neue Kultur hinsichtlich der Kultur- und Erfahrungsweitergabe in und zwischen den Generationen.

Der zweite Beitrag zeigt darüber hinaus aus medizinischer Perspektive, welche Humanressourcen und volkswirtschaftlichen 'Vermögenswerte' auch durch eine *präventive Gesundheitspolitik und -erziehung* erhalten bleiben könnten. In der bildungspolitischen Diskussion nach Maastricht dürften dabei jene Hinweise von besonderem Interesse sein, die auf eine Notwendigkeit von europäischen Rahmenbedingungen, aber gleichzeitig auf Probleme einseitiger Normierungstendenzen hinweisen, weil durch letztere regionale Kontextunterschiede im Gesundheitsverständnis allzuleicht verdrängt würden. Der Beitrag ergänzt damit die Diskussion des dritten Kapitels, in dem bildungspolitische Interdependenzen zwischen lokalen, nationalen und europäischen Dimensionen aufgezeigt worden waren.

Zweifellos erfordern die europäische Integration und Erweiterung bildungspolitische Strategien, die, über eine schulische Allgemeinbildung und berufliche Erstausbildung hinaus, stärker lebenslaufbezogen sind und in größerem Maße sozial- und gesundheitspolitische Dimensionen einkalkulieren.

Annette Niederfranke

Lernen und Bildung im Alter: Eine Voraussetzung für die Europäische Integration

Abstract

Die westeuropäischen Gesellschaften sind aufgrund struktureller Wandlungen mit einem Alterungsprozeß ihrer Bevölkerung konfrontiert, der mit seinen vielfältigen Auswirkungen sowohl individuelle Lebensverläufe als auch kollektive Entwicklungen beeinflußt. Das Europa der Zukunft verfügt über ein Potential von alternden und letztlich dann alten Frauen und Männern, das zu integrieren, zu nutzen und gesellschaftlich zur Geltung zu bringen von zentraler Bedeutung für ein vereintes Europa sein wird. Angesichts der europäischen Integration ist zur Stärkung der Solidargemeinschaft nicht nur ein wechselseitiges Lernen von älteren und jüngeren Menschen zu fördern, sondern vor allem auch der Erfahrungs- und Wissenstransfer zwischen den älteren Menschen verschiedener Nationen. Bildung und Lernen für das Alter und im Alter gewährleisten zudem, daß ältere Menschen in der Auseinandersetzung mit gesellschaftlichen Wandlungsprozessen auf je individuell erworbene Ressourcen zurückgreifen können.

I. Lernen und Bildung im Alter: Eine Notwendigkeit für das Europa der Gegenwart und Zukunft

Seit der Unterzeichnung des Vertrags von Rom zur Gründung der Europäischen Wirtschaftsgemeinschaft im Jahre 1957 hat sich die Gesellschaft Europas in Struktur und demographischer Zusammensetzung nachhaltig verändert. Die westeuropäischen Gesellschaften sind mit einem Alterungsprozeß ihrer Bevölkerung konfrontiert, der mit seinen vielfältigen Auswirkungen sowohl individuelle Lebensverläufe als auch kollektive Entwicklungen beeinflußt (Alber 1991; Council of Europe 1985, 1989; Bundesministerium für Familie und Senioren 1991; Kommission der Europäischen Gemeinschaften 1990a, b; WHO 1991). Zudem haben wir nicht nur eine längere Lebensspanne – für eine große Anzahl von Menschen – als in vergangenen Jahrhunderten zu verzeichnen, sondern die Mehrheit der Menschen erreicht ein höheres Lebensalter zugleich bei besserer Gesundheit und finanzieller Absicherung sowie mit einem höheren Bildungs- und Ausbildungsniveau als vorhergehende Generationen (Bundesministerium für Familie und Senioren 1991; Gärtner/et al. 1992; Kommission der Europäischen Gemeinschaften 1990a, b; Nesselroade/von Eye 1985). Auch wenn die letztgenannten Tendenzen für die Länder Süd- und Osteuropas nur in eingeschränktem Maße Gültigkeit besitzen, können wir doch insgesamt eine Entwicklung in diese Richtung konstatieren. Von der Steigerung des Bildungs- und beruflichen Qualifikationsniveaus sind – dank fortschreitender Gleichberechtigungsansprüche und deren Umsetzung – erstmals auch älterwerdende Frauen betroffen.

Das Europa der Zukunft verfügt demnach über ein Potential von alternden und letztlich dann alten Frauen und Männern, das zu integrieren, zu nutzen und gesellschaftlich zur Geltung zu bringen von zentraler Bedeutung für ein vereintes Europa sein wird. Aus diesem Grunde hat die Kommission der Europäischen Gemeinschaften – gestützt auf den Beschluß des Rats der Europäischen Gemeinschaften vom 26. November 1990 – gemeinschaftliche Aktionen zugunsten älterer Menschen beschlossen und das Jahr 1993 zum „*Europäischen Jahr der älteren Menschen und der Solidargemeinschaft der Generationen*" erklärt (Amtsblatt der Europäischen Gemeinschaften Nr. C 260, 1990). Sicherlich unterscheiden sich die älteren Menschen innerhalb der verschiedenen europäischen Staaten gravierend hinsichtlich ihrer Zusammensetzung, ihres gesellschaftlichen Stellenwerts, ihrer sozialen Einbindung und Absicherung sowie ihrer ökonomischen Möglichkeiten. Dennoch haben wir es insgesamt mit einer Zielgruppe von jüngeren und älteren Seniorinnen und Senioren zu tun, die über beträchtliche Kompetenzen verfügen, zu beachtlichen Leistungen fähig sind und nach gesellschaftlicher Partizipation streben. Lernen und Bildung im Alter und für das Alter kann zur Erhaltung und Steigerung der Kompetenzen ebenso beitragen, wie eine gesellschaftliche Partizipation gefördert wird.

Gleichwohl sind die europäischen Länder, sowohl im öffentlichen Bereich, etwa im Bildungs- und Ausbildungswesen, als auch im familiären oder privatwirtschaftlichen Bereich, etwa im Beschäftigungswesen, auf die individuellen und kollektiven Ressourcen Älterer noch unzureichend eingestellt (Kommission der Europäischen Gemeinschaften 1990a, b; Harootyan/Feldman 1990; Long 1990; Ruth/et al. 1989). Zudem fehlt es in allen europäischen Staaten, besonders aber in den süd- und osteuropäischen Ländern, an Institutionen, die die Bedürfnisse Älterer aufgreifen und die in der Lage sind, Lern- und Bildungsprozesse lebenslang, vor allem aber im Alter, zu fördern.

Verantwortlich für die bislang mangelnde Unterstützung von Lern- und Bildungsprozessen im Alter ist die Orientierung an einem Bildungs-, Ausbildungs- und Berufskonzept, das Lern- und Bildungsprozesse maximal im ersten Viertel des menschlichen Lebens ansiedelt (Jacobs/Kohli 1990). Darüber hinaus erschweren negative Altersbilder und Stereotype von der mangelnden Lernfähigkeit und Lernbereitschaft Älterer den Ausbau lebenslanger Lern- und Bildungsangebote (Lehr/Niederfranke 1991 a). Demgegenüber wird alternden Menschen heute in zunehmendem Maße bewußt, daß aufgrund technischer und ökonomischer Anforderungen sowie gesellschaftlicher Wandlungsprozesse fortwährende Neu- und Umlernprozesse im Lebensverlauf vonnöten sind. Gleichzeitig unterstützen neuere empirische Studien die Forderung nach Bildung im Alter, indem sie die Herausbildung neuer Potentiale, d. h. auch Lern- und Wissenspotentiale, im Alter belegen. Zudem bestätigen sie die Bedürfnisse älterer Menschen, am Wissen anderer – zumeist jüngerer – Menschen und damit an gesellschaftlicher Entwicklung zu partizipieren (Baltes 1987; Baltes/et al. 1984; Jarvis 1989; Olbrich 1990; Ruth/et al. 1989).

Angesichts der europäischen Integration ist zur Stärkung der Solidargemeinschaft nicht nur ein wechselseitiges Lernen von älteren und jüngeren Menschen zu fördern, sondern vor allem auch der Erfahrungs- und Wissenstransfer zwischen den älteren Menschen verschiedener Nationen. So weist die Kommission der europäischen Gemeinschaften bereits 1990 darauf hin, daß *„geeignete Formen der Weiterbildung für ältere Menschen gewährleistet werden sollten"* (Amtsblatt der Europäischen Gemeinschaften Nr. C 260, 190: 183).

II. Strukturelle Wandlungsprozesse in einem vereinigten Europa: Konsequenzen für Lernen und Bildung im Alter

Die Grundlage für die vehemente Forderung nach Bildung im Alter ist in demographischen und strukturellen Wandlungsprozessen zu sehen, von denen nahezu alle europäischen Gesellschaften betroffen sind. Im folgenden werden die Wandlungsprozesse unter verschiedenen Perspektiven belegt und die Konsequenzen für eine Bildung im Alter benannt.

Unter *demographischer Perspektive* haben wir von einer „ergrauten Gesellschaft" in Europa auszugehen. In allen Nationen altert die Bevölkerung „von unten", so daß aufgrund der verringerten Besetzung der jüngeren Jahrgänge die älteren Kohorten quantitativ ein hohes gesellschaftliches Gewicht erhalten. In den Ländern Europas wird für das Jahr 2025 für die Gruppe der über 60jährigen Menschen ein Anteil von 27 Prozent (zum Vergleich 26,3 Prozent in den USA) in der Gesamtbevölkerung angenommen. Differenziert nach lokalen Unterschieden ergibt sich folgendes Bild: Ost-Europa 23,2 Prozent, Nord-Europa 27,4 Prozent, Süd-Europa 26,3 Prozent, West-Europa 29,9 Prozent (WHO 1991). Im europäischen und weltweiten Vergleich trifft die Charakterisierung einer „ergrauten Gesellschaft" in besonderem Maße für die Bundesrepublik Deutschland und die Schweiz zu. Beide Länder liegen mit einem Anteil von ca. 33 Prozent der über 60jährigen Menschen in der Gesamtbevölkerung an der Spitze der Prognosen der Weltgesundheitsorganisation (vgl. Bundesministerium für Familie und Senioren 1991; WHO 1991).

Unter *struktureller Perspektive* haben wir es zum einen mit einer Ausweitung der Altersphase, zum anderen mit einer „Verjüngung" des Alters zu tun (Tews 1990). Die Gründe dafür liegen vor allem in dem europäischen Trend zum frühen Ruhestand (Jacobs/Kohli 1990; Naegele 1991). In den letzten zwei Jahrzehnten ist die Erwerbsbeteiligung der 55–64jährigen beträchtlich gesunken. Die Altersphase wird also zunehmend zu einer eigenständigen Lebensphase, in der Bildungsangebote eine zentrale Funktion für ältere Menschen übernehmen sollten. Die Bildungsangebote können zum einen Anpassungs- und Bewältigungshilfen für die Auseinandersetzung mit der Altersphase bieten, sie können zum anderen den Aufbau einer neuen Lebensperspektive bzw. einer Lebensvision für die Altersphase aus dem unmittelbaren Gegenwartsbezug heraus unterstützen.

Unter *geschlechtsspezifischer Perspektive* verdient der Unterschied in der Langlebigkeit von Frauen und Männern Beachtung. Die Analyse von Todesursachen und Morbiditätsstatistiken belegt, daß Frauen im Vergleich zu Männern länger leben. Für die Bundesrepublik Deutschland gilt schon heute: Nimmt man die Geburt als Ausgangspunkt, so beträgt der Unterschied in der Lebenserwartung gut sechs Jahre; nimmt man das 65ste Lebensjahr als Markierungspunkt, so liegt die Lebenserwartung von Frauen immer noch knapp vier Jahre höher als die der Männer (vgl. Statistisches Bundesamt 1991). Unterschiede in der Lebenserwartung zugunsten der Frauen resultieren in spezifischen Lebenslagen von Frauen im Alter und in einem veränderten gesellschaftlichen Stellenwert von alten Frauen. Wer über ältere Menschen in der Gesellschaft spricht, meint vor allem ältere Frauen (Niederfranke 1991a). Es sind demnach vor allem die älteren Frauen, an die sich Bildungsprogramme im Alter richten müssen. Diese Angebote müssen auf die spezifischen Bedürfnisse älterer Frauen bezogen sein und ihre spezifischen Lebenslagen berücksichtigen. Daß geschlechtsspezifische Bildungsangebote wirksam sind, zeigen vereinzelte Ansätze in diesen Bereichen (Niederfranke 1991b).

Unter *familiensoziologischer Perspektive* haben wir von ausgeprägten Veränderungen in Haushalts- und Familienstrukturen auszugehen. Menschen im Alter werden in Zukunft in allen europäischen Staaten über ein kleineres familiales Netz verfügen (aufgrund von Kinderlosigkeit und geringer Kinderzahl) und in starkem Maße von „Singularisierung" und Alleinleben betroffen sein (Alber 1991; Council of Europe 1989). Dies wird auch dazu führen, daß außerfamiliäre soziale Kontakte – sowohl zu Gleichaltrigen als auch zu Mitgliedern anderer Kohorten – für Lebenszufriedenheit und Lebensbewältigung im Alter unerläßlich sind (vgl. Antonucci 1985; Niederfranke 1991 a). Bildungsangebote bieten älteren Menschen die Chance und ein Forum, außerfamiliäre Kontakte aufzubauen und zu pflegen bzw. jene Kompetenzen zu entwickeln, die zum Aufbau sozialer Beziehungen in der dritten Lebensphase nötig sind.

Unter *ökonomischer Perspektive* haben wir es zukünftig in Europa mit älteren Menschen zu tun, denen es wirtschaftlich bessergeht als ihren Eltern und Großeltern. Sicherlich ist die soziale Sicherung in den Mitgliedstaaten der Europäischen Gemeinschaft sehr unterschiedlich und aufgrund ihrer Komplexität nur bedingt vergleichbar. Zum einen erhalten die Älteren Einkommen aus verschiedenen Quellen: eigene Rente, abgeleitete Rentenansprüche, Zahlungen des ehemaligen Arbeitgebers, Sozialleistungen des Staates sowie Zuwendungen durch Familienangehörige. Zum anderen kann die finanzielle Situation nicht allein durch das Einkommen abgeschätzt werden, da die Ausgabenstruktur die ökonomische Lage wesentlich mitbestimmt. All diese Einzelfaktoren wirken in den verschiedenen europäischen Ländern sehr unterschiedlich zusammen. Dennoch ist auf der einen Seite eine Verbesserung der wirtschaftlichen Absicherung für eine große Gruppe Älterer zu konstatieren. Rentner in Europa verfügen heute über höhere Einkommen als jemals zuvor und werden immer stärker als Konsumenten umworben, vor allem von der Freizeit- und Touristikindustrie (Alber 1991; Niederfranke 1989; Tews 1990; Tews/Naegele 1990). Auf der anderen Seite nehmen die Disparitäten und die daraus erwachsenen sozialen Ungleichheiten in den sozialen Lebenslagen zu. Daraus ergibt sich die Forderung nach differenzierten Bildungsangeboten, die der Pluralität der Älteren und Disparität unter den Älteren gerecht werden. So wird letztlich auch der Aufbau eines differenzierten, an den vielfältigen Altersformen und Lebenslagen orientierten Altersbildes vorangetrieben, das seinerseits einen positiven Einfluß auf den Differenzierungsgrad von Selbstbildern und Selbstattribuierungen älterer Menschen nimmt (Lehr/Niederfranke 1991 a).

Angesichts des Europäischen Binnenmarktes wird unter *ökologischer Perspektive* eine zunehmende Mobilität der aus dem Berufsleben ausgeschiedenen älteren Menschen innerhalb der Gemeinschaft erwartet, insbesondere aus den nördlichen in die südlichen Mitgliedstaaten der Europäischen Gemeinschaften (Kommission der Europäischen Gemeinschaften

1990a, b). Bildungsangebote für Ältere müssen in Zukunft verstärkt freizeitorientierte Bedürfnisse Älterer befriedigen und stärker als bisher länderübergreifend ausgerichtet sein.

Unter *politischer Perspektive* werden wesentliche gesellschaftliche Bereiche in weitaus stärkerem Maße als bisher durch ältere Menschen geprägt. Heute müssen wir feststellen, daß die Älteren entsprechend ihres gesellschaftlichen Anteils kaum über politische Macht, geschweige denn über eine wirksame Lobby verfügen. Hier sind Veränderungen zu erwarten. Die Älteren der Zukunft sind eine wichtige Wählergruppe, die eigene Rechte beanspruchen und auch wahrnehmen wird. Zudem verlangen ältere Menschen nach gesellschaftlicher Partizipation in vielen Bereichen. War das Leben Älterer in früheren Jahrhunderten vor allem durch die Wahrnehmung familiärer Rollen (etwa der Großelternrolle) geprägt, so gilt es heute und zukünftig, neue, gesellschaftlich anerkannte Rollen im außerfamiliären Bereich zu finden. Einen Ansatz bieten die vielen Initiativen älterer Menschen. Bildungsangebote der Zukunft sollten die Chance bieten, Initiativen älterer Menschen auch über Landesgrenzen hinweg zu fördern, die zum einen die Annäherung der Älteren verschiedener Nationen begünstigen, zum anderen die Solidarität der Generationen im Auge haben.

Unter *bildungs- und ausbildungspolitischer Perspektive* ist die Abwendung von einer Bildungskonzeption und -praxis voranzutreiben, die sich auf das erste Quartal menschlichen Lebens beschränkt. Vielmehr ist lebenslange Bildung sowie lebenslanges Lernen zu fördern. Dies setzt voraus, daß die traditionellen Bildungsinstanzen ihre Bildungsinhalte samt didaktischer und methodischer Überlegungen und einschließlich organisatorischer Vermittlungsaspekte verändern (vgl. Röhrs 1990, Sarges/Fricke 1986), indem lebenslaufbezogene Lern- und Bildungsanforderungen aufgegriffen werden. Die Alten von morgen werden auf größere Bildungsressourcen zurückgreifen können als ihre Eltern und Großeltern, so daß diese Potentiale für Bildungsprozesse im Alter nutzbar gemacht werden können. In der Bundesrepublik Deutschland wird sich zwischen den Jahren 1990 und 2020 eine starke Zunahme der mittleren und höheren Bildungsabschlüsse in der Gruppe der Älteren vollziehen. Demgegenüber wird im vereinten Deutschland der Anteil derjenigen sinken, die ein dem Hauptschulabschluß vergleichbares Bildungsniveau erreichen (Gärtner/et al. 1992). Zudem werden – und dies gilt für das gesamte Europa – für bestimmte Gruppen von Menschen, etwa Frauen nach der Familienphase, Berufswechsler oder Arbeitslose, Bildungs- und Ausbildungsangebote in der zweiten Lebenshälfte von immer größerer Bedeutung für die Existenzsicherung sowie für Identitätsbildungsprozesse. Aber auch aufgrund technischer und gesamtgesellschaftlicher Wandlungsprozesse, sich beständig verändernder Anforderungen innerhalb der Arbeitswelt, aber auch des privaten

Lebens, kann die Gesellschaft der Zukunft auf lebenslange Bildung nicht mehr verzichten.

III. Zielperspektiven eines Bildungsbegriffs für ältere Menschen im europäischen Kontext

Die demographischen und gesellschaftlichen Veränderungen resultieren daraus, daß Menschen sich mit zunehmendem Lebensalter beständig mit neuen Situationen, Anforderungen, Rollenerwartungen und Lebenszielen auseinanderzusetzen haben, wobei sie gleichzeitig bisherige Lebenserfahrungen einbeziehen und deren Gültigkeit gegebenenfalls revidieren müssen. Dies erfordert vom einzelnen ein hohes Maß an Selbständigkeit, Lernbereitschaft, Umlernfähigkeit, Entscheidungsfreudigkeit und Integrationsfähigkeit (vgl. Ferraro 1990; Kruse 1988; Nesselroade/von Eye 1985; Peterson/et al. 1986). Angesichts der europäischen Integrationspolitik wird von älteren Frauen und Männern nicht zuletzt die Fähigkeit verlangt, über nationale Grenzen hinweg flexibel auf die innereuropäische Kooperation zu reagieren. Daraus ergeben sich Zielperspektiven für ein Bildungsverständnis.

1. Selbstverantwortung und Mündigkeit

Menschen im Alter sind zunehmend mehr auf sich selbst und ihre Kompetenzen angewiesen. Sie sind weniger eingebettet in familiäre Netzwerke, ihre Rollen sind weniger gefestigt aufgrund unklarer gesellschaftlicher Platzzuweisungen. Sie sind aufgefordert, eine persönliche Vorsorge für das Alter zu treffen und Rechte im Alter selbst wahrzunehmen. Dies erfordert von jedem einzelnen die Fähigkeit zu erkennen, worin die eigenen Interessen bestehen und welche Fertigkeiten es auszubauen gilt. Es erfordert zudem den Mut, auf das eigene Erfahrungswissen zurückzugreifen und es für Alltagsanforderungen im Alter nutzbar zu machen (vgl. Baltes/Baltes 1986; Bundesministerium für Familie und Senioren 1991; Harootyan/Feldman 1990; Jarvis 1989; Staudinger 1988).

Schließlich wird die eigene Bereitschaft gefordert, neue Kompetenzen zu erwerben und neue Erfahrungen zu suchen. Bildung im so verstandenen Sinne resultiert in einem breiten Lebenswissen, das zu erlangen Aufgabe und Ziel eines lebenslangen Lern- und Entwicklungsprozesses ist. Bildung im so verstandenen Sinne resultiert jedoch zugleich in einer beständigen Erweiterung des einst Gelernten und als sicher und beständig Geglaubten. Bildung schafft somit die Sensibilität zum Aufgreifen und zur Erweiterung neuer Potentiale im Alter (vgl. Olbrich 1990).

2. Dialogfähigkeit und gesellschaftliche Partizipation

Gesellschaftliche Wandlungsprozesse und die damit verbundenen Konsequenzen für individuelles Altern lassen die Dialogfähigkeit von Menschen im Alter zu einem weiteren zentralen Bestandteil des Bildungsbegriffs werden. Eingeschlossen darin ist zum einen die Fähigkeit älterer Menschen, die eigenen Bedürfnisse zu benennen sowie den eigenen Ansprüchen und Rechten gesellschaftlich zur Verwirklichung zu verhelfen, worin auch ein politisches Engagement eingeschlossen sein kann. Zum anderen ist die Dialogfähigkeit im Kontakt mit Mitgliedern anderer Generationen und Nationen von hervorragender Bedeutung für gesellschaftliche Integrationsprozesse sowie die Ermöglichung gegenseitiger Lern- und Weiterbildungsprozesse (vgl. Harootyan/Feldman 1990; Ruth/et al. 1989).

Die lebenslang erworbene und im Alter auszubauende Dialogfähigkeit bezieht sich neben dem Erwerb eher instrumenteller Fähigkeiten – etwa dem Ausbau der Sprachkenntnisse – vor allem auf kommunikative Fähigkeiten. Kommunikative Kompetenz ermöglicht so gesehen eine Partizipation an gesellschaftlichen, vor allem aber europäischen Austauschprozessen (vgl. Röhrs 1990).

3. Lebenswissen und Auseinandersetzung mit Lebensveränderungen und Rollenwechseln

Aufgrund biographisch gewachsener Erfahrungen haben alte Menschen ein differenziertes Wissen von Lebenszusammenhängen erworben. Es handelt sich zum einen um Erkenntnisse im Sinne einer Allgemeinbildung. Es handelt sich jedoch zugleich um die erworbene Fähigkeit, Präferenzen für das eigene Leben zu setzen sowie um die eigene Bedürfnislage und Zielorientierung zu wissen. Dieses Lebenswissen ist ein wichtiger Bestandteil der Bildung für das Alter.

Im Alter kann das so verstandene Lebenswissen durch Bildung erweitert werden, etwa durch die Strategie des Lebensrückblicks (vgl. Staudinger 1988). Der Lebensrückblick ist geeignet, das bisherige Leben vor dem Hintergrund der Alterserfahrung zu reflektieren und zugleich Alterserfahrungen im Lichte biographischer Erlebnisse neu zu bewerten. Er bietet dem Menschen die Möglichkeit zur Bilanzierung des einst Gewünschten und dann Erreichten und zur Entwicklung neuer Zielsetzungen für das Alter.

Die beständige Konfrontation mit Lebensveränderungen sowie die Notwendigkeit zur Aufgabe bestimmter Rollen und zur Übernahme neuer entwicklungsbezogener Rollen ist kennzeichnend für Lebensverläufe und Statuspassagen im Alter (vgl. Havighurst 1963; Laslett 1985; Riley 1986).

Rollenwechsel und Lebensveränderungen fordern vom einzelnen ein hohes Maß an Bereitschaft und Fähigkeit, das eigene Leben angesichts der Veränderung in einem neuen Licht zu begreifen und sich konstruktiv mit den Wandlungsprozessen auseinanderzusetzen. Die Fähigkeit zur Auseinandersetzung mit Lebenseinschnitten begreifen wir als ein weiteres Bestimmungsmerkmal des Bildungsbegriffs. Relevante Veränderungen ergeben sich in sehr unterschiedlichen Lebenszusammenhängen und resultieren in normativen und nicht-normativen "critical-life-events":

- Im *familiären Bereich* in der Neudefinition der Beziehung zu den eigenen Kindern aufgrund der "empty-nest-situation", in der Neugestaltung der Beziehung zum eigenen Partner in der Situation der „nachelterlichen Gefährtenschaft", in der Neudefinition der Beziehung zu den eigenen alternden Eltern aufgrund ihrer zunehmenden Hilfsbedürftigkeit bzw. in der Neudefinition der Beziehung zu den eigenen Kindern aufgrund der eigenen Hilfsbedürftigkeit.
- Im *Erwerbsleben* aufgrund neuer beruflicher – insbesondere technischer – Anforderungen, die ein Umlernen notwendig werden lassen, sowie aufgrund sich wandelnder Arbeitszeitstrukturen im Erwerbsverlauf, die die Bereitschaft zur Mobilität fordern (vgl. Havighurst 1963; Niederfranke 1991 a).
- Der *Übergang vom Erwerbsleben in die nachberufliche Lebensphase* wird im gerontologischen Bereich als der zentrale Rollenwechsel zum Übergang in die sogenannte „dritte Lebensphase" begriffen. Insofern gilt die Bewältigung dieser Lebensveränderung als hervorragendes Indiz für die Auseinandersetzung mit dem Alter schlechthin (vgl. Ferraro 1990; Lehr/ Niederfranke 1991 b; Niederfranke 1991 a; Wirtz/Charner 1989).
- Im *sozialen Bereich* ergeben sich Lebensveränderungen aufgrund der Umgestaltung des sozialen Netzes infolge von Wohnungswechseln, Krankheiten oder Todesfällen von Freunden und Bekannten. Aber auch die Begegnungen mit Mitgliedern anderer Generationen sind hier zu nennen (vgl. Alber 1991; Antonucci 1985; Thomae 1983).
- Im *physischen Bereich* ist die Anforderung, sich mit gesundheitlichen Veränderungen und damit möglicherweise verbundenen Belastungen auseinanderzusetzen (vgl. Kruse 1988; Thomae 1983).
- Im *psychologischen Bereich* ist jeder einzelne gefordert, beständig nach Kontrolle über sein eigenes Leben zu suchen und seelisch-geistige Veränderungen und damit verbundene psycho-soziale Krisen im Sinne einer Herausforderung zu begreifen (vgl. Thomae 1979, 1983). Eingeschlossen darin sind Veränderungen des Selbstkonzepts älterer Menschen (vgl. Lehr/Niederfranke 1991 a).

IV. Bildungsangebote und Bildungsbereitschaft:
Wissenschaftliche Erkenntnisse und Schlußfolgerungen für die Praxis

Nachdem die inhaltliche Bestimmung eines Bildungsbegriffs für das Alter erörtert wurde, werden nun Fragen der Voraussetzungen für Bildung im Alter und Fragen der Realisierung von Bildungsangeboten diskutiert.

1. Lernfähigkeit und Bildungsbereitschaft

Lernfähigkeit ist als anthropologische Konstante zu verstehen und wird damit prinzipiell jedem Menschen in jedem Lebensalter zugesprochen. Die Realisierung von Lernen und Bildung im Alter verlangt nach einem *umfassenden Bildungs- und Lernverständnis*, das
- von Erkenntnissen gerontologischer Forschung anstelle von Stereotypen über das Alter getragen ist,
- die Lernpotentiale und Lernbereitschaft Älterer ebenso thematisiert wie die Besonderheiten, unter denen sich Lernprozesse im Alter vollziehen, und
- in den Bildungsbegriff Aspekte des Lebensrückblicks, des Erfahrungswissens, der Erfahrungsweitergabe und der Lebensbewältigung einschließt (vgl. Baltes 1987; Brady/Fowler 1988; Fülgraff 1986; Jarvis 1989; Kruse 1988; Lehr/Niederfranke 1991b; Lumsden 1985; Peterson/et al. 1986; Röhrs 1990; Ruth/et al. 1989; Sarges/Fricke 1986; Staudinger 1988; Wirtz/Charner 1989).

Differenzierte Forschungen zur Lernfähigkeit und Intelligenzentwicklung im Alter belegen, daß kognitive Funktionen auch im Alter plastisch und entwicklungsfähig sind und damit geeignet, im Rahmen von Bildungs- und Lernangeboten gefördert zu werden. Darüber hinaus wird betont, daß der ältere Mensch seine Lernfähigkeit zu Strategien wie Selektion, Optimierung und Kompensation stärken kann (vgl. Baltes 1987; Baltes/et al. 1984; Lumsden 1985; Peterson/et al. 1986).

Gleichwohl sind bei der Förderung von Lern- und Bildungsprozessen im Alter folgende Aspekte zu berücksichtigen:
- Lern- und Bildungsprozesse im Alter sind in hohem Maße von *Performanzvariablen* – wie Motivation, Sicherheit in der Lernsituation, Selbstwertgefühl, erlebte Kontrolle, Risikofreudigkeit, Ängstlichkeit, Störbarkeit in der Lernsituation – beeinflußt. Differenzen zwischen der gezeigten Lernleistung und der potentiellen Kapazität sind durch Performanzvariablen zu erklären.
- Lern- und Bildungsprozesse im Alter werden durch die *Bildungsgeschichte* und die in diesem Zusammenhang erworbenen Lern- und Bildungsinhalte sowie Lern- und Bildungsstrategien beeinflußt.

- Alte Menschen möchten durch die Wahrnehmung von Bildungs- und Lernangeboten nicht nur instrumentelle Motive befriedigen. Vielmehr werden Lern- und Bildungsangebote auf der Basis *expressiver Motive* – Kontaktmöglichkeit mit anderen Menschen, Stärkung des Selbstwertgefühls – wahrgenommen.
- In der Lernsituation sollten neben den *kognitiven* auch die *sozialen Anreize* gegeben, d. h. Möglichkeiten zur Kommunikation und zur Arbeit in Gruppen gefördert werden. So können Gruppenmitglieder sich gegenseitig korrigieren und motivieren sowie voneinander lernen.
- Die Lerninhalte sollten eingebettet sein in den *Erfahrungshorizont* der alten Frauen und Männer und ebenso an biographisch vertraute Strategien des Lernens anknüpfen, ohne jedoch darin verhaftet zu bleiben. Entsprechend der Vielfalt biographischer Verläufe und Erfahrungen gilt es, differenzierte Bildungangebote anzubieten.
- Die Lernsituation sollte die *Suche von Lösungsmöglichkeiten* ermöglichen, die sowohl der praktischen Lebensbewältigung als auch der Zielfindung für das eigene Alter dienen.

Bildung und Lernen im Alter setzt die Offenheit seitens der Älteren voraus. Daß ihre Offenheit zur Bildung, zum Neulernen und Umlernen vorhanden ist, zeigt die Bereitschaft älterer Menschen zur Teilnahme an Selbsterfahrungsgruppen und Bildungsveranstaltungen (vgl. Fülgraff 1986).

2. Angebotsformen

Die bereits realisierten und denkbaren Bildungsangebote für ältere Menschen unterscheiden sich in den jeweiligen europäischen Ländern, wodurch eine vergleichende Betrachtungsweise erschwert wird. Generell können wir im Bereich der Altenbildung zwischen eher traditionellen und neuen Angebotsformen unterscheiden. Bereits nach dem Zweiten Weltkrieg wurden in Großbritannien erste Bildungsmaßnahmen zur Vorbereitung auf den Ruhestand – sogenannte "Pre-Retirement-Education"- und "Pre-Retirement-Counceling"-Seminare – durchgeführt. In der Bundesrepublik wurden derartige Vortragsreihen erst gegen Ende der 60er Jahre eingeführt, in vielen europäischen Ländern sind Maßnahmen dieser Art noch heute unbekannt.

Zu den klassischen Angebotsformen zählen zum einen *Vorträge und Vortragsreihen* für ältere Menschen, die in der Regel von Volkshochschulen, kirchlichen und staatlichen Trägern zu bestimmten Themen angeboten werden. Zum anderen haben sogenannte *Treffpunkte* oder *Seniorennachmittage* eine gewisse Tradition, veranstaltet in der Regel durch kirchliche Träger oder kommunale Verwaltungen. Diese Angebotsformen sind jedoch nur bedingt geeignet, die zuvor aufgestellten Zielperspektiven für Bildung im Alter zu realisieren. Zum Teil widersprechen sie den Erkenntnissen über Lernbereitschaft und Lernfähigkeit im Alter, betrachten sie ältere Menschen doch als Betreuungsobjekte.

Vor allem angesichts der Europäischen Integration und der zuvor benannten strukturellen Wandlungsprozesse sind Angebote notwendig, die einen Wissenstransfer fördern und Potentiale und Kompetenzen älterer Menschen wecken. Dies kann in Form von *Seminaren* und *Selbsterfahrungsgruppen* stattfinden, dies kann durch sogenannte *"Exchange-Learning"-Programme* bis hin zu *Studien- und Bildungsreisen* realisiert werden. In jedem Fall ist es notwendig, ältere Menschen als Erfahrungsträger anzusprechen und ihr Bedürfnis, auch über Landesgrenzen hinweg Neues zu lernen und eigene Erfahrungen weiterzugeben, zu wecken und zu befriedigen.

Sicherlich werden auch *Neue Medien* in zunehmendem Maße als Angebotsform für Bildung und Lernen im Alter eingesetzt. Der Nachteil dieser Angebotsform besteht darin, daß soziale Aspekte so gut wie gar nicht befriedigt werden. Der Vorteil ist darin zu sehen, daß eine dem individuellen Lerntempo angemessene Lernform gefunden wird.

Eine wichtige Forderung besteht darin, Angebotsformen zu finden, die den Differenzierungen in der Gruppe der Älteren gerecht werden und zudem landesspezifische Besonderheiten berücksichtigen. Darin eingeschlossen sollten die positiven Erfahrungen mit geschlechtsspezifisch ausgerichteten Angebotsformen (vgl. Niederfranke 1991 b) zu weiteren differenzierten Bildungsangeboten beitragen.

3. Anbieter

Was für die Angebotsformen Gültigkeit besitzt, ist auch zu übertragen auf die Anbieter. Die Anbieter variieren, je nach einzelnen Ländern. Bei aller Variationsbreite wird es jedoch auch europaweit gemeinsame Anbieter geben.

Sicherlich werden in allen europäischen Ländern die *Massenmedien* eine wichtige Funktion bei der Realisierung von Bildung im Alter und Bildung für das Alter einnehmen. Daneben sind es Anbieter aus dem Bereich des Erwerbslebens, also *Unternehmen, Wirtschaftsverbände, Gewerkschaften*, die Bildungsangebote vor allem in der zweiten Lebenshälfte und beim Übergang in den Ruhestand bereitstellen. Klassischerweise sind es immer auch *Universitäten, Akademien, Volkshochschulen* und *Bildungswerke*, die als Träger von Bildungsmaßnahmen in Frage kommen. Letztlich sind *kommunale Anbieter* auch in allen europäischen Ländern vorstellbar. Eingeschlossen darin sind auch *Einrichtungen der Altenhilfe*, wobei der hier verwendete Bildungsbegriff eher dazu anregt, daß breite gesellschaftliche Gruppen, die auch länderübergreifend aktiv sind, als Träger von Bildungsmaßnahmen fungieren. Es soll ja gerade darum gehen, ältere Menschen durch Bildungsmaßnahmen zu einer breiten gesellschaftlichen Partizipation zu motivieren.

V. Lernen und Bildung im Alter:
   Beitrag zu einer neuen Kultur der Erfahrungsweitergabe

Die in den vorhergehenden Punkten aufgezeigten demographischen und gesellschaftlichen Veränderungen seien abschließend in zwei Forderungen zusammengefaßt:
– Durch lebenslanges Lernen sowie die Herausbildung von Bildungsressourcen, die im Alter nutzbar gemacht werden können, muß eine *lebenslange Bildung für das Alter und damit Vorbereitung auf das Alter* ermöglicht werden. Eine qualifizierte Bildung über die Lebensspanne hinweg ist eine wesentliche Grundlage für die Auseinandersetzung mit Anforderungen des Alters. Zudem wirkt sie motivierend auf den Erwerb neuer Wissensinhalte und den Aufbau neuer kognitiver Strategien zur Lösung von internalen und externalen Herausforderungen des Alters.
– Des weiteren gilt es, *Lern- und Bildungsprozesse im Alter zu fordern und zu fördern*. Darin eingeschlossen ist die Vermittlung neuer Strategien des Lernens sowie die Förderung einer kommunikativen Kompetenz älterer Menschen.

Beide Aspekte – Bildung und Lernen für das Alter und im Alter – dienen der Förderung lebenslanger Entwicklungsprozesse und einer damit verbundenen selbständigen Lebensführung bis in die Altersphase (vgl. Röhrs 1990; Sarges/Fricke 1986). Bildung und Lernen für das Alter und im Alter gewährleisten, daß ältere Menschen in der Auseinandersetzung mit gesellschaftlichen Wandlungsprozessen auf je individuell erworbene Ressourcen zurückgreifen können. Darüber hinaus wird ermöglicht, daß diese individuellen Ressourcen gesellschaftlich zur Geltung kommen können.

Bildung im Alter kommt insofern eine kompensatorische Funktion zu, als durch sie jene Fähigkeiten, Fertigkeiten, Einstellungen und Haltungen gefördert werden, die in der Schulbildung unserer Zeit nicht genügend zur Geltung gelangen.

Bildung und Lernen im Alter trägt dazu bei, das Erfahrungswissen und die darin eingeschlossenen Auseinandersetzungskompetenzen Älterer in Zusammenhang zu bringen mit aktuellem Wissen sowie mit neuen Lösungsstrategien. Gleichzeitig sind Lern- und Bildungssituationen geeignet, einen Wissenstransfer zwischen verschiedenen Gruppen Älterer, zwischen Älteren

und Jüngeren sowie zwischen Mitgliedern (Ältere oder Jüngere) verschiedener Nationen anzuregen und auszubauen.
Angesichts der aufgezeigten demographischen, gesellschaftlichen und europäischen Veränderungen bedarf es einer neuen *Kultur der Erfahrungsweitergabe*. Dazu müssen lebenslang andauernde Lern- und Bildungsprozesse beitragen. Diesem Ziel kann Bildung und Lernen im Alter dienen.

Literatur

Alber, J.: The impact of public policies on older people in the Federal Republic of Germany. Draft for the European Community Actions on Older People. Konstanz 1991.
Amtsblatt der Europäischen Gemeinschaften Nr. C 260. Teil X: Ältere Menschen. Brüssel 1990.
Antonucci, T. C.: Personal Characteristics, Social Support, and Social Behavior. In: Binstock, R. H./Shanas, E. (Hrsg.): Handbook of Aging and The Social Sciences, 2nd Edition. New York: Van Nostrand Reinhold Company 1985, S. 94–128.
Baltes, P. B.: Theoretical Propositions of Life-Span Developmental Psychology: On the Dynamics between Growth and Decline. In: Developmental Psychology 23 (1987), S. 611–626.
Baltes, P. B./Dittmann-Kohli, F./Dixon, R. A.: New Perspectives on the Development of Intelligence in Adulthood: Toward a Dual-Process Conception and a Model of Selective Optimization with Compensation. In: Baltes, P. B./Brim, O. G. (Hrsg.): Life-Span Development and Behavior. Vol. 6. New York: Academic Press 1984, S. 33–76.
Baltes, M. M./Baltes, P. B. (Hrsg.): The Psychology of Control and Aging. Hillsdale: Lawrence Erlbaum 1986.
Brady, E. M./Fowler, M. L.: Participation, Moves, and Learning. Outcomes among older Learners. In: Educational Gerontology 14 (1988), S. 45–56.
Bundesministerium für Familie und Senioren (Hrsg.): Teilbericht der Sachverständigenkommission zur Erstellung des 1. Altenberichts der Bundesregierung. Stuttgart: Kohlhammer 1991.
Council of Europe (Hrsg.): The changing age structure of the population and future policy. Publication Studies No. 18. Strasbourg: Council of Europe 1985.
–: Adapting social security of the emerging needs of a changing society. Strasbourg: Council of Europe 1989.
Ferraro, K. F.: Cohort Analysis of Retirement Preparation, 1974–1981. In: Journal of Gerontology 45 (1990), S. 21–31.
Fülgraff, B.: Lernen im Alter – Pädagogische Voraussetzungen und Vermittlungsprozesse. In: Lang, E./Arnold, K. (Hrsg.): Vorbereitung auf das aktive Alter. Stuttgart: Ferdinand Enke 1986, S. 37–43.
Gärtner, K./Höhn, Ch./Störtzbach, B.: Perspektiven für die soziodemographische Entwicklung im vereinten Deutschland. In: Imhof, A. E. (Hrsg.): Leben wir zu

lange? Die Zunahme unserer Lebensspanne seit 300 Jahren – und die Folgen. Köln: Böhlau 1992.

Havighurst, R.: Dominant Concerns in the Life-Cycle. In: Schenk-Danzinger, L./ Thomae, H. (Hrsg.): Gegenwartsprobleme in der Entwicklungspsychologie. Göttingen: Verlag für Psychologie 1963, S. 132–154.

Herootyan, R. A./Feldman, N. S.: Lifelong Education, Lifelong Needs: Future Roles in an Aging Society. In: Educational Gerontology 16 (1990), S. 347–358.

Jacobs, K./Kohli, M.: Der Trend zum frühen Ruhestand. In: WSI-Mitteilungen 8 (1990), S. 498–509.

Jarvis, P.: Being, Learning, and Aging. In: Educational Gerontology 15 (1989), S. 161–170.

Kommission der Europäischen Gemeinschaften: Beschluß des Rates der europäischen Gemeinschaften über gemeinschaftliche Aktionen zugunsten älterer Menschen. Brüssel 1990a.

–: Mitteilungen über ältere Menschen. Brüssel 1990b.

Kruse, A.: Bildung im Alter. In: Zeitschrift für Gerontologie 21 (1988), S. 179–183.

Laslett, P.: Societal Development and Aging. In: Binstock, R. H./Shanas, E. (Hrsg.): Handbook of Aging and the Social Sciences. 2nd Edition. New York: Von Nostrand Reinhold Company 1985, S. 199–230.

Lehr, U. M.: Aging in Europe: New directions in psychology. In: European Journal of Gerontology 1 (1991), S. 43–52.

Lehr, U. M./Niederfranke, A.: Altersbilder und Altersstereotype. In: Oswald, W. D./et al. (Hrsg.): Gerontologie – Eine interdisziplinäre Wissenschaft. Stuttgart: Kohlhammer 1991a, S. 38–46.

–: Pensionierung. In: Oswald, W. D./et al. (Hrsg.): Gerontologie – Eine interdisziplinäre Wissenschaft, Stuttgart: Kohlhammer 1991b, S. 377–388.

Long, H. B.: Educational Gerontology: Trends and Developments in 2000–2010. In: Educational Gerontology 16 (1990), S. 317–326.

Lumsden, D. B. (Hrsg.): The older Adult as Learner. Aspects of Educational Gerontology. Washington: Hemisphere Publishing Corporation 1985.

Naegele, G.: Some features of employment of older workers, retirement and pensionsystems in Germany today. In: European Journal of Gerontology 1 (1991).

Nesselroade, J. R./Eye, A. von (Hrsg.): Individual Development and Social Change. Explanatory Analysis. Orlando: Academic Press Inc. 1985.

Niederfranke, A.: How the Career of the Golden Age Generation will Change German Society. In: ESOMAR (Hrsg.): The untapped Gold Mine: The growing importance of the over 50's. Implications for Marketing, Advertising and Social Policy. Amsterdam: ESOMAR 1989, S. 399–413.

–: Ältere Frauen in der Auseinandersetzung mit Berufsaufgabe und Partnerverlust. Stuttgart: Kohlhammer 1991a.

–: Neue Chancen nach der Lebensmitte – Spurwechsel? Orientierungskurs für Frauen. Beiträge zur Frauenforschung und Frauenpolitik. Stuttgart: Ministerium für Arbeit, Gesundheit, Familie und Frauen 1991b.

Olbrich, E.: Potentiale des Alters: Persönliche und soziale Prozesse. In: Zeitschrift für Gerontologie 23 (1990), S. 246–251.

Peterson, D. A./Thornton, J. E./Birren, J. E. (Hrsg.): Education and Aging. Englewood Cliffs, New Jersey: Prentice-Hall 1986.
Riley, M. W.: Overview and Highlights of a Sociological Perspective. In: Soerensen, A. B./Weinert, F. E./Sherrod, L.: Human Development and the Life Course: Multidisciplinary Perspectives. Hillsdale, New Jersey: Lawrence Erlbaum Associates 1986, S. 153–175.
Röhre, H.: Der Lernprozeß im Rahmen der Lebensspannen und der Berufsberatung. In: Bildung und Erziehung 43 (1990), S. 145–157.
Ruth, J.-E./Sihvola, T./Parviainen, T.: Educational Gerontology: Philosophical and Psychological Issues. In: Educational Gerontology 15 (1989), S. 231–244.
Sarges, W./Fricke, R. (Hrsg.): Psychologie für die Erwachsenenbildung/Weiterbildung. Ein Handbuch in Grundbegriffen. Göttingen: Verlag für Psychologie Hogrefe 1986.
Statistisches Bundesamt (Hrsg.): Statistisches Jahrbuch für die Bundesrepublik Deutschland. Stuttgart: Metzler-Poeschel 1991.
Staudinger, U. M.: The study of Life Review: An Approach to the Investigation of Intellectual Development across the Life Span. Berlin: Max-Planck-Institut für Bildungsforschung 1988.
Tews, H. P.: Neue und alte Aspekte des Strukturwandels des Alters. In: WSI-Nachrichten 8 (1990), S. 478–491.
Tews, H. P./Naegele, G.: Der ältere Mensch als Verbraucher – neue Konsumtrends der „jungen Alten". In: Rationelle Hauswirtschaft 27 (1990), S. 19–23.
Thomae, H.: The Concept of Development and Life-Span Developmental Psychology. In: Baltes, P. B./Brim, O. G. (Hrsg.): Life Span Development and Behavior. Vol. 2. New York: Academic Press 1979, S. 282–312.
–: Alternsstile und Altersschicksale. Ein Beitrag zur Differentiellen Gerontologie. Bern: Huber 1983.
WHO-Publikation: Geschätzter und projizierter Anteil der wichtigsten Altersgruppen an der Gesamtbevölkerung in den Jahren 2000 bis 2025 für Europa und Nordamerika. Copenhagen: WHO 1991.
Wirtz, P. W./Charner, I.: Motivations for Educational Participation by Retirees: The Expressive-Instrumental Continuum Revisited. In: Educational Gerontology 15 (1989), S. 275–284.

Georg Hörmann

Europäische Gesundheitspädagogik am Beispiel von Konzepten zur Prävention von Herz-Kreislauf-Krankheiten

Abstract

Für die Auslösung von Herz-Kreislauf-Krankheiten, den häufigsten europäischen Zivilisationskrankheiten, spielen soziale und kulturelle Faktoren eine bedeutsame Rolle. Da eine Vereinheitlichung lokaler und nationaler Verschiedenheiten und Gepflogenheiten nicht erreichbar und wohl kaum erstrebenswert ist, wird eine Europa-Strategie zur einheitlichen Bestimmung von medizinischen Risikofaktoren und entsprechenden Interventionsformen vorgestellt. Angesichts der nicht unwidersprochenen Festlegung von vereinbarten Normwerten im medizinisch-naturwissenschaftlichen Bereich ist das Wechselverhältnis von 'nationaler Vielfalt und europäischer Einheit' zu beachten, um zusätzliche Nachteile dekulturierender Normierungsbestrebungen zu vermeiden.

Einleitung

Wenn von europäischen Konzepten zur Prävention von Herz-Kreislauf-Erkrankungen die Rede ist, wird deutlich, daß neben nationalen und übernationalen Strategien die Reichweite von Maßnahmen unterschiedlich weit gestreut ist. Die europäische Akzentuierung fokussiert eine Betrachtung, welche sich im Rahmen der Weltgesundheitsorganisation mit ihrem Regionalbüro für Europa oder ihren europäischen Schriftenreihen (z. B. die Reihe ›Europäische Monographien zur Forschung in Gesundheitserziehung‹ [seit 1979], herausgegeben von der Bundeszentrale für gesundheitliche Aufklärung in Zusammenarbeit mit dem Europa-Büro der internationalen Union für Gesundheitserziehung und dem Regionalbüro für Europa der Weltgesundheitsorganisation oder die Zeitschrift ›European Heart Journal‹ [seit 1980]) der Bedeutung dieses geographischen Raumes für gemeinsame Aktivitäten zur Gesundheitsförderung seit langem bewußt ist. Stellvertretend für andere realisierte oder geplante Maßnahmen auf europäischer Ebene sollen hier Strategien zur Prävention von Krankheiten des Herz-Kreislauf-Systems vorgestellt werden. Obwohl die Wörter Strategie und Intervention, wie ein weiteres häufig in diesem Zusammenhang gebrauchtes Wort lautet, ihren zumindest paramilitärischen Beiklang nicht verleugnen können (vgl. Hörmann/Nestmann 1988), werden die üblichen Termini trotz eigener Bedenken beibehalten. Während es bei somatischen Faktoren plausibel erscheint, europäische Strategien aufgrund eher erwartbarer Konsensfähigkeit naturwissenschaftlicher Parameter zumindest auf freiwilliger Basis der entsprechenden Fachgesellschaften zu beschließen, stellt sich die Situation bei psychosozialen und ökonomischen Komponenten weitaus differenzierter dar. Besonders im letzten Fall bleibt fraglich, ob überregionale Strategien in diesem Bereich überhaupt sinnvoll und nicht statt dessen eher dezentrale gemeinwesenorientierte und kommunale Aktivitäten zu fördern sind, wie dies beispielsweise durch die Vorschläge der Weltgesundheitsorganisation mit dem Projekt „Gesunde Städte" propagiert wird (Priester 1990; Weber 1991; weitere Informationen bei Akademie für öffentliches Gesundheitswesen 1988; IDIS 1988; Plemper 1990 oder beim Gesunde Städte Sekretariat, Behörde für Arbeit, Gesundheit und Soziales der Freien und Hansestadt Hamburg, Tesdorpfstr. 8, 20148 Hamburg). Schließlich gilt es zu verhindern, daß gemeinsames Vorgehen zu einer dekulturierenden und kontextannullierenden Vorgehensweise führt, welche von je besonderen kulturellen, historischen und sozialen Bezügen zugunsten einer nivellierenden Universalisierung abstrahiert.

Nach einem Einblick in die Verbreitung von Herz-Kreislauf-Erkrankungen, in die Theorien zu deren Entstehung und die unterschiedlichen Interventionsformen soll stellvertretend das Strategie-Konzept der europäischen Atherosklerosegesellschaft skizziert und kritisch diskutiert werden.

I. Herz-Kreislauf-Krankheiten als Zivilisationskrankheiten

Die Folgen einer ungesunden Lebensweise sind seit der antiken Methodik der Gesundheitsbelehrung, der Diätetik (Schadewaldt 1975; Henkelmann/Karpf 1983, S. 19ff.), bekannt. Heute sind in westlichen Ländern weniger Zustände des Mangels oder Notlagen, als vielmehr zivilisatorische Einflüsse, d. h. die durch den Fortschritt von Wissenschaft und Technik verbesserten materiellen und sozialen Lebensbedingungen, Ursprung von chronischen Krankheiten, den Zivilisationskrankheiten. Diese sind häufig auf Faktoren ungesunder Lebensführung wie Übergewicht, Bewegungsmangel, Alkohol- und Nikotinmißbrauch, Streß etc. zurückzuführen. Die weitgehend durch zivilisatorische und kulturspezifische [1] Einflüsse bedingten

Abb. 1: Sterbefälle an akutem Herzinfarkt von 1968 bis 1988 (gesamt) nach Daten des Stat. Bundesamtes.

Herz-Kreislauf-Krankheiten stehen vor den Krebserkrankungen an der Spitze der Mortalitätsstatistik. Nach Angaben des Statistischen Bundesamtes Wiesbaden (1990) starben im Jahre 1988 in der Bundesrepublik Deutschland 76679 Menschen infolge eines akuten Herzinfarkts, davon 32938 weiblichen und 43741 männlichen Geschlechts. Damit hat sich zwar die Zahl der Verstorbenen ähnlich wie in anderen europäischen Staaten im Vergleich zum Vorjahr um 3075 weiterhin gesenkt (vgl. Abb. 1 und 2), ob dieser Trend jedoch anhält, bleibt abzuwarten. Leider fehlen statistische Angaben über die Häufigkeit und Schwere des Herzinfarkts, so daß eine genaue Analyse und detaillierte Abgrenzung zu sonstigen Herzkrankheiten als Folge von Durchblutungsstörungen nicht möglich ist und die Frage vorerst unbeantwortet bleibt, inwieweit sich hinter der Zunahme anderer Herzkrankheiten eine Verschiebung des Morbiditätsspektrums verbirgt.

Statistische Erhebungen zeigen deutlich die Tendenz, daß die Herzinfarktrate geschlechts- und altersspezifisch unterschiedlich ist. Etwa bis zum 65. Lebensjahr steigt die Anzahl der Infarkte bei Männern, danach nimmt die Zahl ab (vgl. Daten des Stat. Bundesamtes). Diese Erkenntnis legt die Vermutung nahe, daß nach Berufstätigkeit und Verarbeitung der Situation im Ruhestand wesentliche psychische Belastungen nachlassen und dadurch ein geringeres Infarktaufkommen zu verzeichnen ist. Eine Analyse der Infarktsterblichkeit nach Wochentagen verdeutlicht, daß samstags und montags das Risiko für berufstätige Männer, einen Infarkt zu erleiden, beson-

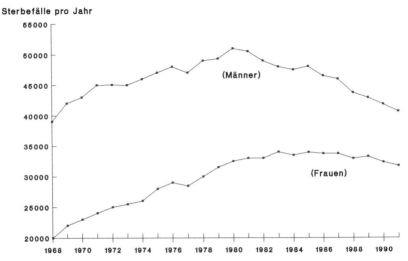

Abb. 2: Sterbefälle an akutem Herzinfarkt von 1968 bis 1988 nach Daten des Stat. Bundesamtes.

ders groß ist (vgl. Psychologie heute 5 [1986], S. 18). Das berechtigt zur Annahme, daß die Umstellung auf das bevorstehende Wochenende und die seelische Einstellung auf den Wiederbeginn des Alltagstrubels mit emotionalen Belastungen verbunden sind, die von einem bereits geschädigten Herzen nicht verkraftet werden können. Wenn man bedenkt, daß jeder zweite Angestellte, der frühzeitig pensioniert wird, seine Rente aufgrund von Herz-Kreislauf-Erkrankungen bezieht, dann können die koronare Herzerkrankung (KHK) und insbesondere der Herzinfarkt nicht zuletzt auch aufgrund zunehmender Verjüngung der betroffenen Personen nach wie vor als „Krankheit unserer Zeit" angesehen werden[2] (Halhuber/Traenckner 1986).

Eine Langzeitstudie der HIP (Health Insurance Plan of Greater New York) stellt fest, daß der vor Jahrzehnten noch oberflächlich als Managerkrankheit geltende Herzinfarkt heute am häufigsten bei Vorarbeitern und Arbeitern auftritt (vgl. Münch. med. Wschr. 45, 1984, S. 26). Für den Wandel dieser einst angeblich nur bei besser verdienenden Schichten gehäuft anzutreffenden Erkrankung gibt es verschiedene Gründe. Die gehobene Bevölkerungsschicht hat u. a. aufgrund intensiver Aufklärungsarbeit ihre Lebens- und Eßgewohnheiten umgestellt. Es ist zu vermuten, daß die Arbeiter und Angestellten, nun in der Lage, sich endlich den Lebensstil leisten zu können, der jahrhundertelang nur den oberen Schichten vorbehalten war (dies gilt für Fleisch, Salz, Zucker und Auszugsmehl in gleicher Weise; für den Bereich des Zuckers vgl. Mintz 1987), diesen übernahmen und nun auch die damit verknüpften Gesundheitsbeeinträchtigungen erfahren. (Wieweit sich dieser Trend in europäischen Ländern in unterschiedlichem Ausmaß und Tempo vollzieht, bedarf noch einer genaueren Untersuchung.) Abschließend bleibt festzustellen, daß die in den letzten Jahren beobachtete Abnahme der Herzinfarktrate (vgl. Abb. 1) nicht umstandslos gleichzusetzen ist mit einem allgemeinen Rückgang der Herzinfarktmorbidität, sondern daß das Gesamtbild vermutlich durch die verbesserte medizinische Versorgung und Aufklärung beeinflußt worden ist. Die leichte Rückläufigkeit der Herzinfarktmortalität ist demnach eine kurzfristige Auswirkung der zunehmend präventiven Arbeit, der zahlreichen Gesundheitskampagnen und nicht zuletzt der modernen Medizin, sie ist aber keineswegs auf eine Verringerung der belastenden Lebensbedingungen zurückzuführen. Andererseits belegt der Rückgang der Herz und Gefäße betreffenden (kardiovaskulären) Mortalitätsraten, welcher zuvor bereits in den USA und Kanada dank großangelegter Präventionsprogramme zu konstatieren war, eindrücklich die Möglichkeit pädagogischer Vorgehensweisen in Form koordinierter und unterstützender Gesundheitskampagnen, deren Bündelung auf europäischem Niveau daher geboten scheint.

II. Auf der Suche nach Bedingungsfaktoren von Gesundheit und Krankheit

Wenn von koronarer Herzkrankheit die Rede ist, werden neben somatischen Bedingungen zumeist klassische Risikofaktoren für die Auslösung des Geschehens verantwortlich gemacht (Abholz u. a. 1982; Korporal/Zink 1982). Der Umstand, daß die klassischen Risikofaktoren wie Übergewicht, Rauchen, Bewegungsmangel, Blutfette, Zucker etc. jedoch selbst einer plausiblen Theorie ihrer verursachenden Bedingungen bedürfen, also hinsichtlich ihrer Entstehung aufgeklärt werden müssen, hat verschiedene Autoren veranlaßt, etwa für die Entstehung des Herzinfarkts auf mehrere Ebenen von psychosozialen Risikokonstellationen, über somatische Vorläufer und pathogenetische Mechanismen bis zur klinischen Manifestation mit teils gesicherten Relationen hinzuweisen (Abb. 3) oder eine Hierarchie der Risikofaktoren auf drei Ebenen zu postulieren:
– der Ebene der sozialen Umwelt (Schicht, Beruf, Sozialprestige),
– der Ebene der Emotionen (Angst, Aggression, Streß) und des Verhaltens und
– der Ebene des leiblichen Geschehens (physiologische Ebene).
In dem entworfenen Gesamtsystem (Abb. 4) der Entstehungsbedingungen koronarer Herzerkrankungen nach Schaefer werden alle Faktoren, die zur Krankheitspathogenese führen, auf acht Ebenen angeordnet, wobei die

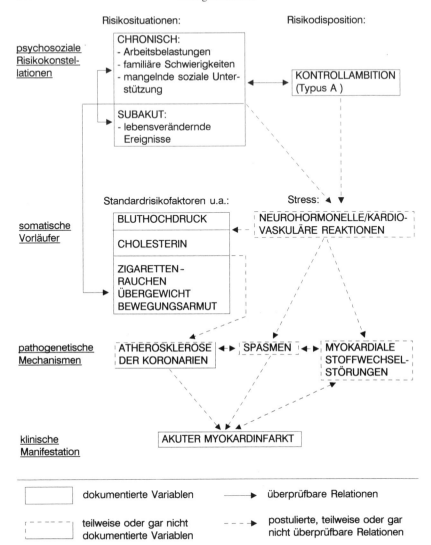

Abb. 3: Vorläufer und Zusammenhänge des Herzinfarkts (nach Siegrist/u. a. 1980, S. 28).

Hierarchie der Risikofaktoren in Abhängigkeit von der Unmittelbarkeit und Direktheit des Einflusses auf das Endereignis resultiert. Die Verhältnisse und das Verhalten stellen die letzten faßbaren Ursachenbündel der KHK dar, sind also primär,[3] weshalb die Bezeichnung primärer Risikofaktoren physiko-chemischer Art lediglich wegen ihrer Nähe zum Erfolgsorgan zu verstehen ist.

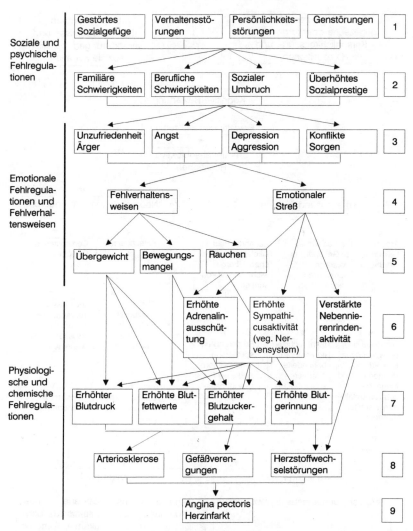

Abb. 4: Sozio-psychosomatische Krankheitsentwicklung nach Schaefer, modifiziert von Brenner/Trappe (1983, S. 52).

Ob bestimmte Streßreize bei einem spezifischen Individuum zu einem Herzinfarkt oder anderen neurologisch und hormonell vernetzten Veränderungen, einer Leistungs- und Arbeitsstörung bzw. zu sonstigen Verhaltensänderungen führen oder keinerlei sichtbare Auswirkung hinterlassen, wird nicht nur von Stärke, Ausmaß und Zeitdauer des Streßreizes, sondern auch von der kognitiven Bewertung und Interpretation durch die betroffene Per-

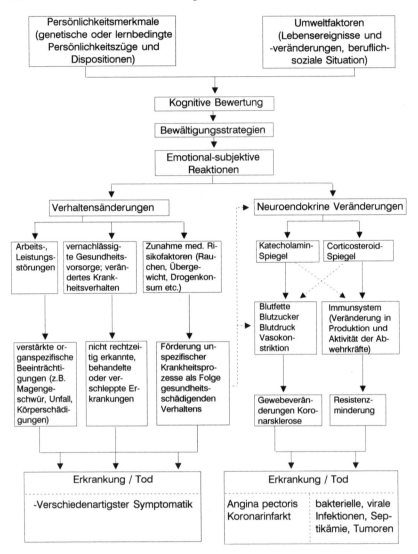

Abb. 5: Wirkungsweise psychosozialer Faktoren bei der Entstehung von Krankheiten (Hörmann 1986, S. 477).

son, der Art ihrer Bewältigungsmechanismen, von subjektiven Reaktionen, aber auch von prädisponierenden Faktoren wie Lebensalter, Persönlichkeitssituation, Lerngeschichte, von genetischen Faktoren wie Krankheitsanfälligkeit bestimmter Organsysteme sowie von individualspezifischer

Reaktionsstärke neben der Anwesenheit traditioneller Risikoindikatoren bestimmt. Die Bedeutung psychischer Variablen und Persönlichkeitsmerkmale, kognitiver Bewertung, von Bewältigungsstrategien sowie von emotionalen Reaktionen und ihren korrespondierenden verhaltensmäßigen und neurohormonellen Auswirkungen ist im Schema (Abb. 5) zusammenhängend dargestellt.

Neben Persönlichkeitsfaktoren und individuellen Bewältigungsmustern spielen auch soziale Bedingungen, Netzwerke und unterstützende soziale Interaktionen eine wichtige Rolle im sog. „psychosozialen Immunsystem" (Badura 1983, S. 34; ein biomedizinisches Denkmodell wird hier auf die Schutzfaktoren des sozialen Kontextes übertragen). Während im Lebensstil- bzw. Lebensweisen-Konzept die Verbundenheit mit soziostrukturellen Grundlagen der Bezugsgruppe einerseits den protektiven Aspekt dieser Lebensbezüge ins Blickfeld gelangen läßt, gewinnen gesundheitsriskante Verhaltensweisen andererseits eine neue Bedeutung als Reflex auf soziale, ökologische, ökonomische und politische Lebensbedingungen. Ein Lebensstil sowohl individueller Art als auch kollektiv bedingter Lebensweise stellt nicht nur das Ensemble sozialer Handlungsorientierungen zur Disposition, sondern auch mehr oder weniger geglückte Lösungsstrategien für Konflikte. Die Orientierung auf Individuen, isolierte Verhaltensausschnitte oder bloße Einzelfaktoren verkennt demnach die Bedeutung von Sozialbezügen und soziostrukturell geprägten Lebensstilen (Karmaus 1985). Wenn psychosoziale Konstellationen bei Interventionen zu wenig berücksichtigt werden, führt dies zu vorhersehbaren Schwierigkeiten, wie hier am Beispiel einer europäischen Strategie zur Beeinflussung der Herz-Kreislauf-Situation der Bevölkerung verdeutlicht werden soll.

III. Europa-Strategie

Im Frühjahr 1986 wurde anläßlich eines Treffens der Europäischen Atherosklerosegesellschaft ein Strategiepapier zur Prävention der koronaren Herzkrankheit verabschiedet (Assmann/Schettler 1990) und von den Teilnehmern der Konferenz per Konsens[4] ratifiziert. Die Experten aus 17 europäischen Ländern, darunter Kardiologen, Ernährungswissenschaftler, Epidemiologen und Pharmakologen, konnten sich auf folgende Strategie verständigen:

In der Primärprävention der KHK ist zwischen Individual- und Massenstrategie zu unterscheiden. Die Individual- oder Hochrisikostrategie verfolgt das Ziel, durch breitgefächerten Einsatz von klinischen Untersuchungen und Labortests diejenigen Personen in der Bevölkerung herauszufiltern, die einem besonders hohen Herzinfarktrisiko unterliegen. Die

Übersicht 1: Richtlinien zur Hyperlipidämie-Therapie

	Basisdiagnostik	Weitere Risikoevaluierung	Behandlung
A	Gesamtcholesterin 200–250 mg/dl Triglyzeride < 200 mg/dl	Abschätzen des Gesamtrisikos für eine koronare Herzkrankheit unter Berücksichtigung der Familienanamnese, der Rauchgewohnheiten, der Hypertonie, des Diabetes mellitus, des männlichen Geschlechts, des jüngeren Alters und niedriger HDL-Cholesterinwerte unter 35 mg/dl.	Bei Übergewicht Kalorienreduktion. Bieten Sie Ernährungsberatung an und korrigieren Sie etwaige andere Risikofaktoren!
B	Gesamtcholesterin 250–300 mg/dl Triglyzeride < 200 mg/dl	Abschätzen des Gesamtrisikos für eine koronare Herzkrankheit unter Berücksichtigung der Familienanamnese, der Rauchgewohnheiten, der Hypertonie, des Diabetes mellitus, des männlichen Geschlechts, des jüngeren Alters und niedriger HDL-Cholesterinwerte unter 35 mg/dl.	Bei Übergewicht Kalorienbeschränkung. Verordnung von fettarmer Kost mit Überprüfung des Effekts und der Compliance. Bleibt das Gesamtcholesterin hoch, kommt ein Lipidsenker in Frage.
C	Gesamtcholesterin < 200 mg/dl Triglyzeride 200–500 mg/dl	Suche nach den Ursachen der Hypertriglyzeridämie wie z. B. Adipositas, exzessiver Alkoholgenuß, Diuretika, Betablocker, Östrogenpräparate, Diabetes mellitus.	Bei Übergewicht Kalorienbeschränkung. Befassen Sie sich, sofern vorhanden, mit den zugrundeliegenden Ursachen! Verschreiben und kontrollieren Sie eine fettsenkende Diät! Überprüfen Sie die Cholesterin- und Triglyzeridspiegel!

D	Gesamtcholesterin 200–300 mg/dl	Überprüfen Sie das Gesamtrisiko für die koronare Herzkrankheit wie unter A. Suchen Sie nach zugrundeliegenden Ursachen für die Hypertriglyzeridämie wie unter C.
	Triglyzeride 200–500 mg/dl	Bei Übergewicht Kalorienbeschränkung. Befassen Sie sich, wenn vorhanden, mit den zugrundeliegenden Ursachen für die Hypertriglyzeridämie und gehen Sie vor wie unter A oder B! Verordnen Sie fettsenkende Diät und überprüfen Sie den Effekt! Bleibt die Wirkung auf die Serumlipide inadäquat und ist das Gesamtrisiko für eine koronare Herzkrankheit hoch, sollten Sie den Einsatz von Lipidsenkern erwägen!
E	Gesamtcholesterin > 300 mg/dl und/oder Triglyzeride > 500 mg/dl	Erwägen Sie die Einweisung in eine auf Lipidstoffwechselstörungen spezialisierte Klinik oder Überweisung an einen Spezialisten zur Diagnostik und Therapieeinleitung!
	Gesamtcholesterin 200 mg/dl = 5,2 mmol/l 300 mg/dl = 7,8 mmol/l	HDL-Cholesterin 35 mg/dl = 0,9 mmol/l
		Triglyzeride 200 mg/dl = 2,3 mmol/l 500 mg/dl = 5,6 mmol/l

Quelle: Assmann/Schettler 1987, S. 349.

Massenstrategie ist demgegenüber bemüht, in der Gesamtbevölkerung eine Veränderung der Lebensgewohnheiten zu erreichen, wobei insbesondere durch Umstellung der Ernährungsgewohnheiten, durch regelmäßige körperliche Aktivität und Nikotinabstinenz eine Verringerung des Infarktrisikos in der Bevölkerung erwartet werden kann.

Das Expertengremium betont, daß sich die Individual- und Massenstrategie in geeigneter Weise ergänzen und keine der beiden Strategien Ausschließlichkeitscharakter beanspruchen kann. Es wird empfohlen, im Rahmen der primären ärztlichen Versorgung eine konsequente Fahndung nach Risikofaktoren in die Untersuchungsroutine aufzunehmen, was in einigen europäischen Ländern durch entsprechende Vorsorgeprogramme für die Gesamtbevölkerung bereits eingeleitet ist.

Da die Beziehungen zwischen den meisten Risikofaktoren und der KHK fließend sind, gibt es keine eindeutigen Grenzwerte, die eine sichere Unterscheidung zwischen niedrigem und hohem Koronarrisiko zulassen. Aus diesen Gründen sollen Risikofaktoren je nach ihrem Schweregrad und der Beurteilung des vorliegenden Gesamtrisikos für eine KHK beurteilt werden, wobei Lebensalter, Geschlecht, Familiengeschichte, Körpergewicht und andere beeinflußbare Risikofaktoren eine besondere Rolle spielen.

1. Grenzwerte für den Serum-Cholesterinspiegel

Die Consensus-Konferenz hat für die Störungen des Fettstoffwechsels die Bestimmung von Grenzwerten festgelegt, die als Richtlinie für eine diagnostische Beurteilung und entsprechende Behandlungsmaßnahmen dienen sollen (Übersicht 1, S. 248f.).

Im Gegensatz zu einer in vielen europäischen Ländern geübten Praxis, nach der Cholesterinwerte ab 260 mg/dl als pathologisch gelten, hat die Consensus-Konferenz sich darauf verständigt, daß bei allen erwachsenen Personen Cholesterinwerte ab 200 mg/dl der ärztlichen Aufmerksamkeit bedürfen.

Mit der Höhe des Serum-Cholesterinspiegels steigt das Koronarrisiko linear an und verdoppelt sich im Bereich zwischen 200 mg/dl und 250 mg/dl. Eine Verringerung des Serum-Cholesterinspiegels ist mit einer Reduktion des Koronarrisikos verbunden. Deshalb wurde von der Konferenz die Zielmarke für das Gesamtcholesterin auf 200 mg/dl festgelegt.

Den meisten Personen mit Cholesterinwerten zwischen 200 und 250 mg/dl wird eine Ernährungsberatung und die Behandlung anderer vorliegender Risikofaktoren nahegelegt. Bei ausgeprägten Hypercholesterinämien (250 bis 300 mg/dl) wird eine intensive diätetische Behandlung und, wenn nötig, der Einsatz von Lipidsenkern mit regelmäßiger Überprüfung der

Übersicht 2: Normwerte für Cholesterin und Triglyzeride

Cholesterin:
normal 100–250 mg/dl
verdächtig ab 220
erhöht ab 260

HDL Cholesterin (nicht als Einzelwert zur Entscheidung!):

	Frauen	Männer
prognost. günstig	über 65 mg/dl	55
Standardrisiko	45–65	35–55
Risikoindikator	unter 45	35
Typ. Normwerte	43–73	38–58

Triglyzeride:
normal 74–172 mg/dl
verdächtig ab 150
erhöht ab 200

Quelle: Assmann/Schettler 1987, S. 348.

Wirkung empfohlen. Bei Cholesterinwerten über 300 mg/dl sollten zwecks Abklärung der exakten Diagnose und Einleitung der Therapie selbstverständlich Spezialisten zu Rate gezogen werden.

2. Triglyzeride, HDL-Cholesterin

Im Gegensatz zur Hypercholesterinämie, deren kausale Rolle in der Pathogenese der KHK unstrittig ist, wird die Beurteilung eines erhöhten Anteils von Neutralfetten, den Triglyzeriden, der sog. Hypertriglyzeridämie hinsichtlich eines assoziierten Koronarrisikos oft schwierig. Leicht erhöhte Triglyzeridwerte sind nicht selten vergesellschaftet mit Fettsucht, Alkoholkonsum und/oder schlecht eingestelltem Diabetes mellitus. Die Korrektur dieser Faktoren kann oft den Triglyzerid-Stoffwechsel normalisieren.

Unter den Hauptfraktionen der Cholesterin-Trägerproteine sind niedrige HDL-Cholesterinspiegel[5] bei vielen Personen mit einem hohen Koronarrisiko verbunden.

In mehreren epidemiologischen Studien konnte eine umgekehrte Beziehung zwischen der Höhe des HDL-Cholesterinspiegels und dem Risiko der KHK bestätigt werden. Niedrige HDL-Cholesterinspiegel sind oftmals verbunden mit Bewegungsmangel, Fettleibigkeit, Zigarettenrauchen und/oder Erhöhung der freien Fettsäuren (Triglyzeride). Eine Korrektur dieser Faktoren ist in der Regel mit einer Erhöhung der HDL-Cholesterinwerte verbunden. Mäßiggradige Hypercholesterinämien sind nicht selten eine Konsequenz hoher HDL-Cholesterinwerte. Eine Behandlung der Hypercholesterinämie ist in solchen Fällen nicht angezeigt. In der täglichen Praxis wird die Frage der Intensität einer Behandlung einer Hyperlipidämie nicht unwesentlich von der Frage hoher oder niedriger HDL-Cholesterinspiegel beeinflußt.

Die wesentlichen Komponenten der Massenstrategie zur Primärprävention der KHK basieren auf sorgfältiger Ernährung, der Empfehlung zur Nikotinabstinenz, der Bekämpfung des Bluthochdrucks und der Förderung angemessener körperlicher Aktivität. Rauchen ist die wichtigste Ursache von Atemwegserkrankungen sowie des Lungenkrebses und ein wesentlicher Risikofaktor für KHK, Schlaganfall, periphere Verschlußkrankheit und Gefäßschäden, insbesondere in Bevölkerungen mit hohen Cholesterinwerten. Die Gesundheitspolitik wird daher aufgefordert, öffentliche Aufklärung, Aktivitäten der Legislative und Verstärkung des sozialen Drucks gegen das Rauchen zu fördern.

3. Öffentliche Erziehungsmaßnahmen

Die Ernährungsstrategie umfaßt eine angepaßte Kalorienzufuhr zwecks Vermeidung von Übergewicht und eine Reduzierung des Fettkonsums auf weniger als 30 % der täglich aufgenommenen Kalorienmenge, wobei die gesättigten Fettsäuren weniger als 10 % ausmachen sollen. Empfohlen werden der Konsum von einfach ungesättigten und mehrfach ungesättigten Fettsäuren sowie die Einschränkung des Cholesterinkonsums auf weniger als 300 mg/Tag bei gleichzeitig erhöhtem Verbrauch von komplexen Kohlenhydraten (Früchte, Gemüse und Faserstoffe) sowie Einschränkung von Alkohol und Salz.

Diese Vorbeugungsmaßnahmen sollten sowohl bevölkerungsweit als auch insbesondere von Personen mit Gesamtcholesterinwerten über 200 mg/dl beachtet werden. Ziele dieser Vorbeugemaßnahmen sind die Reduktion von Übergewicht, eine Senkung des Cholesterins und der Triglyzeride sowie auch des Blutdrucks. Die Umsetzung von Ernährungsstrategien erfordert öffentliche Erziehungsmaßnahmen, geeignete Etikettierung der Nahrungsmittel und ein ernährungswissenschaftlich wünschenswertes Speiseangebot in Restaurants und Kantinen sowie politische Maßnahmen durch nationale und internationale Organisationen. Wie wichtig gerade Kampagnen zur Veränderung der Eßgewohnheiten sind (vgl. das Interview mit Prof. Dr. med. Roland Kirsten: „Vernünftige Ernährung kann sogar Cholesterinwerte von 300 mg/dl normalisieren". In: Zeitschrift für Allgemeinmedizin 76 [1991] S. 126–133), belegen neuere Statistiken, die zeigen, daß beispielsweise in der Bundesrepublik immer mehr Personen mehr Fett zu sich nehmen.[6] So hat trotz aller Ratschläge für eine gesunde Ernährung in den letzten Jahren der Verbrauch von Nahrungsfetten die Rekordhöhe von 30 Kilogramm pro Kopf erreicht. Das entspricht nach Mitteilung des Margarine-Instituts (Hamburg) einer Steigerung gegenüber 1985 um 600 Gramm (vgl. die Zeitungsnotiz in ›Westfälische Nachrichten‹ vom 22. 7. 1987).

Obwohl bisher der schlüssige Nachweis fehlt, daß körperliche Aktivität vor KHK schützt, spricht sehr viel dafür, daß ausreichende körperliche Bewegung einen wesentlichen Teil eines gesunden Lebensstils darstellt. Der Umfang und die Art der körperlichen Aktivität sind freilich dem Lebensalter, der individuellen Leistungsfähigkeit und dem jeweiligen Gesundheitszustand anzupassen (Hörmann 1989). Um den überwiegend in den USA und Kanada erzielten Rückgang der koronaren Todesfälle auch in Europa zu erreichen, wird die Kombination von selektivem Screening (konsequente Suche nach Risikofaktoren bei bekannten Konstellationen) und Screening im Rahmen der Primärversorgung (in regelmäßigen Abständen beim Arzt, im Rahmen klinischer Erstuntersuchung, betriebsärztlicher Vorsorgemedizin, Einstellungsuntersuchungen etc.) von Ärzteverbänden als optimale Strategie zur Erfassung einer großen Zahl von Risikopatienten betrachtet.[7]

Die Eindeutigkeit und Klarheit dieser Empfehlungen wird auf nationaler Ebene von einer „Nationalen Cholesterin-Initiative" (Assmann 1990) unter die Bevölkerung gestreut. Was zunächst wie ein imponierender Akt gemeinsamer Einmütigkeit (wenigstens auf der Ebene des gemeinsamen kleinsten Nenners somatischer [primärer] Risikofaktoren als dem Endstadium von Herz-Kreislauf-Leiden) der sonst häufig zerstrittenen europäischen Handlungsblockierungen erscheint, entpuppt sich bei näherem Zusehen jedoch als recht brüchig. Denn dem scheinbaren Konsens folgte alsbald eine „Non-Konsensus-Konferenz zur Hypercholesterinämie", welche verdeutlichen sollte, daß wissenschaftliche Kontroversen nicht durch autoritative Stellungnahmen und quasi-offiziöse Richtlinien gelöst werden können (Berger 1991). Bezüglich der inzwischen bereits zum Allgemeingut avancierten Grenzen eines problematischen Cholesterinwertes zeigt die kritische Durchsicht großangelegter epidemiologischer Studien (Skrabanek 1989), daß eine definitive Festlegung von angeblich risikobelasteten Obergrenzen angesichts der vorhandenen Datenlage eher als unwissenschaftlich einzuschätzen ist. Folglich zeigt sich die Einigung auf isolierte Faktoren im Sinne eines Minimalkonsenses als untauglicher Versuch, gemeinsames Handeln zu demonstrieren. Vielmehr kann das Beispiel der sog. Konsensus-Konferenz eine Warnung davor sein, Einigkeit um jeden Preis auf Kosten der Solidität wissenschaftlichen Vorgehens vorzugaukeln. Statt eines scheinbaren Konsenses wird es vielmehr Aufgabe sein, den europäischen Austausch gerade über kontroverse Fragen zu intensivieren und die Pluralität und Komplexität anspruchsvoller Vorgehensweisen nicht zugunsten voreiliger Harmonisierungsbedürfnisse oder hintergründiger Interessenkonstellationen zu verschleiern.

Zusammenfassung

Herz-Kreislauf-Erkrankungen stellen ob ihrer Verbreitung zweifellos eine Herausforderung für die Gesundheitserziehung dar, welche nationale Grenzen überschreiten muß. Allerdings wird diese nicht umhinkönnen, neben der Berücksichtigung individueller Verhaltensweisen und somatischer Parameter sozioökologische Fragestellungen aufzunehmen. Statt einer umstandslosen Orientierung an individuellem Fehlverhalten und isolierten Laborwerten, auf welche durch Aufklärung über relevante Risikofaktoren im Sinne des Strategiekonzepts der Europäischen Atherosklerosegesellschaft Einfluß genommen werden soll, sind auch soziale, ökonomische [8] und kulturelle Faktoren der jeweiligen Lebensweisen zu berücksichtigen. Kommunale Präventionsprogramme bieten hier zwar einen guten Ansatzpunkt, erweitern jedoch in vielen Fällen den traditionellen Ansatz einer individuumbezogenen Gesundheitserziehung lediglich um eine mikrosoziale Komponente. Erforderlich ist daher ein Konzept von Gesundheitsförderung, das einerseits einem Gesundheitsfanatismus eine klare Absage erteilt (Hörmann 1989, 1990), das andererseits neben der weiterhin wichtigen pädagogischen Arbeit von Aufklärung und Verhaltensänderung im Wissen um die multifaktorielle Bedingtheit von Gesundheit und Krankheit die erforderliche Veränderung von Institutionen und Verhältnissen nicht aus den Augen verliert. Neben gemeinsamen europäischen Perspektiven ist daher die dezentrale und kulturspezifische Umsetzung einer Bildungsarbeit nötig. Eine solche Gesundheitspädagogik verwechselt gemeinsames Vorgehen keineswegs mit uniformistischer Nivellierung oder voreiliger Harmonisierung, sondern bezieht neben somatischen und individuellen Faktoren die soziale Einbettung von Verhaltensweisen in lebensnahe Bezüge im Wechselverhältnis regionaler und „nationaler Vielfalt und europäischer Einheit" ein.

Anmerkungen

[1] Leider sind Erhebungskategorien, Erfassungsinstrumente, Dokumentationsformen und Untersuchungskollektive in unterschiedlichen europäischen Ländern zu Herz-Kreislauf-Krankheiten zu unterschiedlich, um anhand vergleichbarer Daten zu kardiovaskulären Morbiditäts- und Mortalitätsraten über ein augenscheinliches Plausibilitätsniveau hinausgehende Aussagen über kulturspezifische Unterschiede der jeweiligen europäischen Länder treffen zu können. Aufschlußreicher sind in

Europäische Gesundheitspädagogik 255

dieser Hinsicht die Daten zur Krebssterblichkeit in Mitteleuropa (vgl. Wagner/ Becker 1982).

[2] Bemerkenswert ist dabei der wachsende Anteil der unter 40jährigen Männer, die an einem Infarkt erkranken. Bei Frauen wird bis zu den Wechseljahren ein hormoneller Schutz angenommen, so daß die Infarktrate bislang nicht die Werte der Männer erreicht hat. Doch wird als besonderer Risikofaktor der Frau die hormonelle Schwangerschaftsverhütung, vor allem in Verbindung mit dem steigenden Nikotingenuß, diskutiert. Dies führt insbesondere bei berufstätigen Frauen, die zudem durch berufliche und familiäre Verpflichtungen einer Doppelbelastung ausgesetzt sind, zu einem Anstieg der Herzinfarktrate. Lag die Relation Mann/Frau bei der Infarktmortalität 1970 noch bei 2:1, verschob sie sich im Laufe der letzten Jahre immer mehr zuungunsten der Frau. 1982 kamen bereits 2 weibliche auf 3 männliche Infarkttodesfälle (vgl. Brusis/Weber-Falkensammer [2]1986). 1985 starben im Vergleich zum Vorjahr 2,5% mehr Frauen an Herzinfarkt gegenüber einem Anstieg von 'nur' etwa 1% bei den Männern. 1988 war der Rückgang der Letalität an akutem Myokardinfarkt bei Frauen deutlich schwächer ausgeprägt als bei Männern (vgl. Abb. 2).

[3] „Alle Lebenssituationen und alle sozialen Lebensbedingungen, unter denen Angst, Aggression, Spannung und andere Formen des psychosozialen Streß auftreten, weisen eine höhere Wahrscheinlichkeit der Entwicklung von erhöhten Risikowerten der primären Risikofaktoren (Blutdruck, Blutfette, Katecholamine etc.) auf. Diese Hypothese ist durch soviel Evidenz in der Korrelation entsprechender Faktoren mit dem Auftreten der KHK gesichert, daß es wenige medizinische Theorien über die Ätiologie gibt, welche einen gleichen Grad von Wahrscheinlichkeit besitzen" (Schaefer/Blohmke 1977, S. 173).

[4] Das Strategiekonzept wird oft als Konsensus-Konferenz bezeichnet (vgl. European Heart Journal 8, 1987, S. 77–88), obwohl diese Einmütigkeit nicht unstrittig ist, wie beispielsweise die Anzeigenkampagne der Zentralen Marketing-Gesellschaft der deutschen Agrarwirtschaft in medizinischen Fachblättern gegen die Empfehlung einer fettarmen Kost für die Gesamtbevölkerung (etwa im ›Deutschen Ärzteblatt‹ 1987, Heft 37, 6f.) oder der Tagespresse beigelegte, auf Hochglanzpapier hergestellte Hauswurfsendungen mit dem Titel: „Das geht uns alle an: Die Fette unserer Nahrung", herausgegeben von einer Arbeitsgemeinschaft für physiologische Ernährung, München (zuletzt der Tageszeitung ›Der Fränkische Tag‹ im März 1991 beigelegt), belegen.

[5] Unter den Eiweiß-Trägern für den Cholesterin-Transport wurde die HDL-Fraktion (High-Density-Lipoproteins) identifiziert nach dem Verhalten im ultrazentrifugierten Meßergebnis gegenüber weiteren, für das Koronarrisiko prognostisch ungünstigen Fraktionen der LDL (Low-density-Lipoproteins) bzw. VLDL (Very-Low-Density-Lipoproteins).

[6] Die Verhältnisse in anderen europäischen Ländern dürften nicht wesentlich anders liegen und unterschiedliche Mortalitätsraten zumindest teilweise erklären (vgl. Wagner/Becker 1982).

[7] Vgl. die Zeitungsnotiz in den ›Westfälischen Nachrichten‹ vom 23. 7. 1987, wonach ein Ärztebund alle zwei Jahre eine Untersuchung fordert; neben Krebsfrühtests sollten demnach zusätzlich Körpergröße, -gewicht, Blutdruck, Blutfettwerte und Blutsenkung bestimmt werden. In diesem Rahmen stehen auch die Bestrebun-

gen zur Integration einer ärztlichen Gesundheitsberatung im Rahmen der Allgemeinmedizin, wie etwa das Beispiel des Vorstoßes der Niedersächsischen Ärztekammer zeigt (vgl. die Zeitungsnotiz in: ›Die neue Ärztliche‹ vom 17. 9. 1987).

[8] Aus dem Überblicksartikel von Marmot et al. (1987) zum Verhältnis zwischen sozialer Schicht, Mortalität und Morbidität geht hervor, daß trotz sinkender Mortalität in allen Schichten der industrialisierten westlichen Länder sich die Unterschiede in der schichtspezifischen Mortalitätsrate eher erhöht haben. Obwohl diese Zusammenfassung epidemiologischer Studien hauptsächlich auf die Verhältnisse in England und Wales konzentriert ist, weil es dort eine lange Tradition der Erfassung und Aufbereitung wesentlicher sozialepidemiologischer Daten gibt, lassen sich die für England und Wales gefundenen statistischen Zusammenhänge zwar für andere europäische Länder schwerer nachprüfen, weil dort statistische Erhebungen keine aufeinander bezogenen Daten für Schichtzugehörigkeit und Erkrankungs- bzw. Sterbewahrscheinlichkeit erfassen. Gleichfalls belegen ähnliche Studien auch dort das inverse Verhältnis zwischen Morbidität und sozialer Schicht, was nicht zuletzt auch für psychische Erkrankungen in hoher Kontinuität zu früheren Studien ungebrochen nachweisbar ist (vgl. Dohrenwend 1990).

Literatur

Abholz, H. H./Borgers, D./Karmaus, W./Korporal, J. (Hrsg.): Risikofaktorenmedizin. Berlin 1982.
Akademie für öffentliches Gesundheitswesen (Hrsg.): Gesunde Städte. Das "Healthy Cities" Projekt der Weltgesundheitsorganisation mit Berichten aus den Städten Toronto, Seattle, Barcelona, Stockholm, Düsseldorf und Bremen. Düsseldorf 1988.
Assmann, G.: Nationale Cholesterin-Initiative. In: Deutsches Ärzteblatt 87, Heft 17 C (1990), S. 846–862.
Assmann, G./Schettler, G.: Ein Strategie-Konzept der Europäischen Atherosklerose-Gesellschaft: Die Prävention der koronaren Herzkrankheit. In: Deutsches Ärzteblatt 84, Heft 9 C (1987), S. 347–350.
Badura, B.: Sozialepidemiologie in Theorie und Praxis. In: Europäische Monographien zur Forschung in Gesundheitserziehung. Bd. 5. Köln 1983, S. 29–48.
Berger, M.: Eine wissenschaftliche Kontroverse. Non-Konsensus-Konferenz zur Hypercholesterinämie und Hyperinsulinämie. In: Deutsches Ärzteblatt 88, Heft 1/2 (1991), S. 45–47.
Brenner, H./Trappe, M.: Nach dem Herzinfarkt Orientierung für eine neue Lebensführung – Hilfe für Selbsthilfe. Salzburg 1983.
Brusis, O. A./Weber-Falkensammer, A. H. (Hrsg.): Handbuch der Koronargruppenbetreuung. Erlangen ²1986.
Dohrenwend, B. P.: Socioeconomic Status (SES) and Psychiatric Disorders. In: Social Psychiatry and Psychiatric Epidemiology 25 (1990), S. 41–47.
Halhuber, C./Traenckner, K. (Hrsg.): Die koronare Herzkrankheit – eine Herausforderung an Gesellschaft und Politik. Erlangen 1986.
Henkelmann, T./Karpf, D.: Gesundheitserziehung – gestern und heute. Stuttgart 1983.

Hörmann, G.: Perspektiven der Gesundheitserziehung. In: Päd. Rundschau 40 (1986), S. 465–486.
–: Gesundheit und Körper: Zwischen Kultur und Kult. In: Widersprüche 9, Heft 30 (1989), S. 7–13.
–: Therapie zwischen Kunst und Kult. In: Musik-, Tanz- und Kunsttherapie 1 (1990), S. 3–8.
Hörmann, G./Nestmann, F. (Hrsg.): Handbuch der psychosozialen Intervention. Opladen 1988.
IDIS (Hrsg.): Gesunde Städte. Aktuelle Literatur zum „Gesunde-Städte-Projekt" der Weltgesundheitsorganisation. Bielefeld 1988.
Karmaus, W.: Volkskrankheiten: Exzessive Behandlungsmedizin oder vielleicht doch etwas Prävention? In: Rosenbrock, R./Hauß, F. (Hrsg.): Krankenkassen und Prävention. Berlin 1985, S. 76–88.
Korporal, J./Zink, A.: Zur theoretischen und empirischen Fundierung des Konzepts der Risikofaktoren koronarer Herzkrankheiten. In: Abholz, H. H./et al. 1982, S. 38–50.
Marmot, M. G./Kogevinas, M./Elston, M. A.: Social/Economic Status and Disease. In: Annual Review of Public Health 8 (1987), S. 11–136.
Mintz, S. W.: Die süße Macht. Frankfurt a. M. 1987.
Münch: Der soziale Abstieg des Herzinfarkts – Soziale und psychosoziale Faktoren in der Sekundärprävention. In: Med. Wschr. 49 (1984), S. 26.
Plemper, B.: Vision und Wirklichkeit. Auf dem Weg zur Gesunden Stadt. Hamburg 1990.
Priester, K.: Gesunde Städte – gesündere Menschen? In: Dr. med. Mabuse 15, Nr. 68 (1990), S. 58–61.
Psychologie heute: Gefährliches Wochenende fürs Herz. Heft 5 (1986) S. 18.
Schadewaldt, H.: Diaita – Methoden der Gesundheitsbelehrung historisch gesehen. In: Deutsches Ärzteblatt 72, Heft 50 (1975), S. 3437–3440; Heft 51, S. 3486–3490; Heft 52, S. 3524–3527.
Schaefer, H.: Die Hierarchie der Risikofaktoren. In: Mensch – Medizin – Gesellschaft 1 (1976), S. 141–146.
Schaefer, H./Blohmke, M.: Herzkrank durch psychosozialen Streß. Heidelberg 1977.
Siegrist, J./et. al.: Soziale Belastungen und Herzinfarkt. Stuttgart 1980.
Skrabanek, P.: Follies and Fallacies in Medicine. Glasgow 1989.
Statistisches Bundesamt Wiesbaden: Statistisches Jahrbuch 1990. Stuttgart 1991.
Wagner, G./Becker, N.: Die Krebssterblichkeit in Mitteleuropa. In: Deutsches Ärzteblatt 79, Heft 35C (1982), S. 37–44.
Weber, I.: Gesunde Städte – eine paradoxe Vorstellung? In: Deutsches Ärzteblatt 88, Heft 33C (1991), S. 1529–1531.

V. MINORITÄTSBEDÜRFNISSE IN EUROPA

Die europäischen Kulturen haben sich in wechselseitiger Beeinflussung und die modernen Staaten auf der Grundlage verschiedener Kulturelemente entwickelt. Gleichwohl versuchten die meisten Nationalstaaten bildungspolitisch, Minderheitenkulturen zu assimilieren und regionale Unterschiede auszugleichen. Ähnlich wie die *Minoritäten in den Nationalstaaten*, so bemühen sich aber auch die *Nationalstaaten im vereinigten Europa* darum, ihre Identität zu wahren. Und da seit Maastricht die Wahrung der nationalen wie kulturellen Vielfalt zu den Aufgaben der EG gehört, sollten die europäischen Staaten ihren Minoritäten und Regionen mehr Entfaltungsraum und Schutz gewähren, wie der Europarat 1993 forderte.

Bildungspolitisch sind diese Herausforderungen aber nicht leicht zu realisieren, weil in Westeuropa vor allem zentralistische Staaten fürchten, im Spannungsfeld von europäischer Integration und regionaler Differenzierung an Macht und Zusammenhalt zu verlieren, weil ferner viele osteuropäische Staaten derzeit um ihre nationale Identität und bildungspolitische Neustrukturierung ringen und weil sich vielerorts in Europa neue Minoritätenansprüche infolge der großen Migration artikulieren. Dennoch ist *Friede in Europa* nur erreichbar, wenn es sowohl zwischen als auch in den Staaten gelingt, zu einem angemessenen Umgang mit konkurrierenden und überlappenden Identitäten zu befähigen. Dies aber ist nicht zuletzt eine bildungspolitische Aufgabe.

Wie widerstrebend Minoritätenrechte – auch in Westeuropa – akzeptiert werden, das zeigt der erste Beitrag über das jahrzehntelange zähe Ringen zwischen dem italienischen Zentralstaat und der Provinz Südtirol um den inzwischen *zukunftsweisenden Autonomiestatus* der Provinz. Die 1992 erreichten Durchführungsbestimmungen zeigen, welche europäische Möglichkeiten Kondominien von Staat und Regionen bieten, welch reiche Kultur sich in den europäischen Regionen unter solchen Voraussetzungen entfalten kann und daß eine 'befriedete' bzw. zufriedene Region in erschütterten Staatswesen – wie Italien – sogar zu einem stabilisierenden Faktor werden kann. Insgesamt verdeutlicht das Südtiroler Beispiel, daß kulturelle Autonomie bzw. das Subsidiaritätsprinzip nicht mit separatistischen Tendenzen gleichzusetzen ist, sondern daß sie *Vielfalt in Einheit* ermöglicht.

Der zweite Beitrag greift die *Bedeutung von Sprache für die Identität der Minoritäten* auf und zeigt, welchen Einfluß soziale und bildungspolitische Kontexte für den jeweiligen Spracherhalt haben. Und zwar konnte anhand internationaler Testinstrumente und Datensätze das Leseverständnis deutschsprachiger Minderheiten von Rußland bis Belgien und von Südtirol bis Dänemark verglichen werden. Aufschlußreich ist einerseits, daß bildungspolitisch geförderte, sozial akzeptierte und wirtschaftlich nicht benachteiligte Minoritätengruppen ebenbürtige Leseleistungen wie einheimische Bundesbürger erreichen. Andererseits aber führen bildungspolitische und Karrierenachteile rasch zu einem Verfall der Sprachkompetenz und damit der kulturellen Identität von Minoritäten. Die Ergebnisse bieten Anlaß, angesichts der zunehmenden Mobilität im europäischen Wirtschaftsraum stärker zu beachten, wie die Ablösung der Jugendlichen aus ihren primären Bezugssystemen bildungspolitisch kompensiert werden kann.

Nachdem damit auf die Bedeutung regionaler Kulturautonomie und muttersprachlicher Bildung von Minoritäten hingewiesen wurde, werden im letzten Kapitel Aufgaben einer multikulturellen Bildung erörtert.

Rainer Seberich

Kulturelle Autonomie von Minderheiten –
Am Beispiel Südtirols

Abstract

Wie kann eine ethnische Minderheit in einem Nationalstaat ihre *Identität* als spezifische Gruppe bewahren und ihre sprachliche, kulturelle und wirtschaftliche Entwicklung sichern, *ohne* gleichzeitig durch *Segregation oder Separatismus* eine Gefahr für die Einheit jenes Staates darzustellen? In Südtirol ist nach den äußerst negativen Erfahrungen der faschistischen Unterdrückungspolitik und den Halbherzigkeiten der Nachkriegszeit der Versuch im Gang, durch ein komplexes Schul- und Autonomiesystem einen Ausgleich der Interessen von Staat und Minderheit zu erzielen und die Voraussetzungen für ein friedliches Miteinander der im Lande lebenden Kultur- und Sprachgruppen zu schaffen. Ob der Versuch gelingt, hängt nicht nur von der allgemeinen politischen und wirtschaftlichen Lage, sondern auch von den Leistungen der nationalen und/oder europäischen Minoritäten- und Bildungspolitik sowie der Sozialpädagogik und der Sprachendidaktik ab.

I. Möglichkeiten der Behandlung von Minderheiten

„Die Wiedergesundung Europas setzt eine Abkehr vom nationalistischen und imperialistischen Geist voraus. Ein Prüfstein hierfür liegt in der Behandlung der Minderheiten", schrieb der aus Südtirol stammende Sozialwissenschaftler Erich Mair nach dem Ende des 2. Weltkrieges im Vorwort zur dritten Auflage seiner ›Psychologie der nationalen Minderheiten‹ (Mair 1947, S. 4). Idealtypisch beschreibt er drei Arten von Beziehungen der Staaten zu ihren Minderheiten, die sich schematisch folgendermaßen darstellen lassen (Mair 1947, S. 28ff., 43):

Minderheitenpolitik des Staates	– Reaktion der Minderheit
Unterdrückung, Vernichtung	– Widerstand, Irredenta
Liberalität	– Loyalität
Förderung	– Anhänglichkeit

Südtirol hat mit allen drei Verfahren Bekanntschaft gemacht, nachdem es 1919 – wider den leidenschaftlich erklärten Willen, mit Österreich verbunden zu bleiben – von den Siegermächten dem italienischen Staat zugesprochen worden war. Seine Geschichte und seine Institutionen sind ein Experimentierfeld und Prüfstand der Minderheitenpolitik geworden.

1. Die Politik des Liberalismus (1918–1922)

Als 1919 die Zuweisung Südtirols an Italien unmittelbar bevorstand, machte sich der italienische Militärgouverneur Generalleutnant Guglielmo Pecori-Giraldi Gedanken über die Behandlung der deutschen Minderheit. In einer Denkschrift legte er der Regierung in Rom drei verschiedene Handlungsmöglichkeiten dar:
– *Verzicht* auf jeglichen Versuch einer Italianisierung Südtirols, das eine Art militärisch besetzten Kantons bilden würde;
– die friedliche, sozusagen *physiologische Durchdringung* der Minderheit durch die Mehrheit des Landes;
– die rasche und *gewaltsame Entnationalisierung*.

Letzteres schloß der Gouverneur als eine „dem Geist der Zeiten und dem Charakter unseres Volks allzu fern liegende Lösung" aus. Er hatte vielmehr bereits in seiner Botschaft vom 13. November 1918 den Südtirolern Gleichberechtigung, d. h. Schulen in der Muttersprache und Beibehaltung ihrer Einrichtungen sowie Vereinigungen, zugesichert (Corsini/et al. 1969, S. 142 ff.; Corsini-Lill 1988, S. 57). Der Militärgouverneur hinderte auch den von der Regierung zum „Kommissar für Sprache und Kultur" ernannten Nationalisten Ettore Tolomei daran, auf den Bahnhöfen Schilder mit den von ihm erfundenen italienischen Ortsnamen anzubringen. Seinen Abschlußbericht schloß er mit den Worten:

„Wenn unsere Politik würdevoll, verständnisbereit und weitschauend sein wird, wird es uns gelingen, ein starkes Volk zu gewinnen, das uns dann auch treu bleiben wird" (Gatterer 1968, S. 297).

Der nach der formellen Annexion Südtirols an Italien eingesetzte zivile Generalkommissar Luigi Credaro verfolgte ebenso wie die liberalen Regierungen eine tolerante Linie, konnte sich jedoch nicht zur Gewährung einer Autonomie – wie sie unter Österreich bestand – durchringen. Zwar wurde diese auch von den Trentinern und Istrianern gefordert, sie lag aber weder auf der Linie der italienischen Staatsdoktrin, noch entsprach sie der Ideologie der „Erlösung" (aus dem sog. österreichischen „Völkerkerker"). Der durch die „Lex Corbino" vom 28. 8. 1921 auf Ladiner und Familien mit italienischem Namen ausgeübte Zwang, die Kinder in die italienische Schule zu schicken – eine Maßnahme, die publizistisch als „Wiedergewinnung der geraubten Seelen" deklariert wurde –, brachte Credaro in scharfen Gegensatz zum „Deutschen Verband", dem Zusammenschluß der beiden wichtigsten Südtiroler Parteien, der Christlichsozialen und der Liberalen (Adler 1979, S. 24).

2. Die Italianisierungspolitik des Faschismus (1922–1940)

Das Axiom, daß Italien bis zum Alpenhauptkamm reiche und daß die Bevölkerung des «Alto Adige» eigentlich aus germanisierten Romanen bestünde, hatte der aus Rovereto stammende Irredentist und Nationalist Ettore Tolomei aufgebracht und in seinem 1906 begründeten «Archivio per l'Alto Adige» pseudowissenschaftlich zu untermauern versucht. Während die Militärregierung das Treiben des „Kommissars für die Behandlung des cisalpinischen Deutschtums" nicht sonderlich schätzte, lieferte er den Faschisten, die 1922 die Macht ergriffen, die ideologische Grundlage für ihre Italianisierungspolitik nebst praktischen Anleitungen.

Bereits 1914 hatte der Tolomei-Kreis sein Wollen in der Schrift ›Per i confini della Patria‹ (Für die Grenzen des Vaterlandes) theoretisch begründet: *Das Recht der Nation habe Vorrang vor dem Heimatrecht*, dagegen lasse sich auch nicht das Recht des Ersitzens geltend machen; die Eliminierung von Eindringlingen sei ein Recht, das weder Einschränkungen noch Vorschriften unterworfen werden könne (zitiert nach Gatterer 1968, S. 203f.). Aus dieser Ideologie lassen sich alle Maßnahmen nationaler Unterdrückung von Minderheiten ableiten: vom Verbot von Minderheitensprachen in Schule und öffentlichem Leben oder der Aufhebung eigener politischer und kultureller Organisationen über die forcierte Zuwanderung von Italienern bis zur Aussiedlung der sog. „Fremdstämmigen" (allogeni), wie sie dann von Mussolini und seinen Präfekten ab 1923 tatsächlich ergriffen wurden (ausführliche Schilderung bei Gruber 1974). Mit der Übernahme der Tolomeischen Prinzipien wurde eine anfänglich andere Politik der Faschisten gegenüber den Südtirolern aufgegeben, die ursprünglich zu Verhandlungen des Bozner Fascio mit dem Deutschen Verband über eine bescheidene Kulturautonomie geführt hatte und die der erste italienische kommissarische Bürgermeister von Kastelruth so formulierte: „Die einheimische Bevölkerung ist friedfertig, gehorsam und diszipliniert; wenn man sie gut behandelt, ist sie zu jedem Verzicht und zu unbedingter Unterwerfung bereit" (Gatterer 1968, S. 295, 435; Seberich 1983, S. 325).

Die Unterdrückungspolitik des Faschismus bewirkte das Gegenteil. Zwar überzog sie das Land mit einem trikoloren Firnis aus italienischen Ortsnamen, faschistischer (zum Teil moderner „nationaler") Architektur, faschistischen Denkmälern und Inschriften, faschistischen Sport- und Freizeitorganisationen, faschistischen Aufmärschen und Festen (an denen auch einheimische Musikkapellen mitwirken mußten). Südtiroler Künstler erhielten Aufträge, die das Regime verherrlichen sollten, während die deutschen Ortsnamen verboten, die Eigennamen unter behördlichem Druck italianisiert, die letzten deutschen Lehrer entlassen oder in die alten Provinzen versetzt wurden. Auf den Bozner Obstwiesen wurde eine Industriezone aus dem Boden gestampft, und das «Ente delle Tre Venezie» kaufte Grund und Boden auf, um Italiener ins Land zu bringen und die einheimische Bevölkerung allmählich zu majorisieren oder zu assimilieren. Die Italianisierung der Südtiroler mißlang jedoch völlig. Der Zwang steigerte nur die Abneigung gegen alles Italienische, zumal die faschistischen Amtsbürgermeister und Polizeiorgane der einheimischen Bevölkerung den Eindruck vermittelten, rechtlos zu sein. Der zuwandernden italienischen Bevölkerung – teils Funktionäre des Staates, teils Händler, teils Arbeiter der neugeschaffenen Schwerindustrien – war eine eindeutig kolonisatorische Aufgabe zugewiesen. Entsprechend blieb den Zuwandernden ein Einblick in die Geschichte der neuen Heimat und die Lebensart der einheimischen Bevölkerung verschlossen, d. h., sie blieben Fremde (Gatterer, in: Bettelheim/Benedikter 1982, S. 171). In den Vorstellungen der Südtiroler aber setzte sich das Klischee 'Italiener = Faschist' fest und bewirkte die Ablehnung alles Italienischen.

3. Die Reaktion der Volksgruppe – Option und Umsiedlung

Der einheimischen Bevölkerung, aus dem öffentlichen Bereich verbannt und zum Teil auch von materieller Not betroffen, drohte jedoch auch ihrerseits die eigene Heimat allmählich fremd zu werden (Steurer, in: Eisterer/Steininger 1989, S. 221). Das kulturelle Leben verlagerte sich – unter ständiger Angst vor Verfolgung – auf den privaten und den kirchlichen Bereich, der sich dem Zugriff des Staates weitgehend entzog. Kanonikus Michael Gamper rief mit Unterstützung des VDA (Verein für das Deutschtum im Ausland) und der deutschen Reichsregierung die illegale „Katakombenschule" ins Leben, da der öffentliche und private Deutschunterricht verboten war (Villgrater 1984). Immer mehr geriet die Südtiroler Volksgruppe damit in den *Sog großdeutscher Politik und Ideologie* (Steuer 1980, S. 83ff.,

Kulturelle Autonomie von Minderheiten 265

132ff., 221ff.). Die Jugend, der Mussolini durch die italienische Schule und durch den erzwungenen Eintritt in die faschistischen Jugendorganisationen „den Stempel der Italianität aufdrücken wollte" (Weisung an den Präfekten Ricci vom 15. 1. 1927; vgl. Gatterer 1969/70; Corsini/Lill 1988, S. 219), wandte sich dem Nationalsozialismus zu und gründete 1933 den „Völkischen Kampfring Südtirol" (VKS), der 1939 die von den beiden Diktatoren vereinbarte Endlösung zu einem Plebiszit für Deutschland gestaltete. In der berüchtigten „*Option*" vor die unmenschliche Wahl gestellt, entweder die Heimat oder ihr Volkstum aufzugeben, entschieden sich die Südtiroler unter dem Eindruck der Erfahrungen mit dem Faschismus und unter dem Einfluß einer bis zum entlegensten Bergbauernhof getragenen völkischen Propaganda mit großer Mehrheit zum Auswandern. Die Angaben über die Anzahl der Optanten für Deutschland schwanken zwischen 80 und 90 Prozent. *Ausgewandert sind* nach italienischen Angaben 78000 Südtiroler, in erster Linie Besitzlose; rückgewandert sind nach 1945 nur 20000 bis 25000 (Corsini/Lill 1988, S. 367; Lechner, in: Eisterer/Steininger 1989, S. 380).

In der Zeit bis zur vorgesehenen Neuansiedlung in eroberten Gebieten des Reiches durfte die aus dem VKS hervorgegangene „Arbeitsgemeinschaft der Optanten für Deutschland" (ADO) unter Kontrolle der *nationalsozialistischen Umsiedlungsbehörden* in Südtirol ein bescheidenes Kulturleben entfalten und deutsche Sprachkurse abhalten. Für diese wurden die Lehrer der Katakombenschulen sowie weitere in Eile ausgebildete Lehrkräfte eingesetzt. Die studierende Jugend wurde vor allem an den Reichsschulen für Volksdeutsche in Rufach (Elsaß) bzw. Achern (Baden) ausgebildet sowie am Hegelinstitut in Berlin (Sailer 1985, S. 100f.). Die geplante Umsiedlung der Volksgruppe veranlaßte eine Aufnahme des gesamten Kulturgutes durch die NS-Stiftung „Ahnenerbe", die bestrebt war, vor allem das germanische Erbe zu entdecken (Tiroler Geschichtsverein Bozen 1989, S. 275f.).

In der *Zeit der deutschen Besetzung* (1943–45) übernahm die ADO praktisch die Verwaltung des Gebietes unter dem Obersten Kommissar für die Operationszone Alpenvorland, dem Innsbrucker Gauleiter Franz Hofer. In dieser Zeit wurde die deutsche Volksschule wieder die Regelschule, die weiterführenden Schulen wurden als Heimschulen unter reichsdeutscher Leitung geführt, die sich bemühte, die Jugendlichen der Beeinflussung durch das Elternhaus zu entziehen (Sailer 1985, S. 201ff.). Es gab eine vom Reichs-Propagandaministerium kontrollierte deutsche Zeitung (während die ›Dolomiten‹ eingestellt wurden und ihr Herausgeber, der bereits erwähnte Kanonikus Gamper, ein erklärter Optionsgegner, in Italien untertauchen mußte). Der mit den Reichssendern gleichgeschaltete Sender Bozen durfte ab und zu eigene Volksmusiksendungen bringen. Die italienische Bevölkerung – nicht direkt verfolgt, aber aus ihrer privilegierten Stellung geworfen und völlig verunsichert – verließ massenhaft das bombardierte Bozen. Die Zeit der „Operationszone Alpenvorland" hinterließ bei den Italienern in Südtirol die Angst vor Ausschaltung und Vertreibung, während sie von den Deutschen – trotz des Kriegsdrucks und des totalitären NS-Systems – weithin als Befreiung vom fremdvölkischen Joch erlebt wurde.

II. Die Nachkriegszeit bis zum sog. Südtirol-Paket

Daß mit dem Mai 1945 ein Neubeginn auch für Südtirol anstand, war allen klar. Die Zielvorstellungen der Südtiroler und ihrer Verhandlungspartner gingen jedoch weit auseinander.

– Die *alliierte Militärregierung*, bei der bis Ende 1945 die Regierungsgewalt lag, hatte allem Deutschen gegenüber erhebliche Vorurteile und rechnete von Anfang an mit dem Verbleib Südtirols bei Italien.

– Dem *italienischen „Befreiungskomitee"* mit dem kommissarischen Präfekten Bruno De Angelis, der es beim Zusammenbruch verstanden hatte, sich Südtirol von den deutschen Militärbehörden zur Verwaltung „im Namen der italienischen Regierung" übergeben zu lassen, ging es um die Wiederherstellung der Privilegien der Italiener in Südtirol. Zwar hatte De Angelis sich verpflichtet, die Verwaltung „in völliger Zusammenarbeit mit den Vertretern der Fremdstämmigen" zu führen, denen er in einigen Ämtern Stellvertreter-Stellungen ohne Weisungsbefugnis einräumte; doch ließ schon die Bezeichnung „Fremdstämmige" für die bodenständige Bevölkerung erkennen, daß sich das Befreiungskomitee noch nicht vom Vokabular und Gedankengut des italienischen Chauvinismus getrennt hatte.

– In den *italienischen Regierungen* der Nachkriegszeit spielte zwar der von seiner österreichischen Vergangenheit her autonomiefreundliche und europäische Zusammenhänge erfassende Trentiner Christdemokrat Alcide De Gasperi die führende Rolle, doch Verwaltung und Staatsapparat waren durch und durch zentralistisch und nationalistisch eingestellt, sie beargwöhnten jede autonomistische Regung und versuchten – zum Teil im Bunde mit den Trentinern – die Rechte der autonomen Landesverwaltung möglichst einzuschränken.

– Die neugegründete *Südtiroler Volkspartei* (S. V. P.) betrieb im Namen des Selbstbestimmungsrechtes zunächst ausschließlich den Anschluß an Österreich, der auch alle kulturpolitischen Probleme gelöst hätte. Später standen dann der Kampf um das Autonomiestatut und seine Durchführung im Vordergrund. Aus diesem Grunde blieben die kultur- und bildungspolitischen Fragen lange Zeit der Privatinitiative von einzelnen und speziellen Gruppen überlassen.

An die Stelle einer gemeinsamen Bewältigung von Vergangenheit und Zukunft setzten die Sprachgruppen Südtirols schon bald die alten Ängste und Gegensätze. Die Regierung schwankte ständig zwischen Konzessionen im Sinne des *Pariser Vertrages* (De Casperi-Gruber-Abkommen vom 5. September 1946) und deren Zurücknahme und förderte die Zuwanderung von Italienern kräftig, so daß Kan. Gamper das Südtiroler Volk schon auf dem „Todesmarsch" sah. In der S. V. P. erstarkten die „Radikalen" aus dem Bauernstand und verdrängten die „gemäßigten" Städter. Auf beiden Seiten hetzten die Zeitungen. All das führte zu einem Volkstumskampf, der bis zu den Attentaten der sechziger Jahre und bis zum Erlaß des II. Autonomiestatuts andauerte. Von der Überwindung des Nationalstaates durch eine europäische Einigung zu träumen wagten nur einige wenige.

1. Schule und Kultur

Es war ein Glücksfall, daß auf den Stellvertreter-Posten im Schulamt für die deutsche Volksgruppe ein weitblickender Mann berufen wurde: der damals 38jährige Jugendseelsorger Josef Ferrari. Er war von den deutschen Besatzungsbehörden wegen seiner Gegnerschaft zum Regime verfolgt worden und mußte deshalb keineswegs den Vorwurf des Pangermanismus fürchten, wenn er mit diplomatischem Geschick und Organisationstalent den Wiederaufbau eines eigenständigen deutschen Bildungswesens in Südtirol betrieb. Als wichtigster Verhandlungspartner stand ihm der Vorsitzende der alliierten Schulkommission in Italien, der amerikanische Oberst Charleton W. Washburne, gegenüber, der als Gründer der Schule von Winetka in die Geschichte der Pädagogik eingegangen ist. Wie wir aus Ferraris Berichten und aus Akten des Schulamtes wissen, befürwortete Washburne eine weitreichende Kulturautonomie und die Wiedererrichtung deutschsprachiger Volksschulen. Gleichzeitig hatte er jedoch starke Bedenken gegen die Entwicklung deutschsprachiger Sekundarschulen – und das nicht nur wegen des Mangels an Lehrkräften und Lehrbüchern. Als Amerikaner konnte er sich nur ein Hineinwachsen der Südtiroler in Kultur und Gesellschaft des Staatsvolkes und eine Eingliederung des deutschsprachigen Unterrichts in das italienische Schulsystem vorstellen. Deshalb empfahl er die Errichtung von gemischtsprachigen Schulen oder von deutschen Sektionen an den italienischen Oberschulen. Die Lehrpläne müßten jedenfalls dieselben sein wie im übrigen Italien. Letztlich ging er von seinen nordamerikanischen Erfahrungen aus, und dort sei es gelungen, unterschiedlichste Kulturen zu assimilieren, alle hätten die englische Sprache gelernt und seien Glieder der amerikanischen Nation geworden (Ferrari 1958, S. 226; Seberich 1983, S. 32; Washburne 1945).

Demgegenüber argumentierte Ferrari mit der Einheit von Schule und Kultur: „Schule und Kultur stehen in einer lebendigen Beziehung zueinander, und zwar so, daß die Kultur auf die Dauer nicht auf die ihr eigene Schule verzichten kann und daß hinwieder die Schule ihre primäre Bedeutung verliert, wenn sie nicht hingeordnet ist auf die einem jeden Volke eigene Kultur . . . Die Schule muß in ihrer Beziehung zur Kultur des Volkes gesehen werden, die Kultur aber wird vom Wesen des Menschen her bestimmt . . . Die Muttersprache eröffnet den geistigen Zugang zur Welt, sie ist die erste Vermittlerin des Weltbildes, sie weist den Weg dem Einzelnen für sein geistig-kulturelles Tun . . . Die Muttersprache ist ein Menschheitsgesetz . . . Wer aber Menschheitsgesetze verletzt, der gefährdet nicht allein den Menschen selbst, sondern erschüttert sein Zusammenleben in der Gemeinschaft – der gefährdet den Frieden" (Ferrari 1957, S. 38). Dieser Hinweis in seiner letzten Rede vor Südtiroler Hochschülern verrät die Beschäftigung mit der Sprachtheorie von Leo Weisgerber, auf die er seine bildungspolitische Argumentation stützte. Nicht zu übersehen ist der Abstand des geschichtsbewußten Europäers vom Pragmatismus des Amerikaners.

Was die *Lehrpläne* betraf, so kritisierte Ferrari die Verpflichtung zur strikten Übernahme der italienischen Unterrichtsprogramme, denen er eine Neigung zu einer „utopischen Pansophie" und eine Überforderung der Schüler vorwarf (auch im Unterricht der zweiten Sprache sollte das gesamte italienische Literaturprogramm durchgenommen werden). Vor allem drängte er auf eigene Lehrpläne für Geschichte, um den deutschsprachigen Schülern die Geschichte des eigenen Volkes vermitteln zu können.

2. Autonomes Schulwesen oder italienische Schule in deutscher Übersetzung?

Aus dieser Sicht der Einheit von Schule und Kultur erwuchsen *Grundforderungen der Südtiroler*, die nach dem Zeugnis eines Dokuments bereits 1945 in den Verhandlungen mit den Alliierten und der italienischen Regierung gestellt worden waren. Sie bilden die Grundpfeiler, auf denen das Schulwesen in Südtirol heute noch ruht. Vorrangig ging und geht es dabei um:
– Erteilung des Unterrichts vom Kindergarten bis zur Matura (Abitur) in der *Muttersprache durch muttersprachliche Lehrer*,
– Erteilung des Unterrichts der *zweiten Landessprache* ab der 2. Grundschulklasse ebenfalls durch Lehrer, für die diese Sprache die Muttersprache ist;
– Respektierung des *Elternrechts* bei der Wahl der Schule;

Kulturelle Autonomie von Minderheiten   269

– bei Bedarf Aufnahme von *Hilfslehrern* ohne den sonst vorgeschriebenen Studiennachweis;
– *eigene Lehrpläne* (besonders für Geschichte), die den geographisch-historischen Besonderheiten und der gegenseitigen Verständigung der Volksgruppen Rechnung tragen;
– *eigene Verwaltungsstrukturen* für die deutschsprachigen Schulen.

Um die Verwirklichung dieser Forderungen entspann sich ein jahrzehntelanges Tauziehen, das sich an den Bestimmungen der einzelnen Gesetze und Erlasse (erster Volksschulerlaß vom 27. Oktober 1945, Nr. 775; Mittelschulerlaß vom 8. November 1946, Nr. 528; zweiter Volksschulerlaß vom 16. Mai 1947, Nr. I. Autonomiestatut vom 2. 2. 1948) ablesen läßt. Umstritten war vor allem:

– daß das Lehrpersonal der deutschen Schulen der deutschen Sprachgruppe angehören muß;
– ferner der Zeitpunkt und die Verbindlichkeit des Zweitsprachunterrichts. (Die Italiener wollten ihn bei den Deutschen schon in der ersten Volksschulklasse beginnen lassen, die italienischen Familien aber vom Deutschunterricht in der Grundschule dispensieren. Auch sollte er in den deutschsprachigen Schulen von Lehrern italienischer Muttersprache erteilt werden, nicht aber umgekehrt der Deutschunterricht von Lehrern deutscher Muttersprache an den italienischen Schulen.)
– Kontroversen gab es auch beim Elternrecht (denn nach dem ersten Volksschulerlaß konnte die Erklärung der Eltern über die Muttersprache der Kinder einer Überprüfung durch eine gemischte Kommission unterzogen und der endgültigen Entscheidung des italienischen Schulamtsleiters anheimgestellt werden).
– Auch die Möglichkeit, Hilfskräfte deutscher Muttersprache anzustellen, blieb umstritten (denn die Bedingung, nur Lehrkräfte mit gültigem Studientitel anzustellen, wäre einem Verbot der deutschen Schule gleichgekommen; 1945 standen für 1100 Lehrstellen nur 40 planmäßige und 200 ausgebildete Volksschullehrer zur Verfügung).
– Ähnlich war die Situation hinsichtlich der besonderen Lehrpläne. (Das Ministerium bestand auf der vollinhaltlichen Durchführung der italienischen Lehrpläne und behielt sich selbst eventuelle Anpassungen vor.)
– Schließlich verweigerte Rom dem deutschsprachigen Schulwesen die Selbstverwaltung: Die deutschsprachigen Schulen unterstanden dem italienischen Schulamtsleiter, der deutsche Vizeschulamtsleiter hatte überhaupt keine Rechtsstellung; sein Auftrag lautete auf „Beratung hinsichtlich der deutschsprachigen Schulen". Den deutschsprachigen Schulen wurde zeitweilig zugemutet, die Amtskorrespondenz mit der deutschsprachigen Abteilung des Schulamts und untereinander in italienischer Sprache zu führen (Seberich: Ferrari 1983, S. 39).

Auf dem Papier besaß die Provinz Bozen nach dem I. Autonomiestatut (Verfassungsgesetz Nr. 5 vom 26. 1. 1948) nicht unbedeutende Kompetenzen: eine *primäre* (mit der staatlichen konkurrierende) *Gesetzgebungskompetenz* auf den Gebieten der Fortbildungsschulen und der Oberklassen der Volksschulen, der Toponomastik, des Brauchtums und der kulturellen Einrichtungen (Archive, Bibliotheken, Museen etc.) und Veranstaltungen; hinzu kamen *sekundäre* (die staatliche Gesetzgebung ergänzende) Kompetenzen auf dem Gebiet des Kindergartenwesens, der übrigen öffentlichen Schulen und der Schulfürsorge. In denselben Grenzen hätte der Provinz statutengemäß auch eine Verwaltungskompetenz zugestanden.

Die meisten Landesgesetze wurden jedoch von der Zentralregierung zurückgewiesen. Als Begründung diente das *Fehlen von Durchführungsbestimmungen*, die die Kompetenzen von Staat und Land klar abgrenzten, aber eben nie erlassen wurden. Aus demselben Grund konnte die Autonome Provinz ihre Verwaltungskompetenz nicht ausüben. Tatsächlich bildeten die Schul- und Kulturangelegenheiten in den ersten drei Legislaturen nicht ein eigenes, mit Sitz und Stimme in der Landesregierung ausgestattetes Referat, sondern wurden nur von einem Ersatzassessor betreut. Trotzdem wurden bereits in den fünfziger Jahren Berufs- und Lehrlingsschulen nach dem Muster der deutschsprachigen Länder ins Leben gerufen, Studienstipendien ausgezahlt und die kulturelle Tätigkeit durch Beiträge an private Institutionen gefördert.

Insgesamt behielt der italienische Nationalstaat das Schulwesen fest im Griff. Was er konzedieren wollte, war – alles in allem – eine italienische Schule in deutscher Übersetzung. Sie stand unter der Aufsicht einer eigenen „Generaldirektion für Grenzzonen und Auslandsbeziehungen", die sich weniger um den Wiederaufbau und das Gedeihen des deutschsprachigen Schulwesens und Lehrerstandes kümmerte, dafür aber öfters durch schikanöse Kontrollen und Weisungen und durch eine Verzögerungstaktik bei anstehenden Entscheidungen auffiel. Die Italienischlehrer an den deutschsprachigen Volksschulen waren übrigens aus der Hierarchie des deutschen Schulwesens ausgeklammert und unterstanden dem italienischen Direktor, was sich auf die Qualität des Sprachunterrichts keineswegs günstig auswirkte.

Es muß allerdings eingeräumt werden, daß Kontrollen und Schikanen *in den sechziger Jahren* allmählich zurückgingen, was in Zusammenhang steht mit der Abschaffung der erwähnten Generaldirektion, mit der Milderung des Zentralismus durch die Einführung von Regionen mit Normalstatut in ganz Italien, mit einer gewissen Dezentralisierung der Befugnisse innerhalb der Staatsverwaltung und mit der einsetzenden Mittelschulreform. Diese entsprach mit ihren als Rahmenrichtlinien aufgefaßten Lehrplänen dem damaligen Stand europäischer Bildungspolitik und Didaktik und kam den

Wünschen der Südtiroler weitgehend entgegen. Sonderwettbewerbe und Lehramtsprüfungen in deutscher Sprache erlaubten eine erste Besetzung der Planstellen an den deutschsprachigen Schulen – die Direktoren mußten allerdings noch die Prüfungen in italienischer Sprache ablegen.

3. „Volkskultur" und „Stadtkultur"

Bei der Betrachtung der kulturpolitischen Situation kann man von den sozialen Unterschieden in den Bevölkerungsstrukturen allerdings nicht absehen. Beide Volksgruppen hatten einen unvollständigen sozialen Aufbau. Italiener lebten hauptsächlich als Beamte, Angestellte, Unternehmer und Arbeiter in den Städten. Die Südtiroler Volksgruppe hingegen bestand – nach der Abwanderung der Besitzlosen und des nicht bodengebundenen Mittelstands im Zuge der „Option" – vor allem aus selbständigen, grundbesitzenden Bauern. 1951 waren in Südtirol 42,6% der Gesamtbevölkerung – bzw. über 60% der deutschen und ladinischen Minderheit – in der Landwirtschaft beschäftigt. Die Intelligenzschicht fehlte infolge der zwanzigjährigen Unterbrechung des deutschen Schulwesens fast vollständig.

Die *Italiener*, deren Kultur von eh und je von der Stadt her geprägt war, fühlten sich nach wie vor als Träger des Fortschritts und der höheren Bildung, die sie in zahlreichen auch interethnischen Veranstaltungen und Organisationen (Deutsch-italienisches Kulturinstitut in Meran, Rosmini-Institut in Bozen, Teatro stabile, Sommerkurse der Universität Padua in Brixen, Haydn-Orchester) zu verbreiten suchten.

In der *Südtiroler Bevölkerung* und bei deren politischen Vertretern war die Erinnerung an die Faschistenzeit und die Präsenz des (vor allem in den Zeitungen ausgefochtenen) täglichen Volkstumskampfes so lebendig, daß solche italienischen Veranstaltungen mit Unbehagen betrachtet und von den Offiziellen gemieden, wenn nicht gar als „geistige Industriezone" verketzert wurden. Andererseits wurden die Kontakte zwischen den Südtirolern und dem deutschen Kulturraum von den italienischen Behörden höchst ungern gesehen und zum Teil polizeilich beschattet oder gebremst, selbst dann, wenn es sich (wie in den Jahren 1952/53) um Jugendchöre aus der westdeutschen Provinz handelte.

Die Südtiroler Kulturpolitik konzentrierte sich in erster Linie auf die Erhaltung von Volkstum und Volkskultur, denen z. T. mythische Züge verliehen wurden. Beispielsweise hieß es in der Rede eines Landespolitikers: Volkstum sei „die eigenartige, seelisch-geistige Ausprägung, wie sie in Sprache und Dichtung, Lied und Spiel, Sage und Märchen, Kult und Kunst, Tracht, Sitte und Brauch dasteht, ... letztlich wohl auch eine Eigenart der Gesinnung, Gesittung und Haltung des Volkes, ... heiliges Leben, ...

Gabe Gottes, ... eine Gnade, die wir nutzen und schätzen müssen ... Es zählt zu den wichtigsten Aufgaben einer Minderheit, sein (sic!) Volk zum richtigen Volkstum zu erziehen" (Skolast 1960, S. 5). Vom zuständigen Kulturreferenten der Landesregierung erfuhr man, daß ein „Kulturbund" oder eine „Kulturkammer" geplant war, der „all die vielen Vereine, Trachtenvereine, Musikvereine, Heimatschutz-, Museumverein, Künstlerbund, wissenschaftliche Arbeitsgemeinschaften usw. in sich vereinen sollte" (idem, S. 17). Wie die Zitate zeigen, verfiel man nur allzu leicht in einmal gelernte Sprach- und Denkmuster aus einer an sich überwundenen Zeit.

Demgegenüber betrieb Ferrari konsequent und weitsichtig den Ausbau des Sekundarschulwesens, die Förderung der Lehrerbildung und den *Wiederaufbau einer Intelligenzschicht*. Ihm und der von ihm ins Leben gerufenen Südtiroler Hochschülerschaft gelang mit österreichischer Unterstützung bereits 1956 ein großer Erfolg, als nach anfänglicher Weigerung Roms ein Abkommen über die Gleichstellung fast aller österreichischen und italienischen Universitätsabschlüsse erreicht wurde. Dadurch wurde es den Südtiroler Studenten ermöglicht, ihre Universitätsstudien in ihrer Muttersprache in Österreich zu absolvieren. Der *Hebung des Bildungsstandes* der Südtiroler Bevölkerung und der Betreuung der Hochschüler dienten auch andere Gründungen Ferraris wie z. B.: das Kan.-Michael-Gamper-Werk zum Bau und zur Führung von Schülerheimen, das Südtiroler Kulturinstitut und die von diesem von 1954–1969 veranstalteten Meraner Hochschulwochen „zur Pflege europäischen Denkens" in „christlich-abendländischer" Ausrichtung. Das Kulturinstitut übernahm vielfältige kulturelle Aufgaben, wie die Finanzierung deutscher Theateraufführungen, den Aufbau von Volksbüchereien und die Einrichtung von Jugendmusikkursen sowie die Veranstaltung von wissenschaftlichen Tagungen.

Die neue Intelligenzschicht gewann rasch ein eigenes Selbstbewußtsein und geriet dank ihrer Aufgeschlossenheit für Neues bald mit dem *engen Kulturbegriff der Südtiroler Volkstumspolitiker* in Konflikt. Der offiziellen Kulturpolitik begann man z. B. vorzuwerfen: „sie berücksichtige nur die bäuerlichen Lebensformen, sie entwickle sich zu einem wirtschaftshemmenden Faktor, sie spreche vorwiegend die ältere Bevölkerungsschicht an, sie überlasse die Prägung des Stadtbildes dem italienischen Einfluß ..." (Skolast 1985, S. 84). Und in der Zeitschrift ›Die Brücke‹ las man: „Um es überspitzt zu formulieren: unser öffentliches kulturelles Bewußtsein ist derart aufgebaut worden, daß der Sepp, der eifrig in das 1. Flügelhorn der Musikkapelle Afers bläst, sich als größerer Kulturträger fühlen darf als z. B. der Bildhauer, der einsam und von der Anteilnahme der Öffentlichkeit boykottiert in seinem kalten Atelier um seine Konzeptionen ringt."

Es gibt keine größere Gefahr für eine Minderheit, als wenn die gebildete Schicht sich mit der Kultur der eigenen Gruppe nicht identifizieren kann

Kulturelle Autonomie von Minderheiten 273

und sich der Kultur des Staatsvolkes zuwendet. Und diese Gefahr war in Südtirol gegeben, weil sich die offizielle Südtiroler Bildungspolitik und Kulturförderung – die sich auf Kindergarten, Volksschule und Volkskultur konzentrierte – auf bestimmte konservative Traditionen einengte.

Es entbehrt nicht einer gewissen Ironie, daß Ferraris Bemühungen um den Ausbau des Mittelschulwesens und die Erschließung der Begabungsreserven sowie den Wiederaufbau einer Intelligenzschicht erst nach seinem Tode durch eine kulturpolitische Maßnahme des italienischen Staates zum Tragen kam. Gemeint ist die Einführung der *Einheitsmittelschule als Pflichtschule* im Jahre 1963. Von der Südtiroler Öffentlichkeit wurde sie zunächst als Zwang hingenommen und noch lange als sozialistische Maßnahme gegeißelt. Wie alle italienischen Reformen, ohne Rücksicht auf die strukturellen Voraussetzungen von oben dekretiert, hat diese Maßnahme doch die Südtiroler Bildungslandschaft tiefgreifend und positiv verändert. Und zwar hat sie den Bildungsrückstand der deutschen und ladinischen Sprachgruppe gegenüber der italienischen verringert, den Bergbauernkindern gleiche Bildungschancen eingeräumt wie der städtischen Jugend und dadurch bedeutende Begabungsreserven erschlossen und somit entscheidende Voraussetzungen für eine tatsächliche *Gleichberechtigung der Sprachgruppen auf dem Arbeitsmarkt und in der öffentlichen Verwaltung* geschaffen. Langfristig erschließt sie auch der Landbevölkerung die Hochkultur und trägt damit zur Überwindung eines gefährlichen Bildungsgefälles bei (Seberich 1966, S. 105; Meyer-Simon 1970; Pan 1975, S. 57).

Zusammenfassend kann gesagt werden, daß infolge der autonomiefeindlichen Haltung der italienischen Regierung und Zentralbürokratie sowie der Trentiner Christdemokraten die Südtiroler Landesverwaltung bis in die siebziger Jahre nicht über geeignete Instrumente verfügte, um die Selbstverwaltung insbesondere auf dem Gebiet des Bildungs- und Kulturwesens zum Tragen zu bringen. Anzumerken ist allerdings, daß die politischen und rechtlichen Instrumente und eine demokratische Legitimation allein noch keine Garantie für Entscheidungen bieten, die für kulturelle und soziale Entwicklungen einer Minderheit notwendig sind (Pan 1975, S. 62). Positive Entwicklungen hängen zumindest gleichermaßen von der Initiative vieler einzelner Persönlichkeiten und Vereinigungen ab, die oft gerade durch die unbefriedigende rechtlich-politische Situation herausgefordert werden (Parteli 1992, S. 296). In diesem Zusammenhang verdient z. B. die verständnisvolle Toleranz des italienischen Schulamtsleiters Roberto Biscardo (1950–1968) große Anerkennung.

III. Schul- und Kulturautonomie nach dem II. Statut

Es bedurfte des Auszugs der S. V. P. (Südtiroler Volkspartei) aus dem Regionalrat, der Klage Österreichs vor den Vereinten Nationen und des Aufsehens, das die Bombenanschläge der 60er Jahre in der italienischen und der Weltöffentlichkeit erregten, um Italien mit der Einsetzung der 19er-Kommission von 1961, mit dem Südtirol-Paket von 1969 und mit der Erlassung des II. Autonomiestatuts zu einer *Neuregelung des Verhältnisses zwischen Staat und Minderheit im Sinne des Pariser Abkommens* zu veranlassen. Diese Regelung ist nicht zuletzt dem Verhandlungsgeschick des Parteiobmanns Silvius Magnago zu verdanken, dem es gelang, eine gemäßigte, aber die Selbstbehauptung der Volksgruppe absichernde Lösung sowohl gegen die italienische Regierung und Bürokratie als auch gegen die „radikalen" Parteifreunde durchzusetzen, die letztlich ein irredentistisches Konzept verfolgten. Ihn leitete die tiefe Überzeugung, daß eine Minderheit nicht den Weg der Gewalt gehen dürfe (da sei sie der Übermacht des Staates ausgeliefert), sondern den des Rechtes einhalten müsse. Aber auch auf italienischer Seite kam man zur Überzeugung, daß Irredentismus und Terrorismus letztlich nicht mit Polizeimaßnahmen zu besiegen seien, sondern durch eine echte, demokratische Lösung des Minderheitenproblems überwunden werden müßten.

1. Die Befugnisse der Autonomen Provinz

Das sog. „Paket" bestand in 139 Maßnahmen, die zwischen Österreich und Italien vereinbart, von der Landesversammlung der S. V. P. am 23. 11. 1969 mit knapper Mehrheit angenommen, vom römischen Parlament am 4./5. 12. 1969 und vom österreichischen Nationalrat am 16. 12. 1969 gutgeheißen wurden. 97 Maßnahmen betrafen Abänderungen des früheren „Statuts", die im Verfassungsgesetz Nr. 1 vom 10. 11. 1971 durchgeführt und dann zusammen mit den unveränderten Bestimmungen im Erlaß des Staatspräsidenten Nr. 670 vom 31. 8. 1972 zu einem Einheitstext redigiert wurden, der das II. Autonomiestatut darstellt. Über die Durchführungsbestimmungen wurde dann über 20 Jahre lang zäh verhandelt, bis am 30. Mai 1992 die Landesversammlung der S. V. P. der Abgabe der Streitbeilegungserklärung – diesmal mit der überwältigenden Mehrheit von 82,9 Prozent – durch Österreich zustimmte.

Die wesentlichen *Neuerungen des II. Autonomiestatuts* sind folgende (Autonome Provinz Bozen-Südtirol. Sonderdruck 1990; dort auch die Texte des Pariser Vertrags und die Liste der bis 1990 verabschiedeten Durchführungsbestimmungen):

Kulturelle Autonomie von Minderheiten 275

- Der Minderheitenschutz wird als nationales Interesse anerkannt (Art. 4 des Statuts).
- Alle wesentlichen gesetzgeberischen und Verwaltungskompetenzen werden unmittelbar auf die Autonomen Provinzen Bozen-Südtirol und Trient übertragen. Die mehrheitlich italienische Region bleibt als bloßer Rahmen bestehen.
- Die deutsche Sprache wird der italienischen als Amtssprache – auch bei Gericht – gleichgestellt.
- Landesgesetze können auch vor Erlaß von Durchführungsbestimmungen verabschiedet werden.
- Die öffentlichen Stellen sind durch zweisprachiges Personal nach dem Sprachgruppenproporz zu besetzen, der auch bei der Zuteilung von Mitteln für kulturelle Aktivitäten und soziale Maßnahmen anzuwenden ist.
- Das muttersprachliche Prinzip im Schulwesen wird durch die Einrichtung von drei getrennten Schulverwaltungen konsequent durchgeführt.
- Der Minderheitenschutz im allgemeinen und jener der ladinischen Sprachgruppe im besonderen werden verbessert.
- Ein Verwaltungsgericht wird in Bozen eingerichtet, das mit einem besonderen Verfahren auch über Verstöße gegen den Minderheitenschutz befindet.

Auf Gebieten, auf denen die Autonomen Provinzen Bozen und Trient *primäre Gesetzgebungsbefugnis* besitzen, können sie Gesetze erlassen, die von der staatlichen Gesetzgebung abweichen; sie müssen sich aber an die Verfassung, die Grundsätze der staatlichen Rechtsordnung und die internationalen Verpflichtungen halten. Ebenso müssen die nationalen Interessen und die grundlegenden Bestimmungen der wirtschaftlichen und sozialen Reformen der Republik gewahrt bleiben. Die Ausübung der *sekundären Gesetzgebungsbefugnis* hingegen bewegt sich innerhalb der von der staatlichen Gesetzgebung festgelegten Grundsätze. Umstritten war lange die Begrenzung der staatlichen Richtlinien- und Koordinierungsbefugnis gegenüber den autonomen Körperschaften.

2. Das Kondominium von Staat und Land im Schulwesen

Die Autonomen Provinzen besitzen *primäre Gesetzgebungskompetenz* in den folgenden das Schulwesen betreffenden Bereichen:
- Kindergärten;
- Schulfürsorge;
- Schulbau;
- Berufsertüchtigung und Berufsausbildung;
sekundär hingegen ist ihre Kompetenz in den Bereichen:

- öffentliches Schulwesen (Grund- und Sekundarschulen);
- Lehrlingswesen.

Mit dem Art. 19 des „Statuts" und den Durchführungsbestimmungen (Einheitstext, genehmigt mit Erlaß des Staatspräsidenten N. 89 vom 10. 2. 1983) wurde ein kompliziertes Verwaltungssystem geschaffen, dessen Grundzüge so beschrieben werden können:
- Die öffentlichen Schulen unterstehen dem *Land*, behalten aber den staatlichen Charakter und die Gültigkeit ihrer Studientitel auf dem ganzen Staatsgebiet bei. Die Verwaltung geht samt dem Verwaltungspersonal (Sekretäre und Schuldiener) an die Provinz über, die je ein Schulamt für jede Sprachgruppe errichtet.
- Das unterrichtende und leitende Personal sowie das Dienstrecht bleiben staatlich und werden vom *Staat* bezahlt. Staatsbeamte bleiben auch der italienische Hauptschulamtsleiter und der ladinische Schulamtsleiter, vor deren Ernennung allerdings der Landesausschuß gehört werden muß. Der deutsche Schulamtsleiter wird mit Billigung des Ministeriums vom Landesausschuß aufgrund eines Dreiervorschlags der deutschen Sektion des Landesschulrates ernannt. Die Schulamtsleiter haben jeweils die Aufsicht über die Schulen ihrer Muttersprache. Sie besitzen auch dem Personal gegenüber die Kompetenzen der staatlichen Schulamtsleiter.
- Die *Errichtung und Auflassung von Schulen* erfolgt durch die Autonome Provinz in Absprache mit dem Unterrichtsministerium; die Verabschiedung der Stellenpläne wird – delegiert vom Unterrichtsministerium – von den Schulamtsleitern besorgt.
- Der Unterricht wird in der Muttersprache der Schüler durch *muttersprachliche Lehrer* erteilt; die Einschreibung erfolgt aufgrund eines einfachen Gesuchs der Eltern. Bei Verweigerung steht ein Rekurs an das Verwaltungsgericht offen.
- In den Schulen der *ladinischen Ortschaften* wird der Unterricht paritätisch zur Hälfte in deutscher und italienischer Sprache erteilt. Dazu kommt das Ladinische als Hilfssprache und als Unterrichtsgegenstand.
- Der obligatorische *Unterricht der Zweiten Sprache* (Italienisch an den deutschsprachigen Schulen, Deutsch an den italienischsprachigen Schulen) wird an allen Schulen von Lehrkräften erteilt, für die diese Sprache die Muttersprache ist. Das Landesgesetz setzt seinen Beginn in der 2. oder 3. Grundschulklasse fest. (Auf Wunsch der italienischen Sprachgruppe wird gegenwärtig im Wege eines Schulversuchs an italienischen Grundschulen bereits in der ersten Klasse mit dem Deutschunterricht begonnen.)
- Die Autonome Provinz setzt den Schulkalender fest. Sie kann mit dem Landesgesetz *Lehrpläne und Stundentafeln* ändern, muß hierfür jedoch ein Gutachten des Staatsschulrates einholen.

Kulturelle Autonomie von Minderheiten 277

– Für den Erlaß von Durchführungsbestimmungen zu Gesetzen über die *Staatsprüfungen* (Reifeprüfungen) muß die Provinz ein präventives Gutachten des Unterrichtsministeriums einholen.

– Die Kommissionen für die Staatsprüfungen (Reifeprüfungen) werden vom Unterrichtsministerium ernannt, das auch die Prüfungsfächer und die Themen der schriftlichen Arbeiten festlegt – in der Regel einheitlich für ganz Italien. (Erst in den letzten Jahren werden verstärkt Südtiroler Fachleute zur Formulierung von Literatur- und Geschichtsthemen herangezogen, damit sie auch den Südtiroler Lehrplänen entsprechen. Die ungenügenden Deutschkenntnisse der italienischen Oberschüler haben bisher verhindert, daß die Zweite Sprache bei der Matura schriftlich geprüft wird.)

Das von der italienischen Gesetzgebung den Schulen eingeräumte *Recht zu Schulversuchen* ist zwar durch bürokratische Umständlichkeiten belastet, hat jedoch auch in Südtirol zu einer gewissen Anpassung der überholten staatlichen Lehrpläne und einer Vorwegnahme von überfälligen Schulreformen geführt. Es wurde jedoch von der zuständigen Landesverwaltung prompt eingeschränkt, wenn angeblich statutenwidrige Versuche mit der Früherlernung der Zweiten Sprache oder mit einem Schüleraustausch zwischen deutschen und italienischen Schulen vorgeschlagen wurden, weil man darin eine Aufweichung des muttersprachlichen Prinzips sah und zum Teil noch sieht.

Eine weitere *Autonomisierung der Schule* ist durch die Verwaltungsdezentralisierung und die Übertragung von Befugnissen auf die einzelnen Schulen und Mitbestimmungsgremien in Italien gegeben (Gesetzesdekret Nr. 416/1974). Sie soll in Zukunft zu einer didaktischen und Verwaltungsautonomie der einzelnen Schuldirektion unter Einbeziehung der Lehrer und der Elternschaft ausgebaut werden. Eine derart verstärkte Autonomie der einzelnen Schulen und Lehrerkollegien wurde von der Landesverwaltung in der Vergangenheit nicht gerne gesehen. Der mit dem Erlaß des Landeshauptmanns (Nr. 17/1977) unternommene, ungeschickte Versuch, z. B. die Lehrbuchfreiheit einzuschränken, führte zu heftigen Protesten der Lehrerschaft und zu einem ersten Streik der Sekundarschullehrer gegen die Landesregierung (Zelger 1980, S. 8).

Mit der Errichtung von drei *Pädagogischen Instituten* – und zwar je eines für die Schule jeder Sprachgruppe – (sie entsprechen den gesamtstaatlichen „Regionalinstituten für Schulversuche, Lehrerfortbildung, pädagogische Forschung und Dokumentation") hat sich die Autonome Provinz 1987 ein weiteres wichtiges Instrument zur wissenschaftlichen Erfassung und Steuerung von schulischen Bedürfnissen gegeben (vgl. LG Nr. 13 vom 30. 6. 1987). Die Pädagogischen Institute haben die Koordination der Lehrerfortbildung übernommen sowie die Ausarbeitung von Lehrbüchern, die vorher private

Vereine mit ausschließlich nebenamtlichen Mitarbeitern besorgt hatten (z. B. der Arbeitskreis Südtiroler Mittelschullehrer, der Katholische Südtiroler Lehrerbund sowie das von diesen Vereinigungen getragene private Pädagogische Institut). Noch wird um Konzepte gerungen. Mit der Institutionalisierung dieser Einrichtungen ist nunmehr auch eine gewisse Unabhängigkeit von den politischen Instanzen gewährleistet. Es regen sich jedoch bereits Stimmen, die die Institute fester unter politische Kontrolle bringen wollen.

Insgesamt wird von der *neu übertragenen Gesetzgebungskompetenz* allerdings noch kein sehr freier Gebrauch gemacht; denn zu lange währte der Widerstand der Zentralbürokratie und eine eingeschliffene legalistische Achtung der Beamten der Landesregierung vor gesamtstaatlichen Regelungen. Erst mit dem Grundschullehrplan von 1988 (LG Nr. 64/1988) begann ein erfolgreicher Versuch, für die deutschsprachige Schule autonomer auf die Schultradition des deutschen Kulturraumes zurückzugreifen. Ob die Orientierung an den curricularen Lehrplänen Bayerns allerdings zukunftsweisend ist, bleibt dahingestellt. Im Augenblick ist ein größeres Projekt für die Oberschul-Lehrpläne in Ausarbeitung, wobei man sich – ausgehend von den italienischen Reform-Lehrplänen (den sog. Brocca-Programmen) – der Erfahrungen der Bundesrepublik, Österreichs und der Schweiz bedienen und die besondere kulturelle und sozialpolitische Situation Südtirols, namentlich die Wahrung der Identität der Sprachgruppen, im Auge behalten will.

Eine Bereitschaft, die *Südtiroler Realität* in die Lehrpläne einzubeziehen, ist bei der italienischsprachigen Schule allgemein noch gering. Fast ausschließlich orientiert sie sich noch an gesamtitalienischen Mustern. In der Fortbildung wird allerdings zunehmend der Versuch gemacht, den zu einem großen Teil von außen kommenden und oft nur wenige Jahre in Südtirol bleibenden Lehrkräften Einblick in die Geschichte und Kultur der Region zu geben. Unbefriedigend sind in diesen Schulen die Ergebnisse des Unterrichts in der Zweiten Landessprache. Da viele italienische Eltern inzwischen jedoch die Notwendigkeit guter Deutschkenntnisse erkannt haben (vor allem für die Besetzung von Stellen im öffentlichen Dienst, die das Bestehen der gefürchteten Zweisprachigkeitsprüfung voraussetzt), wird eine Vorverlegung des Deutschunterrichts in den Kindergarten verstärkt gefordert. Viele italienische und gemischtsprachige Familien schreiben die Kinder aus demselben Grund in die deutschsprachige Schulen ein, was auf deutscher Seite die Befürchtung geweckt hat, die italienische Seite ziele auf eine systematische Unterwanderung der deutschen Schule, um schließlich einen gemischtsprachigen Unterricht zu fordern. Ein solcher wäre mit dem Prinzip des muttersprachlichen Unterrichts, dem Grundpfeiler der Südtiroler Kulturautonomie, tatsächlich unvereinbar. Zur Abwehr dieser Gefahr wurde dann auch eine eigene Durchführungsbestimmung (Dekret des Präsidenten der Republik Nr. 301 vom 15. 7. 1988) erlassen, die eine kommissionelle Überprüfung der Sprachkenntnisse eines gemeldeten Schülers nach drei Wochen Unterricht vorsieht. In der Praxis wurde die Bestimmung bisher jedoch nicht angewendet. Sie würde auch gleichermaßen gegen die Sensibilität des Kindes wie gegen das von den Südtirolern vehement verteidigte Elternrecht der freien Schulwahl verstoßen.

Uneingeschränkt positiv wirkte sich das II. Autonomiestatut schließlich auf dem Gebiet der *Sachleistungen* (Schulbauten, Schuleinrichtung, Mittel für schulergänzende Tätigkeiten, Ausarbeitung von Lehrbüchern für die Südtiroler Schulen, Schulfürsorge, usw.) aus. Die zur Verfügung gestellten Geldmittel haben hier zu wesentlichen Verbesserungen geführt, d. h., die Ausstattung der Südtiroler Schulen hat durchaus einen internationalen Standard erreicht.

Insgesamt kann aber in Südtirol – auch nach dem II. Autonomiestatut – noch nicht von einer *vollen Schulhoheit und Schulautonomie*, wie sie beispielsweise die Bundesländer in Deutschland besitzen, gesprochen werden. Vielmehr handelt es sich um eine Art Kondominium von Land und Staat, der das Personal nicht aus der Hand geben will. Immerhin befindet sich die deutschsprachige Schule in Südtirol auf dem Weg, ihre Eigenart in Verwaltungspraktiken, Organisation und Lehrplänen zu zeigen sowie ihre Chance zu nutzen, innerhalb des im Grunde recht liberalen italienischen Schulsystems auch die kulturellen und pädagogischen Erfahrungen des deutschen Kulturraums zum Tragen zu bringen. Der 1992 gemachte Versuch, auch in der amtlichen Bezeichnung von einer „deutschen Schule" zu sprechen, wurde allerdings von der Regierung umgehend abgeblockt.

3. Das Kulturleben und seine Förderung – Kulturpolitik

Den Bildungs- und Kulturbereich betreffen folgende statutarische Primär- und Sekundärkompetenzen der autonomen Provinz:
In die *primäre Gesetzgebungskompetenz* (Statut Art. 8) fallen:
– Ortsnamengebung, mit der Verpflichtung zur Zweisprachigkeit im Gebiet der Provinz Bozen;
– Schutz und Pflege der geschichtlichen, künstlerischen und völkischen Werte;
– örtliche Sitten und Bräuche sowie kulturelle Einrichtungen provinzialen Charakters (u. a. Bibliotheken, Akademien, Institute, Museen);
– örtliche künstlerische, kulturelle und bildende Veranstaltungen und Tätigkeiten; in der Provinz Bozen auch Hörfunk- und Fernsehprogramme, aber nicht die Errichtung von Hörfunk- und Fernsehstationen.

Die *sekundäre Gesetzgebungskompetenz* (Statut Art. 9) betrifft:
- öffentliche Vorführungen, soweit es öffentliche Sicherheit betrifft,
- sowie Sport und Freizeitgestaltung mit den entsprechenden Anlagen und Einrichtungen.

Von besonderer kulturpolitischer Bedeutung war die *Errichtung der Rundfunkanstalt Südtirol* (RAS). Sie erhielt das Recht auf Übernahme und Ausstrahlung von Rundfunk- und Fernsehprogrammen aus dem deutschen Sprachraum. (Anmerkung: Mit einfachem Staatsgesetz Nr. 118 vom 11. 3. 1982 wurde die Einfuhr deutschsprachiger Filme erleichtert, die vorher sehr einschränkenden Polizeibestimmungen unterlag. Außerdem wurden die Archivbestände zwischen Staat und Provinz aufgeteilt.) Und zwar wurde das bestehende Verbot der Errichtung von Sendern durch die Provinz mit dem D. P. R. Nr. 17 vom 22. 4. 1977 umgangen. Vorher hatte Österreich an der Grenze starke Sender errichtet, konnte aber den Empfang der Sendungen nicht in allen Tälern gewährleisten. Gleichzeitig sendet auch die staatliche Rundfunkanstalt RAI Rundfunk- und Fernsehprogramme in deutscher und ladinischer Sprache. Der Programmkoordinator wird dabei im Einvernehmen mit dem Land ernannt. Zur Ernennung eines deutschsprachigen Direktors für das Bozner Studio konnte sich die RAI allerdings noch nicht durchringen.

Die skizzierten Strukturen und Befugnisse erlauben – gemessen an der Gesamtbevölkerung Südtirols (438000 Personen, davon 288000 Deutsche und 18000 Ladiner) – eine erhebliche *kulturelle Breitenförderung*, wie folgende Zahlen andeuten: Nach einem Bericht des Landesrates vom März 1993 unterhält die deutsche und ladinische Sprachgruppe (mit ca. 300000 Menschen entspricht dies etwa der Bevölkerung einer mittleren Großstadt in der Bundesrepublik) nicht weniger als 206 Musikkapellen, 323 Chöre, 177 Volksbühnen, etwa 300 Volksmusikgruppen, 71 Volkstanzgruppen, über 100 Bibliotheken, 37 Museen, ferner zahlreiche Fortbildungs- und Kulturvereinigungen und ca. 10 Kulturzeitschriften mit teilweise beachtlichem Niveau. Rechnet man noch ca. 200 Freizeitvereine mit 80000 Mitgliedern und über 500 Sportvereine mit 115000 aktiven Mitgliedern hinzu, dann ergibt sich ein unerhört dichtes Netz soziokultureller Bezüge, das nicht anders als identitätsstiftend wirken kann. Diese Vielschichtigkeit der kulturellen Aktivitäten mag einerseits mit der Kleinräumigkeit und Grenzlandlage der Provinz zusammenhängen, die zu größerer Aktivität anreizen, teils aber auch mit der großzügigen finanziellen Förderung (ca. 50 Mrd. Lire standen im Haushaltsjahr 1991 für die deutsche und ladinische Sprachgruppe zur Verfügung [Parteli 1992, S. 303]).

In diesem Netz kultureller Aktivitäten können sich allerdings einzelne Kulturschaffende oder eigene Wege gehende Gruppen leicht verfangen oder auch bevormundet und behindert fühlen. Immer wieder tauchen

Kulturelle Autonomie von Minderheiten 281

daher Polemiken gegen eine kulturelle Enge auf, die von der Tageszeitung ›Dolomiten‹ nicht selten als Äußerungen sog. „Fortschrittler" oder schlichtweg „Linker" abqualifiziert werden (vgl. N. C. Kaser zum Stand der Südtiroler Literatur; in: Skolast 1969; oder den offenen Brief, mit dem 83 Persönlichkeiten aus dem Südtiroler Kulturleben 1978 gegen kulturelle Gleichschaltung protestiert haben; in: Skolast 1985, S. 84ff.; und andererseits Positionen wie ›Dolomiten‹ Nr. 190/1979).

Nur wenige Vereinigungen und kulturelle Institutionen umfassen Angehörige beider Sprachgruppen. In der Regel sind die kulturellen Institutionen nach Sprachgruppen getrennt, auch die Bibliotheken, selbst die Sportvereine und generell das gesellschaftliche Leben. Das mag mit den unterschiedlichen Sprachkenntnissen zusammenhängen – die Deutschen und Ladiner verstehen und sprechen alle Italienisch, umgekehrt ist dies erst bei einem kleinen Anteil von Italienern der Fall. Zweifellos entspricht dieses Nebeneinander auch einer kulturpolitischen Ideologie: „Wir, die S. V. P., wünschen es sehr, daß beide Sprachgruppen die zweite Sprache beherrschen, damit wir vielleicht doch zur Gleichstellung der Sprachen kommen und jeder sich in seiner Muttersprache unterhalten kann. Was wir allerdings in keiner Weise wollen, ist eine doppelsprachige Gesellschaft, die letzten Endes zu einer Mischkultur führt" (Zelger 1989, S. 13). Der zitierte Landesrat für Schule und Kultur der deutschen und ladinischen Volksgruppe prägte auch den markanten Satz: „Je besser wir uns trennen, desto besser verstehen wir uns." Es ist nur zu verständlich, daß diese Aussage nicht nur bei den Italienern Unverständnis und Entsetzen hervorrief.

Erst in dem Maße, wie die Nachkriegsgeneration allmählich in die führenden Positionen gelangte, ist an die Stelle der erwähnten Defensivmentalität allmählich eine offenere Denkweise getreten. Die Regierungserklärung von Landeshauptmann Durnwalder vom 10. März 1989 und das Koalitionsprogramm für die X. Gesetzgebungsperiode des Südtiroler Landtages setzen z. B. neue Akzente. Zunehmend werden jetzt auch Veranstaltungen gefördert, die dem Bereich der „Hochkultur" zuzuordnen sind, sowie gemeinsame Veranstaltungen der drei Volksgruppen. Allerdings gilt noch die Einschränkung, daß nur solche gemeinsamen Veranstaltungen gefördert werden, die nichts mit dem gesprochenen Wort zu tun haben (Parteli 1993, S. 303).

4. Die Minderheit in der Minderheit: Die Ladiner

Unter Österreich war der Unterricht in den ladinischen Tälern ehemals in deutscher Sprache erteilt worden, mit einer täglichen Italienischstunde und der Verwendung des Ladinischen als Verständigungssprache sowie im Religionsunterricht. Die Italiener hatten ihrerseits das Ladinische als italienischen Dialekt betrachtet und deshalb auf dem Italienischen als Unterrichtssprache bestanden. Die Bevölkerung selbst wünschte nach dem Zweiten Weltkrieg mehrheitlich die Wiederherstellung der deutschsprachigen Schule. Unter dem Druck der alliierten Militärregierung, die dies ablehnte, empfahl bereits 1945 der deutsche Vize-Schulamtsleiter Ferrari die Annahme einer paritätischen „ladinischen" Schule: Der Unterricht sollte zu gleichen Teilen in deutscher und italienischer Sprache erteilt werden. Ladinisch war als Einführungssprache und als Unterrichtsfach vorgesehen. Vorzugsweise sollten Ladiner als Lehrer eingesetzt werden. Damit sollte eine von der italienischen Regierung propagierte italienisch-ladinische Schule vermieden werden (Seberich 1983, S. 30).

Im Pariser Vertrag sind die Ladiner nicht erwähnt. Selbst das erste Autonomiestatut sah lediglich einen generellen Schutz der ladinischen Toponomastik, ihrer Kultur und des Brauchtums sowie einen Ladinischunterricht in jenen Ortschaften vor, wo diese romanische Sprache wirklich gesprochen wird. Die Kompromißlösung der „paritätischen Schule" wurde erst im II. Autonomiestatut verfassungsrechtlich verankert. Danach herrscht in den ersten beiden Grundschulklassen je nach Zusammensetzung der Klasse eine der beiden Unterrichtssprachen vor. Ab der dritten Klasse wird der Unterricht meist abwechselnd eine Woche in deutscher, dann in italienischer Sprache durchgeführt. Seit neuestem beginnt man auch im (ladinischen) Kindergarten mit spielerischen Übungen in den Hauptsprachen Deutsch und Italienisch. In den Sekundarschulen hingegen erfolgt die Sprachenaufteilung nach Fächern. Das Ladinische wird in der Pflichtschule (Grundschule, Mittelschule) als eigenes Fach mit 2 Wochenstunden gelehrt und bei der Abschlußprüfung mündlich und schriftlich geprüft. In den Oberschulen ist Ladinischunterricht als curriculares Fach z. T. noch einzuführen.

Diese paritätische Schule – die keineswegs aus pädagogischen Überlegungen erwachsen ist und anfänglich von den Ladinervertretern in der S. V. P. leidenschaftlich bekämpft wurde – scheint den kulturpolitischen Interessen der Ladiner allgemein aber zu entsprechen. Bei den Zweisprachigkeitsprüfungen schneiden die Ladiner z. B. signifikant besser ab als die Deutschen und Italiener. Aber auch das Ladinische hat sich – nicht zuletzt dank der ladinischen Kulturinstitute und Kulturvereine, des ladinischen Schulamts und des ladinischen Pädagogischen Instituts sowie ladinischer Schriftsteller – inzwischen gefestigt. Es wird bei den täglichen Radiosendungen in den drei dialektalen Versionen verwendet. Umstritten ist der Versuch der Schaffung einer einheitlichen ladinischen Schriftsprache, die die Voraussetzung für die Verwendung des Ladinischen in der Verwaltung der ladinischen Ortschaften bilden würde, zu der jene nach dem Gesetzesdekret Nr. 574 vom 15. 7. 1988 eigentlich verpflichtet ist.

Kulturelle Autonomie von Minderheiten 283

Ausblick: Modellfall Südtirol?

Der erreichte Stand des Minderheitenschutzes in Südtirol entspricht nicht einem theoretischen Idealmodell, sondern ist das Ergebnis eines *realpolitischen Kompromisses*. Dies aber ist immerhin recht befriedigend ausgefallen, wie eine Umfrage des Landesinstituts für Statistik zeigt. Denn auf die Frage: „Alles in allem, wie zufrieden sind Sie mit ihrem Leben?" antworteten zwischen 72 und 76% der Befragten aller Sprachgruppen mit „sehr gut" oder „gut". Ohne eine derart weitreichende Akzeptanz wäre kaum verständlich, daß sich der 1993 veröffentlichte Entwurf eines europäischen Volksgruppenrechtes (Ermacora/Pan 1993) augenscheinlich an der Südtiroler politischen und kulturellen Autonomie orientierte.

Verantwortlich und bedeutsam waren für die Entwicklung dieser Autonomie folgende Bedingungen:
– Der Selbsterhaltungswille der Volksgruppe, gestärkt durch die negativen Erfahrungen mit der faschistischen Entnationalisierungspolitik.
– Die starke muttervolkliche Verbundenheit und das Vorhandensein einer ausländischen Schutzmacht.
– Das Wirken maßvoller, europäisch gesinnter Politiker auf seiten der Minderheit wie des Staates.
– Das zunehmend deutlicher werdende Versagen des Zentralstaates und die von der italienischen Verfassung vorgesehene Regionalisierung und Dezentralisierung.
– Die bewußte Förderung des wirtschaftlichen Wohlstands und eines sozialen Ausgleichs in der Region.
– Der Ausgleich des Bildungsgefälles in Südtirol.
– Die Bereitschaft von intellektuellen Minderheiten auf beiden Seiten, die Vergangenheit historisch umsichtig aufzuarbeiten.
– Der grundsätzlich friedliche Charakter der Bevölkerung in Südtirol ungeachtet der verhältnismäßig geringen gesellschaftlichen Berührung der verschiedenen Kulturgruppen.

Jedoch könnte schon die Veränderung eines einzelnen Faktors die fließenden Gleichgewichte in den Positionen und Beziehungen der Volksgruppen stören, gefährliche Reaktionen hervorrufen und die Haltbarkeit des Kompromisses gefährden.

1. Auf dem Weg zu einer multikulturellen Gesellschaft

Damit soll aber nicht einem starren Festhalten am Status quo das Wort geredet werden. Dies ist ohnehin unmöglich in einer Welt, in der weitreichende und dynamische Veränderungen vorgehen, wie wir sie derzeit erleben. Gefragt ist vielmehr eine Politik, vor allem eine Kulturpolitik, die sich lossagt von der Benützung des Nationalstaatsdenkens und des Ethnozentrismus zur Festigung der je eigenen Macht, die darauf verzichtet, auf den Widersprüchen der gegenwärtigen Lösung herumzureiten und „perfekte" Lösungen anzustreben, die letztlich nur auf Kosten einer Sprachgruppe gehen oder auf die Teilung des Gebiets (d. h. Veränderung der Staatsgrenzen) hinauslaufen würden (vgl. derartige Vorschläge von Acquavivia/Eisermann 1981 vom italienischen, Stoll und Pahl vom deutschen Standpunkt aus. Glücklicherweise finden solch radikale Positionen im Augenblick nur bei einer Minderheit der Bevölkerung Anklang). Notwendig ist derzeit vielmehr, die *Chancen des eingeschlagenen Interessenausgleichs* zum Wohle der gesamten Bevölkerung zu nutzen: „Immer mehr Menschen betrachten den Umstand, in einer Gesellschaft mit zwei gleichberechtigten Sprachgruppen aufwachsen und leben zu können, als Angebot, als Nutzen, als Chance für mehr Lebensqualität, schöpferisches Schaffen und kulturelle Bildung" (Durnwalder 1993, S. 81).

Eine Besonderheit Südtirols ist zweifellos die *mehrschichtige Verschränkung von Minderheit und Mehrheit*: Die Deutschen, im Staat in der Minderheit, sind zahlenmäßig, politisch, aber auch in vielen Bereichen wirtschaftlich in der Provinz Bozen-Südtirol dominant, wo das Staatsvolk sich in einer Minderheit befindet. Aufgrund der demographischen Entwicklung, aber auch des Verlusts der privilegierten Stellung in der Staatsverwaltung ist der Anteil der italienischen Bevölkerung innerhalb von 20 Jahren (1971–1991) von 33,3% auf 27,65% zurückgegangen, so daß sich diese Gruppe – ob zu Recht oder Unrecht – durch die vereinbarte Autonomie und den Proporz an den Rand gedrängt fühlt. Umgekehrt befürchten die Deutschen immer noch eine Assimilierung und den Verlust ihrer Identität, wenn sie auch nur einem Schüleraustausch zwischen deutschen und italienischen Schulen in der Provinz Bozen oder einem Schulversuch mit Zweitsprachunterricht im italienischen Kindergarten zustimmen würden. Sollte aus dieser verschränkten Minderheitensituation statt dessen nicht die Einsicht erwachsen, daß es zweckmäßig ist, in Kenntnis der gegenseitigen Ängste sich gegenseitig in seinen vitalen Interessen und seiner kulturellen Identität zu respektieren?

Damit *aus dem Nebeneinander* der Volksgruppen *ein Miteinander* wird, müssen einige Voraussetzungen erfüllt sein: Verwurzelung in der eigenen Kultur und Sprache, möglichst gute Kenntnis der Zweitsprache; Verständnis für die Gleichwertigkeit der jeweils anderen Kultur und Lebensart sowie ein Verzicht darauf, sich als Vorposten einer Nation zu gebärden, statt Bürger eines eben mehrsprachigen Gebiets am Schnittpunkt mehrerer Völker und Kulturen sein zu wollen. Daß es auf beiden Seiten Personen gibt, die diese Probleme und Aufgaben klar erkennen, zeigen folgende Zitate:

Kulturelle Autonomie von Minderheiten

„Unser Mann von der Straße gibt zu, daß der Südtiroler das Recht haben mag, sich in der eigenen Sprache auszudrücken, daß er sich weiterhin sonntags jene komische Kleidung zulegt und daß er die familiären Gewohnheiten und das traditionelle Brauchtum beibehält, aber er versteht nicht, daß der Italiener im Alto Adige sich an die Mentalität der Südtiroler annähern könnte oder sollte; eine Anpassung versuchen, sich des psychologischen Ballasts entledigen, der oft ein Verständnis für den tieferen Hintergrund verschiedener Denkformen, Gefühlslagen und anerzogener Verhaltensmuster verhindert" (Casali 1971, S. 77).

„Wir haben nun eine labile Gleichwertigkeit erreicht, aber noch keine neue Gesellschaft aufgebaut. Wir müssen helfen, die nachzuziehen, die sich bisher nicht anzustrengen brauchten, sei es, daß Teile unserer Gemeinschaft in rein einsprachigen Dörfern lebten, sei es, daß die andere Volksgruppe geschlossen in Bozen lebt und die gesamte geographische Umgebung noch als nicht existent ansieht, weil sie, aus einer Stadtkultur kommend, kein Verständnis für eine ländliche Kultur aufbringt. Wenn wir es nicht schaffen, mit den im 20. Jahrhundert neu bei uns hinzugekommenen Volksteilen (besser: Bürgern) zu einer Gemeinschaft zusammenzuwachsen, haben wir keine Zukunft" (Nothdurfter 1993, S. 209).

2. Aufgaben

Wissenschaft, Politik und Schule sind vor vielfältige Aufgaben gestellt: *Sprachpsychologie, Soziolinguistik und Sprachdidaktik* haben die Wege zu erforschen, die – ohne Beeinträchtigung der Muttersprache – ein möglichst frühzeitiges, effektives Erlernen der Zweiten Sprache (und weiterer Fremdsprachen) erlauben. Ziel muß sein, beim Schüler die Fähigkeit zum autonomen Sprachlernen zu entwickeln (M. Schratz, in: Rosanelli 1992, S. 133 ff.). *Öffentlichkeitsarbeit* muß psychologische Barrieren gegen das Studium der zweiten Landessprache vor allem bei der italienischen Sprachgruppe abbauen.

Wenn es wahr ist, daß „die entscheidende und letzte Ursache, die dem interethnischen Zusammenleben den Konfliktcharakter verleiht, in den Divergenzen zwischen dem deutschen und dem italienischen Kultursystem liegt" (Pan 1971, S. 134), dann stellt sich der *Ethnosoziologie*, aber auch der Schule die Aufgabe, das Entstehen dieser Divergenzen bloßzulegen und Strategien für die Lösung dieser Konflikte in einem Klima der Toleranz bereitzustellen. Sprachunterricht kann sich dann nicht auf die Vermittlung sprachlicher Strukturen beschränken, sondern muß auch einen Einblick in die jeweilige andere Kultur vermitteln. Einer *Pädagogik der Begegnung* (Pedagogia degli scambi) käme hier eine große Bedeutung zu. Wie jüngste

Erfahrungen beweisen, führen Korrespondenz und sorgfältig vorbereitete gegenseitige Besuche von Schulen mit verschiedener Unterrichtssprache sowie die Arbeit an gemeinsamen Projekten zu einem tieferen Verständnis sowohl der Lebenswelt des anderen wie der eigenen Art und wirken motivierend auf das Sprachenlernen (M. Pelz, in: Rosanelli 1992, S. 291 ff.; eigene Beobachtungen beim „Tag der Begegnung" 1993 an der Mittelschule Innichen).

Entscheidend ist die *Überwindung der traditionellen nationalen Kontrovershistorik* durch eine der Ideologiekritik offene Regionalgeschichte, die auch vom Nachbarn oder gar „Gegner" lernt. Denn „um die volle Wahrheit über sich selbst zu finden, kann man der Mithilfe der ‚Erbfeinde' nicht entraten: Sie kennen die dunklen Flecken unserer Geschichte besser als wir" (Gatterer 1972, S. 230). Der Geschichtsunterricht und die politische Bildung sind hier in neuartiger Weise gefordert.

Aus alldem wird deutlich, daß in einer Region mit Minderheiten *spezielle Lehrpläne* unumgänglich sind, die einerseits den Schüler in der muttersprachlichen Kultur festigen, anderseits ihm interkulturelles Lernen ermöglichen, das geeignet ist, sowohl „das Eigene im Fremden zu entdecken" als auch die „gemeinsamen Wurzeln und Verbindungen" zu berücksichtigen (Larcher 1991, S. 78). Die Entdeckung, daß in der Habsburger-Monarchie und im alten Tirol verschiedene Völker und Sprachgruppen jahrhundertelang in zumeist friedlicher Gemeinschaft lebten, die erst der Spaltpilz des Nationalismus im 19. Jh. in Konflikte stürzte, mag die Bürger Südtirols ermuntern, ihre Unterschiedlichkeiten zu akzeptieren und gemeinsam an einer – europäischen – Zukunft zu bauen.

Literatur

Acquaviva, S./Eisermann, G.: Alto Adige: Spartizione subito? Bologna: Patron 1981.
Adler, W.: Die Minderheitpolitik des italienischen Faschismus in Südtirol und im Aostatal 1922–29. Diss. Innsbruck 1979.
Agostini, P.: Alto Adige – La convivenza rinviata. Bozen: Praxis 3 (1985).
Autonome Provinz Bozen-Südtirol: Das neue Autonomiestatut. Zweite, ergänzte Auflage (Sonderdruck zur Informationsschrift des Landtages und der Landesregierung). Bozen 1981.
Bettelheim, P./Benedikter, R.: Apartheid in Mitteleuropa? Sprache und Sprachenpolitik in Südtirol (Gesellschaftswissenschaftliche Studien 12). Wien: J & V 1982.
Casali, C.: Noi & Loro – Altoatesini allo specchio. Abano Terme: Gerione 1971.
Corsini, U./u. a.: Trentino e Alto Adige: Dall'Austria all'Italia. Bolzano: S. E. T. A. 1969.
Corsini, U./Lill, R.: Südtirol 1918–1946. Bozen: Autonome Provinz 1988.

Durnwalder, L.: Freiheit fällt vom Himmel nicht oder von den Bedingungen einer geglückten Autonomie. In: Freiheit und Glück. Festschrift für Otto Saurer zum 50. Geburtstag, hrsg. von G. Andergassen und W. Paris. Meran: Alfred & Söhne 1993, S. 79–81.

Eisterer, K./Steininger, R. (Hrsg.): Die Option. Südtirol zwischen Faschismus und Nationalsozialismus. Innsbruck: Haymon 1989.

Ermacora, F./Pan, C.: Grundrechte der europäischen Volksgruppen (Ethnos Bd. 42) Wien: Braumüller 1993.

Ferrari, J.: Schule und Kultur in Südtirol. In: Studientagung der Südtiroler Hochschülerschaft 1957. Sondernummer der Zft.: Der fahrende Skolast. Bozen 1957, S. 38–40.

–: Das Schulwesen in Südtirol. In: Pfaundler, W. (Hrsg.): Südtirol. Versprechen und Wirklichkeit. Wien 1958, S. 220–243.

Festschrift ›Haus der Kultur Walther von der Vogelweide‹. Zft.: Der Schlern IV (1967).

Gatterer, C.: Im Kampf gegen Rom. Bürger, Minderheiten und Autonomien in Italien. Wien/Frankfurt a. M./Zürich: Europa Verlag 1968.

–: Mussolinis Weisungen zur Südtirolfrage. In: Zft.: Das Fenster, Nr. 6 (1969/70).

–: Erbfeindschaft. Wien/München/Zürich: Europa Verlag 1972.

Grentrup, Th.: Das Schulrecht der deutschen Minderheit in Italien (Südtirol). Berlin: Hobbing 1930.

Gruber, A.: Südtirol unter dem Faschismus. Bozen: Athesia 1974.

Kucera, H./Faustini, G.: Ein Weg für das Miteinander. 20 Jahre neue Autonomie in Südtirol. 2. erw. Auflage. Bozen: Autonome Provinz Bozen-Südtirol, Amt für Pressewesen und Öffentlichkeitsarbeit 1992.

Ladurner, H.: Hochschule für Südtirol – eine verspielte Chance? In: Freiheit und Glück. Festschrift für Otto Saurer. Meran: Alfred & Söhne 1993, S. 156–161.

Landesinstitut für Statistik der Autonomen Provinz Bozen-Südtirol: Sozialer Survey 1986. Meinungen, Werte und Lebensformen in Südtirol. Ergebnisse einer repräsentativen Umfrage (ASTAT-Schriftenreihe Nr. 20). Bozen 1988.

Larcher, D.: Fremde in der Nähe. Interkulturelle Bildung und Erziehung im zweisprachigen Kärnten, im dreisprachigen Südtirol, im vielsprachigen Österreich. Klagenfurt: DRAVA 1991.

Mair, E.: Die Psychologie der nationalen Minderheit. 3. Aufl. Innsbruck: Wagner'sche Univ.-Buchdruckerei 1947.

Meyer-Simon, H.: Wirtschaftswachstum und Bildungsplanung in Südtirol (Schriftenreihe des Südtiroler Wirtschafts- und Sozialinstituts Bd. 46). Bozen 1970.

Nothdurfter, H.: Wir und die anderen. In: Freiheit und Glück. Meran: Alfred & Söhne 1993, S. 207–212.

Pahl, F.: Tiroler Einheit – jetzt! Der Plan zur Wiedervereinigung Südtirols mit Österreich. Kiel: Arndt 1991.

Pan, C.: Südtirol als volkliches Problem. Grundriß einer Südtiroler Ethno-Soziologie (Ethnos-Schriftenreihe der Forschungsstelle für Nationalitäten und Sprachenfragen, Marburg/L. Bd. 9). Wien/Stuttgart: Braumüller 1971.

–: Hochschulpolitik in Südtirol (Schriftenreihe des Südtiroler Wirtschafts- und Sozialinstituts Bd. 68). Bozen 1975.

Parteli, O.: Kulturförderung in Südtirol. In: Kulturförderung in den Alpenländern. Theorie und Praxis. Innsbruck: Wagner 1992, S. 295–305.

Provincia Autonoma di Bolzano-Alto Adige, Assessorato alla Pubblica Istruzione in Lingua italiana: Problemi dell'autonomia nella provincia di Bolzano. Atti di un corso di aggiornamento per insegnanti. Bolzano 1989.

Rosanelli, M. (Hrsg.): Lingue in Tandem. Autonomie und Spracherwerb. III. International Tandem Congress. Meran: alpha & beta 1992.

Sailer, O.: Schule im Krieg. Deutscher Unterricht in Südtirol 1940–1945. Bozen: Athesia 1985.

Schule in Südtirol. Informationsschrift des deutschen Schulamtes. Bozen 1992.

Seberich, R.: Zahlen und Betrachtungen zur Mittelschulreform in Südtirol. In: Schlern, Jg. 40 (1966), S. 102–105.

–: Bozen im Schatten des Großdeutschen Reiches. In: Bozen, Stadt im Umbruch. Jb. des Südt. Kulturinstituts. Bd. VIII. Bozen 1973.

–: Kastelruth 1850–1927. In: Gemeinde Kastelruth. Vergangenheit und Gegenwart. Ein Gemeindebuch zum 1000-Jahr-Jubiläum. Kastelruth 1983.

–: Der Beitrag Hochw. Josef Ferraris zum Wiederaufbau des deutschen Schulwesens in Südtirol. In: Josef Ferrari 1907–1958. Bozen: Südtiroler Kulturinstitut 1983.

Skolast (›Der fahrende Skolast‹): Zft. der Südtiroler Hochschülerschaft. Bozen 1955 ff.

–: Sondernummer zur Studientagung der S. H. über das Thema ›Volkstum und Kultur in Südtirol‹. Bozen 1960.

–: Anthologie zum 30jährigen Bestehen. Bozen 1985.

Steurer, L.: Südtirol zwischen Rom und Berlin 1919–1939. Wien/München/Zürich: Europa Verlag 1980.

Stoll, A.: Die Geschichte der deutschen Schule in Südtirol seit 1918. In: Kriss-Rettenbeck, L./Liedtke, M. (Hrsg.): Regionale Schulentwicklung im 19. und 20. Jahrhundert. Bad Heilbrunn/Obb.: Julius Klinkhardt 1984, S. 169–179.

Stoll, E./Esterbauer, F.: Tirol und Europa. Innsbruck/Bruneck: Europa-Union Tirol 1979.

Stoll, E.: Südtirol. Wille zur Wende. Bruneck 1982.

Tiroler Geschichtsverein Bozen: Option Heimat Opzioni. Eine Geschichte Südtirols (Ausstellungskatalog). Bozen 1989.

Villgrater, M.: Katakombenschule. Faschismus und Schule in Südtirol. Bozen: Athesia 1984.

Washburne, C.: Schreiben vom 29. 10. 1945. In: Archiv des Deutschen Schulamtes Bozen. Ordner 530/1.

–: La riorganizzazione dell'Istruzione in Italia. In: Zft. Scuola e Citta 1970, S. 273–277.

Zelger, A.: Ja zur Zweisprachigkeit – Nein zur Mischkultur. Bozen 1980.

Rainer H. Lehmann

Deutsche und deutschsprachige Minderheiten in Europa: Vergleichende Untersuchungen zum Leseverständnis der Jugendlichen

Abstract

Die internationale Lesestudie der IEA (International Association for the Evaluation of Educational Achievement) hat es erstmals ermöglicht, das deutschsprachige Leseverständnis von Jugendlichen aus angrenzenden Teilen und versprengten Inseln des deutschen Sprachraums (N = 1.736) unmittelbar mit den Leseleistungen von Schülern aus der Bundesrepublik (N = 4.348) zu vergleichen. Der international standardisierte Lesetest wurde in intakten Schulklassen der 8. Jahrgangsstufe eingesetzt. Während an den Schulen der Deutschsprachigen Gemeinschaft Belgiens und in Südtirol kaum Unterschiede zur (west-)deutschen Vergleichsstichprobe festzustellen waren, sind an den Schulen des Deutschen Schul- und Sprachvereins für Nordschleswig bei anspruchsvollen Aufgaben Verstehensdefizite zu beobachten, die wohl vor allem durch den Rückgang des Deutschen als Alltagssprache in den Elternhäusern bedingt sind. An den Schulen mit deutschem Zusatzunterricht für die Minderheiten in Ungarn und Rußland zeigt sich diese Tendenz um ein Vielfaches verstärkt. Die gefundenen Differenzen werden auf der Grundlage regionaler Besonderheiten gedeutet, und zwar als das Ergebnis konkurrierender Tendenzen zur Identitätsbewahrung, zur instrumentellen Nutzung der Sprachkompetenz bzw. zur sozialen Assimilation.

Einleitung

Im Verständnis vieler seiner Bürgerinnen und Bürger wird Europa durch Staaten konstituiert, die ihre Existenzberechtigung aus der kollektiven Identität des jeweiligen „Staatsvolkes" ableiten. Dabei wird häufig ein enger und einfacher Zusammenhang zwischen der Zugehörigkeit zu einer bestimmten Sprachgemeinschaft und der Teilhabe an dieser Identität unterstellt. Bekanntlich aber sind die Verhältnisse viel komplizierter. Man muß gar nicht auf die offiziell mehrsprachigen Staaten wie etwa die Schweiz verweisen, um dies in Erinnerung zu rufen: Selbst vor dem Einsetzen der großen wirtschaftlichen und politisch bedingten Migrationsbewegungen der letzten Jahrzehnte waren Sprach- und Staatsgrenzen in Europa in kaum einem Falle auch nur annähernd deckungsgleich. So ist die Gegenwart sprachlicher Minderheiten auch im historischen Maßstab der Normalfall, solange es überhaupt rechtlich konstituierte europäische Staaten gibt.

Nicht zu bestreiten ist indessen, daß mit der Entstehung von Bildungssystemen, deren Unterhaltung und Fortentwicklung zu den staatlichen Aufgaben zählt, aus dem möglichen Gegensatz von ererbter kultureller Zugehörigkeit und institutionell geforderten Anpassungsleistungen erhebliche Schwierigkeiten erwachsen können. Wenn auch sprachliche Unterschiede nicht das einzige Problemfeld in einem ethnisch und kulturell heterogenen Bildungssystem darzustellen brauchen, so kommt der Sprache doch in mancher Hinsicht grundlegende Bedeutung zu. Die Bewahrung der „Herkunftssprache", in der sich kulturelle Zugehörigkeit ausdrückt, kann in einer dominant anderssprachigen Umwelt zur Bedingung für die Ausbildung und Aufrechterhaltung der akzeptierten Identität werden. Sie kann, gleichzeitig oder alternativ, instrumentellen Wert für die weitere Lebensplanung besitzen, dann nämlich, wenn sie Zugang gewährt zu künftigen Bildungs- und Erwerbsmöglichkeiten oder auch die eigene Mobilität erhöht. Sie kann aber auch in Konkurrenz treten zu den Anforderungen, die in einem monolingual geprägten Bildungssystem an die Schülerinnen und Schüler gestellt werden.

Europa kennt in seinem Bildungssystem sehr verschiedene Formen der Regelung von sprachlichen Minderheitenrechten. Sie reichen von der Einrichtung minderheitssprachlicher Teilsysteme (etwa in Finnland) über das gesetzlich verbriefte Recht aller Kinder und Jugendlichen auf muttersprachlichen (Zusatz-)Unterricht (z. B. in Schweden) bis hin zur betonten Gleichsetzung von Amts- und Unterrichtssprache (so beispielsweise in Frankreich). Von besonderem Interesse ist in dieser Hinsicht der deutsche Sprachraum. Er umfaßt mit Deutschland, Liechtenstein und Österreich drei Staaten, in denen Deutsch alleinige Amtssprache ist, ferner Teile der Schweiz und Belgiens, die als „deutschsprachig" deklariert sind und insofern zumindest regional dem Deutschen eine dominante Rolle zuweisen. In Italien (Südtirol) sind der deutschsprachigen Minderheit nach einer anfänglich restriktiven Politik Autonomierechte eingeräumt worden, die auch das Bildungswesen betreffen, und Dänemark verbindet mit Schleswig-Holstein die Einrichtung von Schulen für die jeweilige Minderheit unter Anerkennung auf Gegenseitigkeit. Bereits das zuletzt genannte Beispiel zeigt, daß die Frage der institutionellen Regelungen nur einen Teil der Probleme umschreibt: Interferenzen mit dem Niederdeutschen einerseits, mit dem Sønderjysk als einer jütländischen Variante des Dänischen andererseits zählen zu den Besonderheiten im deutsch-dänischen Grenzraum. Ähnliches läßt sich vielleicht für Elsaß-Lothringen und Luxemburg feststellen, das mit dem Letzebuergeschen eine dialektale Variante des Deutschen als eine seiner Amtssprachen besitzt. In Ostmittel-, Südost- und Osteuropa schließlich existieren offiziell anerkannte Minderheiten „deutscher Nationalität" in z. T. weit verstreuten Sprachinseln, in denen sich die Einfügung des Deutschen in das offizielle Bildungssystem und das Verhältnis von regionaler, oft sogar lokaler oder familialer Mundart zum Hochdeutschen als (zusätzlicher) Unterrichtssprache höchst unterschiedlich darstellen können.

Um so wichtiger ist es, den unter so vielfältigen Bedingungen an den Schulen erworbenen und/oder fortentwickelten deutschen Sprachstand vergleichend zu untersuchen. Noch bis vor kurzem wäre ein solches Unternehmen als unmöglich abgetan worden. Zwar gibt es sprachwissenschaftliche Studien, in denen die dialektale Variation und auch die historische Sprachentwicklung seit der Auflösung eines Teils des geschlossenen deutschen Sprachraums und vieler Sprachinseln im Gefolge des Zweiten Weltkriegs dokumentiert werden. In zweierlei Hinsicht lassen diese Untersuchungen aber Fragen offen, die für die hier aufgegriffene Themenstellung von zentraler Bedeutung sind. Zum einen fehlte ein gemeinsamer Bezugsrahmen, auf den die jeweils festgestellten sprachlichen Kompetenzen hätten projiziert werden können, ein übergreifender Maßstab also, ohne den der notwendige multilaterale Vergleich nicht denkbar ist. Zum anderen standen auch für die pädagogischen, insbesondere die schulischen Vermittlungsprozesse, bisher kaum wirklich vergleichbare Daten zur Verfügung.

I. Anlage und Durchführung der IEA-Lesestudie

1991/92 konnten im Rahmen der Internationalen Lesestudie der IEA (International Association for the Evaluation of Educational Achievement) standardisierte Daten zum Leseverständnis und zu den Lesegewohnheiten von deutschen und deutschsprachigen [1] Schülerinnen und Schülern in einem Bereich erhoben werden, der große Teile des deutschen Sprachraums abdeckt. Auch weitgehend vergleichbare Angaben zu den jeweiligen schulischen und außerschulischen Lernvoraussetzungen liegen als Ergebnis dieser Studie vor.

Eine Zielgruppe waren intakte Schulklassen mit mehrheitlich 14jährigen Schülern, was in den meisten Fällen der 8. Jahrgangsstufe entsprach. Eine Forschungsgruppe der Universität Hamburg trug zu der Untersuchung die folgenden Datensätze bei:

- Repräsentativstichprobe für die elf „alten" Bundesländer (N = 4.348);
- Repräsentativstichprobe für die fünf „neuen" Bundesländer (N = 1.873);
- Totalerhebung an den deutschen Schulen in Nordschleswig (N = 81);
- Konvenienzstichprobe aus dem Deutschen Rayon Halbstadt, Altai-Region, Russische Föderation (N = 258), in Zusammenhang mit der Universität Lettlands, Riga.

Die Zusammenarbeit mit dem Institut für Bildungsforschung (OKI), Budapest, ermöglichte außerdem eine
- Konvenienzstichprobe für die deutschen Nationalitätenschulen in Ungarn (N = 376).

Die Universität Lüttich war beteiligt mit einer
- Konvenienzstichprobe an den Schulen der Deutschsprachigen Gemeinschaft Belgiens (N = 146).[2]

In Kooperation zwischen der Universität Rom und der Universität Wien entstand eine
- Konvenienzstichprobe aus Alto Adige bzw. Südtirol (N = 875).

Zum Vergleich stehen ferner die an der Universität Zürich erarbeiteten Ergebnisse aus der
- Repräsentativstichprobe für die deutschsprachige Schweiz (N = 4.512) zur Verfügung.

Für die Mehrzahl dieser Regionen sind auch Daten von Grundschulen (Erhebungsalter ca. 9 Jahre) vorhanden. Wegen der nicht zu vernachlässigenden Unterschiede hinsichtlich des Beginns formeller deutschpracher Unterweisung sind diese Ergebnisse (vgl. Lehmann 1993a) aber nicht ganz einfach miteinander zu vergleichen. Für die Zielgruppe der 14jährigen jedoch fallen solche Bedenken weniger ins Gewicht, weshalb sich die nachstehenden Analysen hierauf beschränken. Dabei fungiert die westdeutsche Stichprobe hinsichtlich der Kalibrierung des Lesetests als Referenzgruppe. Dies ist im wesentlichen pragmatisch begründet und insofern unbedenklich, als eingehende Untersuchungen nur für wirklich extrem benachteiligte Gruppen (vor allem die russische Stichprobe) einige Anhaltspunkte für eine so bedingte Unterschätzung ihres Leseverständnisses erbracht haben (vgl. Peek/von Stritzky 1993). Die Ergebnisse aus der deutschsprachigen Schweiz, die im Vergleich mit Westdeutschland ein merklich besser entwickeltes Leseverständnis signalisieren (vgl. Elley 1992), werden im folgenden nur am Rande betrachtet, ebenso wie der Sonderfall der ostdeutschen Stichprobe (vgl. Lehmann/et al. 1992); denn in diesen beiden Fällen handelt es sich nicht um die hier zu thematisierende Situation, in der Herkunftssprache und Sprache des Bildungssystems in einem Spannungsverhältnis stehen.[3]

II. Methodische Grundlagen

Sprachstand und Leseverständnis sind nicht identisch. Das Verstehen des gesprochenen Wortes und die Fähigkeit, den eigenen Intentionen mündlich zum Ausdruck zu verhelfen, gehören ebenso zum Sprachvermögen wie die schriftliche Textproduktion. Das Leseverständnis aber, d. h., die Formen der Schriftsprache zu verstehen, die von der Gesellschaft vorausgesetzt werden und/oder auf die das Individuum Wert legt (vgl. Elley 1992, S. 3), ist mit jenen anderen Leistungen eng verknüpft und übernimmt zugleich eine Schlüsselrolle für die Teilhabe an kulturellen, politischen und wirtschaftlichen Prozessen, die den unmittelbaren familialen Kontext überschreiten. Insofern besitzen die Einsichten, die die IEA-Lesestudie ermöglicht, trotz der genannten Einschränkung exemplarische Bedeutung.

Den umfassenden Zielsetzungen dieses multinationalen Forschungsunternehmens entsprechend wurden zur Überprüfung des Leseverständnisses die unterschiedlichsten Texte vorgegeben, von einfachen Formularen und Tabellen bis hin zu relativ anspruchsvollen Sachtexten und literarischen Kurzgeschichten. Die jeweils richtige oder zumindest beste Lösung der darauf bezogenen Aufgaben wurde in der Mehrzahl der Fälle über das sehr ökonomische und zuverlässige Verfahren der Mehrfach-Antwortauswahl ("multiple choice") erfragt, nachdem Voruntersuchungen keine Hinweise für einen zusätzlichen Erkenntnisgewinn durch offene Antwortformen geführt hatten (Elley/Manghubai 1992). Der Aufgabenbestand – im internationalen Kern gegeben mit zwei Testteilen von je ca. 40 Minuten Bearbeitungszeit, in einigen Stichproben erweitert um einen dritten Teil von etwa gleicher Länge – reichte aus, separate Skalen für die Gebrauchs-, Sach- und literarischen Texte zu bilden. Wegen der hohen Interkorrelationen ließ sich aus den Aufgaben aber auch eine Gesamtskala von hoher psychometrischer Güte konstruieren: Cronbachs Alpha als Index der internen Konsistenz beträgt hierfür 0,91 (westdeutsche Stichprobe; vgl. Lehmann 1993b). Aus Gründen der Platzbeschränkung soll im folgenden nur von dieser Gesamtskala die Rede sein. Als Skalierungsverfahren wurde das einparametrige logistische Testmodell von Rasch (1960) gewählt, das bei hinreichender Anpassungsgüte Aufgabenschwierigkeiten und Personenfähigkeiten auf eine eindimensionale Metrik projiziert: Wessen Fähigkeitsparameter den Schwierigkeitsparameter einer Aufgabe übersteigt, der wird diese mit einer Wahrscheinlichkeit $< 0{,}50$ lösen.

Eine Analyse der so entstehenden, nach Schwierigkeit geordneten Hierarchie von Aufgaben liefert gut interpretierbare Befunde. Es zeigt sich nämlich, daß besonders denjenigen Aufgaben, die eine hohe Diskriminanz aufweisen, charakteristische Anforderungen zugeordnet werden können. So gelingt es, unter Bezug hierauf in erster Näherung die folgenden Stufen des Leseverständnisses zu unterscheiden:

- *elementares Leseverständnis*, das sich im Kern auf Decodierungsleistungen und die korrekte Identifikation einfacher Informationen oder kurzer Textpassagen stützt;
- *generalisiertes Leseverständnis*, welches darüber hinaus semantische und syntaktische Transformationsleistungen umfaßt und/oder die Kombination verschiedener Einzelinformationen erfordert;
- *evaluatives Leseverständnis*, das zusätzlich analytische, synthetische, interpretatorische und vergleichend bewertende Leistungen einschließt (zu weiteren technischen Einzelheiten vgl. Lehmann/et al. 1992).

Von besonderer Wichtigkeit für die Diskussion um die Mindestanforderungen an das Leseverständnis („minimal funktionales Leseverständnis") ist die Frage, wie ein Schwellenwert vernünftig begründet und auf die Skala bezogen werden kann, der die Grenze zwischen Lesekundigen und „funktionalen Analphabeten" markiert. Ausgehend von der Überlegung, daß in Westdeutschland diejenigen mit einem hohen beruflichen und sozialen Risiko belastet sind, deren Leseverständnis nicht für den erfolgreichen Abschluß der Ausbildung zu einer einfachen manuellen Tätigkeit (z. B. Gärtnerin, Maurer) ausreicht, wurde hier folgendermaßen vorgegangen: Neun Experten für die Ausbildung von Jugendlichen ohne Hauptschulabschluß bzw. für die nachträgliche Alphabetisierung und den Erwerb des Hauptschulabschlusss wurden gebeten, für alle Testaufgaben die Lösungswahrscheinlichkeiten derjenigen Personen zu schätzen, die sich auf der Grenze zwischen Scheitern und Erfolg in ihrem Ausbildungsprogramm befinden. Aus den Schwierigkeitsparametern der zehn Aufgaben, die diesen Grenzbereich markieren ($0{,}48 < p < 0{,}52$), konnte auf dem Wege der Mittelwertbildung der kritische Skalenwert bestimmt werden. Dieser Wert deckt sich mit der oben eingeführten Unterscheidung zwischen „elementarem" und „generalisiertem" Leseverständnis (vgl. hierzu auch Lehmann 1993b). Die Ableitung dieses Wertes aus den westdeutschen Gegebenheiten ist vor dem Hintergrund der Migrationsbewegungen im Rahmen der Freizügigkeit in der Europäischen Gemeinschaft und ebenso im Zusammenhang mit der Abwanderung von Gruppen deutscher Nationalität aus Ostmittel-, Südost- und Osteuropa sinnvoll.

III. Die Befunde

Nunmehr sollen zunächst die Befunde im Überblick vorgestellt werden. In der anschließenden Diskussion kann und muß dann auf die historischen und regionalen Zusammenhänge eingegangen werden. Anstelle einer umfangreichen und unübersichtlichen Tabelle möge eine graphische Darstellung dazu dienen, die unter den Minderheiten angetroffenen Verteilungen des gemessenen Leseverständnisses zu veranschaulichen.[4]

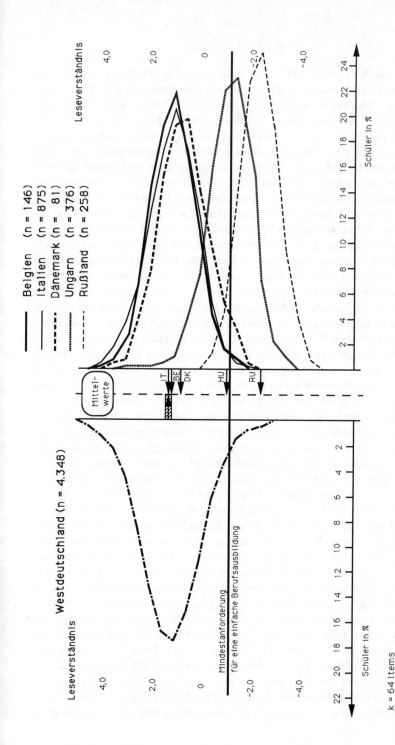

Abb. 1: Vergleich des Leseverständnisses zwischen westdeutschen Achtkläßlern und Achtkläßlern aus Minderheitenschulen in Belgien, Italien, Dänemark, Ungarn und Rußland.

In dieser Abbildung sind links die prozentualen Häufigkeiten für Gruppen von Schülern mit etwa gleich guten Verständnisleistungen in der westdeutschen Stichprobe aufgetragen, wobei die Skaleneinheiten nur konventionelle Bedeutung haben.[5] Schüler, deren „Herkunftssprache" nicht Deutsch ist, sind mit ca. 11 Prozent in dieser Stichprobe enthalten. Sie konzentrieren sich erwartungsgemäß im unteren Leistungsbereich, doch auch diese Population gehört konstitutiv und unbestreitbar zur Klientel des westdeutschen Bildungssystems – so wie in sämtlichen der hier zu untersuchenden Minderheiten Jugendliche anzutreffen sind, die nicht Deutsch als erste Sprache erworben haben. So gesehen erscheint es geboten, die bilingualen Schüler in der westdeutschen Vergleichsstichprobe zu belassen.

Es ist an dieser Stelle der Erwähnung wert, daß in der ostdeutschen Stichprobe zwar insgesamt signifikant höhere Leseleistungen angetroffen wurden, daß dieser Unterschied aber verschwindet, wenn man berücksichtigt, daß zum Zeitpunkt der Testdurchführung (Frühjahr 1991) weniger als 0,5 Prozent Jugendliche nichtdeutscher Muttersprache in den ostdeutschen Klassen vorhanden waren. Daraus läßt sich vor allem schließen, daß die an den westdeutschen Schulen geforderte und ermöglichte Anpassung an das Deutsche als Unterrichtssprache deutlich hinter den Zielen zurückbleibt, und zwar selbst bei den Schülern, die ihre gesamte Schulzeit an westdeutschen Schulen verbracht haben (Näheres in Lehmann/et al., im Druck). Das Spannungsverhältnis von kultureller Zugehörigkeit einschließlich seiner sprachlichen Dimension und den Dominanzansprüchen des Bildungswesens im Aufenthaltsland ist also auch für die Bundesrepublik nachweisbar.

Ebenso sei kurz darauf hingewiesen, daß in der deutschsprachigen Schweiz signifikant höhere Leseleistungen als in Westdeutschland erreicht wurden (vgl. Elley 1992, S. 24). Umgerechnet auf die westdeutsche Skala beträgt die Differenz ca. 0,30 Einheiten bei etwa gleicher Streuung. In diesem Fall kommt der sog. „Ausländeranteil" als erklärendes Moment nicht in Frage. Eher wird man die Ursachen in Besonderheiten der Bildungspolitik und des „pädagogischen Klimas" suchen, so wie sie auch für bestimmte regionale Unterschiede innerhalb der Bundesrepublik verantwortlich zu sein scheinen.[6] Für die weiteren Betrachtungen bleibt aber die in der Abbildung allein berücksichtigte westdeutsche Gesamtverteilung maßgeblich.

Den so kurz charakterisierten westdeutschen Referenzwerten werden nun die Leistungsverteilungen gegenübergestellt, so wie sie bei den Jugendlichen der deutschen und deutschsprachigen Minderheiten festgestellt wurden (rechte Seite der Graphik). Dabei wird eine Hierarchie zwischen den Minoritäten sichtbar, die von absoluter Ebenbürtigkeit des Leseverständnisses gegenüber den Verhältnissen in der Bundesrepublik (Belgien, Südtirol) bis hin zu Leistungsunterschieden reicht, bei denen die in der Minderheitensituation erbrachten Spitzenleistungen nur mit ausgesprochen

Deutsche und deutschsprachige Minderheiten 297

schwachen Ausprägungen des Leseverständnisses in Westdeutschland vergleichbar sind (Rußland). Gleichzeitig sind Streuungsunterschiede erkennbar, denen zufolge in der Minderheitensituation, vor allem aber unter prekären Rahmenbedingungen (Ungarn, Rußland), eine Homogenisierung der Verstehensleistungen zu konstatieren ist.

Um die in der Abbildung enthaltenen Informationen auch auf die oben eingeführte Unterscheidung zwischen verschiedenen Stufen des Leseverständnisses zu beziehen und um einige exponierte Vergleichswerte zu gewinnen, seien die so definierten kumulierten Prozentwerte auch tabellarisch zusammengefaßt.

Tab. 1: Erreichte Stufen des Leseverständnisses bei Jugendlichen (8. Jahrgangsstufe) in Westdeutschland und in fünf deutschen bzw. deutschsprachigen Minderheiten (kumulative Prozentangaben)

Stichprobe	Erreichte Stufe des Leseverständnisses		unterhalb der Schwelle minimal funktionalen Leseverständnisses
	evaluativ	generalisiert	
Westdeutschland	63,6%	98,6%	1,4%
Belgien (Deutschsprachige Gemeinschaft)	65,8%	100,0%	0,0%
Italien (Südtirol)	63,3%	99,3%	0,7%
Dänemark (Nordschleswig)	48,1%	98,8%	1,2%
Ungarn (Nationalitätenschulen)	2,1%	51,6%	48,4%
Rußland (Rayon Halstadt)	0,0%	3,5%	96,5%

Wenn es sich hierbei auch um äußerst vereinfachende („verdichtete") Werte handelt, so ermöglichen sie doch erste wichtige Einsichten. Offenkundig gelingt es bis zur 8. Jahrgangsstufe in allen Fällen, wo ein eigenständiges deutsch(sprachig)es Bildungswesen existiert, etwa den gleichen Anteil von Schülern über die Schwelle der schriftbezogenen Mindestanforderungen an eine einfache manuelle Berufsausbildung zu führen. Nicht einmal Nordschleswig bildet in dieser Hinsicht eine Ausnahme, obwohl hier Lernbehinderte grundsätzlich in den Regelunterricht einbezogen sind. Dagegen erfüllen die Nationalitätenschulen in Ungarn, an denen Deutsch nur in Form von Zusatzunterricht angeboten wird, eindeutig nicht die in sie gesetzte Erwartung, daß ein möglichst gutes, mindestens aber ein funktionales deutsches Leseverständnis erreicht werden soll. Erst recht gilt dies für die Schulen in dem artifiziellen „Deutschen Rayon" im Altai-Gebiet. Der Blick auf die Quoten der Jugendlichen, die die Stufe des evaluativen Leseverständnisses erreichen, also zum eigenständigen und souveränen Umgang mit deutschsprachigen Texten befähigt sind, führt indessen zu deutlichen Differenzierungen. Wenn man diesen Unterschieden nachgeht, erweist es sich schnell als notwendig, auf die je spezifische historische und regionale Situation der Minderheit einzugehen.

IV. Diskussion der regionalen Unterschiede [7]

Die abgebildeten bzw. tabellierten Unterschiede gegenüber den Ausprägungen des Leseverständnisses in Westdeutschland sind sowenig mit unterrichtlichen Gegebenheiten allein zu erklären wie die Differenzen der Minderheiten untereinander. Als erklärende Momente kommen vielmehr zuallererst historische und regionale Besonderheiten in Betracht, auch wenn methodisch dagegen einzuwenden ist, daß bei einer solchen Betrachtungsweise gerade die wichtigsten Faktoren unentwirrbar miteinander verknüpft (statistisch gesprochen: „konfundiert") sind. Dennoch ergeben sich daraus wichtige Ansatzpunkte für nachfolgende Differenzierungen.

1. Deutschsprachige Gemeinschaft Belgiens

Die Deutschsprachige Gemeinschaft Belgiens umfaßt einen schmalen Gebietsstreifen entlang der deutschen und luxemburgischen Grenze, das sog. Eupen-St. Vither Land. Mit ca. 68000 Menschen gehören ihr weniger als 1 Prozent der Bürger Belgiens an. Gleichwohl hat sie sich seit den sechziger Jahren schrittweise zu einer offiziellen Gebietskörperschaft entwickelt, die seit 1989 auch die Jurisdiktion über ein eigenes Schulwesen besitzt. Der Unterricht wird in den ersten Jahren der Grundschule vollständig auf Hochdeutsch erteilt. Ab der 3. Jahrgangsstufe kommt häufig Französisch als erste Fremdsprache hinzu, und in der Sekundarstufe findet zunehmend auch der Fachunterricht in französischer Sprache statt, um angemessen auf das Studium an den Hochschulen des Landes vorzubereiten. Die Umgangssprache ist in dieser Gruppe nicht Hochdeutsch; vielmehr werden verschiedene Dialekte verwendet.

Als ein wichtiges Charakteristikum gilt es festzustellen, daß es in der Deutschsprachigen Gemeinschaft Belgiens gelungen ist, mit ihrer Zuständigkeit für eigene Schulen ein „herkunftssprachliches" Teilsystem im belgischen Bildungswesen zu etablieren, das übrigens seinerseits Minderheitenregelungen für frankophone Bewohner des Gebiets vorsieht. Insofern ist die Situation dem häufig zitierten finnischen Beispiel nicht unähnlich. Obwohl hier wie dort ein Rückgang des Anteils der Minorität an der Gesamtbevölkerung festzustellen ist (was sich für Belgien auch an den Schülerangaben zur Verwendung des Deutschen außerhalb der Schule nachweisen läßt), gelingt es jedenfalls an den deutschsprachigen Schulen in Belgien, Standards des Leseverständnisses aufrechtzuerhalten, die sich im Mittel gar nicht und im Spitzenbereich nur wenig von den Verhältnissen in der Vergleichsgruppe unterscheiden. Daß im oberen Bereich des evaluativen Leseverständnisses dennoch ein gewisser Rückstand besteht, wird man unter anderem mit der Bedeutung des Französischen für die Hochschulausbildung im Zusammenhang sehen, und wenn überhaupt, so sind hier Einschränkungen gegenüber dem Ziel uneingeschränkter Mobilität in Europa zu erkennen.

Leider sind die Ergebnisse noch nicht publiziert worden, die in den deutschen Sprachinseln außerhalb der Deutschsprachigen Gemeinschaft Belgiens, also an frankophonen Schulen, erzielt wurden; hier leben immerhin weitere 50 000 Belgier deutscher Muttersprache. Bekannt ist nur, daß die französischsprachigen Schulen insgesamt im internationalen Vergleich wesentlich niedrigere Durchschnittswerte erreicht haben, ein Effekt, der vielleicht in Beziehung steht zu den wirtschaftlichen und sozialen Problemen in dieser Region, innerhalb deren die Deutschsprachige Gemeinschaft als bevorzugt gilt.

2. Südtirol

Auch in Südtirol konnte als ein wichtiges Ergebnis der Bemühungen um Autonomierechte in den letzten Jahrzehnten ein Netz von Schulen mit Deutsch als Unterrichtssprache eingerichtet werden. Das Gebiet, das historisch mit dem angrenzenden österreichischen Bundesland Tirol eng verbunden ist, besitzt mit der Ladinisch sprechenden Bevölkerung und den italienischen Zuwanderern seinerseits bedeutende „Minderheiten inmitten der Minderheit"; auch ist es verfassungsrechtlich nur ein Teil der Autonomen Region Trentino-Südtirol. Den wirtschaftliche Förderung sowie kulturelle und insbesondere sprachliche Autonomie umfassenden Sonderstatus garantiert ein internationales Abkommen aus dem Jahre 1969 (vgl. Seberich, S. 274 f.).

Somit gleicht die Südtiroler Situation in mancher Hinsicht derjenigen in der Deutschsprachigen Gemeinschaft Belgiens; allerdings ist das deutschsprachige Gebiet in Italien wesentlich größer und bevölkerungsreicher. Dies mindert vermutlich den Assimilationsdruck erheblich, wie sich wiederum mit den (hier nicht gesondert ausgewiesenen) Schülerangaben zum außerschulischen Gebrauch des Deutschen belegen läßt. Die relative Seltenheit der Verwendung der italienischen oder ladinischen Sprache in den Familien liefert also neben der fest verankerten, konsequenten Benutzung des Deutschen im Unterricht die wichtigste Erklärung dafür, daß das durchschnittliche deutsche Leseverständnis unter den Südtiroler Jugendlichen um nichts geringer ist als in der westdeutschen Vergleichsgruppe (dafür aber tendenziell, wenn auch nicht signifikant, besser als das italienische Leseverständnis in Italien insgesamt; vgl. Elley 1992). Auffällig ist indessen, daß die Leistungsstreuung in Südtirol, wie schon in der belgischen Minderheit, merklich geringer ist als in Westdeutschland. Dazu mag die relativ geringe Differenziertheit der Lebensumstände in diesen ländlich-kleinstädtischen Gebieten ebenso beitragen wie der Verzicht auf die in der Bundesrepublik übliche extrem frühe Allokation der Schüler zu getrennten Schulformen: In Italien setzt diese erst unmittelbar nach dem Testzeitpunkt (3. Stufe der Scuola Media) ein, während Belgien ab der 7. Jahrgangsstufe (2. Stufe der Sekundarschule) eine „Prä-Spezialisierung" kennt.

3. Dänemark

Dänemark unterscheidet sich von den meisten Ländern darin, daß dort keine allgemeine Schulpflicht, sondern nur eine „Unterrichtspflicht" herrscht. Dies gibt Eltern die Möglichkeit, ihre Kinder entweder an öffentlichen Schulen oder durch privat organisierten Unterricht bilden und erziehen zu lassen. Auf dieser rechtlichen Grundlage ist es der deutschen Volksgruppe möglich, unter der Trägerschaft des Deutschen Schul- und Sprachvereins für Nordschleswig Schulen zu betreiben (vgl. Christiansen 1990). Derselbe Verein unterhält daneben 25 Kindergärten, die einen großen Anteil ihrer Kinder im Alter von 7 Jahren an die deutschen Schulen „weiterreichen". Damit wird frühzeitig eine spezielle, deutschsprachig geprägte Lernumgebung bereitgestellt, was deswegen von Bedeutung ist, weil nur etwa von einem Drittel der Familien der Volksgruppe hauptsächlich Hochdeutsch, dagegen von fast zwei Dritteln Sønderjysk gesprochen wird (vgl. Born/Dickgießer 1989, S. 77). Neben seiner Verwendung als allgemeine Unterrichtssprache wird Deutsch als Fach ab der 1. Jahrgangsstufe mit 7 Stunden pro Woche angeboten; „Reichsdänisch" kommt in der 3. Jahrgangsstufe als „Fremdsprache" hinzu.

Mit ca. 20 000 Mitgliedern ist die deutsche Minderheit in Nordschleswig zahlenmäßig die kleinste der hier untersuchten, und die eben zitierten Angaben über die Verwendung des Deutschen im Alltag verdeutlichen den Übergang von einer sprachlich zu einer kulturell definierten Minorität: In der Mehrzahl bestimmt nicht mehr die „Herkunftssprache" die Zugehörigkeit zur Gemeinschaft der „Nordschleswiger" (im Unterschied zu den „Südjüten"), sondern die historisch bedingte, aber bewußt akzeptierte Identität. Gleichwohl ist der Assimilationsdruck erheblich: Während unter den Achtkläßlern an den deutschen Schulen noch etwa drei Viertel (78 Prozent) angaben, Deutsch als erste Sprache im Elternhaus gelernt zu haben, waren es unter den Drittkläßlern, denen dieselbe Frage gestellt wurde, mit 57 Prozent nur wenig mehr als die Hälfte. Eine solche Differenz im Vergleich zweier Jahrgangs-Kohorten, die nur um fünf Jahre auseinanderliegen, verdeutlicht drastisch die Geschwindigkeit, mit der sich die Assimilation vollzieht.

Angesichts all dessen war in der Tat zu erwarten, daß die Jugendlichen der deutschsprachigen Minderheit in Dänemark ein durchschnittlich niedriger ausgeprägtes Leseverständnis in der deutschen Sprache zeigen würden als ihre westdeutschen Altersgenossen. Erneut ist die Streuung insgesamt etwas geringer, aber dabei fallen vor allem die gering besetzten oberen Fähigkeitsgruppen auf (vgl. die oben tabellierte Quote für das evaluative Leseverständnis). Interessanterweise konnten in einer größer angelegten Vergleichsstudie von 1977 noch keine solchen Defizite festgestellt werden (Wieczerkowski 1977, S. 12). Dagegen ergaben sich, verglichen mit monolingual-dänischen Schülern, weder damals noch in der gegenwärtigen Studie eindeutige Anzeichen für eine Unterlegenheit der Jugendlichen an den deutschen Schulen im dänischen Leseverständnis. Daß die Perspektive der weiteren Lebensplanung an diesen Befunden nicht unbeteiligt ist, verdeutlichen Angaben der Schüler zu ihren Ausbildungsabsichten: Nur ca. 20 Prozent von ihnen gaben an, ihre deutsche Sprachkompetenz für ihre Berufsausbildung oder ein Studium in der Bundesrepublik nutzen zu wollen.

4. Ungarn

Die Lage der Ungarndeutschen ist in besonders hohem Maße durch historische Wechselfälle geprägt, vor allem durch die großen Katastrophen des 20. Jahrhunderts. Siebenbürgen mit seinem umfangreichen, weitgehend geschlossenen deutschen Siedlungsgebiet folgt bereits seit dem Ende des Ersten Weltkriegs anderen Wegen, während die relativ kleinen deutschen Sprachräume entlang der österreichischen Grenze, um Budapest und in Südungarn nach 1945 zunächst durch Vertreibung und Verfolgung und dann durch langjähriges Verbot des Deutschen in der Öffentlichkeit dezimiert wurden. Erst mit der anfangs allmählichen Liberalisierung des kommunistischen Staates und schließlich seiner unvermittelten Aufgabe konnte an die Einrichtung von Schulen für junge Ungarn deutscher Nationalität gedacht werden.

Zwar gibt es nach manchen Angaben immer noch 220 000 Ungarndeutsche (vgl. Bayerisches Staatsministerium für Arbeit, Familie und Sozialordnung 1990, S. 337), doch weniger noch als in Dänemark ist die Zugehörigkeit zu dieser Gruppe primär sprachlich bestimmt.[8] Längst ist bei den meisten Kindern und Jugendlichen die sprachliche Assimilation vollzogen. Innerhalb des Systems von Bildungseinrichtungen hat sich die Relation von Herkunfts- und Amtssprache umgekehrt. Spezielle Kindergärten bieten für wenige Stunden in der Woche elementaren deutschen Sprachunterricht an, wobei das Verhältnis von lokalem Dialekt und Hochsprachgebrauch prekär sein kann. Etwa 300 „Nationalitätenschulen", deren Unterrichtssprache ganz überwiegend Magyarisch ist, sehen ab der 1. Jahrgangsstufe drei Wochenstunden deutschen „Muttersprachunterricht" vor, doch nur ca. 10 Prozent der Schüler sprechen beim Eintritt in die Schule Deutsch. An 24 Grundschulen wird die Ausdehnung deutschsprachigen Unterrichts auf weitere Fächer (Geschichte, Geographie) erprobt. Daneben gibt es 3 „Nationalitätengymnasien" mit ähnlicher Fächerverteilung und einige zweisprachige Gymnasien. Zwei Seminare für Kindergärtnerinnen, eine Hochschule für Unterstufenlehrer der Nationalitätenschulen und eine Fakultät für Lehrerbildung mit besonders gewidmetem Lehrstuhl sorgen für die pädagogische und sprachliche Ausbildung (vgl. Komlósi-Knipf 1988).

Obwohl damit das minderheitenorientierte Subsystem weiter ausdifferenziert ist als in den anderen Gruppen – die Lehrer an den deutschen Schulen Nordschleswigs werden z. B. überwiegend in Schleswig-Holstein ausgebildet –, waren (zumindest bis vor kurzem) die bestehenden Institutionen offenbar nicht in der Lage, die Assimilation der jungen Ungarndeutschen wirksam aufzuhalten oder auch nur das erklärte Ziel der Vermittlung und Bewahrung herkunftssprachlicher Kompetenzen im angestrebten Umfang durchzusetzen: Etwa die Hälfte der Achtkläßler an den Nationalitätenschulen verfügt nicht über das minimal funktionale („generalisierte") Leseverständnis im Deutschen! Dennoch ist eine wichtige Einschränkung dieses Befundes zu machen. Die politische und wirtschaftliche Neuordnung Ungarns in Richtung auf Mittel- und Westeuropa hat seit etwa 1990 zu einem sprunghaften Anstieg der Nachfrage nach deutschem Sprachunterricht geführt, was vielleicht weniger den identitätsbewahrenden, aber um so stärker den instrumentellen Wert eines gut entwickelten deutschen Leseverständnisses für die Betroffenen unterstreicht.

5. Russische Föderation

Von allen hier betrachteten Minderheiten befinden sich die früheren Sowjetbürger deutscher Nationalität in der labilsten Lage. Als Nachkommen sprachlich und kulturell sehr unterschiedlicher Einwanderer und Versprengter, nach Angaben ihrer Verbandssprecher über zwei Millionen zählend, leben sie überwiegend verstreut über die Nachfolgestaaten der Sowjetunion. Ehemals geschlossene Siedlungsräume sind zunächst in den deutsch-sowjetischen Umsiedlungsaktionen, dann in den Massendeportationen des Zweiten Weltkriegs untergegangen. Erst nach dem Zerfall des zentralistisch geführten kommunistischen Staates, zu Beginn der neunziger Jahre, wandelte sich die Politik der ethnischen Kennzeichnung („Sowjetbürger deutscher Nationalität") zu einer Politik der aktiven Gewährung von Autonomierechten. Wie in einem weiteren Gebiet bei Omsk wurde im Altai-Gebiet, unweit von Barnaul, ein eigener Verwaltungsdistrikt mit mehrheitlich deutscher Bevölkerung eingerichtet. Dieser „Deutsche Rayon Halbstadt" bildet eine winzige Insel: Er hat nur 21 000 Bewohner, von denen 18 000 deutscher Abkunft sind. Die dort gesprochenen Mundarten sind infolge der historischen Entstehungsbedingungen dieser Enklave untereinander höchst verschieden (vgl. Jedig 1990; Peek/von Stritzky 1993). So eignet sich keine von ihnen zu einer auch nur regional verständlichen Verkehrssprache, und der Abstand zum Hochdeutschen ist allgemein groß. Bei alledem ist der Verlust der Herkunftssprache noch weiter fortgeschritten als in Ungarn. Dies hat sich in deutlichen Generationsschüben vollzogen (vgl. Hilkes 1989) und inzwischen dazu geführt, daß die befragten Jugendlichen selbst mit ihren Großeltern nur etwa zur Hälfte (56 Prozent) noch regelmäßig Deutsch sprechen.

Unter diesen Bedingungen ein deutschsprachiges Unterrichtswesen aufzubauen, wäre selbst unter ökonomisch günstigen Bedingungen ein außerordentlich unsicheres Unterfangen. In den gegenwärtigen Verhältnissen – bei mangelnden Ressourcen aller Art, von der Grundversorgung der Bevölkerung über die schlechten Verkehrswege bis hin zur problematischen Ausbildung, schlechten Besoldung und ambivalenten Zukunftsperspektive der Lehrkräfte – erreichen die Probleme einen Schwierigkeitsgrad, der kaum Grund zum Optimismus bietet. So bildet der deutschsprachige Zusatzunterricht, in den achten Klassen variierend zwischen zwei und sechs Wochenstunden, offenbar das Maximum des überhaupt Erreichbaren, ausreichend weder für die Ausbildung und Aufrechterhaltung einer eigenen sprachlich-kulturellen Identität noch für den instrumentell motivierten Aufbau einer basalen Sprachkompetenz für den Fall der Aussiedlung in die Bundesrepublik. Die oben berichteten Ergebnisse im deutschen Lesetest belegen dies überdeutlich.

V. Ansätze zu einer übergreifenden Betrachtungsweise

Die Versuchung liegt nahe, aus den im Grunde ideographischen Beschreibungen, allenfalls kontrastiven Vergleichen des letzten Abschnitts generalisierte Aussagen zu den Bedingungen abzuleiten, unter denen sich ein gutes herkunftssprachliches Leseverständnis entwickeln kann. Höchstens im Sinne der Generierung von Hypothesen zur weiteren Überprüfung mag ein solches Vorgehen statthaft sein. Drei solche Vermutungen seien hier vorgetragen.

(1) Unter den bisherigen politischen Rahmenbedingungen setzt die Ausbildung eines voll entwickelten deutschen Leseverständnisses stets voraus, daß die deutsche Sprache zu den konstituierenden Selbstattribuierungen der betreffenden Minorität zählt. Dieses Merkmal verbindet die Minderheiten in Belgien und Italien und unterscheidet sie graduell von den Minderheiten in Dänemark, Ungarn und Rußland.

(2) In allen untersuchten Minderheiten (mit der möglichen Ausnahme Südtirols, für das noch keine ausreichenden Daten vorliegen) läßt sich eine intergenerationell verhältnismäßig rasch fortschreitende sprachliche Assimilation an die Mehrheitssprache nachweisen. Trotzdem kann ein an den autonomen Belangen der Minderheit orientiertes Subsystem des Bildungswesens zu einem guten deutschen Leseverständnis führen, wenn Deutsch die dominante Unterrichtssprache ist. Deutschsprachiger Zusatzunterricht reicht anscheinend nicht aus, diese Funktion zu erfüllen.

(3) In der Konkurrenz von Assimilationsdruck, Identitätsbewahrung und instrumenteller Nutzung der deutschen Sprachkompetenz gibt es vorerst nur wenige Anhaltspunkte dafür, daß die Erhaltung der ererbten Identität eine besonders wichtige Rolle spielt. Auf längere Sicht werden assimilative Tendenzen offenbar besonders dort wirksam, wo im Blick auf die weitere Lebensplanung der Jugendlichen die vollgültige Beherrschung der Mehrheitssprache als wichtig erscheint. Umgekehrt ist das für die Schulwahl bestimmende Interesse der Erwachsenengeneration am Erhalt kultureller Eigenständigkeit allein vermutlich nicht hinreichend, um einem Rückgang herkunftssprachlicher Kompetenz bei den Jugendlichen entgegenzuwirken.

Größe, Geschlossenheit und geographische Lage der Minderheit, ihre wirtschaftliche Situation und ihr politischer Einfluß sowie der rechtliche Status und die curricularen Einzelbestimmungen der Minoritätenschulen sind Faktoren, die eine genauere Analyse verdienen, als sie hier möglich war. Wichtiger aber noch ist es, die auf Makro-Ebene vermuteten Zusammenhänge auch durch Mikro-Analysen zu überprüfen. Es bestehen ja auch innerhalb der Minderheiten durchaus beträchtliche Unterschiede zwischen den einzelnen Schulen und insbesondere zwischen den einzelnen Jugendlichen hinsichtlich ihrer spezifischen Lernbedingungen. Entsprechende Untersuchungen, diesseits deren von einer vergleichenden Bildungsforschung im vollen Sinne des Wortes nicht gesprochen werden kann, werden dringend benötigt. Immerhin zeigen Teilanalysen (vgl. Lehmann 1993a; Peek/ von Stritzky 1993) erste wichtige Tendenzen.

Auch unter den institutionell und wohl auch sozioökonomisch vergleichsweise homogenen Verhältnissen der vorwiegend agrarisch-kleinstädtischen

Gebiete, in denen deutsche und deutschsprachige Minderheiten leben, erweisen sich die klassischen Determinanten der Schulleistung allgemein und des Leseverständnisses im besonderen immer noch als wirksam: Bildungsnähe des Elternhauses, damit zusammenhängend die Bildungsaspirationen der Jugendlichen und auch das Geschlecht (fast überall, auch im internationalen Vergleich, erzielen die Mädchen die besseren Leistungen; vgl. Elley 1992). Besonderes Gewicht gewinnt aber, nicht unerwartet, die Präsenz der deutschen Herkunftssprache in der Familie. Speziell läßt sich nachweisen, daß in dieser Hinsicht der Elterngeneration größeres Gewicht zukommt als der Generation der Großeltern, ein deutlicher Reflex der intergenerationellen sprachlichen Assimilation. Die Verfügbarkeit und Nutzung deutschsprachiger Medien zeigt ebenfalls durchgehend positive Einflüsse, was auf die Bedeutung einer aktiven Sprachpolitik verweist. Die Unterhaltung von Zeitungen, Rundfunk und Fernsehstationen, die Bereitstellung und Unterstützung von Bibliotheken, nicht zuletzt in den Schulen, die Zusammenarbeit bei der Ausbildung von Lehrkräften und der Entwicklung von Unterrichtsmaterialien stellen besonders aussichtsreiche Möglichkeiten dar. Hingegen ist mit einem Einfluß unterrichtlicher Mikro-Variablen nur dann zu rechnen, wenn, wie in der Russischen Föderation, in dieser Hinsicht besonders drastische Ungleichheiten in der Verfügbarkeit auch nur der elementarsten Lernmittel festzustellen sind.

Wenngleich die Einzelnachweise für diese Beobachtungen an dieser Stelle nicht erbracht werden können, so bestätigen die strukturellen Vergleiche zwischen den Minderheiten doch in der Tendenz die Ergebnisse der mehr ganzheitlichen Betrachtungsweise. Im fließenden Gleichgewicht der Kräfte von Assimilation, Identitätsbewahrung und instrumenteller Nutzung der deutschen Sprachkompetenz erweist sich der im Konzept der Lebensplanung antizipierte Wert des herkunftssprachlichen Leseverständnisses letztlich und generationenübergreifend als das dominante Moment. Noch ist in den Gebieten mit sprachlich autonomen Teilsystemen im Bildungswesen (Südtirol, Belgien, Nordschleswig) ein bemerkenswert hohes deutschsprachiges Leseverständnis festzustellen. Es bleibt aber abzuwarten, ob sich auch künftig Aussichten auf ein stabilisiertes Verhältnis von Herkunfts- und Landessprache auf hohem Niveau bei den Jugendlichen der deutschen und deutschsprachigen Minderheiten ergeben. Gerade die modernisierungsbedingte Ablösung primärer Bezugssysteme (Familie, Dorfgemeinschaft) scheint zunächst einmal einer Erhaltung kultureller Besonderheiten entgegenzuwirken; denn zumindest vorläufig orientiert sich die individuelle Lebensplanung in den Minderheiten offenbar zunehmend an den national organisierten beruflichen Qualifikationsangeboten. Eine Richtungsänderung in diesem Prozeß, der den Erhalt der historisch entstandenen, regional konzentrierten Minderheiten potentiell bedroht, ist langfristig wohl nur dann zu erwarten, wenn sich über seine Europäisierung der Bildungsabschlüsse die besonderen Chancen der Mehrsprachigkeit zugleich regional und international in konkreten Verbesserungen der antizipierten Lebensqualität ausdrücken.

Anmerkungen

[1] Von „deutschen und deutschsprachigen" Minderheiten ist deshalb zu reden, weil in manchen Regionen die deutsche Sprache nicht mehr das primäre, konstituierende Merkmal der Gruppenzugehörigkeit darstellt. Dies gilt vielfach im ostmittel-, südost- und osteuropäischen Raum, aber z. B. auch für weite Teile der deutschen Volksgruppe in Nordschleswig/Südjütland. Ich folge deshalb dem Sprachgebrauch der Verbände und des Bundesministeriums des Innern.

[2] Die Rücklaufquote lag in diesem Falle allerdings nur bei 50 Prozent.

[3] Aus Schweizer Sicht wird, dies sei hinzugefügt, der Gegensatz von mundartlicher Umgangssprache („Schwyzerdütsch") und Hochdeutsch als Unterrichtssprache sehr wohl als problematisierungswürdig betrachtet.

[4] Die Verteilungskurven sind in Dreierschritten „geglättet", was die Übersichtlichkeit erhöht, aber mit einer geringfügigen Verzeichnung erkauft wird. Die Werte unterscheiden sich auf Grund verbesserter Berechnungen etwas von den in einer früheren Publikation (Lehmann 1993a) berichteten. Das Konfidenzintervall bezeichnet den Bereich, innerhalb dessen mit einer Wahrscheinlichkeit von 95 Prozent der wirkliche Mittelwert für die Grundgesamtheit liegt.

[5] Die Normierung wurde so vorgenommen, daß Logit-Werte mit einer vorgegebenen mittleren Aufgabenschwierigkeit = 0 verwendet wurden; die Berechnungen erfolgten mit dem Rechenprogramm BIGSCALE (Wright/et al. 1990).

[6] In Bundesländern mit überdurchschnittlich hohem Hauptschulanteil, in denen also die Gymnasialquote vergleichsweise niedrig ist und in denen die Gesamtschulen allenfalls ein schmales Segment der Sekundarstufe I besitzen, wird ein Durchschnitt von 0,09 Skaleneinheiten über dem westdeutschen Gesamtmittelwert erreicht (vgl. Lehmann/et al., im Druck).

[7] Zahlreiche Einzelheiten und zahlreiche Einzelnachweise zu diesem Abschnitt finden sich in dem von Iris Pieper verfaßten Kapitel zu den deutschsprachigen Minderheiten in Lehmann/et al., im Druck.

[8] Tatsächlich bekannten sich bei der Volkszählung von 1980 nur ca. 31 000 Personen zur „deutschen Nationalität" oder gaben Deutsch als Muttersprache an, mag auch diese Zahl wegen der damals gegebenen politischen Rahmenbedingungen ihrerseits deutlich zu niedrig sein.

Literatur

Bayerisches Staatsministerium für Arbeit, Familie und Sozialordnung (Hrsg.): Bayerische Sozialpolitik. München 1990.
Born, J./Dickgießer, S.: Deutschsprachige Minderheiten. Ein Überblick über den Stand der Forschung über 27 Länder. Remscheid 1989.
Christiansen, F.: Unsere Schule ist eine deutsche Schule. In: Globus 22 (1990), S. 15–17.
Elley, W. B.: How in the world do students read? IEA Study of Reading Literacy. Hamburg 1992.
Elley, W. B./Manghubai, F.: Multiple choice and open-ended items in reading tests. In: Studies in Education Evaluation 41 (1992), S. 191–199.
Hilkes, P.: Deutsche in der Sowjetunion: Sprachkompetenz und Sprachverhalten. Ergebnisse einer Befragungsstudie mit deutschen Spätaussiedlern aus der Sowjetunion (Arbeitsbericht zum Forschungsprojekt Deutsche in der Sowjetgesellschaft Nr. 12). München 1989.
Jedig, H.: Die deutsche Sprachkultur in der Sowjetunion. In: Fleischhauer, I./Jedig, H. (Hrsg.): Die Deutschen in der UdSSR in Geschichte und Gegenwart. Ein internationaler Beitrag zur deutsch-sowjetischen Verständigung. Baden-Baden 1990, S. 203–224.
Komlósi-Knipf, E.: Muttersprachenunterricht und Fremdsprachenunterricht. Lage und Tendenzen des Deutschunterrichts bei den Ungarndeutschen. In: Institut für Regionale Forschung und Information im Deutschen Grenzverein e. V. (Hrsg.): Kolloquium zum Deutschunterricht und Unterricht in deutscher Sprache bei den deutschen Bevölkerungsgruppen im Ausland. Flensburg 1988, S. 183–194.
Lehmann, R. H.: Zum Leseverständnis von Schülerinnen und Schülern in deutschsprachigen Minderheiten. In: Bildung und Erziehung 46 (1993a), S. 73–90.
–: Zum Leseverständnis von Schülerinnen und Schülern im vereinigten Deutschland. In: Balhorn, H./Brügelmann, H. (Hrsg.): Bedeutung erfinden – im Kopf, mit Schrift und miteinander. Jahrbuch lesen und schreiben 5. Konstanz 1993b, S. 160–173.
Lehmann, R. H./Peek, R./Pieper, I./Stritzky, R. von: Zum Leseverständnis von Schülerinnen und Schülern im vereinigten Deutschland: Erste Ergebnisse der Hamburger Lesestudie. In: Deutschunterricht 45 (1992), S. 565–573.
–: Leseverständnis und Lesegewohnheiten deutscher Schüler. Weinheim und Basel (im Druck).
Peek, R./Stritzky, R. von: Leseverständnis von Schülerinnen und Schülern deutscher Nationalität in der Russischen Föderation. Ergebnisse einer Untersuchung im Deutschen Nationalen Rayon Halbstadt im Altai-Gebiet. In: Empirische Pädagogik 7 (1993), S. 37–62.
Rasch, G.: Probabilistic Models for Some Intelligence and Attainment Tests. Copenhagen 1960.
Wieczerkowski, W.: Zum sprachlichen Können zweisprachiger Schüler in deutschen Schulen Nordschleswigs. Arbeitsbericht der Projektgruppe Zweisprachigkeit am Psychologischen Institut II der Universität Hamburg. Hamburg 1977.
Wright, B. D./Linaere, J. B./Schulz, M.: A User's Guide to BIGSCALE. Rasch-Model Rating Scale Analysis Computer Program. Version 1.7. Chicago IL (MESA) 1990.

VI. MULTIKULTURELLE UND NATIONALE BILDUNGSPOLITIK

Eine Integration Europas kann nur in *kultureller Vielfalt* und bei *multikultureller Bereitschaft* gelingen. Dabei gilt es Erfahrungen weiterzuentwickeln, wie sie früher in Österreich-Ungarn, seit langem in der Schweiz und jüngst in vielen Großstädten – von Glasgow bis Berlin – gesammelt wurden. Eine multikulturelle Verständigung ist dabei nur bedingt durch europazentrale Politikvorgaben und auch nur teilweise im Sinne eines föderalen Ausgleichs möglich, weil Minoritätenkulturen auf lokaler, regionaler, nationaler und europäischer Ebene aufeinandertreffen. Gleichwohl zeigen die ethnischen Konflikte der Balkanstaaten wie in Belgien und die Gastarbeiter- wie Asylantenprobleme in den meisten Ländern Westeuropas, daß kurzfristig eine Mehrebenenpolitik erforderlich ist, die längerfristig allerdings nur bei bildungspolitischer Ergänzung vor Ort gelingen kann.

Bildungspolitisch und pädagogisch kann es jedoch nicht um situationsunabhängige Präferenzen – sei es zugunsten von Minderheitenansprüchen oder europäischen Gemeinsamkeiten – gehen, weil Mitglieder von Minderheiten vielfach einem ähnlich repressiven Druck durch ihre Bezugsgruppe wie durch andere regionale oder europäische Mehrheiten ausgesetzt sind. Notwendig ist es deshalb – und zwar von der lokalen bis zur europäischen Ebene –, ein situationsbezogenes Verständnis für kulturelle Andersartigkeit zu wecken, Bereitschaft zu kulturellen Mehrfachbeziehungen zu fördern und eine Kooperationsfähigkeit unter Minderheiten sowie zwischen ihnen und Mehrheiten zu erleichtern. Multikulturelle Kooperation erfordert beim Alltagshandeln daher immer eine Abwägung anteiliger Rechte und Pflichten, damit in einem dialektischen Prozeß sowohl *Vielfalt als reziproke Bereicherung* wie auch *Gemeinsamkeit als notwendige Kooperationsbedingung* und vor allem Kommunikation als eine Erweiterung von Selbst- und Fremderkenntnis erfahren werden.

Damit die unterschiedlichen *Ausgangsbedingungen und Aufgaben* einer multikulturellen Bildungspolitik und Pädagogik in Europa transparent werden, kontrastiert dieses letzte Kapitel zwei durchaus verschiedene Ansätze: einerseits werden konkurrierende Erziehungskonzeptionen und -strategien aus *westeuropäischer Perspektive* verglichen, andererseits werden aus *osteuropäischer Sicht* Schwierigkeiten skizziert, die sicher nicht nur in Ungarn bei der Entwicklung nationalverträglicher und europarelevanter Bildungsstrukturen entstehen.

Der erste Beitrag analysiert zunächst zeitabhängige, weltanschauungsbedingte und wissenschaftsspezifische *Akzente in multikulturellen Erziehungs-*

ansätzen, um dann auf der Basis von aktuellen Migrationsdaten auf die landesunterschiedliche Akzeptanz und auf entsprechend schulstufenspezifische Bildungsbemühungen hinzuweisen. Vor diesem Hintergrund wird deutlich, weshalb sich die interkulturellen Erziehungsbemühungen in Deutschland wie in Europa erheblich unterscheiden. Der kategoriale Vergleich ist nicht nur für eine Selbstabklärung verschiedener Ansätze, sondern auch für die Evaluation europäischer Modellvorhaben überaus hilfreich.

Der *osteuropäische Beitrag* bietet daneben einen nützlichen Reflexionsanstoß, mit welchen Herausforderungen Staaten wie Ungarn derzeit konfrontiert sind, wenn sie sich gleichzeitig um eine bildungspolitische Selbststabilisierung und um eine Integration in die europäische Gemeinschaft bemühen. In absichtlich wenig veränderter Ursprünglichkeit zeigt der Artikel, wie sich Ungarn historisch Europa verbunden fühlt, daß eine multikulturelle Kooperation eher europäisch als innerstaatlich begriffen wird und wie staatliche Traditionen heute mit einem europaorientierten Menschenbild in Einklang gebracht werden sollen.

Beide Beiträge geben erst im Zusammenhang hilfreiche Hinweise, wie wissenschaftliche Auseinandersetzungen mit der multikulturellen Erziehung und bildungspolitische Praxisanforderungen an sie in Europa aufeinanderstoßen. Der Ausblick des Mitherausgebers verdeutlicht darüber hinaus, welche Möglichkeiten die 'Vergleichende Erziehungswissenschaft' für eine Politikberatung bieten kann.

Wilfried Bos

Wie multikulturell ist und will Europa sein?

Abstract

In dem folgenden Beitrag werden verschiedene Dimensionen erziehungswissenschaftlicher Aufgaben in einem Europa der kulturellen Vielfalt thematisiert. Ausgehend von der theoretischen Diskussion um Grundlagen multi- bzw. interkultureller Erziehung und auf der Basis aktueller demographischer und statistischer Angaben, werden Entwicklungen und Konzepte einer interkulturellen Erziehung für vorrangig nichtterritoriale Minderheiten in der BRD und Europa diskutiert. Dabei werden die Hauptströmungen dieser Diskussion für die klassischen Einwanderungsländer aufgezeigt, ebenso wie die Entwicklung im ehemals sowjetischen Einflußbereich. Europäische Modellversuche werden als Notwendigkeit zur Weiterentwicklung interkultureller Erziehungsansätze gefordert, deren Entwicklung und Anwendung als Voraussetzung für die Integration Europas angesehen wird.

Einleitung

Die Beschäftigung mit den Aufgaben der Erziehungswissenschaft in einem Europa der kulturellen Vielfalt gewinnt seine soziale und politische Relevanz angesichts der ethnischen und Nationalitätenkonflikte in Osteuropa, der fortschreitenden europäischen Integration, der wachsenden Internationalen Kooperationszwänge und nicht zuletzt durch zunehmende Gewalt gegen Ausländer auch in den Ländern der EG. Wissenschaftstheoretisch und ideologiekritisch sind unterschiedliche Werthorizonte bzw. konkurrierende Theoreme der „internationalen Erziehung", der „Antirassismus-", „multi- bzw. interkulturellen Erziehung" daraufhin zu vergleichen, inwieweit sie selbst kultur- und politikabhängig sind bzw. dazu beitragen, ethnische Einstellungen und Differenzierungen aufgrund von Sozialisation, Bildungspolitik und Erziehung zu erkennen bzw. interkulturelle Verständigung und

Kooperation zu fördern. Zwar sind erste Beiträge zu einer solchen Diskussion geleistet (vgl. z. B. Homann/Reich 1989; Auernheimer 1990; Schulte 1990; Lynch 1992), aber von einer zusammenfassenden Theoriebildung, die darüber hinaus die Erfahrungen in den „klassischen Aufnahmeländern" außerhalb Europas mitberücksichtigt, sind wir auch aufgrund mangelnder empirischer Forschungsarbeiten noch weit entfernt.

Aus anwendungsorientierter erziehungswissenschaftlicher Perspektive scheint eine wesentliche Bedingung für eine bessere internationale Verständigung, für ein Gelingen einer europäischen Einheit und eines besseren nationalen Zusammenlebens unter der Bedingung einer „multikulturellen Gesellschaft" die Fähigkeit der Menschen zu sein, Mitgliedern „fremder" Gesellschaften und Kulturen adäquat zu begegnen. Dies setzt Lernen voraus, da nur reflektiertes Handeln einzelner als auch aller beteiligten Gruppen diesen Prozeß in Gang setzen kann. Die Erziehungswissenschaft hat hier die grundlegende Aufgabe, diesen Lernprozeß zu konzipieren und mittels Beratung und Ausbildung umzusetzen. Voraussetzung für die Entwicklung sinnvoller Konzeptionen sind die grundlegenden Kenntnisse über die Bedingungen und den Verlauf dieses „interkulturellen Lernprozesses". Da in den klassischen und engen erziehungswissenschaftlichen Theorien kulturelle und ethnische Vielfalt nur punktuell bearbeitet wird (Wenning 1993), muß dabei auf eine für die Sozialisationsprozesse ethnischer Minderheiten in Majoritätsgesellschaften breiter ausgelegte, relevante Theoriedebatte zurückgegriffen werden. Auf einer aus Raumgründen auf Schule und nichtterritoriale Minderheiten begrenzten Beispielebene sollen im Anschluß erste weiterführende Ansätze aufgezeigt werden.

I. Theoretische Implikationen einer interkulturellen Erziehung

Seit der Kritik eines unilinearen Evolutionismus durch Durkheim (1895) und Weber (1922) läßt sich das Entstehen verschiedener Kulturen und damit kultureller Identitäten nicht mehr durch finale Entwicklungsgesetze, sondern als kausale Folge endogener oder exogener Faktoren im Rahmen einer funktionalistischen Theorie kulturellen Wandels (Malinowski 1945; Radcliffe-Brown 1952) erklären. Diese funktionalistischen Identitätskonzepte, auch in Erweiterung um eine historische Komponente und unter Einbeziehung einer institutionellen Dimension (Mead 1934; Luckmann 1979), werden von Goodenough (1969) bzw. Krappmann (1969) als deterministisch kritisiert. Es wird ein interaktionstheoretisch begründetes Identitätskonzept entwickelt, in dem Identität Bestandteil des Kommunikationsprozesses ist und nicht des Individuums. Individuelles Handeln orientiert sich danach ständig an einem Bezugsrahmen, sowohl eigener Erwartungen als auch denen seiner Interaktionspartner (Habermas 1981), die zu einer „Identitätsbalance" auszugleichen sind. Allerdings vernachlässigt dieser Ansatz das Verhältnis von individueller zu kollektiver Identität. Sozialpsychologische Forschungen im Rahmen der Theorie der sozialen Kategorisierung (insbesondere die Arbeiten von Taijfel 1978; Taijfel/Turner 1979; Turner 1982) machen deutlich, daß individuelle Identität in einem hohen Maße durch eine Bezugsgruppenorientierung beeinflußt wird.

Da diese Bezugsgruppen durchaus einzelne Ethnien sein können, die ihre Ansprüche und kulturelle Eigenständigkeit in postkolonialen Nationalstaaten anmelden, wurde innerhalb der cultural bzw. social anthropology unter dem Phänomen "tribalism" (Mair 1975) und übertragen auf westliche Gesellschaften unter dem Begriff Ethnizität (Heine/Stipek 1984) diskutiert. Ähnlich der Debatte um Identitätskonzepte wurden eher funktionalistische Ansätze (Aronson 1976) und Ansätze, die eine Übertragung der Herkunftskultur bzw. eine Revitalisierung einer „ursprünglichen Kultur" (Greverus 1978) in den Vordergrund rückten, als deterministisch kritisiert. Unter Einbeziehung des Prozeßcharakters (Barth 1969) und um die Handlungskomponente (Francis 1976) erweitert, wurde Ethnizität nun eher als soziales Handeln, das aus dem Bewußtsein gleicher Ethnien- bzw. Kulturzugehörigkeit resultiert, verstanden (vgl. auch Heckmann 1992; Schleicher/Kozma 1992). Ethnizität gewinnt dann als dynamischer Prozeß erst im interethnischen Kontakt an Bedeutung, wird so zu einem Bestandteil eines Kommunikationsprozesses verschiedener Kulturen bzw. sich ethnisch definierender Gruppen (Herskovits 1937). Für eine subjektive Identifikation mit der Bezugsgruppe „Ethnie" müssen entsprechende Kategorien (vgl. Kroeber/Kluckhuhn 1952) vorhanden sein, die es dem Individuum erlauben, sich mit der Ethnie zu identifizieren, gegen andere abzugrenzen und die eine Integration in die ethnische Minorität über die frühe Enkulturation hinaus zu fördern (Streek 1985). Vordergründig scheinen diese ethnischen Identitätskategorien ein trennendes Merkmal in der Begegnung ethnischer Gruppen bzw. Individuen zu sein, hintergründig sind sie die Basis für eine interethnische Kommunikation.

Unser Wissen darüber, wie bzw. unter welchen Bedingungen diese Kategorien entstehen, ist erschreckend gering. In der ethnologischen Literatur finden wir soziokulturellen Wandel traditioneller Gesellschaften durch Kontakt mit westlicher Zivilisation meist auf kolonialer Basis beschrieben (vgl. z. B. Fortęs 1936). Im Bereich der Vorurteilsforschung in multiethnisch zusammengesetzten postkolonialen westlichen Industrienationen finden wir die Einflüsse der Majoritätskultur auf diesen Prozeß dokumentiert (vgl. z. B. Kung 1962). Der Einfluß der Herkunftskultur auf die interethnische Kommunikation wird z. B. durch die entsprechenden Analysen muttersprachlichen Lehrmaterials für ethnische Minoritäten in Majoritätsgesellschaften (Bos 1988; Bos 1990) belegt. Relativ selten sind Arbeiten, die

die Eigendynamik der Minoritätskultur thematisieren (vgl. z. B. Alaluf 1989), ebenso wie Arbeiten, die die Beeinflussung der Majoritätskultur durch die Minorität (vgl. z. B. Moscowici 1976) belegen.

Forschung, die das Verhältnis von „Herkunftskultur – Migrationskultur – Majoritätskultur" thematisiert, muß sich mit der Frage beschäftigen, welche soziokulturellen Vorstellungen, Wertorientierungen, Handlungsmuster, Kulturtechniken und Kommunikationsstrategien vom Individuum der Minorität und der Majorität gelernt werden müssen, um sowohl von der eigenen ethnischen Gruppe als Mitglied anerkannt zu werden, sich selbst als Mitglied dieser Gemeinschaft zu identifizieren als auch mit Mitgliedern anderer Ethnien kommunizieren zu können. Anteile werden zwar schon im frühkindlichen Sozialisationsprozeß vermittelt, aber gerade in schrifttradierenden Kulturen ist die Sozialisationsinstanz, die auf die Übernahme sozialer Rollen in der Gesellschaft vorbereitet, die Schule. Dort sollen nicht nur singuläre oder periphäre, sondern für die Kultur zentrale Wertvorstellungen, Handlungsmuster und Kulturtechniken vermittelt werden. Die grundlegende Arbeit Parsons' (1959) über das Verhältnis von Erziehungswesen und Gesellschaft und deren Weiterentwicklung durch Fend (1974) weist der Schule die Funktionen der Qualifikation für den Produktionsbereich, der Selektion für die Sozialstruktur und der Integration für den politischen Bereich zu. Diese Funktionszuweisungen treffen so nur für ein überethnisch, national- und majoritätsorientiertes Schulwesen zu, jedoch nicht für eine postmoderne und/oder multikulturelle Gesellschaft, für ein Europa der kulturellen Vielfalt. Die entsprechenden Konflikte des „überethnischen und nationalen Schulsystems" in einer multikulturellen Gesellschaft waren – entsprechend ihrem immer virulenteren Auftreten für die Erziehungswissenschaft – Ausgangspunkt, verschiedene Konzepte zu entwickeln, mit denen versucht wurde, diesen Konflikt zu lösen. Lösungsansätze können auf Grundlage der theoretischen Erörterungen vorläufig eingeordnet und bewertet und im Hinblick auf evtl. Beiträge zur Theorieentwicklung diskutiert werden.

II. Demographische und statistische Grundlagen

Um die teilweise ideologisierte Diskussion im Spannungsfeld zwischen „Multikulturellem Europa" und „Durchrasster Nation" auf eine empirische Basis zu transferieren, scheint es zweckmäßig, einige Fakten über Ausländeranteile in der Bevölkerung für die BRD und Europa heranzuziehen. In Tabelle 1 finden sich die entsprechenden Angaben für das Jahr 1990, das aus Gründen der europäischen Vergleichbarkeit (für die EG lagen im Januar 1993 noch keine aktuelleren Daten vor, die neuen Bundesländer konnten noch nicht berücksichtigt werden) zugrunde gelegt wurde. Deutlich wird,

Wie multikulturell ist und will Europa sein?

Tab. 1: Ausländer in der BRD nach Herkunftsländern*

Ausländer in der BRD	absolut	in %
Belgien	18 697	0,4
Dänemark	13 429	0,3
Frankreich	77 602	1,6
Griechenland	293 649	6,0
Irland	8 872	0,2
Italien	519 548	10,7
Luxemburg	4 764	0,1
Niederlande	101 238	2,1
Portugal	74 890	1,5
Spanien	126 963	2,6
Vereinigte Königreiche	85 748	1,8
EG-Ausländer insgesamt	1 325 400	27,3
Jugoslawien	610 499	12,6
Türkei	1 612 623	33,3
Algerien	5 924	0,1
Marokko	61 848	1,3
Tunesien	24 292	0,5
USA	85 707	1,8
Kanada	8 021	0,2
Indien	23 896	0,5
Japan	20 094	0,4
Sonstige	1 067 578	22,0
Nicht-EG-Ausländer insgesamt	3 520 482	72,7
Ausländer in der BRD insgesamt (Das entspricht, bezogen auf die Gesamtbevölkerung von 62 514 155, einem Anteil von 7,8 %)	4 845 882	100,0

* Die Angaben über den Ausländeranteil in den alten Bundesländern der BRD wurden für das Jahr 1990 nach Daten von EUROSTAT (1992) berechnet, alle Zahlen wurden auf die erste Stelle hinter dem Komma gerundet.

daß der größte Teil der Migranten aus Nicht-EG-Ländern kommt und sich hier im wesentlichen auf die klassischen Anwerbeländer für Arbeitskräfte, die Türkei und das Gebiet des ehemaligen Jugoslawiens, beschränkt. Die im Vergleich geringere EG-Binnenmigration läßt sich für die BRD ebenfalls im wesentlichen auf die ehemaligen Anwerbeländer Griechenland, Spanien und Italien einordnen. Eine gewisse Relevanz erlangen hier noch die Grenzländer Frankreich und Niederlande und die Vereinigten Königreiche, die neben den USA 1990 erhebliche Truppenkontingente auf deutschem Territorium stationierten.

Eine Sonderstellung nehmen die zugewanderten deutschstämmigen Aussiedler ein. Zwar sind diese im Gegensatz zu anderen Migranten vom Rechtsstatus her Deutsche, haben aber unter erziehungswissenschaftlichen Kategorien in der Diskussion um interkulturelle Aspekte durchaus eine gewisse Relevanz. Die Gesamtzahl von 370827 zugewanderten deutschstämmigen Aussiedlern (bzw. 397075 nach Angaben des statistischen Bundesamtes 1992a) ist eine mitzuberücksichtigende Größe. Wie aus Tabelle 2 ersichtlich, kommen diese Migranten fast ausschließlich aus Rumänien, Polen und aus dem Gebiet der ehemaligen UdSSR.

Die für das Jahr 1990 zugewanderten 193063 Asylsuchenden (Münch 1992) – auch unter dem Aspekt, daß im gleichen Jahr (bis zum 3. 10. 1990) 466038 Ausländer die BRD verlassen haben (Statistisches Bundesamt 1992a) – einmal nicht mitberücksichtigt, ist aufgrund der Datenlage eine Relativierung der polarisierten Diskussion vorzunehmen. Die Heterogenität der Bevölkerung in der BRD erlaubt von einer gewissen Multikulturalität zu sprechen, ohne daß dies aber mit multikulturellen Gesellschaften in Südostasien wie z. B. Malaysia oder in Afrika wie z. B. Kenia (Kraas-Schneider 1989) vergleichbar ausgeprägt wäre.

Tab. 2: Aussiedlerzuwanderung in die BRD nach Herkunftsländern*

Aussiedlerzuwanderung in die BRD nach Herkunftsländern	absolut	in %
Polen	113253	30,5
UdSSR	147455	39,8
Bulgarien	27	–
Jugoslawien	530	0,1
Rumänien	107189	28,9
Tschechoslowakei	1324	0,4
Ungarn	1038	0,3
China	9	–
Sonstige	2	–
Aussiedler in der BRD insgesamt (Gesamtzahl seit 1950: 2397773. Das entspricht, bezogen auf die Gesamtbevölkerung von 62514155, einem Anteil von 3,6%)	370827	100,0

* Die Angaben über die Aussiedlerzuwanderung in der BRD wurden für das Jahr 1990 nach Daten des Statistischen Bundesamtes (1992a) und den Daten des Bundesausgleichsamtes (1991) erstellt, alle Zahlen wurden auf die erste Stelle hinter dem Komma gerundet.

Diese Einschätzung scheint sich bei einer Betrachtung der Daten auf europäischer Ebene zu bewähren. Daß die BRD nach Luxemburg und Belgien den höchsten Ausländeranteil verzeichnet, ist teilweise auf die strenge Definition von deutscher Staatsangehörigkeit zurückzuführen. Nach Angaben des Bundesverwaltungsamtes (1987–1992) ist ein nicht zu unterschätzender „Ausländeranteil", insbesondere in zweiter bzw. dritter Generation, in anderen europäischen Ländern „Staatsbürger". Für alle EG-Länder gilt, daß die Staatsbürgerschaft per Abstammung (Blutlinie), Adoption und Einbürgerung erteilt wird. Eine Reihe von EG-Ländern räumt Ausländern bzw. ausländischen Kindern aber an gewisse Bedingungen geknüpfte Rechtsansprüche auf die jeweilige Staatsbürgerschaft ein. Für Irland gilt das Territorialprinzip, d. h., wer auf irischem Boden, Schiff oder Flugzeug geboren wird, ist irischer Staatsbürger (ebd., Merkblatt Nr. 71, 1992). In Griechenland, Spanien und Portugal kommt dieses Prinzip ebenfalls zum Tragen, wenn keine andere Staatsangehörigkeit zuweisbar ist (ebd., Merkblätter Nr. 88, 1990; Nr. 48, 1987; Nr. 90, 1988). Ein Anrecht auf die portugiesische Staatsangehörigkeit haben ebenfalls Nachkommen eines Elternteils, der bei der Geburt im Dienste des portugiesischen Staates stand. In den Niederlanden hat der dort geborene und dort lebende Ausländer das Recht, die Staatsangehörigkeit zu erhalten, wenn er jünger als 25 Jahre ist (ebd., Merkblatt Nr. 74, 1989), ähnliches gilt für Italien, allerdings müssen die Eltern dort mindestens zehn Jahre leben (ebd., Merkblatt Nr. 80, 1988). In Frankreich (ebd., Merkblatt Nr. 53, 1988) kann das ausländische Kind die Staatsangehörigkeit erwerben, wenn ein Elternteil dort geboren ist; für Luxemburg reicht für den Antragsteller die absolvierte Pflichtschulzeit in luxemburgischen Schulen (ebd., Merkblatt Nr. 100, 1988). Für Großbritannien (ebd., Merkblatt Nr. 51, 1992) gilt für dort geborene Ausländer nach dem am 1. 1. 83 in Kraft getretenen British Nationality Act das unbegrenzte Aufenthaltsrecht eines Elternteils als Voraussetzung für den Anspruch auf die Staatsbürgerschaft.

Wie weiterhin aus Tabelle 3 ersichtlich, spielt die EG-Binnenmigration für Belgien, Frankreich, Irland, Luxemburg, Spanien und die Vereinigten Königreiche eine erheblich größere Rolle als für die anderen Länder der EG. Wie in der BRD, ist die Minorität der Türken ebenfalls für Dänemark und die Niederlande besonders relevant. Die in der BRD kaum ins Gewicht fallenden nordafrikanischen Minoritäten sind insbesondere für Frankreich und mit Abstrichen für Italien und die Niederlande von Bedeutung. Für die Vereinigten Königreiche fallen die Zuwanderer aus Indien ins Gewicht. Das Phänomen der nicht-EG-stämmigen Zuwanderer scheint so in erster Linie ein Problem der eher hochindustrialisierten EG-Länder zu sein.

Diese Gesamtzahlen berücksichtigend und unter Beachtung der Vielfalt an regionalen Minoritäten bzw. „Vielvölkergemeinschaften" in Ländern

Tab. 3a: Ausländer in der EG nach Herkunftsländern*

Länder	Bevölkerung absolut	Ausländer absolut	in %	EG-Anteil absolut	in %	Türken absolut	in %	Jugoslawen absolut	in %
Belgien	9947782	880812	8,9	541043	61,4	81775	9,3	5537	0,6
Bundesrepublik Deutschland	62514155	4845882	7,8	1325400	27,3	1612623	33,2	610499	12,6
Dänemark	5135409	150644	2,9	26815	17,8	27929	18,5	9535	6,3
Frankreich	56634299	3607590	5,5	1308888	36,3	201480	5,6	–	–
Griechenland	10019000	173486	1,7	50013	28,8	3238	1,9	1892	1,1
Irland	3505900	81100	2,3	62100	76,6	100	0,1	–	–
Italien	57576429	781138	1,4	149077	19,1	4695	0,6	29790	3,8
Luxemburg	379300	117305	30,9	105811	90,2	191	0,2	2034	1,7
Niederlande	14892574	641918	4,3	162688	25,3	191455	29,8	12824	2,0
Portugal	9878201	107797	1,1	28794	26,7	35	0,03	80	0,1
Spanien	38924462	407647	1,0	240723	59,1	–	–	416	0,1
Vereinigte Königreiche	56997700	1894000	3,3	87900	46,4	19000	1,0	–	–
Gesamt	326405211	13689319	4,2	4880352	35,7	2142521	15,7	672607	4,9

* Die Angaben über den Ausländeranteil in der EG wurden für das Jahr 1990 nach Daten von EUROSTAT (1992) berechnet, alle Zahlen wurden gerundet.

Tab. 3b: Ausländer in der EG nach Herkunftsländern*

Länder	Algerier absolut	in %	Marokkaner absolut	in %	Tunesier absolut	in %	USA absolut	in %	Kanadier absolut	in %	Inder absolut	in %	Japaner absolut	in %
Belgien	10644	1,2	138417	15,7	6247	0,7	11489	1,3	1559	0,2	2473	0,3	2870	0,3
Bundesrepublik Deutschland	5924	0,1	61848	1,3	24292	0,5	85707	1,8	8021	0,2	23896	0,5	20094	0,4
Dänemark	315	0,2	2703	1,8	281	0,2	4126	2,7	–	–	912	0,6	670	0,4
Frankreich	619923	17,2	584708	16,2	207496	5,8	–	–	–	–	–	–	–	–
Griechenland	201	0,1	250	0,1	317	0,2	23027	13,3	1665	1,0	1302	0,8	1610	0,9
Irland	–	–	–	–	–	–	–	–	–	–	–	–	–	–
Italien	4041	0,5	77971	10,0	41234	5,3	58138	7,4	4810	0,6	11282	1,4	5650	0,7
Luxemburg	92	0,1	130	0,1	138	0,1	1367	1,2	130	0,1	121	0,1	315	0,3
Niederlande	569	0,1	147975	23,1	2441	0,4	10544	1,6	2149	0,3	2888	0,4	3934	0,6
Portugal	33	0,03	71	0,1	17	0,01	6935	6,4	2058	1,9	600	0,6	379	0,4
Spanien	702	0,2	16665	4,1	–	–	16092	3,9	1640	0,4	5734	1,4	2318	0,6
Vereinigte Königreiche	–	–	–	–	–	–	127000	6,7	27000	1,4	159000	8,4	12000	0,6
Gesamt	642444	4,7	1030738	7,5	282463	2,1	344425	2,5	49032	0,4	208208	1,5	49840	0,4

* Die Angaben über den Ausländeranteil in der EG wurden für das Jahr 1990 nach Daten von EUROSTAT (1992) berechnet, alle Zahlen wurden gerundet.

wie z. B. Belgien, läßt sich in diesem Europa eine weit stärkere Ausprägung der Multikulturalität als für die BRD feststellen. Da sich keinerlei Merkmale finden, die einen Rückgang dieser Migration innerhalb der EG und in die EG erkennen lassen, sondern vielmehr aufgrund entsprechender EG-Verträge davon auszugehen ist, daß die Binnenmigration erheblich zunehmen wird, ist die Diskussion um die erziehungswissenschaftlichen Konsequenzen dringend zu führen.

Daß sich in der BRD insbesondere die Erziehungswissenschaft in den letzten Jahren verstärkt um die interkulturellen Prozesse kümmert, liegt weniger daran, daß sich diese Disziplin ein neues Betätigungsfeld konstru-

Tab. 4: Ausländische Schüler in der BRD nach Herkunftsländern*

Ausländische Schüler in der BRD	absolut	in %
Belgien	1840	0,2
Dänemark	1054	0,1
Frankreich	4804	0,5
Griechenland	46551	4,8
Irland	260	–
Italien	90174	9,3
Luxemburg	206	–
Niederlange	5633	0,6
Portugal	14717	1,5
Spanien	20225	2,1
Vereinigte Königreiche	6629	0,7
EG-Auslandsschüler insgesamt	192093	19,8
Jugoslawien	131126	13,6
Türkei	447847	46,3
Afrika	35469	3,7
Amerika	11456	1,2
Asien	62293	6,4
Sonstige	87320	9,0
Nicht-EG-Schüler insgesamt	775511	80,2
Ausländische Schüler in der BRD insgesamt (Das entspricht, bezogen auf die Gesamtschülerzahl von 5448108, einem Anteil von 17,7%)	967604	100,0

* Die Anteile ausländischer Schüler in Allgemeinbildenden und Beruflichen Schulen sind für das Jahr 1990 in den alten Bundesländern nach Angaben des Statistischen Bundesamtes (1992b) berechnet, alle Zahlen wurden auf die erste Stelle hinter dem Komma gerundet.

ieren mußte (Dittrich/Radtke 1990), sondern, daß das Problem auch in der BRD, und zwar insbesondere im Schulsystem, virulenter wurde. Wie aus Tabelle 4 ersichtlich, sind 17,7 % der gesamten Schülerschaft keine deutschen Staatsbürger. Deutlich wird auch hier, daß das Gros dieser ausländischen Schüler die Staatsangehörigkeit ehemaliger Anwerbeländer hat und der weitaus bedeutendste Teil den Nicht-EG-Ländern Türkei und dem ehemaligen Jugoslawien zuzuordnen ist. Noch deutlicher wird das Problem, wenn man nach den Angaben des Statistischen Bundesamtes (1992b) die Anzahl der ausländischen Schüler für einige spezielle Schulformen berechnet. So sind im Jahr 1990 29,1 % der Schüler an Grund- und Hauptschulen Ausländer, im Vergleich zu 9,6 % an Gymnasien. Entsprechend der historischen Entwicklung läßt sich die Entwicklung der interkulturellen Ansätze in der Erziehungswissenschaft nachzeichnen.

III. Entwicklung und Konzepte einer interkulturellen Pädagogik in der BRD

1. Ausländerpädagogik

Der Anfang der Arbeitsmigration nach dem Zweiten Weltkrieg zu Beginn der 60er Jahre ging an der Erziehungswissenschaft praktisch folgenlos vorüber. Der aus süd- und südosteuropäischen Ländern angeworbene „Gastarbeiter" war meist ohne Familie und mit relativ kurzer Verweilperspektive in die Bundesrepublik gekommen und damit für die entsprechende Administration und die Erziehungswissenschaft, die mit der Curriculumrevision und Gesamtschuldebatte beschäftigt waren, irrelevant. Erst als sich die Verweilperspektive veränderte, die Menge der Ausländer, aber auch die der deutschstämmigen Aussiedler aus den östlichen Teilen Europas größer wurde und entsprechend die Anzahl der zu beschulenden Kinder ausländischer Arbeitnehmer anstieg, wurde dieses Problem von den Schulverwaltungen und in Folge von der Erziehungswissenschaft thematisiert. Als eine der ersten Reaktionen der Erziehungswissenschaft auf diese durch die Arbeitsmigration entstandene Problemlage kann für die Bundesrepublik (nach Auernheimer 1990, auch für die Schweiz und Österreich) zu Beginn der 70er Jahre die Etablierung einer „Ausländerpädagogik" gedeutet werden. In der BRD trat das offensichtliche Problem, die Sprachschwierigkeiten der ausländischen Kinder im nationalen Schulsystem (vgl. z. B. Müller 1974), in den Vordergrund der Debatte. Wichtige Zielsetzung war hier, die ausländischen Kinder in das deutsche Schulsystem zu integrieren, d. h. ihre „Deutschdefizite" durch gezielte Sprachförderung des Deutschen abzubauen.

2. Bikulturelle Erziehung

Die für die damalige Diskussion revolutionären Erkenntnisse aus den Forschungen bezüglich muttersprachlichen Unterrichts ethnischer Minoritäten in Skandinavien, bei finnischen Migrantenkindern in Schweden (vgl. z. B. Skutnabb-Kangas/Toukomaa 1976) und die Auswertung weiterer Resultate zu diesem Bereich aus dem angloamerikanisch-kanadischen Raum (Cummins 1979), die verkürzt besagen, daß eine Förderung der muttersprachlichen Kompetenz, d. h. die Sprache der Primärsozialisation, einen positiven Einfluß auf die Kompetenzentwicklung beim Erwerb der Zweitsprache hat, unterstützten die Forderung nach adäquaten Maßnahmen für die Ausbildung der Muttersprache der Kinder hiesiger Arbeitsmigranten. Dies entsprach sowohl der Zielsetzung, Defizite in der Beherrschung der Majoritätssprache abzubauen und die ausländischen Kinder damit in das nationale Schulsystem zu integrieren, als auch der Zielsetzung, die Rückkehrfähigkeit der Arbeitsmigranten bzw. deren Kinder in die Heimatländer zu gewährleisten. Entsprechend dieser Doppelstrategie, die auch von der Bildungsadministration mit entsprechenden Beschlüssen der Kultusministerkonferenz (vgl. Rixius/Thürmann 1987) übernommen wurde, verlief die zwischen Remigration und Integration geführte Diskussion innerhalb der Erziehungswissenschaft kontrovers. Gestritten wurde um Formen und Modelle muttersprachlichen Unterrichts für ethnische Minoritäten (vgl. BAGIV 1985) im Spektrum von Assimilationsstrategien mit der Tendenz, die Kultur der Minorität zu eliminieren (Förderklassen „Deutsch"), von Segregationsstrategien, die die Kultur der Majorität nur rudimentär-funktional vermitteln (Nationalitätenschulen, muttersprachliche Sonderklassen), und integrativen Modellen muttersprachlichen Unterrichts (muttersprachlicher Ergänzungsunterricht, bilingualer Unterricht) mit einer zumindest für die Minorität bikulturellen Perspektive, die sich aber bis heute nicht flächendeckend durchgesetzt hat.

3. Interkulturelle Erziehung

Ähnlich wie die gescheiterte kompensatorische Erziehung, die durch besondere Förderungsmaßnahmen soziokulturell deprivierter Kinder eine gesellschaftliche Nivellierung anstrebte, geriet auch die sich am defizitären Ausländerbild orientierende Ausländerpädagogik der frühen Phase (Nieke 1986) in die Kritik. Die zunehmende Marginalisierung der Ausländer durch die wirtschaftliche Rezession Anfang der 80er Jahre machte auch für die Erziehungswissenschaft gesellschaftliche Ursachen für Probleme ausländischer Familien deutlich, die sich nicht wegpädagogisieren ließen. Dies führte auch im Rahmen einer kritischen Selbstreflexion zu einer realistischeren Einschätzung pädagogischer Möglichkeiten und zu einer Überwindung der verengten Perspektive, die den Sprachausgleich in das Zentrum erziehungswissenschaftlicher Diskussion gerückt hatte. Daraus resultierend, aber auch durch das Älterwerden der Migrantenkinder bedingt, rückten einerseits sozialpädagogische Themen und Probleme des Überganges Schule/ Beruf (vgl. z. B. Yakut/et al. 1986) in den Vordergrund. Andererseits wurde durch die nicht in dem Maße wie erwartet stattfindende Remigration bzw. den weiteren Anstieg der Einwanderung immer deutlicher, daß es sich bei der faktischen Begegnung vieler Kulturen nicht um ein vorübergehendes Phänomen handelte, das mit flankierenden pädagogischen Maßnahmen in den Griff zu bekommen ist, sondern sich der Dauerzustand „multikulturelle Gesellschaft" abzeichnete.

Entsprechend dieser Erkenntnis konnte in der weiteren Diskussion auch auf die Erfahrungen und unterschiedlichen Konzepte des europäischen Auslandes (vgl. z. B. Hohmann/Reich 1989) und klassischer Einwanderungsländer zurückgegriffen und konnten erste Ansätze einer Pädagogik konzipiert werden, die die Gleichberechtigung und Gleichberücksichtigung aller beteiligten Kulturen am Erziehungsprozeß forderte und die Vielfältigkeit der Kulturen in der Begegnung als gegensätzliche Bereicherung postulierte. Die Diskussion steht aber hier erst am Anfang, die Konzepte des Auslandes werden unter Berücksichtigung eigener Erfahrungen diskutiert.

IV. Konzepte interkultureller Erziehung in Europa und in klassischen Aufnahmeländern

1. Die sozialistische Variante

Das Vorbild für den größten Teil der ehemals sozialistischen Staaten, die UdSSR, die multiethnisch zusammengesetzt war, kann für die Diskussion mit hinzugezogen werden. Nach orthodox marxistischer Position werden durch die Überwindung der Klassengegensätze ethnographische und kulturelle Unterschiede aufgehoben (Engels 1884) bzw. zu „ethnographischen Denkmälern ohne politische Bedeutung" (Engels 1859). Entsprechend stand der proletarische Internationalismus mit dem Ziel internationaler Klassensolidarität des Proletariats im Zentrum der ideologischen Bemühungen. Als die erwartete Weltrevolution ausblieb und der Aufbau des Sozialismus im eigenen Land als Ziel in den Vordergrund rückte, wurde als weitere Perspektive der sowjetische Patriotismus formuliert. Beide Konzepte, das eine international, das andere national, liefen auf eine Nivellierung kultureller Unterschiede hinaus, in dem ein einheitliches Staats- bzw. Gesellschaftssystem angestrebt wurde, das über die mehr als 100 nationalen Einzelkulturen in der Sowjetunion (Shorish 1978; Titma 1993) und deren Traditionen hinaus Identifikationen schafft und Gegensätze und Konflikte zwischen Nationalitäten auflöst.

Innerhalb der UdSSR lag hier das wesentliche Problem darin, die Balance zwischen faktischer kultureller Pluralität und der erwünschten Harmonisierung zu halten. Um dies zu gewährleisten, wurde neben einer staatlich geförderten Binnenmigration zur Vermischung der Bevölkerung ein Bilingualismus mit Russisch als Kommunikationssprache gefördert (Grant 1981) und eine Sozialisation nach den Werten des sozialistischen Internationalismus und sowjetischen Patriotismus durch eine zentrale Bildungsgesetzgebung forciert (Anweiler/Kuebart 1987). Für alle Unionsrepubliken wurden gleiche Bildungsstrukturen, gleiche Sozialisationsinhalte nach gleichen didaktischen und methodischen Prinzipien und gleichen Lehrplänen, wenn auch mit gewissen Abweichungsmöglichkeiten für besondere national-kulturelle Gegebenheiten, geschaffen. Offensichtlich war dieses Vorgehen für eine Föderation nationalinhomogener Staaten ungeeignet (Lapidus et al. 1992; Shadrikov 1993). Vielleicht sollte auch aus diesem Grunde das Konzept der internationalen Erziehung noch auf Grundlage der Erfahrungen in einem bevölkerungsmäßig homogenen Land betrachtet werden.

Die ehemalige DDR orientierte sich, wie auch die meisten anderen sozialistischen Staaten, an den Erziehungskonzepten der UdSSR. Eine entsprechende Ausländerforschung wie in der BRD fand bis auf Ausnahmen weder in Wissenschaft noch Praxis statt. Abgesehen von der regionalen Minderheit der Sorben, denen allerdings auf Wunsch die sorbische Sprache als Unterrichtssprache und zur internen Rechtspflege und Verwaltung gemäß DDR-Verfassung im Rahmen einer kulturellen Teilautonomie (Hansen 1991) zugebilligt wurde, war das Thema irrelevant, da es auf der faktischen Ebene relativ wenig Ausländer bzw. ausländische Kinder in den Schulen der DDR gab. Auf der ideologischen Ebene waren Ausländerfeindlichkeit und Rassismus, aber auch Rechtsextremismus nicht das Problem der sozialistischen Gesellschaft, sondern eine Auswirkung des kapitalistischen Systems. Entsprechende Beispiele von Rassendiskriminierung und Antirassismus im kapitalistischen Ausland wurden in Lehrplänen und Materialien für die internationale antifaschistische Erziehung innerhalb der DDR instrumentalisiert, ohne daß solche Konflikte innerhalb der realsozialistischen Staaten zur Kenntnis genommen bzw. aufgearbeitet wurden. Erziehung zur internationalen Solidarität und Überwindung des Faschismus fand mit dem Blick nach außen statt (Krüger-Potratz 1991) und erklärte so quasi die DDR zur ausländerfeindlichkeitsfreien Zone. Die offenbare Ausländerfeindlichkeit eines Teils der Bürger der ehemaligen DDR kann so vielleicht auch als Resultat dieser nach außen gerichteten internationalen Erziehung erklärt werden.

2. Antirassismuserziehung

Trotz der Antidiskriminierungsgesetzgebung von 1965 und 1976, mit der Verpflichtung, rassische Diskriminierung zu verhindern und Chancengleichheit zu verwirklichen (Commission of Racial Equality's 1987), gab es auch in den 80er Jahren rassistisch begründbare Benachteiligungen, z. B. die geringe Anzahl schwarzer Lehrer im britischen Schulsystem, die als institutioneller Rassismus interpretiert wurde, mit entsprechenden Diskussionen in der Pädagogik (vgl. z. B. The Times Educational Supplement 26. 02. 1988). Das Konzept der Antirassismuserziehung (anti-racist-education) entwickelte sich im wesentlichen als eine Reaktion eines Teils des britischen Schulsystems auf die Folgen der postkolonialen Einwanderung mit entsprechender Marginalisierung und Diskriminierung der Migranten einerseits und dem ständig wachsenden Selbstbewußtsein der „Schwarzen", das sich in der Organisation von durchsetzungsfähigen Vereinigungen manifestierte, andererseits (vgl. z. B. Gaine 1987). Das Konzept der Rasse wurde ähnlich dem Konzept von Klasse oder Geschlecht in den Zusammenhang internationaler Ungleichverteilungen von Macht und Wohlstand und in Verbindung mit wirtschaftlichen Interessen theoretisch überbaut (vgl. z. B. Kalpaka/ Räthzel 1990). Eine Antirassismuserziehung kann danach nur erfolgreich sein, wenn sie diese Ungleichheiten tatsächlich und radikal beseitigt. Schule, Eltern und Lehrer müssen zum Erreichen dieses Zieles, also zum Kampf und zur Überwindung des britischen Kapitalismus und letztendlich des Weltkapitalismus instrumentalisiert werden, da innerhalb dieses Systems die Widersprüche nicht aufgehoben werden können.

Auf einer Anwendungsebene hat hier Unterricht, insbesondere Sprachunterricht, dem Kampf des schwarzen Widerstandes zu dienen, d. h. die Sprachen der Minderheiten standen vor allen anderen Sprachen und waren primär zu unterrichten, auch in den Nicht-Sprachfächern. Darüber hinaus wird eine allgemeine Politisierung des Unterrichts angestrebt. Diese radikale Variante stand und steht in Auseinandersetzung mit der "multiracial-education" bzw. "multicultural-education", die sich eher an einem gleichberechtigten Nebeneinander verschiedener Kulturen orientiert, muttersprachlichen Ergänzungsunterricht für ethnische Minoritäten und Varianten von mehrsprachigem Unterricht in anderen Fächern und darüber hinaus Unterrichtseinheiten über institutionalisierten Rassismus favorisiert (vgl. z. B. Troyna 1987; Troyna/Hatcher 1992). Von den radikalen Vertretern wird diese Ausrichtung als systemerhaltende Pädagogik abgelehnt.

3. Multikulturelle Erziehung

Neben Großbritannien wurden auch in anderen klassischen Aufnahmeländern, insbesondere in den USA, unterschiedliche Konzepte einer multikulturellen Erziehung entwickelt und diskutiert (Sleeter/Grant 1987). Allerdings begann auch hier auf wissenschaftlicher Ebene in größerem Maße erst Ende der 60er, Anfang der 70er Jahre, als deutlich wurde, daß sich die Vision vom 'melting-pot', in dem durch die Verschmelzung der Vielfalt eine neue amerikanische Kultur entstehen sollte, nicht erfüllte, primär als Folge auf die Probleme der Beendigung der schulischen Trennung der schwarzen und weißen Schüler, die Auseinandersetzung um diese Konzepte im Rahmen der "social movements". Mit kompensatorischen Bildungsprogrammen sollte ein Niveauausgleich zwischen schwarzen Slumbewohnern und weißen Mittelschichtskindern erreicht werden. Diese defizitorientierte und nicht erfolgreiche Pädagogik änderte sich infolge des Urteils des Supreme Court im Fall Lau vs. Nichols, das besagte, daß in San Francisco für chinesische Schüler, die kein Englisch sprechen, muttersprachlicher Unterricht durch die Schulen gewährleistet werden muß. Diese Grundlage für bilinguale Programme, die einer ganzen Reihe von Ethnic-Revival-Bewegungen den Weg geebnet haben wird, wurde durch bikulturellen Unterricht ergänzt (vgl. z. B. Banks 1975; Orvik 1981).

Durch Einschränkungen der Reagan-Administration wurde aber faktisch die Hauptunterrichtssprache Englisch wieder festgesetzt (Glazer 1990) und so die integrative Funktion der Schule verstärkt. Multikulturelle Erziehung hat in diesem Rahmen den Wert der kulturellen Vielfalt und den Respekt vor kulturellen Unterschieden auf Basis der Menschenrechte und einer Chancengleichheit bei einer Wahlfreiheit für unterschiedliche Lebensalternativen zu fördern, wobei allerdings die Wahrnehmung rassischer Unterdrückung, struktureller Ungleichheit bzw. die Erziehung zu sozialer Mobilisierung nicht zwangsläufig angesprochen wird. Namhafte Vertreter multikultureller Erziehung in den USA schätzen diese 'Lightversion' allerdings als realitätsfern ein und integrieren in ihre Konzepte multikultureller Erziehung sehr wohl die Forderung nach Berücksichtigung z. B. afrikanischer und asiatischer Sichtweisen ebenso wie die Bearbeitung von Rassismus, Sexismus (vgl. Banks 1992; Steiner-Khamsi 1992) und sozialer Ungleichheit.

Auf der Unterrichtsebene heißt dies, daß ausgehend von der familiären Lebenssituation und dem schulischen Umfeld ethnographisches Hintergrundwissen zu vermitteln ist (Delgado-Gaitan/Trueba 1991). Darüber hinaus sind die Lehrpläne unter Beteiligung der betroffenen Lehrer, Schüler und Eltern daraufhin abzuklopfen, inwieweit minoritätenspezifische Geschichte, ethnographische Kunst, Wissen um unterschiedliche Werte und Einstellungen, rassismusbedingte Stratifikationen usw. in alle Fächer integriert und berücksichtigt werden können (vgl. z. B. Swartz 1989), ebenso wie Zweit- und Drittsprachenangebote. Nicht zur Diskussion stehende Basis sind aber auch hier die in der Verfassung festgeschriebenen demokratischen Ideale von Freiheit, Gleichheit, Gerechtigkeit, der Menschenrechte und des Englischen als Unterrichtssprache: Ideale, die von Vertretern radikaler ethnischer Bewegungen wiederum als Instrumente der herrschenden weißen Mittelschicht zur Unterdrückung von Minderheiten interpretiert werden.

Ähnliche Konzepte wurden in Kanada und Australien entwickelt. Obwohl in Kanada ca. 25 % der Bevölkerung weder anglo- noch frankophonen Ursprungs sind, wird offiziell eher eine bikulturelle/bilinguale Schulpolitik betrieben und ethnienspezifische Schulbildung eher in den privaten Bereich verlagert (Mallea 1989). Eine multikulturelle Erziehung hat innerhalb dieses Rahmens stattzufinden. Ergebnisse einer Erhebung belegen aber zumindest für Ontario, daß ca. 50 % der Schulen die Multikulturalität der Gesellschaft im Unterricht berücksichtigen (Mock/Masemann 1990). Die dominante angloaustralische monokulturell-assimilativ ausgerichtete Immigrationspolitik mit entsprechendem zusätzlichen bzw. speziellem Englischunterricht wurde ebenfalls zu Beginn der 70er Jahre in Frage gestellt (Bullivant 1986). In der Folge wurde das Spannungsfeld ethnischer Separation und supraethnischer Erziehung diskutiert (Smolicz 1981, 1988). Schule und Unterricht hätten danach sowohl wichtige Kulturelemente verschiedener Ethnien zu vermitteln, aber auch von allen Mitgliedern aller Ethnien geteilte Grundlagen und Ideale wie Demokratie und Englisch.

Die Vertreter multikultureller Konzepte sehen sich so einer Kritik von zwei Seiten ausgesetzt (Sleeter 1989). Ähnlich wie in Großbritannien wird ihnen von der einen Seite eine Verwässerung potentiell revolutionärer Kräfte und damit ein Beitrag zur Erhaltung des repressiven Systems unterstellt. Von der anderen Seite wird der multikulturellen Erziehung die Instrumentalisierung der Schule als gesellschaftsverändernde Instanz quasi durch die Hintertür der multikulturellen Pädagogik vorgeworfen, die als Resultat kulturelle Analphabeten ausbildet, da sie durch stärkere Berücksichtigung kultureller Differenzierungen zu wenig in die nationale Kultur und Gesellschaft integriert werden.

V. Europäische Modellversuche interkultureller Erziehung

Gemeinsame europäische Bildungsanstrengungen haben nur wenige verbindliche Rechtsgrundlagen (vgl. z. B. Berggreen 1993; Richter 1993; für den Europarat vgl. Chmielorz 1985). Wesentliche Basis für eine Bildungspolitik, die einem multikulturellen Europa gerecht wird, ist die Richtlinie

77/486/EWG des Rates vom 25. 7. 1977 über die schulische Betreuung der Kinder von Wanderarbeitern (Rat der Europäischen Gemeinschaften 1987), die von den Mitgliedsländern binnen vier Jahren umgesetzt werden sollte. Gemäß dieser Richtlinie ist Migrantenkindern kostenloser Unterricht in der Landessprache und muttersprachlicher Unterricht zu erteilen und die Lehrerausbildung für die betroffenen Lehrer zu modifizieren. Weiterhin sind die Schlußfolgerungen des Rates und der im Rat vereinten Minister für Bildungswesen vom 4. 6. 1984 (ebd.) in Punkt III bezüglich der Einrichtung von Modellversuchen auf dem Gebiet der schulischen Betreuung der Kinder von Wanderarbeitnehmern von Interesse. Darin wird auf die Bedeutung des Kindergartenbesuchs für diese Gruppe, auf die Pflege der Migrantenkultur auch der zweiten bzw. dritten Generation, auf die Gleichstellung der Herkunftssprache mit anderen „Fremdsprachen" des Sekundarbereichs, auf interkulturelle Gesichtspunkte für den gesamten Unterricht, also auch für die Majoritäten, auf die Erstellung spezieller und Modifikation der allgemeinen Lehrmaterialien und auf die Berücksichtigung interkultureller Elemente in der allgemeinen Lehrerausbildung hingewiesen. Eine Verstärkung hat diese „Schlußfolgerung" durch das Urteil des Europäischen Gerichtshofes vom 16. 12. 1992 (vgl. EG-Vertretung 1992) im Streit Kazim Kus' gegen Wiesbaden erfahren, in dem auf der Grundlage des Assoziationsverhältnisses EG/Türkei quasi eine „Beinahegleichstellung" der Türken mit EG-Angehörigen ausgesprochen wird.

Entsprechend finden sich in einer Reihe europäischer Staaten die unterschiedlichsten Varianten von zeitlich befristeten Vorbereitungsklassen, separaten Klassen muttersprachlichen Unterrichts, aber auch integrierte, bilinguale Formen. Dieses Spektrum reicht von einer Vollversorgung aller Angehörigen ethnischer Minoritäten mit muttersprachlichem Unterricht in Schweden über eine breite Berücksichtigung interkulturellen Lernens in den Niederlanden (vgl. z. B. Fase et al. 1989; Fase 1994) bis zu gelegentlichen Nachmittagsklassen weniger Minoritätsgruppen in Metropolen (vgl. CERI 1987a; 1987b; 1989). Von einer genügenden Versorgung der Migrantenkinder, geschweige denn von einer flächendeckenden, umfassenden Berücksichtigung multikultureller Elemente in den entsprechenden Schulsystemen, kann aber keine Rede sein. So sind in Irland und Griechenland immer noch keine Einführungskurse in die Landessprache eingerichtet, und weder in Irland noch in Italien oder Griechenland sind interkulturelle Elemente in die Lehrerausbildung aufgenommen worden (zumindest nicht nach Fahle 1989). Spanien hat die Immigration noch nicht realisiert, ähnlich wie in Griechenland und Italien stehen neben der Beschäftigung mit regionalen Minder- bzw. Mehrheiten hier eher die Bemühungen um die Remigranten im Vordergrund.

Aber in Folge der Richtlinie sind eine Reihe von Modellversuchen, zwischen 1976 und 1991 wurden 36 Projekte durch die EG gefördert, durchgeführt worden, deren Ergebnisse leider nur teilweise bzw. sehr verkürzt vorliegen (Boos-Nünning/et al. 1983; Reich/Gogolin 1990–1993; Reid/Reich 1992). Die Palette reicht von der stärkeren Berücksichtigung von "Community Languages", Formen der Lehrerfortbildung, Berufsberatung zum Übergang Schule – Beruf, über Remigrantenbetreuung, die Entwicklung spezieller Unterrichtsmaterialien und Sprach-Lehr-Lern-Formen bis zum "Culture Teaching" im Sekundarbereich. Die weitere Auswertung dieser, in ihrer Reichweite sicherlich nur im Rahmen von Pilotstudien zu interpretierenden Ergebnisse, aber auch die Auswertung anderer kleinerer Projekte wie z. B. zur zweisprachigen Alphabetisierung (vgl. z. B. Nehr 1991) werden erheblich dazu beitragen, die teilweise festgefahrenen Diskussionen um interkulturelle Erziehung zu beleben.

Schluß

Nach Diskussion von Theorie und Praxis scheinen alle Modelle, die eine dominante Kultur als homogene Nationalkultur präferieren, zum Scheitern verurteilt zu sein, ebenso wie Modelle, die einen separatistischen bzw. systemverändernden Ethnozentrismus forcieren. Schule muß entsprechend die Funktion als Sozialisationsinstanz für eine „homogene Nationalkultur" verlieren (vgl. Hauff 1992; Krüger-Potratz 1992; Schleicher 1993) und statt dessen auf die Pluralität vorbereiten. Notwendige gemeinsame zentrale Werte und Inhalte können dabei nicht verbindlich vorgegeben, sondern müssen als Aufgabe für die Schulen Europas formuliert werden. Die unterschiedlichen europäischen, nationalen und regionalen Traditionen und die Migrationskultur nichtterritorialer Minderheiten, aber auch die traditionellen europäischen Gemeinsamkeiten müssen als Ausgangspunkte für einen partnerschaftlichen Kommunikationsprozeß angesehen werden, in dem diese Aufgabe zu lösen ist. Dies kann gelingen, da in Europa keine einheitliche dominante monolinguale „Überkultur" vorgegeben ist. Pluralität kann dabei ebenfalls nicht verbindlich vorgegeben werden, sondern muß auf dem Erfahrungshorizont der betroffenen Mehrheiten und Minderheiten aufbauen. Inhaltlich schließt dies muttersprachlichen Unterricht für jeden ebenso ein wie die Anerkennung der jeweiligen Muttersprache als relevante Sprache für den Sekundarabschluß. Darüber hinaus sollte neben einer Intensivierung des befristeten Schüleraustausches auch über ein verstärktes Förderprogramm für den Austausch von Lehrern vielleicht im Rahmen von Schulpatenschaften nachgedacht werden. Strukturell muß dazu nationales Curriculum minimiert und die Öffnung der Schulen maximiert werden. Eine Kompetenzverlagerung von den Schulbehörden zu den Schulen scheint für die entsprechende administrative Bewältigung ebenso eine Voraussetzung zu sein wie ein Lernprozeß, der von Lehrern, Schülern und Eltern gemeinsam zu bewältigen ist und von der Wissenschaft mit begleitet werden muß. Die wohlwollendste pädagogische Empfehlung wird allerdings nichts nützen, wenn Europa sich nicht auf eine einheitliche, rationale Einwanderungspolitik verständigt und wenn durch Politikerversagen Probleme sozialer Stratifikation verschärft und auf dem Schulhof abgeladen werden. Diese Probleme müssen dort zwar thematisiert und bearbeitet, können aber in der Schule nicht gelöst werden.

Da die Entwicklung einer interkulturellen Pädagogik als Voraussetzung für eine Integration Europas anzusehen ist, heißt dies für die Erziehungswissenschaft, daß Forschung und Lehre in diesem Bereich entsprechend verstärkt werden müssen. Zusatzstudiengänge reichen nicht aus. Studierende müssen sich innerhalb ihrer Ausbildung auf ein multikulturelles, integriertes Europa vorbereiten können. Neben einer stärkeren Berücksichtigung dieser Aspekte in den Lehrangeboten ist eine internationale Kooperation auch in der Lehre notwendig. Studienabschnitte im Ausland zu absolvieren sollte die Regel und nicht die Ausnahme sein; der Austausch von Gastprofessoren ebenfalls! Weitere Forschung sollte nicht als Ad-hoc-Programme maßnahmeorientierter Politiker betrieben werden, ohne daß genügend Mittel für eine wissenschaftliche Begleitung, Auswertung, Publikation und Übersetzung zur Verfügung stehen. Langfristige internationale Forschungsförderung und -planung durch die EG-Administration ist hierfür genauso notwendig wie die Einrichtung von Stellen mit entsprechenden Widmungen an unseren Unviersitäten, die hierbei die engen Fachgrenzen zu überwinden haben. Interdisziplinarität scheint zwingend erforderlich zu sein, um die europäische Herausforderung an die Wissenschaft erfolgreich bewältigen zu können.

Literatur

Alaluf, M.: Herkunftskultur und Migrantenkultur. In: Hohmann, M./Reich, H. H. (Hrsg.): Ein Europa für Mehrheiten und Minderheiten. Diskussionen um interkulturelle Erziehung. Münster 1989, S. 59–74.

Anweiler, O./Kuebart, F.: "Internacional'noe vospitanie" und "multicultural education". Aspekte eines Vergleichs zweier politisch-pädagogischer Konzepte. In: Vergleichende Erziehungswissenschaft 17 (1987), S. 128–151.

Aronson, D. R.: Ethnicity as a Cultural System: An Introductory Essay. In: Henrey, F. (Hrsg.): Ethnicity in the Americas. Paris 1976, S. 9–19.

Auernheimer, G.: Einführung in die interkulturelle Erziehung. Darmstadt 1990.

BAGIV (Bundesarbeitsgemeinschaft der Immigrantenverbände in der Bundesrepublik Deutschland und Berlin West) (Hrsg.): Muttersprachlicher Unterricht in der Bundesrepublik Deutschland. Hamburg 1985.

Banks, J. A.: Teaching Strategies for Ethnic Studies. Boston 1975, ²1979.
–: Curriculum Guidelines for Multicultural Education. In: Social Education 56/5 (1992), S. 274–294.
Barth, F. (Hrsg.): Ethnic Groups and Boundaries. The Social Organisation of Cultural Differences. London 1969.
Berggreen, I.: Abstimmung der europäischen Bildungsverwaltung. In: Schleicher, K. (Hrsg.): Zukunft der Bildung in Europa. Nationale Vielfalt und europäische Einheit. Darmstadt 1993, S. 45–65.
Boos-Nünning, U./Hohmann, M./Reich, H. H./Wittek, F.: Aufnahmeunterricht, Muttersprachlicher Unterricht, Interkultureller Unterricht. Ergebnisse einer vergleichenden Untersuchung zum Unterricht für ausländische Kinder in Belgien, England, Frankreich und den Niederlanden. München 1983.
Bos, W.: Lehrmaterialien für die Muttersprache ethnischer Minoritäten. Eine vergleichende Inhaltsanalyse von Chinesischbüchern für Auslandschinesen. Münster 1988.
–: On the Mother Tongue Teaching Material of Ethnic Minorities: A Comparative Content Analysis. In: Research in Education 43 (1990), S. 45–62.
Bullivant, B. M.: Multicultural Education in Australia: An Unresolved Debate. In: Banks, J. A./Lynch, J. (Hrsg.): Multicultural Education in Western Societies. London 1986, S. 98–124.
Bundesausgleichsamt (Hrsg.): Statistischer Bericht des Bundesausgleichsamtes 3/91, AZ: I/2 – Vt 6838. Bad Homburg 1991.
Bundesverwaltungsamt (Hrsg.): Merkblätter für Auslandsbeschäftigte & Auswanderer. Köln 1987–1992.
CERI (Centre for Educational Research and Immigration) (Hrsg.): Immigrants' Children at School. Paris 1987a.
–: Multicultural Education. Paris 1987b.
–: One School, Many Cultures. Paris 1989.
Chmielorz, A.: Der Europarat und die Migration in Europa. Frankfurt a. M. 1985.
Commission of Racial Equality's (Hrsg.): Racial and Ethnic Relations in Britain: Past, Present & Future. London 1987.
Cummins, J.: Linguistic Interdependence and the Educational Development of Bilingual Children. In: Review of Educational Research 49/2 (1979), S. 222–251.
Delgado-Gaitan, C./Trueba, H.: Crossing Cultural Borders: Education for Immigrant Families in America. London 1991.
Dittrich, E. J./ Radtke, F.-O.: Ein Beitrag der Wissenschaften zur Konstruktion ethnischer Minderheiten. In: Dittrich, E. J./Radtke, F.-O. (Hrsg.): Ethnizität. Wissenschaft und Minderheiten. Opladen 1990, S. 11–40.
Durkheim, É.: Les Règles de la Méthode sociologique. Paris 1895, ¹⁴1960.
EG-Vertretung Bonn (Hrsg.): Urteil des Gerichtshofes vom 16. Dezember 1992, Sitzungsbericht C-237/91. Bonn 1992.
Engels, F.: Po und Rhein. Berlin 1859. In: Marx, K./Engels, F.: Werke. Bd. 13. Berlin 1971, S. 227–273.
–: Der Ursprung der Familie, des Privateigentums und des Staates. Hottingen-Zürich 1884, Berlin ¹³1977.
Eurostat (Hrsg.): Office Statistique des Communautés Européennes. Bruxelles 1992.

Fahle, K.: Die Politik der Europäischen Gemeinschaften in den Bereichen Erziehung, Bildung und Wissenschaft. Eine Bestandsaufnahme. Gutachten der Max-Traeger-Stifung. Frankfurt a. M. 1989.

Fase, W./Kole, S. C. A./v. Paridon, C. A. G. M./Vlug, V.: Vorm-geven aan intercultureel onderwijs. de Lier 1990.

Fase, W.: Ethnic Divisions in Western European Education. Münster 1994.

Fend, H.: Gesellschaftliche Bedingungen schulischer Sozialisation. Weinheim 1974, ³1976.

Fortes, M.: Culture Contact as a Dynamic Process. An Investigation in the Northern Territories of the Gold Coast. In: Africa IX (1936), S. 24–55.

Francis, E.: Interethnic Relations. An Essay in Sociological Theory. New York 1976.

Gaine, C.: No Problem Here. London 1987.

Glazer, S.: Bilingual Education: Does It Work? In: American Studies Newsletter 22 (1990), S. 28–33.

Goodenough, W. H.: Rethinking 'Status' and 'Role': Towards a General of the Cultural Organisation of Social Relationships. In: Taylor, S. (Hrsg.): Cognitive Anthropology. New York 1969, S. 311–330.

Grant, N.: The Education of Linguistic. Minorities in the USSR. In: Megarry, J. (Hrsg.): World Yearbook of Education 1981. Education of Minorities. London 1981, S. 67–84.

Greverus, I.-M.: Kultur und Alltagswelt. München 1978.

Habermas, J.: Theorie des Kommunikativen Handelns, Bd. 1 und Bd. 2, Frankfurt a. M. 1981.

Hansen, G.: „DDR-Bürger sorbischer Nationalität" – Anmerkungen zur Geschichte und aktuellen Situation einer Minderheit. In: Krüger-Potratz, M.: Anderssein gab es nicht. Ausländer und Minderheiten in der DDR. Münster 1991, S. 191–198.

Hauff, M.: Falle Nationalstaat. Die Fiktion des homogenen Nationalstaates und ihre Auswirkungen auf den Umgang mit Minderheiten in Schule und Erziehungswissenschaft. Münster 1993.

Heckmann, F.: Ethnische Minderheiten, Volk und Nation. Soziologie inter-ethnischer Beziehungen. Stuttgart 1992.

Heine, P./Stipek, R.: Ethnizität und Islam. Differenzierung und Integration muslimischer Bevölkerungsgruppen. Gelsenkirchen 1984.

Herskovits, M. J.: The Significance of the Study of Acculturation for Anthropology. In: American Anthropologist 39 (1937), S. 259–264.

Hohmann, M./Reich, H. H. (Hrsg.): Ein Europa für Mehrheiten und Minderheiten. Diskussionen um interkulturelle Erziehung. Münster 1989.

Kalpaka, A./Räthze, N. (Hrsg.): Die Schwierigkeit, nicht rassistisch zu sein. Hamburg ²1990.

Kraas-Schneider, F.: Bevölkerungsgruppen und Minoritäten. Handbuch der ethnischen und religiösen Bevölkerungsgruppen der Welt. Stuttgart 1989.

Krappmann, L.: Soziologische Dimension der Identität. Strukturelle Bedingungen für die Teilnahme an Interaktionsprozessen. Stuttgart 1969, ⁶1982.

Kroeber, A./Kluckhuhn, C.: Culture: A Critical Review of Concepts and Definitions. New York 1952.

Krüger-Potratz, M.: Anderssein gab es nicht. Ausländer und Minderheiten in der DDR. Münster 1991.

–: Interkulturelle Erziehung in der Diskussion – vernachlässigte Diskussionslinien und versteckte Bilder. In: Pädagogik und Schule in Ost und West 2 (1992), S. 84– 91.

Kung, S. W.: Chinese in American Life. Some Aspects of Their History, Status, Problems and Contributions. Seattle 1962.

Lapidus, G. W./Zaslavsky, V./Goldmann, P. (Hrsg.): From Union to Commonwealth: Nationalism and Separatism in the Soviets Republics. Cambridge 1992.

Luckmann, T.: Personal Identity as an Evolutionary and Historical Problem. In: v. Cranach, M./Foppa, K./Lepenies, W./Ploog, D. (Hrsg.): Human Ethology. Claims and Limits of a New Discipline. Cambridge 1979, S. 56–74.

Lynch, J.: Education for Citizenship in a Multicultural Society. London 1992.

Mair, L.: How Far have We Got in the Study of Politics? In: Fortes, M./Patterson, S. (Hrsg.): Studies in African Social Anthropology. London 1975, S. 7–20.

Malinowski, B.: The Dynamics of Cultural Change. An Inquiry into Race Relations in Africa. Yale 1945, ²1961.

Mallea, J. R.: Schooling in Plural Canada. Clevedon 1989.

Mead, G. H.: Mind, Self and Society. Chicago 1934.

Mock, K. R./Masemann, V. L.: Implementing Race and Ethnocultural Equity Policy in Ontario School Boards. Ontario: Ministry of Education 1990.

Moscovici, S.: Social Influence and Social Change. London 1976.

Müller, H. (Hrsg.): Ausländerkinder in deutschen Schulen. Stuttgart 1974.

Münch, U.: Asylpolitik in der Bundesrepublik Deutschland. Entwicklung und Alternativen. Opladen 1992.

Nehr, M.: Zweisprachige Alphabetisierung türkischer Schulkinder. In: Marburger, H. (Hrsg.): Schule in der multikulturellen Gesellschaft. Ziele, Aufgaben und Wege Interkultureller Erziehung. Berlin 1991, S. 93–113.

Nieke, W.: Multikulturelle Gesellschaft und interkulturelle Erziehung. Zur Theoriebildung in der Ausländerpädagogik. In: Die Deutsche Schule 4 (1986), S. 462– 473.

Orvik, J.: Cross-cultural Education in Alaska. In: Megarry, J. (Hrsg.): World Yearbook of Education 1981. Education of Minorities. London 1981, S. 281– 292.

Parsons, T.: The School Class as a Social System: Some of its Functions in American Society. In: Harvard Educational Review 29/4 (1959), S. 297– 318.

Radcliffe-Brown, A. R.: Structure and Function in Primitive Society. London 1952, ⁵1963.

Rat der Europäischen Gemeinschaften (Hrsg.): Erklärungen zur europäischen Bildungspolitik. Brüssel 1987 (Dritte Ausgabe).

Reich, H. H./Gogolin, I. (Hrsg.): Migrantenkinder in den Schulen Europas. Versuche und Erfahrungen. Münster 1990 (Bd. 1, 2), 1991 (Bd. 3, 4), 1992 (Bd. 5), 1993 (Bd. 8).

Reid, E./Reich, H. H.: Breaking the Boundaries. Migrant Workers' Children in the EC. Clevedon 1992.

Richter, I.: Grundzüge eines Europäischen Bildungsrechts. In: Schleicher, K. (Hrsg.): Zukunft der Bildung in Europa. Nationale Vielfalt und europäische Einheit. Darmstadt 1993, S. 27–44.
Rixius, N./Thürmann, E.: Muttersprachlicher Unterricht für ausländische Schüler. Berlin 1987.
Schleicher, K./Kozma, T. (Hrsg.): Ethnocentrism in Education. Frankfurt a. M. 1992.
Schleicher, K. (Hrsg.): Nationalism in Education. Frankfurt a. M. 1993.
Schulte, A.: Multikulturelle Gesellschaft: Chance, Ideologie oder Bedrohung? In: Aus Politik und Zeitgeschichte. Beilage zur Wochenzeitung Das Parlament, B. 23–24 (1990), S. 3–15.
Shadrikov, V. D.: Bildungspolitik im Spannungsfeld nationaler Vielfalt und staatlicher Einheit. In: Schleicher, K. (Hrsg.): Zukunft der Bildung in Europa. Nationale Vielfalt und europäische Einheit. Darmstadt 1993, S. 279–295.
Shorish, M. M.: Education of Ethnic Minorities in the Soviet Union. In: Altbach, P. G./Kelly, G. P. (Hrsg.): Education and the Colonial Experience. New Brunswick, 1978, [2]1984, S. 205–225.
Skutnabb-Kangas, T./Toukomaa, P.: Teaching Migrant Children's Mother Tongue and Learning the Language of the Host Country in the Context of the Socio-Cultural Situation of the Migrant Family. Tampere 1976.
Sleeter, Ch. E.: Multicultural Education as a Form of Resistance to Oppression. In: Journal of Education 171/3 (1989), S. 51–71.
Sleeter, Ch. E./Grant, C. A.: An Analysis of Multicultural Education in the United States. In: Harvard Educational Review 57/4 (1987).
Smolicz, J. J.: Culture, Ethnicity and Education: Multiculturalism in a Plural Society. In: Megharry, J. (Hrsg.): World Yearbook of Education 1981. Education of Minorities. London 1981, S. 17–36.
–: Tradition, Core Values and Intercultural Development in Plural Societies. In: Ethnic and Racial Studies 11/4 (1988), S. 387–410.
Statistisches Bundesamt (Hrsg.): Statistisches Jahrbuch für die Bundesrepublik Deutschland. Wiesbaden 1992a.
–: Bildung im Zahlenspiegel. Stuttgart 1992b.
Steiner-Khamsi, G.: Multikulurelle Bildungspolitik in der Postmoderne. Opladen 1992.
Streeck, J.: Kulturelle Kodes und ethnische Grenzen. Drei Theorien über Fehlschläge in der interethnischen Kommunikation. In: Rehbein, J. (Hrsg.): Interkulturelle Kommunikation. Tübingen 1985, S. 103–120.
Swartz, E.: Multicultural Curriculum Development. A Practical Approach to Curriculum Development at the School Level. New York 1989.
Taijfel, H. (Hrsg.): Differrentiation between Social Groups. London 1978.
Taijfel, H./Turner, J. C.: An Integrative Theory of Intergroup Conflict. In: Austin, W. G./Worcher, S. (Hrsg.): The Social Psychology of Intergroup Relations. Monterey 1979, S. 33–47.
The Times Educational Supplement, 26. 02. 1988, London 1988.
Titma, M.: Education in the Former USSR. A Tool of Ideology and a Factor of National Re-Awakening. In: Schleicher, K. (Hrsg.): Nationalism in Education. Frankfurt a. M. 1993, S. 153–190.

Troyna, B. (Hrsg.): Racial Inequality in Education. London 1987.
Troyna, B./Hatcher, R.: Racism in Children's Lives. London 1992.
Turner, J. C.: Towards a Cognitive Redefinition of the Social Group. In: Taijfel, H. (Hrsg.): Social Identity and Intergroup Relations. Cambridge 1982, S. 15–40.
Weber, M.: Wirtschaft und Gesellschaft. Tübingen 1922, ^{5}1980.
Wenning, N.: Migration und Ethnizität in pädagogischen Theorien. Münster 1993.
Yakut, A./Reich, H. H./Neumann, U./Boos-Nünning, U. (Hrsg.): Zwischen Elternhaus und Arbeitsamt. Türkische Jugendliche suchen einen Beruf. Berlin 1986.

Magda Illés

Die Reform des Bildungswesens in Ungarn: Nationale und Europäische Aufgaben in Vergangenheit und Gegenwart

Abstract

Der Beitrag beschäftigt sich mit den Versuchen der ungarischen Regierung, Bildungsansätze zu entwickeln, die die Gesellschaft in der Konfrontation mit den Herausforderungen der 90er Jahre und darüber hinaus unterstützen. Im System der politischen und wirtschaftlichen Institutionen erfolgen in Ungarn derzeit strukturelle Veränderungen im Hinblick auf eine Modernisierung und Demokratisierung. Dieses wiederum erfordert radikale Reformen in der gesamten Erziehung. Das Ziel für Ungarn ist das Erreichen der europäischen Standards, je eher, desto besser. Diese Prozesse scheinen die Rolle der vergleichenden Erziehungswissenschaft zu verstärken und haben großen Einfluß auf die Forschungsrichtungen. Die wichtigsten Aufgaben bestehen darin, das Schulsystem stärker zu öffnen und Alternativmöglichkeiten zu schaffen, ein nationales Curriculum einzuführen, das den Schülern ermöglicht, im Alter von 14 bis 16 Jahren ein ‚Mindestmaß an Wissen' erlangt zu haben. Den Konfessionsschulen muß für die Wiederaufnahme ihres Betriebs das gleiche Maß an staatlicher Unterstützung gewährt werden wie den staatlichen Schulen. Die Prüfungsverfahren und die Aufnahmeprüfungen müssen auf den neuesten Stand gebracht werden. Für die Berufsausbildung ist eine Neuorganisation erforderlich. Der Besuch der höheren Schulen muß gefördert werden. Die Erwachsenenbildung ist in das Erziehungssystem einzubinden.

Einleitung

In den letzten Jahren haben in den osteuropäischen Ländern *historische Veränderungen* von großer Bedeutung stattgefunden. Die politischen, sozialen und wirtschaftlichen Probleme, die sich in Ungarn in den letzten Jahrzehnten anhäuften, führten schließlich zum Wandel *des politischen Systems.*

Die Reform des Bildungswesens in Ungarn

Die beständig zunehmenden Veränderungen haben weder das kulturelle Leben noch das staatliche Bildungswesen unberührt gelassen. Das System der politischen und wirtschaftlichen Institutionen unterzieht sich einem großen strukturellen Wandel sowie einer Modernisierung und Demokratisierung. Seit den 70er Jahren haben sich der Inhalt und die Formen des staatlichen Bildungswesens in Ungarn in außerordentlichem Maße gewandelt. Eine Reform folgte der anderen. Aber diese *Reformen* zeichnen sich noch immer durch eine turbulente Übergangssituation im Sinne einer Neuordnung aus. Die Erziehung und die Schule werden mehr und mehr zur Szenerie für Experimente, für den Vergleich und die Verwirklichung verschiedener theoretischer und praktischer Ansätze – mit anderen Worten, es entsteht eine spannungsgeladene Welt, die sich fortlaufend verändert. Es gibt jedoch auch Beispiele dafür, daß bei der revolutionären Umwandlung des Erziehungssystems sehr umsichtig verfahren wird. In diesen Fällen löst man sich einerseits von den eingeschränkten, konservativen Auswirkungen der überholten Ansichten und den Praktiken, die die Vergangenheit überdauert haben, während man gleichzeitig die *wertvollen Traditionen* weiterentwickelt und neue *radikale Ideen* aufnimmt, um auch künftig die besondere soziale Rolle der Bildung zu erhalten, die bedeutender ist als je zuvor.

In den vergangenen 40 Jahren haben Totalitarismus und der damit einhergehende Zustand der Starre das *ungarische Bildungswesen* grundsätzlich verändert. Der Einfluß dieser Faktoren auf die Erziehung ist aber durch unsere tausendjährige Verbindung mit Europa, die im Zeichen unserer nationalen Tradition steht, abgeschwächt worden. Dank der wiederholten Bemühungen um Reformen sind wir während dieser Zeit dennoch in der Lage gewesen, einige Werte zu schaffen, die es zu erhalten gilt. Um sich Europa in jeder Hinsicht anzuschließen und dem Ziel der Demokratisierung näherzukommen, ist es aber notwendig, daß wir weitere Reformen durchführen und tatsächlich strukturelle und kontextuelle Veränderungen im gesamten Bereich des ungarischen Bildungswesens vornehmen. Die wichtigsten Aufgaben: Die Öffnung des Schulsystems muß verstärkt und Alternativmöglichkeiten müssen geschaffen werden. Ein nationales Curriculum ist jetzt notwendig, das es den Schülern ermöglicht, bis zum Alter von 14 bis 16 Jahren ein ‚Mindestmaß an Kenntnissen' zu erlangen. Den Konfessionsschulen muß bei Wiederaufnahme ihres Betriebs das gleiche Maß an staatlicher Unterstützung gewährt werden wie den staatlichen Schulen. Die Prüfungssysteme und die Aufnahmeprüfungen müssen auf den neuesten Stand gebracht werden. Für die Berufsausbildung ist eine Neuorganisation erforderlich. Der Anteil der Schüler, die eine universitäre Ausbildung durchlaufen, muß erhöht werden. Die Erwachsenenbildung ist in das Erziehungssystem einzubinden.

Die innovativen Tendenzen beim ungarischen Erziehungssystem erfordern die Entwicklung einer neuen Sichtweise, nach der eine kritische Analyse des ungarischen Erziehungssystems unumgänglich ist. Das Ziel der Regierung (Ministry of Culture and Education 1989) ist es, die *Integration Ungarns in Europa* so schnell wie möglich zu erreichen. Bei der Einschätzung der europäischen gesellschaftlichen Strömungen versuchen wir, uns an die Wertvorstellungen eines *pluralistischen Gesellschaftssystems* zu halten und nach wissenschaftlich fundierten, professionellen und zugleich allgemeingültigen Antworten zu suchen. Diese Vorgehensweise erfordert, daß die Ergebnisse der Vergleichenden Erziehungswissenschaft berücksichtigt werden. Das schließt die Analyse der verschiedenen Erziehungssysteme ein. Bei der Entwicklung einer eigenen Richtung müssen wir uns einerseits an den kleineren europäischen Ländern wie Finnland und Österreich orientieren, in denen die Erneuerung des Erziehungssystems den Modernisierungsprozeß wesentlich unterstützt hat. Andererseits sind die Länder für uns richtungweisend, in denen der Staatsapparat und das Sozialsystem der Diktatur innerhalb relativ kurzer Zeit durch eine fortschrittliche Demokratie ersetzt worden sind, wie beispielsweise in Spanien. Außerdem sind für Ungarn die Länder von Interesse, die ihr Bildungswesen den wissenschaftlichen und technischen Errungenschaften und Erfordernissen unserer Zeit angepaßt haben (z. B. Deutschland, Italien und Frankreich). Unsere *nationalen Traditionen* bilden die Basis, auf der wir den Anschluß an Europa vollziehen müssen.

Die ungarische Geschichte ist durch die Synthese von europäischer Qualität und ungarischem Charakter geprägt; diese Synthese ist ein Teil und Gegenstand erfolgversprechender Vielfalt und progressiver sozialer und intellektueller Bewegungen und Entwicklungen. *Ungarns europäische kulturelle Tradition* läßt sich bis zur zweiten Hälfte des zehnten Jahrhunderts zurückverfolgen. Die europäische Kultur hat bedeutende Auswirkungen auf das ungarische Bildungswesen gehabt, dafür hat wiederum Ungarn grundlegende Werte zur europäischen Kultur beigetragen (Mitter 1990).

I. Historischer Hintergrund

Das Christentum hat in unserem Land eine starke Tradition und Kontinuität etabliert: Durch Latein als Amtssprache, den Protestantismus, die Toleranz von Transsylvanien im 17. Jahrhundert, die Aufklärung, die Zeit der Reformen im 19. Jahrhundert, den Unabhängigkeitskrieg von 1848–49 und das bürgerlich-liberale Denken Ende des letzten Jahrhunderts haben sich die Traditionen in unserem Lande festigen und entwickeln können. Das 20. Jahrhundert hat uns große Tragödien und Verluste beschert. Wir mußten

Die Reform des Bildungswesens in Ungarn   339

uns fremder Herrschaft beugen, aber dennoch hat unser Kampf für den Fortschritt nie seine Grundlage verloren.

Das im Jahre 996 gegründete Kloster von Pannonhalma spielte eine überragende Rolle. Zusammen mit anderen Kloster- und Kirchenschulen vermittelte es den Schülern nicht nur eine klerikale Ausbildung, sondern vor allem die *klassische europäische Erziehung* jener Zeit. Die Rolle weltlicher Pädagogen und Fächer nahm im Laufe des 14. Jahrhunderts zu, und viele der ungarischen Schulen wurden zu Zentren des humanistischen Gedankenguts, das sich in ganz Europa verbreitete. Die Vertreter der intellektuellen Schicht studierten in Paris, Rom und anderen italienischen Städten. Die erste ungarische Universität entstand im Jahre 1367 in Pécs. Unser größter König der *Renaissance*, Mátyás Hunyady, bat die berühmtesten Wissenschaftler und Künstler seiner Zeit an seinen Hof, der damals eine Kathedrale der europäischen universellen Kultur darstellte (z. B. Bonfini). Ungarn und Österreich nahmen einen wichtigen Platz in Europa bei der Verteidigung der europäischen Kultur gegen die türkischen Belagerer über einen Zeitraum von mehr als 200 Jahren ein. Ab dem 16. Jahrhundert wurde das staatliche Bildungswesen, das bis dahin einheitlich der Kirche unterstellt war, in zwei Schulsysteme unterteilt: das eine unter der Kontrolle der Katholiken, das andere unter der Kontrolle der Protestanten. Kollegähnliche Schulen waren sowohl beim katholischen als auch beim protestantischen Schulsystem typisch; ihre Aufgabe bestand darin, adelige Beamte in den klassischen Fächern zu unterrichten. In den katholischen Schulen hatten vor allem die Jesuiten, bedingt durch den österreichischen Einfluß, eine führende Stellung innegehalten; die protestantischen Schulen waren im wesentlichen durch holländische, englische, Schweizer und deutsche kulturelle Einflüsse geprägt – zugleich wurden sie zum Mittelpunkt nationaler Unabhängigkeit. Der Einfluß der Reformation (Luther, Calvin und andere) gestaltete die ungarischen Schulen um (Philipp Melanchthon). Im 16. Jahrhundert wurden neue Sekundar- und Hochschulen gegründet (Sárospatak, Pápa, Debrecen, Marosvásárhely, Gyulafehérvár, Nagyenyed). Ungarische Studenten besuchten die Universitäten in Wittenberg, Heidelberg und Göttingen. *Von 1650 bis 1654* lebte, unterrichtete und verfaßte *Comenius* einige seiner Werke in Sárospatak, darunter bekannte Bücher wie ›Orbis Pictus‹, ›Schola Ludus‹, ›Pampaedia‹ und sogar einen großen Teil der Bände der ›Didactica Magna‹.

Die philosophische und politische Literatur des *17. und 18. Jahrhunderts* – vor allem die französische – war von großer Bedeutung für die Entwicklung des pädagogischen Denkens in Ungarn. Die Philosophie und die rationale Weltsicht von *Descartes* und der *Kartesianismus* als Ganzes hatte einen starken Einfluß auf die jungen Ungarn, die an holländischen Universitäten studierten. Auch das Denken und die Arbeiten von *János Apáczai Csere,* der als Pionier bei der Umgestaltung des ungarischen Bildungswesens gilt, wurden davon wesentlich beeinflußt.

Das erste umfangreiche Regelwerk, das die ungarische öffentliche Erziehung bestimmen sollte, war ›Ratio Educationis‹, das 1777 unter der Herrschaft Maria Theresias veröffentlicht wurde. Hierin wurde dem Lateinischen und dem Deutschen als Sprachen der öffentlichen Erziehung der Vorzug gegeben. Die ungarische Sprache wurde als Folge des Kompromisses zwischen dem österreichischen Hof und dem ungarischen Adel *ab 1806* gemäß den Vorschriften des ›Ratio Educationis Publicae‹ im Bildungswesen verankert. Selbst danach mußten wir um viele andere Reformen, die sich im europäischen Bildungswesen bereits durchgesetzt hatten, hart kämpfen. Die ungarische Nation strebte diese neuen pädagogischen Ziele im Unabhängigkeitskrieg von *1848* an, nämlich eine nicht konfessionsgebundene Schulpflicht, Unterricht in der Muttersprache und keine Schulgebühren. Diese Reformen ließen sich jedoch erst ab 1868 durchsetzen. Basis dafür war die Gesetzesvorlage für das staatliche Bildungswesen, die von Jószsef Eötvös eingebracht wurde – diese Gesetzesvorlage entsprach dem damaligen Niveau der europäischen Erziehung. Jószef Eötvös' Sohn Loránd, der ein weltberühmter Wissenschaftler war (Gravitation, Magnetismus), wurde zum Minister ernannt und gründete 1895 nach dem Vorbild der Pariser École Normale Supérieure das *Eötvös-Kolleg* in Ungarn. Dieses Kolleg spielte nicht nur bei der Ausbildung von Sekundarschullehrern (das *Ideal des Wissenschaftlers als Lehrer*), sondern auch bei der Entwicklung des ungarischen wissenschaftlichen und kulturellen Lebens eine bedeutende Rolle.

Die Bestrebungen der europäischen Reformpädagogik – die *École nouvelle*-Bewegung, in Verbindung mit moderner Psychologie, den Studien über die frühe Kindheit sowie die Experimente im Rahmen Pädagogischer Psychologie (Claparede, Piaget, Wallon) – hatten Auswirkungen auf unsere Forschung, und unsere Ergebnisse wiederum bereicherten die gesamte europäische Entwicklung.

Wie wir wissen, stellt die Erziehung eine wichtige und lohnende *wirtschaftliche Investition* dar. Außerdem ist sie ein effektives Mittel, unsere Rückständigkeit der vergangenen Jahrzehnte auszugleichen, vor allem, was den politischen und technologischen Bereich betrifft. Unsere Wissensdefizite lassen sich darauf, daß Ungarn nach 1920 kein selbständiger Staat war, und auf die vierzigjährige Isolation *nach 1948* zurückführen. Obwohl das Bildungswesen in Ungarn durch die totalitären und starren Verhältnisse grundlegend deformiert wurde, haben sich unsere tausend Jahre alten nationalen Traditionen, die uns mit Europa verbinden, gehalten. Heutzutage machen die Integration in Europa und die Demokratisierung aber weitere Reformen erforderlich; dazu gehört auch eine grundlegende strukturelle Umgestaltung des ungarischen Erziehungswesens.

Die Reform des Bildungswesens in Ungarn 341

„Die Schule ist die bedeutendste Institution der Gesellschaft bei der Formung des Menschen", wird im Programm der neuen Regierung erklärt, das vom Parlament im *Mai 1990* verabschiedet worden ist (The Program of the National Renewal 1990). Dieses Programm erachtet Bildung und Erziehung als ein zentrales Thema. Als *die wichtigsten* Aufgaben werden genannt: eine größere Öffnung des Schulsystems, die Schaffung möglicher Alternativen und Quer- wie Längsverbindungen, die Einführung eines nationalen Basiscurriculums, der Aufbau der Berufsausbildung auf einer neuen Grundlage, eine größere Autonomie der Universitäten, eine Anhebung des Niveaus und der Qualität der Ausbildung und eine Ausweitung der Erziehung in Richtung Erwachsenenbildung. Eine aus Lehrervertretern, Eltern, Verwaltungspersonal und Schuldirektor gebildete Kommission ist in dem Programm ebenfalls vorgesehen.

II. Aktuelle Reformen

Die Regierung erkennt die Kultur und die Sprache von *nationalen und ethnischen Minderheiten* nicht nur als solche an, sondern betrachtet sie als einen Wert, der die ungarische Nationalkultur bereichert. Es sind neue Entscheidungen zur Verteidigung der *Menschenrechte* getroffen worden, um die Erziehung der ungarischen Minderheiten in den Nachbarländern und die der Minderheiten in unserem Land in der jeweiligen Muttersprache zu gewährleisten.

Das Regierungsprogramm legt die absolute Trennung von Staat und Kirche fest (MDF 1989). Entsprechend sind die Rahmenbedingungen für die Funktion der Kirche neu zu bestimmen, ihre ökonomische Unabhängigkeit ist zu gewährleisten und ihr ist die Rolle zurückzugeben, die sie in den letzten tausend Jahren in unserer Geschichte gespielt hat. Im Rahmen dieses Programms bekamen die Konfessionsschulen ihre früheren Gebäude im vergangenen Schuljahr zurück, so daß sie im September 1989 mit einer hoffentlich so erfolgreichen Erziehung wie früher beginnen können. Als ein Beispiel sei der weltberühmte Mathematiker *János Neumann*, ein Mitbegründer der Informatik und Computerwissenschaft, genannt, der am Evangelischen Gymnasium erzogen wurde. Ebenso bekannte Absolventen sind *Jenő Wigner, Ede Teller, Leo Szilárd* etc. Die finanzielle Unterstützung durch den Staat ist für Staatsschulen sowohl für die neueren als auch für die älteren Konfessionsschulen gleich.

1. Die formale Struktur der Schulausbildung

Im folgenden soll die *Umstrukturierung des Schulsystems* behandelt werden. Da wir nun ein Mehrparteiensystem haben, gibt es diesbezüglich mindestens so viele verschiedene Ansichten wie Parteien.

Im allgemeinen ist jeder der Meinung, daß das bestehende Acht-plus-Vier-System, d. h. acht Jahre Grundschule plus vier Jahre weiterführende Schule, ineffektiv ist, sowohl von entwicklungspsychologischer Seite aus betrachtet als auch bezüglich der Struktur des Lehrplans. Die Wiedereinführung des *klassischen Systems* Vier-plus-Acht – und in diesem Rahmen auch des klassischen humanistischen Gymnasiums – erscheint sinnvoller. Ein System Sechs-plus-Sechs ist ebenfalls möglich, bei einer Rücknahme der siebten und achten Klasse der jetzt bestehenden Acht-Jahres-Grundschule. Es kann sinnvoll sein, eine vier- oder sechsjährige Ausbildung an einer Berufsschule nach dem Abschluß der sechsten Grundschule anzuschließen. Solche Entscheidungen müssen von den regionalen Entscheidungsträgern getroffen werden. Der Einführung eines Vier-plus-Acht-Systems liegt nicht nur das Interesse an einem erzieherischen Experiment zugrunde, sondern auch der Anspruch des Kindes, während seiner aufgeschlossensten Phase zwischen 10 und 18 Jahren mit denselben Lehrern und Mitschülern zusammen zu sein. Aus der Sicht einer demokratischen Funktionsweise des Schulsystems ist es nicht zwingend erforderlich, an jedem Ort eine weiterführende Acht-Jahres-Schule einzurichten; es muß jedoch möglich sein, von der Primarschule jederzeit auf die Sekundarebene zu wechseln. Wir versuchen, diese Möglichkeit sowohl für Vierzehn- als auch Sechzehnjährige zu gewährleisten. Es besteht eine zehnjährige Schulpflicht.

In fast allen *europäischen Ländern* zeigen sich die größten Probleme bei der Gruppe der Vierzehn- bis Achtzehnjährigen, vor allem bei ihrer *beruflichen Bildung* (Benedek 1986, S. 120). In Ungarn wurde im letzten Jahrzehnt die Berufsausbildung in die Periode von 14 bis 18, also in die Phase der Sekundarerziehung, gezwängt. Während das Erziehungssystem an den Gymnasien erfolgreich war, wurde die berufliche Ausbildung vernachlässigt. Aus wirtschaftspolitischen, erziehungspolitischen und arbeitswirtschaftlichen Gründen wurde die Grund-, die Berufs- und die Allgemeinbildung gleichzeitig innerhalb kurzer Zeit durchlaufen. Die Ergebnisse dieser Ausbildung entsprachen jedoch nicht den Erfordernissen. Wirtschaftsbetriebe mußten viel Energie in die weitere Ausbildung der jungen Leute, die von der Berufsschule kamen, investieren. Diese jungen Leute wurden nach einem drei- oder vierjährigen Berufsschulbesuch potentielle Arbeitslose, weil weder ihre handwerklichen Fähigkeiten noch ihre Kenntnisse ausreichten, um den Anforderungen zu genügen, die die strukturellen wirtschaftlichen Veränderungen mit sich brachten. Es erscheint sinnvoll, die

Die Reform des Bildungswesens in Ungarn 343

Phase der Allgemeinbildung bis zum Alter von 16 bzw. von 18 Jahren an Gymnasien auszudehnen und die Berufsausbildung in spezialisierter Form auf zwei Jahre im Anschluß zu begrenzen. Einer *speziellen Berufsausbildung* sollten schulische Betriebspraktika nachfolgen. Wenn wir versuchen, die ungarischen Traditionen in eine erweiterte Europäische Gemeinschaft miteinzubringen und zusätzlich die Ergebnisse der vergleichenden Erziehungswissenschaften zu berücksichtigen, so kann dem folgenden Modell der Vorzug gegeben werden: Die Grundberufsausbildung im weitesten Sinne, bei der auch Allgemeinbildung vermittelt wird, sollte im Alter von 14–15 beginnen. Nach 16 kann die Berufsausbildung in *zwei Bahnen* verlaufen: eine zweigeteilte Ausbildung teils an der Schule und teilweise in einem Betrieb, bzw. eine postsekundare Ausbildung, die sich am Arbeitsmarkt orientiert und Erwachsene für einen neuen Beruf ausbildet. Die schulische Berufsausbildung sollte auf mehreren Stufen eine umfassende Grundausbildung (ungefähr 30 verschiedene Richtungen) bieten. Die Berufsausbildung nach der Reifeprüfung gewinnt an Bedeutung. Höhere Qualifikationsstufen könnten nach dem Schulabschluß in den Betrieben erlangt werden. Die Rolle der spezialisierten kleineren und mittleren Unternehmen, jenen mit modernster Technologie, sollte bei der beruflichen Ausbildung vergrößert werden. Die meisten unserer Sekundarschulen sind keine Gymnasien, sondern Berufsschulen; deshalb müssen wir unserem Schulsystem, wie auch die internationalen Erfahrungen zeigten, noch größere Verantwortung zukommen lassen.

Wir würden das bestehende Grundschulsystem gern nach und nach von acht auf zehn Jahre ausweiten, um damit eine allgemeine Sekundarschulerziehung vorzubereiten. Die Regierung wählte eine nichtselektive *Gesamtschulstruktur als Modell*, in der Annahme, daß Kinder mit verschiedenen Fähigkeiten und Neigungen aus verschiedenen sozialen Schichten in einer solchen Schule die größten Entwicklungsmöglichkeiten haben. Aber auch die Waldorf-Methode verbreitet sich zusehends.

Mikroelektronische, biotechnologische, ökonomische, soziologische, psychologische, ökologische und organisatorische Kenntnisse sowie soziale Zusammenhänge werden erst in der Sekundarstufe vermittelt. Wir haben vor, mehrere Formen von Gymnasien (klassische, naturwissenschaftliche, wirtschafts- und sprachorientierte Zweige etc.) mit größerer *Differenzierung* und *Individualisierung* einzurichten. Der Zeitpunkt der Berufswahl soll sich auf die Altersstufe 16 bis 18 verlagern und den Schülern Hilfe von psychosozialen Ausbildungsberatungsstellen anbieten. 80 Prozent dieser Altersgruppe sollen die Reifeprüfung ablegen, 20 bis 30 Prozent auf eine Hochschule wechseln.

Für eine intellektuelle Erneuerung ist es notwendig, die Sekundarerziehung stufenweise auszuweiten und die Kluft zwischen Struktur und Inhalt der sekundären und der universitären Ausbildung zu schließen. Unser Ziel ist es, aus den *Universitäten* nicht nur ein Forum zur Erlangung von Studienabschlüssen, sondern hautpsächlich einen Ort für die Ausbildung Intellektueller zu machen. Daher bemühen wir uns doppelt, mit den Sekundarschulen eine Ausgangsbasis zu schaffen, auf der die Universitäten aufbauen können – vor allem hinsichtlich der Lehrerausbildung. Sicherlich hängt der Kenntnisstand der Studenten, die auf die Universitäten kommen, nicht nur von der Struktur des Erziehungssystems ab, sondern auch vom Inhalt des Unterrichts (Illés 1987).

2. Das Basiscurriculum

Eines der wichtigsten Dokumente für die Erneuerung des ungarischen Bildungswesens und eine Chance für eine neue pädagogische Zielsetzung ist das *nationale Basiscurriculum*. Dieses Dokument entstand 1990, nachdem sich ein 69köpfiges Komitee intensiv mit den ungarischen und europäischen Traditionen beschäftigt hatte. Als Grundlage dieser Untersuchung dienten im wesentlichen die englischen, deutschen, französischen und schwedischen Lehrpläne. Die notwendige Entwicklung eines freien und demokratischen ungarischen Bildungswesens sollte auf pädagogischer Autonomie, Alternativlehrplänen und regionalen Programmen aufbauen, d. h., es sollte eine Vielfalt ermöglicht werden, die sich auf dem Basiscurriculum und dem Prüfungssystem gründet. Das nationale Basiscurriculum zeigt, wie der Verfassung, den Gesetzen und den Regeln der Koexistenz sowie den Grundlagen eines kreativen und freien Menschenlebens Genüge getan werden kann (National Basic Syllabus 1990).

Die zentralen und einheitlichen Lehrpläne haben sich in Mitteleuropa als erziehungspolitische Fehler erwiesen. Außerdem wurde dabei ein humanistischer Erziehungsansatz geopfert. Ebenfalls sind seit den frühen achtziger Jahren in der ungarischen pädagogischen Literatur Kritik und Zweifel bezüglich des zentralen einheitlichen Lehrplans und der traditionellen Lehrplanmodelle laut geworden. Die wertvollen Teile des Lehrplans von 1978/79 und des *Erziehungserlasses von 1985* sind vom Redaktionskomitee beibehalten worden. Zusätzlich sind aber die Ansätze, die sich in der europäischen Lehrpraxis bewährt haben, mit aufgenommen worden. Das Basiscurriculum gründet sich auf einer so breiten Skala menschlicher Werte, daß es alle Parteien, Kirchen und Organisationen akzeptieren können. Das Bildungsmonopol des Staates ist 1989 abgeschafft worden. Natürlich wird das nationale Basiscurriculum in der Gesellschaft umfassende Diskussionen auslösen. Erst danach wird es seine endgültige Form annehmen und so schließlich dem Parlament vorgelegt werden können.

Auf diese Weise gelingt es durch das Basiscurriculum, einerseits den Einfluß des Staates möglichst gering zu halten und andererseits die bisher rigiden Strukturen aufzubrechen, um so ein autonomeres Lehren zu ermöglichen. Die Unabhängigkeit der Lehrer wird dadurch gewährleistet, daß nur die zu vermittelnden Grundkenntnisse vorgegeben werden und Raum für die freie Entfaltung von Fähigkeiten und Begabungen bleibt. Weiterhin besteht so die Möglichkeit, vielfältige pädagogische Richtungen zu entfalten und zu entwickeln. Die Anforderungen werden flexibel nur für die drei Schulperioden – Primarstufe, Sekundarstufe I und Sekundarstufe II – vorgegeben und nicht wie bisher für jedes Schuljahr.

3. Inhaltliche Änderungen

Es gibt auch keine Pflichtfächer mehr, statt dessen sind vom Nationalen Pädagogischen Institut neun Erziehungsblöcke eingerichtet worden. Diese sind: die Muttersprache, Mathematik, Informatik, Sport, Sozialkunde, Naturwissenschaften, Fremdsprachen, Ästhetik und Technologie. Wenn man den Inhalt dieser Blöcke betrachtet, so läßt sich der größte Durchbruch bei dem Block „Sozialkunde" feststellen. Die Geisteswissenschaften, das vielfältig verzweigte Wissen über den Menschen, sind in der ungarischen Schule in der Vergangenheit vernachlässigt worden. Das Fach Geschichte allein kann dieses Erziehungsgebiet, dessen Dimension und Inhalt sich vergrößert haben, nicht abdecken. Dieser Erziehungsblock beinhaltet nicht nur Sozialkenntnisse, sondern auch Bildung in einem humanistischen Sinn. Religiöse und moralische Erziehung wurden in den Lehrplan bereits aufgenommen, als Pflichtfach in den Konfessionsschulen und als Wahlfach in den Staatsschulen. Im Laufe der letzten zwanzig Jahre haben sich die Werte der nationalen und allgemeinen menschlichen Kultur immer wieder geändert. Es kann jedoch kein Nationalbewußtsein ohne Kultur geben. Natürlich kann der Nationalcharakter die Tatsache nicht unberücksichtigt lassen, daß wir Anteil an der *europäischen Kultur* und auch an anderen Werten haben. Somit ist die *Kultur* zum einen *national* und zum anderen *international* orientiert. Bei der Beschäftigung mit der Kultur muß nach wissenschaftlich objektiven Kriterien vorgegangen werden, was eine rationale Betrachtung der wissenschaftlichen und technologischen Entwicklung einschließt. So werden die neuesten kulturellen Elemente in das Erziehungsmaterial eingegliedert, um den sozialen und wirtschaftlichen Fortschritt zu ermöglichen. Auch wird die Stärkung des Nationalcharakters unterstützt. Entsprechend kann man dem Nationalcharakter nicht mit Vorurteilen und Voreingenommenheit begegnen.

Die Abspaltung der Informatik vom Fach Technologie und ihr Status als eigenständiger Block ist eine Neuerung. Die Informatik wird als Kulturwissen angesehen, ebenso wie Mathematik und die Muttersprache. Gleichzeitig ist das Fach Technologie als Fach der menschlichen Umwelt und der praktischen ‚Intelligenz' anzusehen. Das nationale Basiscurriculum versucht, all diesen Traditionen gerecht zu werden und auch den neuen Ansätzen, bei denen die emotional-künstlerische Erziehung der jungen Menschen als genauso wichtig angesehen wird wie die Entwicklung ihrer Fähigkeiten und Begabungen.

Die wachsenden Nachfragen nach Kunst und die allgemeinen Aufgaben der Talentförderung führen dazu, daß das Niveau unserer *Musikkultur* und das der Musikschulen mit ihrer großen Tradition angehoben wird. Der besondere Stellenwert, der dem Gesang und der Musik innerhalb der ungarischen Erziehung zukommt, ist allgemein bekannt, nicht nur in Europa, sondern auch in Japan, Amerika und Kanada. (In den letztgenannten Ländern sind sogar Kodály-Gesellschaften gegründet worden.) Das erste Kodály-Institut Europas wurde in England eingerichtet. Es beschäftigt sich nicht nur mit dem Unterricht von Solmisation (Tonleitersystem mit den Silben do, re, mi, fa . . .), sondern auch mit einer integrierten *ästhetischen Erziehung*. Die Kompositionen von *Béla Bartók* und *Zoltán Kodály* werden in den Konzerthallen praktisch aller europäischen Länder gespielt.

Das nationale Basiscurriculum sieht vor, daß der Unterricht der Muttersprache und der *Kommunikationsfähigkeit* (Lesen, Verstehen, Schreiben, Verfassen und Sprechen) für den gesamten Zeitraum der staatlichen Erziehung, d. h. vom ersten bis zum zwölften Schuljahr, obligatorisch ist. Die Kultivierung *unserer Muttersprache* ist Aufgabe aller Pädagogen und Schulen. Das wichtigste Element der Erziehung, die muttersprachliche Kommunikation, läßt sich nur durch die Kenntnis der nationalen Kultur und Traditionen verbessern. Symptomatisch für die negative Seite der derzeitigen Situation ist die Tatsache, daß laut international vergleichender Studien (das Ungarische Nationale Pädagogische Institut ist an den Forschungen der "International Association for the Evaluation of Education Achievement" seit 1968 beteiligt) ungarische Schüler sehr gut in Mathematik, Physik und Biologie abschneiden, ihre kommunikativen Kenntnisse, die auf der Nationalkultur und jener Fächergrundlage basieren, jedoch äußerst schwach sind. Es wird betont, daß die Anforderungen in diesem Gebiet dem internationalen Standard angepaßt werden müssen.

Das nationale Basiscurriculum mißt dem *Fremdsprachenunterricht* besondere Bedeutung bei. Die Beherrschung der muttersprachlichen Kommunikation ist jedoch die Hauptvoraussetzung für das Erlernen einer Fremdsprache. Fremdsprachenkenntnisse bilden eine unentbehrliche Grundlage im internationalen Verkehr, besonders für so kleine Länder wie Ungarn, dessen Sprache geradezu eine Insel im Ozean der indoeuropäischen Sprachen darstellt. Das Examen in mindestens einer, möglichst zwei Fremdsprachen wird Teil der Grundbildung sein; der niedrigere Grad sollte mit 16 Jahren abgeschlossen werden, der mittlere mit 18. Die Anforderungen für diese Stufe sollen denen des *Eurolehrplans* der EG für die vier Grundfähigkeiten in den Fremdsprachen entsprechen. Vom nächsten Schuljahr (1991–1992) an wird bei der Universitätszulassung die Kenntnis mindestens einer Fremdsprache vorausgesetzt. Den Sprachen, die für unsere internationalen Verbindungen am wichtigsten sind (Englisch) und deren Kenntnis auch aus geographischen Gründen sinnvoll ist (Deutsch), wird der Vorzug gegeben. Unser Hauptziel und -interesse liegt darin, das ungarische Bildungswesen internationalen Standards anzupassen. Viele Bildungsinstitute beginnen sich in unserem Land zu etablieren und zu experimentieren. Dies trifft auch für die vergleichende erziehungswissenschaftliche Forschung zu.

Im Herbst 1989 führte ich eine landesweite Erhebung auf der Grundlage repräsentativer Stichproben durch. Die Ergebnisse zeigen, daß sich die entwickelnden, experimentierenden Arbeitskreise an Universitäten und wissenschaftlichen Instituten nicht nur von internationalen Strömungen, sondern auch von der realen Welt vielfach isolieren. Das Kultusministerium scheint aber den Stellenwert der vergleichenden Erziehung zu erkennen, denn diese Arbeitskreise sollen mit internationalen Bildungsentwicklungen und Trends in Kontakt gebracht werden (Illés 1990).

III. Die Integration in Europa

Die Forschung durch die vergleichende Erziehung kann wichtige Impulse für die Weiterentwicklung der Erziehungswissenschaft geben. Die EG hat Richtlinien für die Standardisierung der Erziehungsnormen und einige länderübergreifende Regelungen entwickelt, die die Vergleichbarkeit von Bildungsabschlüssen vorsehen. Eine der wesentlichen Bedingungen für unsere Integration in Europa ist die Anpassung unseres Erziehungssystems an die Normen der EG in bezug auf Schule und Ausbildung, d. h. die umfassende Teilnahme an *Programmen der europäischen Integration* im Bereich der Sekundar- und höheren Erziehung (ERASMUS, COMETT, TEMPUS, CEDEFOP, EUROTECNET, EURIDICE ARION, PETRA, LINGUA).

Im November 1990 wurde Ungarn Mitglied des Europarats. Unser Ziel ist die *Anerkennung des ungarischen Abiturzeugnisses und der Berufsschul- und Universitätsabschlüsse* durch westliche Universitäten und Unternehmen. Ungarn hat im Herbst 1988 ein Abkommen mit Spanien über eine umfassende europäische Gleichwertigkeit von Bildungsabschlüssen unterzeichnet. Österreich und Ungarn erkennen seit 1987 gegenseitig ihr Abiturzeugnis an. Die *international anerkannte Reifeprüfung* verdient unsere Aufmerksamkeit; sie gewährleistet die universitäre Bildung für Studenten der Mitgliedstaaten der "UNESCO-Association of International Schools", wenn sie die Zulassungsvoraussetzungen in ihrem Land erfüllen. In unserer *universitären Bildung* wird es ebenfalls wesentliche Veränderungen geben: Wir haben vor, im Zeitraum von September 1990 bis 1993 das Zulassungssystem zu ändern; wir wollen die schriftlichen und mündlichen Eingangsexamina abschaffen, und die Abiturprüfung wird als einzige Voraussetzung etabliert. Die Anzahl der Studenten soll sich deutlich erhöhen. Die Reform der Ausbildung kann durch eine absolute *Autonomie der Universitäten* erreicht werden. Da Ungarn sich zu einem offenen Land entwickelt, werden die künftigen Experten in bestimmten Branchen der Wissenschaft zur Ausbildung in die westlichen Nachbarländer geschickt, gleichzeitig werden einige kleinere Abteilungen unserer Universitäten, die sich mit alten Ausbildungszweigen beschäftigen, geschlossen. Wenn wir diese Ziele erreichen, können wir unser vierzigjähriges Handicap kompensieren. Dies wird die Entwicklung Ungarns in den 90er Jahren wesentlich bestimmen.

Die Übernahme, der Vergleich und die Aufarbeitung fremder kultureller und erzieherischer Modelle und Strukturen ist wichtig, ebenso aber der Transfer unserer eigenen Kultur. Die internationalen Verbindungen spielen für Erziehung und Kultur eine bedeutende Rolle im Hinblick auf die Erfüllung der inneren Entwicklungsbedürfnisse der ungarischen Gesellschaft und ihre Interaktion mit dem internationalen Umfeld. Diese internationalen Verbindungen entstehen nicht nur durch die Übernahme und den Transfer kultureller Elemente, sondern diese müssen in einem historischen Prozeß als Bausteine in die *nationale Kultur* allmählich integriert werden (Dialog der Gegensätze 1987).

IV. Europa und Ungarn

Drei Faktoren werden Ungarns internationale kulturelle und erziehungswissenschaftliche Orientierung bestimmen:
– nationale Besonderheiten,
– die traditionellen Verbindungen mit Westeuropa,
– die Verbindung des ‚Donaubeckens', d. h. die Tatsache, daß die ungarische Kultur Teil der Kultur und des Fortschritts Zentraleuropas ist.

Im Verlauf unserer Geschichte ist die Schaffung einer Synthese von Europa und Ungarn immer ein *grundlegender Bestandteil* der verschiedenen fortschrittlichen sozialen und intellektuellen Bewegungen gewesen. Die europäische Kultur hat großen Einfluß auf die ungarische Kultur gehabt, und Ungarn wiederum hat mit einigen Werten die europäische Kultur bereichert. Der *Fortschrittsgedanke* ist immer eine *europäische Idee* gewesen.

Fortschritt bedeutet nicht nur die Übernahme der technologischen Entwicklung, sondern auch die jener Werte und Traditionen, die für das Individuum, die Persönlichkeit von Bedeutung sind. Es ist absolut erforderlich, daß wir die Erziehungsziele und die *Tendenzen der Persönlichkeitsentwicklung* in Ost- und Westeuropa intensiver erforschen und analysieren. Diese schließen die inneren Konflikte des Individuums, die Veränderungen in der *moralischen Werteskala*, eben all die schwierigen und zeitweise schmerzhaften Probleme des Privatlebens mit ein. Als Beispiel sei hier die faszinierende Frage nach der Existenz des Menschen, seinen Aussichten in Europa und in einer Welt, d. h. einer Gesellschaft, die von Technologie und Wissenschaft geprägt ist, angeführt. Der Fortschritt des letzten Jahrzehnts des *20. Jahrhunderts* ist verantwortlich dafür, daß der Mensch, insbesondere der junge Mensch, es schwer hat, mit dessen Ergebnissen auf intellektueller, emotionaler oder ethischer Ebene umzugehen. Wie *Werner Heisenberg*, der berühmte Physiker, sagte: „Früher verlief unser Leben hauptsächlich in einer natürlichen Umgebung, aber nun schreitet es mehr und mehr fort in einer Umwelt von Technologie und Maschinen, die wir selbst geschaffen haben" (Heisenberg 1967).

Schlußbemerkungen

Der wirtschaftliche, technische und soziale Fortschritt bringt nicht notwendigerweise eine ethische oder intellektuelle Weiterentwicklung mit sich. Diese Weiterentwicklung bestünde in der Ausnutzung der Möglichkeiten selbstbestimmter Aktivitäten zur Förderung des Allgemeinwohles, der Etablierung eines vorteilhaften Mikro- und Makroklimas oder der wünschenswerten Sozialisation der kommenden Generationen. Das Ziel der Erziehung ist die Lösung des *fundamentalen Dilemmas* dieses Jahrhunderts: wie überlebt man und wie entwickelt man sich in einer sich beständig verändernden physischen und sozialen Umwelt und behält gleichzeitig eine gewisse Konstanz zur *Erhaltung der moralischen Integrität* des Individuums? Während wir für das Denken eine Meinungsvielfalt fordern, sollen sich unsere Wertvorstellungen annähern, so daß es uns erlaubt würde, mit Menschen, die andere Sprachen sprechen, andere Kulturen, Sitten und sogar eine andere Moral haben, zusammenzuarbeiten. Die Schlüsselkonzepte für die Wertorientierung des *21. Jahrhunderts* basieren in unserer europäischen Welt auf mehr oder weniger universellen Vorstellungen über die Menschenrechte. Dieses sind Toleranz, Einfühlungsvermögen, Gerechtigkeit und Respekt vor Vernunft und Wahrheit. Die affektive Komponente der Erziehung gewährleistet völlige individuelle Freiheit sowohl für den Lehrer als auch für den Schüler im Rahmen des divergenten problemlösenden

Denkens und der Moral innerhalb der europäischen Kultur. Indem wir unsere Qualitäten offenbaren, können wir zur Entwicklung der Menschheit als Ganzem beitragen. Wir müssen ein Wissen entwickeln, vielleicht eine Art innerer Weisheit, das für die Orientierung in einer Welt, in der die Kommunikationstechnik eine revolutionäre Entwicklung durchlaufen hat, unabdingbar ist. Die Lektion, die wir aus dem Prinzip der Beziehung von fortschrittlicher Technologie und progressiver Interaktion zu lernen haben, ist eine moderne Version des antiken griechischen Ideals – das Gleichgewicht. Wir müssen die Fähigkeit erreichen, das Gleichgewicht zwischen den materiellen Wundern der Technologie und den intellektuellen Erfordernissen unserer Natur zu schaffen. Außerdem müssen wir ein Ideal der Persönlichkeit herausbilden, wir müssen uns mit dem Problem der Wechselbeziehung von Persönlichkeit und Gesellschaft befassen, die sich viel komplexer darstellt als *Kalokagathia*, das einstmalige Menschenideal der Griechen. Wir müssen für uns nicht nur Ethos und Schönheit entwickeln, sondern auch den Menschen so formen, daß er mit fortschrittlicher Technologie und Kommunikation umgehen kann und sich gleichzeitig humanen Interessen widmet. Die Notwendigkeiten, die die Bildung beeinflussen, sind nicht nur in Europa, sondern in der gesamten Welt sehr ähnlich. Der *Gegenstand dieser Bestrebungen* ist folgender: Die traditionellen Werte der Menschheit müssen in dieser sich schnell verändernden Welt geschützt werden; die menschliche Integrität muß für die Entwicklung einer abgerundeten Persönlichkeit sichergestellt werden; die Rolle der Erziehungswissenschaft muß verbessert werden; den Möglichkeiten und der Kraft der Erziehung inmitten der modernen Rahmenbedingungen muß vertraut werden; es muß vehement nach Wegen gesucht werden, die Menschen zu einem friedlichen Leben zu ermutigen; es muß eine Schule geschaffen werden, in deren Mittelpunkt das Kind und eine Gesellschaft stehen, deren größter Wert der Mensch ist.

Literatur

Benek, A.: Az általános és a szakmai képzés összefüggései. Budapest: Akadémiai Kiadó 1986.
Dialog der Gegensätze. Wien: Paul Neff Verlag/Zürich: Ferenczy Verlag 1987.
Heisenberg, W.: Válogatott tanulmányok. Budapest: Gondolat Kiadó 1967.
Illés, M.: The New Hungarian Act of Parliament of Education and our Tasks. In: Educación Internacional y Comparada 4 (1987), S. 191–268.
–: Conclusions of the 13th CESE Conference – Budapest, 27 June – 1 July 1988. Edited by Henk Van Daele and Marc Vansteenkiste. In: Comparative Education Society in Europe (1990), S. 55–65.
MDF: The Education Program of the MDF (Magyar Demokrata Fórum) – Hitel Nr. 13. (Draft) 1989, S. 46–68.

Ministry of Culture and Education (Hrsg.): The Education Act of Hungary. Budapest 1989.
Mitter, W.: Education in an Undivided Europe: Challenges and Perspectives on the Threshold of a New Europe. 14th CESE Conference. (Manuscript) Madrid 1990.
National Basic Syllabus – (Draft) OPI. Székesfehévar 1990.
The Program of the National Renewal. Budapest 1990.

Wilfried Bos

Schluß: Politikberatung. Eine Aufgabe der Vergleichenden Erziehungswissenschaft bei der Integration Europas

Einleitung

Die „Bildung Europas" ist nicht nur durch die Doppeldeutigkeit des deutschen Begriffes als ein „Bildungsprozeß par exellence" zu kennzeichnen. Selbst in dem eher im Vordergrund der europäischen Integrationsdebatte stehenden Prozeß der wirtschaftlichen Integration ist eine Annäherung und Verständigung, ein gegenseitiger Austausch und Kommunikation ohne die entsprechende Aufarbeitung, Vorbereitung und Begleitung im Bildungswesen undenkbar. Dies gilt erst recht für eine mehr oder weniger ernsthaft angestrebte politische Integration, die eine tiefgreifende Veränderung im Bewußtsein der europäischen Bevölkerung voraussetzt. Diese notwendigen Bildungsprozesse zu konzipieren, in Lehr- und Lernprozesse umzusetzen und mittels Beratung, Ausbildung und Weiterbildung auszuführen und wissenschaftlich zu begleiten, ist klassische Aufgabe der Pädagogik und Erziehungswissenschaft. So ist es eigentlich verwunderlich, daß Auseinandersetzungen um diese Bildungsprozesse nicht einen zentralen Aspekt in der Diskussion um die europäische Integration ausmachen, sondern nur am Rande Erwähnung und Beachtung finden. Sicherlich liegt dies einerseits an der Ignoranz von Politik und Verwaltung, die nicht für die Wahrnehmung erziehungswissenschaftlicher Problemfelder sensibilisiert sind; andererseits aber auch an den Vertretern der Erziehungswissenschaft, die es nicht gewöhnt sind, aus ihrer Sachkompetenz heraus zu warnen, zu raten und mitzugestalten, sondern eher reaktiv vorgegebenen Entwicklungen hinterherlaufen, diese bedauern, seltener begrüßen und mehr oder weniger konstruktiv kritisieren.

I. Prämissen erziehungswissenschaftlicher Politikberatung

Wenn tatsächlich die Ahnungslosigkeit bezüglich des Ablaufs komplexer gesellschaftlicher Prozesse und die Inkompetenz in Sachfragen zu den

Merkmalen eines Teils unserer politischen Klasse gehören (Scheuch/ Scheuch 1992) und diese Lebenswirklichkeit für Millionen mitgestaltet, so kann dies für einzelne Städte, Stadtstaaten, Länder und Nationen verhängnisvoll sein. Erst recht gilt dies für Europa und die europäische Integration. Die besondere Brisanz liegt hier unter anderem darin begründet, daß bei der Kandidatennominierung für das Europäische Parlament, das ohnehin nur mit vergleichsweise geringen, wenn auch nach Maastricht etwas erweiterten Kompetenzen ausgestattet ist (vgl. Woyke 1989, Europäische Gemeinschaft/Europäische Union 1992), von den Parteien teilweise immer noch nach dem Motto „unseren Opa schicken wir nach Europa" bzw. in der mehr dem Zeitgeist entsprechenden frauenfördernden Variante „werden die Frauen renitent, schicken wir eine ins Europäische Parlament" verfahren wird. Dort und in sich so selbst legitimierenden Parteizirkeln finden weitgehend ohne Bodenhaftung die papierreichen Diskurse um pseudointellektuelle Ideale utopischer Gesellschaften frei nach Habermas (1976) und unter Berücksichtigung der Habermasschen Aversion gegen konkret geplante und damit „repressive" Entwicklung gesellschaftlicher Bereiche (Ley/Müller 1971, S. 249) statt.

Offensichtlich muß Sachverstand von außen diese Arbeit ergänzen. Entsprechend geht, wer erziehungswissenschaftliche Politikberatung betreiben will, davon aus, daß Entscheidungsträgern zumindest auf der Ebene der Entscheidungsvorbereitung seriöse Entscheidungshilfen geliefert werden müssen. Wissenschaftliche Politikberatung kann sich allerdings nicht ausschließlich an die politische Klasse wenden, sondern muß ihr Augenmerk sehr wohl auch auf die Administration lenken, die auf höherer Verwaltungsebene durch Verwaltungsjuristen dominiert wird. Jeder Kleinstadtdirektor, aber auch jeder Mandatsträger weiß, daß ein Großteil der innovativen und realisierbaren Beschlüsse bzw. Gesetzesentwürfe von den jeweiligen Verwaltungen initiiert und vorangebracht werden. Die Regelungswut der EG-Behörden, erinnert sei nur an die Rohmilchkäsedebatte, die Diskussion um das Reinheitsgebot bezüglich der Zutaten zum Bierbrauen, die Verordnungen über Apfel- und Birnengrößen oder die Lachnummer über die Verordnung zu „EG-Traktorensitzen", die sogar in der Satiresendung „Wie bitte?" zum wiederholten Male zur Erheiterung der Nation (RTL, 14. 1. 1994) bemüht wurde, hat wesentlich zur Skepsis der europäischen Bevölkerung gegenüber einer Superbürokratie ohne demokratisch zweifelsfrei und unstrittig legitimierte Kontrolle beigetragen. Auch hier erscheint erziehungswissenschaftliche Politikberatung notwendiger denn je.

Diese idealtypisierte „Arbeitsteilung" zwischen europäischer Verwaltung und europäischer Politik funktioniert durchaus erfolgreich. Die Bürokratie als selbstreferentielles System (Luhmann 1984) bedient sich des „Problemdrucks" und der Regelungsflut, um den Ausbau an Stellen und Kompeten-

Schluß: Politikberatung 355

zen zu legitimieren, versorgt die mit dem „Handicap" der Wiederwahl belastete politische Klasse mit Drachenfutter für medienwirksame Ad-hoc-Maßnahmen, über deren Sinn sich trefflich publikumswirksame Scheingefechte führen lassen. Auf der Strecke bleibt die durch Mehrheitswillen zu legitimierende – eine für die EG ja noch nicht zufriedenstellend gelöste –, aber aufreibende und undankbare Aufgabe der Kontrolle und Anleitung der Administration, ebenso wie die langfristige Planung kontinuierlicher Integrationsprozesse.

Beim Vergleich von bildungspolitischen Maßnahmen der EG und des Europarates finden sich durchaus Hinweise, die diesem Szenario eine gewisse Plausibilität verleihen. So findet sich bei gleichen oder ähnlichen Themen ein doch sehr unterschiedliches methodisches Vorgehen der europäischen Institutionen und Gremien (Janssen 1992). In der durch ein Parlament eher politikdominierteren EG finden wir Aktionsprogramme wie z. B. das Aktionsprogramm zur Berufsbildung Jugendlicher und ihrer Vorbereitung auf das Berufsleben (PETRA), das Aktionsprogramm zur Aus- und Weiterbildung in den neuen Technologien (COMETT) oder das Aktionsprogramm zur Förderung der Mobilität der Studenten und der Hochschulzusammenarbeit (ERASMUS). Teils werden beträchtliche Mittel in die Durchführung dieser Aktionsprogramme gesteckt, allerdings auf Kosten der Vorbereitung, Planung, wissenschaftlichen Begleitung und Evaluation. Dagegen werden die Projekte des Netzwerk-orientierten Europarates wie z. B. über die Innovation der Grundschulerziehung, der multikulturellen Erziehung oder der Lehrerausbildung allem Anschein nach eher von internationalen Expertengruppen vorbereitet, durch Begleitforschung und Fachkonferenzen evaluiert und die Ergebnisse als Grundlage für Resolutionen und Empfehlungen bzw. für die Arbeit der Konferenz der Erziehungsminister verwandt. Gerade letzteres zeigt, daß bei den seriösen Vertretern in Politik und Verwaltung offene Türen eingelaufen werden. Bei den Eliten, die seit langem an der Integration Europas arbeiten, wird Rat und Kritik nicht nur willkommen geheißen, sondern geradezu eingefordert. Die entsprechenden Fachvertreter zieren sich teils, teils laufen sie den Drittmittelprojekten hinterher, teils tun sie beides – je nachdem. Dieses „sowohl ja als auch nein" findet auch in der Diskussion um Politikberatung in der Vergleichenden Erziehungswissenschaft ihren Niederschlag.

Innerhalb der Erziehungswissenschaft ist die Vergleichende Erziehungswissenschaft prädestiniert, im Bereich europäischer Integration politikberatend zu agieren. Hier sind, aus dem Fachverständnis heraus begründet, mehr um den Gesamtüberblick bemühte „Generalisten" angesiedelt als in den anderen Subdisziplinen, in denen ja durchaus auch international kooperativ gearbeitet wird. In ihrer Tradition liegen sowohl die auslandspädagogischen Studien als auch die systematischen Vergleiche einzelner Bereiche,

Probleme oder Gesamtstrukturen (Postlethwaite 1988, Mitter 1989). Der Transfer, den die Vergleichende Erziehungswissenschaft im Hinblick auf die Vermittlung von Wissen über andere Bildungssysteme zum Nutzen und Überdenken des eigenen als auch im Hinblick auf die Vermittlung des eigenen Bildungssystems zur Kenntnis anderer leistet, kann zur Schärfung eines internationalen Problembewußtseins beitragen (Anweiler 1989) und gehört zu den klassischen Servicefunktionen der Disziplin, die damit ja nicht auf ihre Aufgabe im Kanon der Wissenschaften, nämlich auf die erkenntnisgenerierende Überprüfung erziehungswissenschaftlicher Hypothesen durch systematischen Vergleich (Schriewer 1988) verzichten muß. Über die Schärfung von Problembewußtsein, über die Diskussion von alternativen Lösungen, die zwar nicht zur Legitimation von Planungsvorgaben, sondern zur Minimierung von Fehlentwicklungen (Holmes 1988) dienen können, wird der Vergleichenden Erziehungswissenschaft von anerkannten Fachvertretern eine gewisse Legitimation zur Politikberatung zugestanden. Nicht ohne den Verweis, daß dies erstens reflektiert und ideologiekritisch zu erfolgen habe (Berstecher/Dieckmann 1971, Halls 1990) und zweitens durch Institutionen im Umfeld der Vergleichenden Erziehungswissenschaft wie UNESCO oder OECD ohnehin dauernd auf der Tagesordnung steht.

Sicherlich müssen die Einwände ernst genommen werden. Unreflektierte und oberflächliche Rezepturen dienen niemandem. Eine zusätzliche Serviceübernahme wie die Beratung von Politik und Verwaltung wird aber der grundsätzlichen Aufgabe der universitären Forschung, der Erkenntnisgewinnung im Grundlagenbereich, die die Basis jeglicher weiterer Wissenschaft ist, nicht abträglich sein – die Studentenausbildung als andere Servicefunktion ist es ja auch nicht –, sondern kann hier als Bereicherung verstanden werden. Wissenschaft ist in einer Welt der immer komplexeren gesellschaftlichen Prozesse als Institution in der europäischen Tradition der Aufklärung dazu berufen, aus dem Elfenbeinturm herauszutreten und den oftmals in Fachfragen überforderten Entscheidungsträgern in Politik und Verwaltung Hilfestellung zu leisten. Wer sonst soll angesichts eklatanten Politikversagens, wie z. B. im außenpolitischen Bereich in bezug auf den Völkermord im ehemaligen Jugoslawien oder im innenpolitischen Bereich in bezug auf den sich neu formierenden Neonationalismus, diese Jahrhundertaufgabe mitbearbeiten, wenn nicht der versammelte Sachverstand an den Universitäten? Schärfen wir doch das Problembewußtsein, diskutieren wir doch reale und hypothetische Alternativlösungen, minimieren wir doch Fehlentwicklungen, kritisieren wir doch konstruktiv – als selbstreferentielles Subsystem auch uns selbst –, aber nich nur unter uns, sondern auch in Auseinandersetzung mit den Architekten, den Handwerkern und den Bewohnern des europäischen Hauses.

II. Die Realisierung der Bildung in Europa

Die Institutionen europäischer Bildungspolitik agieren durch Zielvorgaben und versuchen diese durch Programme und Maßnahmen umzusetzen, wobei diese Reihenfolge nicht immer eindeutig nachzuvollziehen ist. Zu den grundsätzlichen Zielvorgaben gehören:
- die Förderung und Wahrung der Menschenrechte,
- die Entwicklung einer europäischen Identität,
- ein Bewußtsein der globalen Verantwortung Europas.

Die Förderung der Menschenrechte soll durch die Entwicklung und Konsolidierung der pluralistischen Demokratien insbesondere in Osteuropa vorangebracht werden. Hier sind die Aufgaben des Europarates sicherlich erst einmal weiter gefaßt als die der EG. Gerade für osteuropäische Staaten ist eine Revitalisierung gesamteuropäischer Traditionen, die in die neuen nationalen Demokratien zu integrieren sind, überlebensnotwendig. Die Entwicklung einer europäischen Identität soll auf der Grundlage übergreifender, gemeinsamer europäischer Traditionen unter Berücksichtigung regionaler und ethnischer Gegebenheiten und Pluralitäten in Hinblick auf ein System der kulturellen Vielfalt gefördert werden. Ein Bewußtsein globaler Verantwortung soll durch die Förderung der individuellen Urteilskraft auf der Grundlage der Kenntnis über grenzübergreifende Entscheidungszwänge und Entscheidungsbegründungen erreicht werden.

Durch den Vertrag von Maastricht wird dem Bildungsaspekt auf europäischer Ebene insgesamt ein höherer Stellenwert eingeräumt (EGV Art. 126, 127). Europäische Bildungspolitik kann ausgehend von einem gemeinsamen europäischen Erbe unter Beibehaltung der regionalen bzw. nationalen Vielfalt (EGV Art. 128,1; EUV F,1) und unter Beachtung des Subsidiaritätsprinzips (EGV Art. 3b) konkretisiert werden. Nach Maastricht und der entsprechenden Berücksichtigung einiger integrationsfördernder Entscheidungen des Europäischen Gerichtshofes gilt dies für alle Bereiche der Bildung, d. h. vom Primarbereich bis zum Hochschulwesen, wenn auch bei der EG die berufliche Bildung weiterhin im Zentrum der Bemühungen steht. Darunter fallen alle Bemühungen zur Förderung der Mobilität, angefangen von den Regelungen des Sprachunterrichts der Kinder von Wanderarbeitern bis zu den Äquivalenzregelungen über berufliche und universitäre Abschlüsse.

Um diese Zielvorgaben zu konkretisieren, werden Programme und Maßnahmen, aber auch verschiedene Netzwerke der Kooperation und Beratung implementiert. Ein Großteil der Programme scheint der Elitenausbildung zu dienen. Die Idee, über zukünftige Führungskräfte und Multiplikatoren diese Zielsetzungen zu transportieren und zu verbreiten, entbehrt zwar nicht jeder Logik, ist aber in demokratischen Gesellschaften, in denen die Meinung und der Bildungsstand der Gesamtbevölkerung politikbestimmend sind, nicht ausreichend. Ein Informations- und Beteiligungssystem, daß sich nicht an die Bürger wendet, diesen keinen spürbaren Nutzen bringt und keine aktive Beteiligungs- und Gestaltungsmöglichkeiten einräumt, bleibt wirkungslos. Wenn Eliteförderung, dann durch ein stärkeres Engagement in der Lehreraus- und Lehrerfortbildung. Damit kann eine Katalysatorenwirkung über die Beteiligung von Schülern, Eltern, aber auch über Sportvereine etc. und Kommunalparlamente, in deren Gremien und Ausschüssen ja Lehrer überproportional vertreten sind, erzielt werden. Zumindest gilt dies, wenn die Schule sich öffnet, wenn regionale Gegebenheiten und Institutionen, aber auch die Elternschaft und ältere Mitbürger aktiver in Schule und Schulalltag integriert werden und Lernen und Bildung nicht nur als ein vorübergehendes und kurzfristiges Phänomen einer bestimmten Lebensphase verstanden wird.

Dies ist ebenfalls bei der Nutzung der entsprechenden Medien zu berücksichtigen. Es werden sich sowohl vereinheitlichende überregionale, gesamteuropäische Elemente verstärken als auch lokale Bezüge. Überregionalität und Lokalität sind, um es im Sprachgebrauch der Empirie auszudrücken, Variablen, die auf dem gleichen bipolaren Faktor laden. Normierung und Angleichung ohne Berücksichtigung des jeweiligen Kulturzusammenhanges sind offensichtlich unsinnig. Bei einer Hinwendung zur Lokalität, Regionalität und ethnischen Identität sind Tendenzen zum Separatismus zu vermeiden. Für zahlreiche europäische „Vielvölkerregionen" ist ein friedliches Nebeneinander schon eine anzustrebende Zielvorstellung. Die Verwirklichung kann durch radikalen Minderheitenschutz unterstützt werden. Förderung und Erhalt von Sprache, insbesondere da, wo sie zum Selbstkonzept der Minderheit gehört, eine Ausbildung von Mehrsprachigkeit der jeweiligen Mehrheiten und Minderheiten, kann als Baustein zu einem Miteinander angesehen werden.

Die Aufgaben der Erziehungswissenschaft sind vielfältig. Sie reichen von der Europäisierung der Inhalte der Lehrerausbildung bis zur Förderung des Studenten- und Wissenschaftleraustausches, von der kritischen Begleitung und Evaluation der unterschiedlichsten Programme bis zur Konzeption von interdisziplinären und internationalen Forschungskooperationen. Das Augenmerk ist hier besonders auf eine Förderung empirischer Forschung zu lenken. Die vorliegenden Fragen können ebensowenig a priori durch hermeneutische "arm-chair reflection" gelöst wie eine adäquate erziehungswissenschaftliche Theorieentwicklung vorangebracht werden. Wir brauchen umfangreiches Datenmaterial und entsprechende Analysen, um abgesicherte und sinnvolle Interpretationen zu den anfallenden Problemen abgeben zu können. Die Vergleichende Erziehungswissenschaft hat in diesem Kanon die innovative und koordinierende Funktion zu übernehmen.

Ausblick

Die europäische Dimension der Bildung rückt langsam und stetig in das Bewußtsein der Fachvertreter. So werden Bibliographien zur Europäischen Gemeinschaft und dem Bildungswesen (Schäfer 1991, Comenius-Institut 1992) erstellt, Fachkonferenzen zum gleichen Thema abgehalten (Deutsches Institut für Internationale Pädagogische Forschung 1992). Jahrestreffen auf nationaler Ebene wie die Freiburger Konferenz der Kommission für Vergleichende Erziehungswissenschaft 1993 finden themenzentriert zur europäischen Bildung statt, ebenso wie die internationale Konferenz der Comparative Education Society in Europe 1994. Aber auch über die Grenzen der Subdisziplin hinaus rückt das Thema mehr in den Vordergrund der Diskussion. So enthält die Neuausgabe des Berichtes über das Bildungswesen in der Bundesrepublik Deutschland (Max Planck Institut für Bildungsforschung 1990) ein angemessenes Kapitel über die europäische Dimension der Bildungspolitik und last not least stand der Kongreß der Deutschen Gesellschaft für Erziehungswissenschaft 1994 unter dem Motto „Bildung und Erziehung in Europa".

Sicherlich ist diese Realisierung der Bildung in Europa eine der zentralen Aufgaben für Politik, Verwaltung und Wissenschaft in den nächsten Jahren und Jahrzehnten. Mit dem Band zur ›Zukunft der Bildung in Europa‹ (Schleicher 1993) und dem hier vorliegenden Band zur ›Realisierung der Bildung in Europa‹ wird der Versuch unternommen, ausgewiesene Bildungsexperten zu Wort kommen zu lassen. Aus den unterschiedlichen Bereichen der Erziehungswissenschaft werden mögliche Entwicklungslinien aufgezeigt, Warnungen ausgesprochen, wird auf Defizite hingewiesen, aber auch auf erfolgversprechende mögliche Alternativen aufmerksam gemacht, mit der vielleicht naiven Hoffnung, Entscheidungshilfen zu geben und so einen Beitrag zum Aufbau und zur Verbesserung der Wohnqualität des europäischen Hauses zu leisten.

Offen bleibt das zukünftige Verhältnis von Wissenschaft, Politik und Verwaltung. Inwieweit ist die Wissenschaft bereit, die dem Bildungswesen zugeschriebene Integrationsfunktion (Fend 1974) in bezug auf die Integration Europas durch aktive Mitarbeit zu übernehmen, und inwieweit stellen Politik und Verwaltung die Mittel für kritische wissenschaftliche Begleitung zur Verfügung? Wie wirkt sich eine anbahnende weitere europäische Drittmittelförderung und -orientierung, bei zunehmender finanzieller Austrocknung der Universitäten auf nationaler Ebene, auf die universitäre Aufgabe der Grundlagenforschung aus? Die Zukunft wird zeigen, ob hier Wege der zielführenden partnerschaftlichen und langfristigen Kooperation gefunden werden oder ob die Universität und Wissenschaft noch mehr zum willigen und unkritischen Dienstleistungsbetrieb maßnahmeorientierter Politik degeneriert.

Literatur

Anweiler, O.: Die internationale Dimension der Pädagogik. In: Röhrs, H./Scheuerl, H. (Hrsg.): Richtungsstreit in der Erziehungswissenschaft und pädagogischen Verständigung. Frankfurt 1989, S. 83-97. Zitiert aus: Henze, J./Hörner, W./Schreier, G. (Hrsg.): Oskar Anweiler. Wissenschaftliches Interesse und politische Verantwortung: Dimensionen vergleichender Bildungsforschung. Ausgewählte Schriften 1967-1989, S. 225-235.

Berstecher, D./Dieckmann, B.: Planung und Prognose mit Hilfe internationaler Vergleiche. In: Hüfner, K./Naumann, J. (Hrsg.): Bildungsplanung: Ansätze, Modelle, Probleme. Texte und Dokumente zur Bildungsforschung. Stuttgart 1971, S. 52-64. Zitiert aus: Busch, A./Busch, F. W./Krüger, B./Krüger-Potratz, M. (Hrsg.): Vergleichende Erziehungswissenschaft. Texte zur Methodologie-Diskussion. Pullach 1974, S. 27-35.

Comenius-Institut. Evangelische Arbeitsstätte für Erziehungswissenschaft e. V. (Hrsg.): Bildung in Europäischer Perspektive. Zeitschriften, Aufsätze, Bücher, Unterrichtsmodelle (bearbeitet von P. Schreiber). Münster 1992.

Deutsches Institut für Internationale Pädagogische Forschung (Hrsg.): Vergleichende Bildungsforschung in der Europäischen Gemeinschaft. Bericht über die Konferenz vom 4. bis 5. November 1991 in Neu-Isenburg. Frankfurt 1991.

Europäische Gemeinschaft/Europäische Union: Der Vertragstext von Maastricht (bearbeitet und eingeleitet von T. Läufer, hrsg. v. d. Bundeszentrale für Politische Bildung). Bonn 1992.

Fend, H.: Gesellschaftliche Bedingungen schulischer Sozialisation. Weinheim 1974, 1976[3].

Habermas, J.: Legitimitätsprobleme im modernen Staat. In: Kielmansegg, P. G. (Hrsg.): Legitimationsprobleme politischer Systeme. Politische Vierteljahreszeitschrift. Sonderheft 7. Opladen 1976, S. 39-61.

Halls, W. D.: Trends and Issues in Comparative Education. In: Halls, W. D. (Hrsg.): Comparative Education. Contemporary Issues and Trends. London 1990, S. 21-65.

Holmes, B.: Causality, Determinism and Comparative Education as a Social Science. In: Schriewer, J./Holmes, B. (Hrsg.): Theories and Methods in Comparative Education. Frankfurt 1988, S. 115-141.

Janssen, B.: Bildungs- und Jugendpolitik. In: Weidenfeld, W./Wessels, W. (Hrsg.): Europa von A - Z. Taschenbuch der europäischen Integration. Bonn 1992[2], S. 79-84.

Ley, H./Müller, T.: Kritische Vernunft und Revolution. Zur Kontroverse zwischen Hans Albert und Jürgen Habermas. Köln 1971.

Luhmann, N.: Soziale Systeme. Grundriß einer allgemeinen Theorie. Frankfurt 1984.

Max Planck Institut für Bildungsforschung (Hrsg.): Das Bildungswesen in der Bundesrepublik Deutschland. Ein Überblick für Eltern, Lehrer und Schüler. Reinbek 1990.

Mitter, W.: Pädagogik, vergleichende. In: Lenzen, D. (Hrsg.): Pädagogische Grundbegriffe. Band 2. Jugend bis Zeugnis. Reinbek 1989, S. 1246-1260.

Noah, H. J.: The Use and Abuse of Comparative Education. In: Altbach, P. G./ Kelly, G. P. (Hrsg.): New Approaches to Comparative Education. Chicago 1986, S. 153–165.
Postlethwaite, T. N. (Hrsg.): The Encyclopedia of Comparative Education and National Systems of Education. Oxford 1988.
Schäfer, U.: Die Europäische Gemeinschaft und das Bildungswesen. Eine Bibliographie. Frankfurt 1991.
Scheuch, E. K./Scheuch, U.: Cliquen, Klüngel und Karrieren. Über den Verfall der politischen Parteien – eine Studie. Reinbek 1992.
Schleicher, K. (Hrsg.): Zukunft der Bildung in Europa. Nationale Vielfalt und Europäische Einheit. Darmstadt 1993.
Schriewer, J.: The Method of Comparison and the Need for Externalization: Methodological Criteria and Sociological Concepts. In: Schriewer, J./Holmes, B. (Hrsg.): Theories and Methods in Comparative Education. Frankfurt 1988, S. 25–83.
Woyke, W.: Die europäische Gemeinschaft. Entwicklung und Stand. Ein Grundriß. Opladen 1989.

Autorenspiegel

BARDONG, O. (geb. 1935): z. Zt. Rektor der Pädagogischen Hochschule Karlsruhe. – Nach dem Studium der Geschichte, Germanistik, Philosophie und Pädagogik 1960 Staatsexamen für das Lehramt an Gymnasien und Schuldienst; 1968 Promotion mit einem bildungsgeschichtlichen Thema an der Johannes-Gutenberg-Universität Mainz; Wissenschaftlicher Assistent und Lehrbeauftragter. Seit 1973 Professor für Geschichte und Didaktik der Geschichte an der Pädagogischen Hochschule Karlsruhe. 1975–1984 Abgeordneter des Landtags von Rheinland-Pfalz; 1984–1989 Abgeordneter des Europäischen Parlaments; 1989 Rückkehr auf die Professur in Karlsruhe; Aufbau eines interdisziplinären Instituts für Europäische Studien. Arbeitsschwerpunkte: Bildungsgeschichte, deutsche und europäische Geschichte, besonders des 18. und frühen 19. Jahrhunderts, Geschichte und Politik der europäischen Integration. Veröffentlichungen zur Geschichte des 18. und frühen 19. Jahrhunderts, zum Geschichtsunterricht sowie zu verschiedenen Themen der EG-Politik, vor allem Binnenmarkt und Politische Union.

BOS, W. (geb. 1953); Soz.-Päd. grad., Dipl.-Päd., Dr. phil.; Hochschulassistent an der Universität Hamburg. – Studium der Sozialpädagogik an der FH; Studium der Erziehungswissenschaft, Soziologie, Psychologie, Völkerkunde, Sinologie und Volkskunde in Münster und Taipei. Forschungsschwerpunkte: Empirische Forschungsmethoden, Pädagogische Chinaforschung, Sozialisationsprozesse ethnischer Minoritäten unter den Aspekten einer europäischen Integration. Veröffentlichungen: u. a. Was Maos Erben in der Schule lernen, Münster 1987 (gem. mit G. A. Straka); Lehrmaterialien für die Muttersprache ethnischer Minoritäten, Münster 1988; Angewandte Inhaltsanalyse in empirischer Pädagogik und Psychologie, Münster 1989 (gem. hrsg. mit Ch. Tarnai); weitere Arbeiten zu empirischen Methoden und zur Politikberatung: u. a. Parks in Hamburg; Naherholungsgebiete Hamburgs; Kinderspielplätze in Hamburg; alle Münster 1994 (gem. mit H.-J. Krause, J. Wittern, H. Wiedenroth-Rösler).

ELLING, E. (geb. 1952): Cheflektor des Waxmann Verlags. – Nach dem Studium der Linguistik und der Philosophie (M. A. 1979) Wissenschaftlicher Mitarbeiter in einem Projekt des Landes NRW zur Evaluierung des schulisch gelenkten Fremdsprachenerwerbs (1979–1988). Promotion in Erziehungswissenschaft (Dr. phil., 1986) mit einer Untersuchung über das Text- und Bildverstehen von Kindern und Jugendlichen. Zwischen 1983 und 1988 redaktioneller Mitarbeiter in verschiedenen Verlagen, Produktion von Videolehrfilmen. In den Jahren 1989/90 Wissenschaftlicher Mitarbeiter am Fachbereich Erziehungswissenschaft der Universität Münster. Danach Mitarbeit in einem Projekt zur Technikfolgeabschätzung des französischen Ministeriums für Telekommunikation (1990–91) und in einem Evaluationsprojekt der Landesrundfunkanstalt NRW (1991–92). – Neben all dem regelmäßige Lehrtätigkeit, zur Zeit als Lehrbeauftragter für Medienpädagogik an der Hochschule der Künste Berlin (seit 1987) und an der Universität Münster (seit 1991).

HÖRMANN, G. (geb. 1946); Dr. phil., Dr. med., Dr. rer. soc., Dipl.-Psych., M. A., ord. Professor an der Fakultät Pädagogik, Philosophie, Psychologie an der Universität Bamberg. Forschungsschwerpunkte: Gesundheitsförderung und Krankheitspädagogik, Wissenschafts- und Erkenntnistheorie, Rehabilitation, Gruppenarbeit. Mitherausgeber der Zeitschrift ›Musik-, Tanz- und Kunsttherapie – Zeitschrift für künstlerische Therapien‹ seit 1990; Herausgeber der ›Psychologischen Literatur Umschau‹ seit 1991. Veröffentlichungen u. a.: Therapeutische Sozialarbeit. Diskussionsbeiträge zu Grundlagen, zur Medienintegration und Ausbildungsfragen am Beispiel der Verhaltenstherapie (1976, hrsg. mit P. A. Fiedler); Die zweite Sozialisation – Psychische Behinderung und Rehabilitation in Familie, Schule und Perspektiven – Alternativen (1988, hrsg. mit W. Körner); Musiktherapie aus medizinischer Sicht (1988, Hrsg.); Handbuch der psychosozialen Intervention (1988, hrsg. mit F. Nestmann); Handlungsaktivierende Musiktherapie (1985); Klinische Psychologie. Ein kritisches Handbuch (1991, hrsg. mit W. Körner).

ILLÉS, M.; Wissenschaftliche Beraterin des nationalen Instituts für Berufsbildung und Mitglied im Präsidium der Ungarischen Pädagogischen Gesellschaft; fungiert dort seit 1970 auch als wissenschaftliche Geschäftsführerin für Vergleichende Erziehungswissenschaften. Sie beendete ihr Studium an der Universität Eötvös Loránd in Budapest im Jahre 1953. 1974 promovierte sie an der Ungarischen Akademie in Erziehungswissenschaft. Sie gehört zum Komitee für Erwachsenenbildung der Ungarischen Akademie der Wissenschaften. Als Wissenschaftlerin im Bereich Vergleichende Erziehungswissenschaft publiziert und lehrt sie über die wesentlichen internationalen pädagogischen Entwicklungen und Initiativen und über pädagogisch-philosophische Fragestellungen. Seit 1988 ist sie Ehrenmitglied der Gesellschaft für Vergleichende Erziehung in Europa.

LEHMANN, R. (geb. 1944); Dr. theol. 1973, Promotion zum Dr. phil. 1977; seit 1980 Professor für Erziehungswissenschaft in Hamburg. – Forschungsschwerpunkt: Internationale Bildungsforschung. Veröffentlichungen: u. a. zum Zusammenhang zwischen Bildungsmaßnahmen und industriellen Arbeitsmärkten in Nordost-Brasilien, zur Aufsatzbeurteilung und zur Genese von Aufsatzleistung im internationalen Vergleich sowie zur Komparativen Bestimmung und Interpretation von Lesefähigkeiten.

MANNING, S. (geb. 1944); Sabine Manning hat sich durch Veröffentlichungen auf dem Gebiet der international vergleichenden Bildungsforschung, speziell zur Berufs- und Hochschulentwicklung in Westeuropa, den USA und Japan, ausgewiesen. Sie ist Mitbegründerin des Wissenschaftsforums Bildung und Gesellschaft e. V., Berlin. Insbesondere leitet sie dort Projekte zum europäischen Kontext der Bildungsentwicklung in den neuen deutschen Bundesländern. Im Rahmen des EG-Projekts PETRA nimmt sie an einer europäischen Forschungspartnerschaft teil.

NIEDERFRANKE, A. (geb. 1959); Dr. phil., seit 1987 wissenschaftliche Mitarbeiterin am Institut für Gerontologie der Universität Heidelberg; seit 1989 Mitglied im Wissenschaftlichen Beirat für Frauenpolitik der Bundesregierung; Arbeiten auf dem Gebiet der Gerontologie und Frauenforschung.

PINGEL, F. (geb. 1944); Wissenschaftlicher Mitarbeiter am Georg-Eckert-Institut für Internationale Schulbuchforschung in Braunschweig. – 1973 bis 1983 Wissenschaftlicher Assistent an der Fakultät für Geschichtswissenschaft der Universität Bielefeld, dort Promotion; Tätigkeit in der Erwachsenenbildung (Volkshochschulen, Gewerkschaften), Mitglied des Wissenschaftlichen Beirats des Zentrums für Interdisziplinäre Forschung; Forschungsaufenthalte in Yad Vashem (Jerusalem) und London (Public Record Office). Am Georg-Eckert-Institut u. a. Betreuung der deutsch-israelischen Schulbuchkonferenzen, zweier Projekte zur Darstellung von Vergangenheit und Gegenwart Europas in Schulbüchern sowie eines Projektes zur Schulbuchrevision in Südafrika. Zahlreiche Vorträge und Publikationen zur Geschichtsdidaktik und Zeitgeschichte, u. a. Häftlinge unter SS-Herrschaft (1978), Die Ideologie des Nationalsozialismus. Unterrichtsmodell und Arbeitsbuch für die S II (1988), Redaktion der Zeitschrift ›Internationale Schulbuchforschung‹, Mitautor beim ›Geschichtsbuch‹, einem Lehrbuch für Schulen.

RAVN, B. (geb. 1934); Dozentin an der Royal Danish School of Educational Studies (Danmarks Laererhøjskole, Institut for Paedagogik og Udannelsesforsking). – Seit 1980 als 'freelancer' und Konsulentin beteiligt an zahlreichen Projekten zur Lehrerausbildung und -fortbildung sowie befaßt mit Forschungs- und Evaluationsaufgaben am ‚Entwicklungszentrum für Erwachsenenbildung' und im ‚Forschungsinstitut für Pädagogik und Ausbildung' in Kopenhagen. Zahlreiche Publikationen zur Entwicklung der Schule als lokalem Kulturzentrum sowie zur Mitwirkung von Elternhaus und Familie im schulischen Erziehungsprozeß.

SCHLEICHER, K. (geb. 1935); ord. Prof. und Dir. des Inst. für Intern. und Vgl. Erz.-Wiss. der Univ. Hamburg, seit 1976/77; stellv. Leiter, dann Leiter des BLK-Projekts ‚Umweltbildung' seit 1989. – Nach einer Tischlerlehre, zweitem Bildungsweg und dem Studium u. a. der Politikwiss. und Geschichte war er Gymnasiallehrer bis 1965. Promotion 1968 und seit 1973 ord. Prof. Zahlreiche Auslandsstudien (Fulbright Grant 1974; Gastprof. in USA, Frankr., Engl. und Japan); Forschungsaufträge und Gutachtertätigkeiten u. a. für den Europarat, die GTZ, Kübel-Stiftung, das Schweizer Fernsehen und Bundes- wie Länderorgane. Forschungsschwerpunkte im Bereich vgl. Bildungsanalysen, der Polit. Sozialisation, Medienerziehung und Umweltbildung. Zahlreiche Veröffentlichungen, u. a. die Buchpublikationen 1992/93: ›Ethnocentrism in Education‹, ›Nationalism in Education‹, ›Lernorte in der Umwelterziehung‹, ›Pollution Knows no Frontier‹, ›Umweltbildung in Europa‹.

SEBERICH, R. (geb. 1931); Mittelschuldirektor i. R. – Studierte Germanistik und Geschichte in Innsbruck, Bonn und Florenz, wo er 1956 promovierte; 1958–1970 als Referent für deutschsprachige Mittel- und Oberschulen am Schulamt Bozen mit dem Ausbau des Südtiroler Mittelschulwesens und der rechtlichen Absicherung der Lehrkräfte befaßt; 1970–1991 Direktor der Mittelschule Kastelruth. Mitarbeit in Lehrerverbänden, im Landesschulrat und im Pädagogischen Institut. Publikationen zur Bildungsplanung und Südtiroler Zeitgeschichte.

STOBART, M. (geb. 1937); Stellvertr. Direktor für ‚Bildung, Kultur und Sport' des Europarats in Straßburg. – Das Studium zur neueren Geschichte in Oxford (M. A.) wurde auf postgradualer Ebene am Zentrum für Europastudien in Straßburg fortgesetzt (Dipl.). Nach vorübergehenden Tätigkeiten als Sekundarschullehrer in Chester und dann in der Presse- und Informationsabteilung des Europarats war er seit 1969 dort in der Sektion für Schulbildung für den Bereich Geschichte, Geographie und Staatsbürgerkunde verantwortlich; 1978 wurde er Vorsitzender dieser Sektion und verantwortlich für Planung und Umsetzung der Vorschul- und Schulprogramme des Europarats, und seit 1984 ist er als Stellvertr. Direktor dieser Direktion für den gesamten Bildungsbereich, die Bildungsforschung sowie die zweijährigen Konferenzen der europ. Bildungsminister zuständig; seither zahlreiche internationale Vortragsreisen (von den USA bis Japan) mit entsprechenden Presse- und Zeitschriftenbeiträgen.

STROHMEIER, R. W. (geb. 1952); Mitglied des Kabinetts von EG-Kommissar Peter M. Schmidhuber, Brüssel. – Studium der Rechts- und Volkswissenschaft 1972–1976; Juristisches Staatsexamen 1979; Dr. iur. utr. mit Arbeit über das EWS 1981; Akad. Rat am Institut für Handelsrecht der Universität Würzburg 1979–1980. Dann 1980–1985 Referent im Bayer. Staatsministerium für Bundesangelegenheiten in Bonn; 1985–1987 Austauschbeamter bei der EG-Kommission, Generaldirektion Entwicklung, in Brüssel; 1987 Aufbau und Leitung des Bayerischen Informationsbüros in Brüssel; seit Oktober 1987 im Kabinett von Kommissar Peter M. Schmidhuber, hier zuständig u. a. für Bildungsfragen. Diverse Publikationen insbesondere zu europapolitischen Fragen.